우울증은 어떻게 병이 되었나?

우울증은
어떻게
병이 되었나?

일본에서 우울증의 탄생

Depression in Japan

기타나카 준코 지음
제소희 · 이주현 · 문우종 옮김
이현정 감수

사월의책

우울증은 어떻게 병이 되었나?

1판 1쇄 발행 2023년 6월 10일

지은이 기타나카 준코
옮긴이 제소희, 이주현, 문우종
펴낸이 안희곤
펴낸곳 사월의책

감수 이현정
편집 박동수
디자인 이원우

등록번호 2009년 8월 20일 제2012-000118호
주소 경기도 고양시 일산서구 중앙로 1388 동관 B113호
전화 031)912-9491 ｜ 팩스 031)913-9491
이메일 aprilbooks@aprilbooks.net
홈페이지 www.aprilbooks.net
블로그 blog.naver.com/aprilbooks

ISBN 979-11-92092-13-3 93380

차 례

3부 사회 속의 우울증

한국어판 서문

부족한 제 책의 번역본이 일본어, 프랑스어, 페르시아어에 이어 이번에
한국어로도 출판된 것을 매우 영광스럽게 생각합니다. 다문화 간 정신
의학회의 활동을 통하여 한국과 일본의 정신의학 교류를 오랫동안 살
펴본 저로서는 정신건강 영역에서 양국 간 공통점이 현저하다고 느끼
고 있습니다.[1] 예를 들면 대인 공포증이나 은둔형 외톨이처럼 문화연계
증후군이라고 불리던 병들이 처음 보고된 것은 일본과 한국에서였고,
그 후 이 병들은 다른 나라에서도 이슈가 되었습니다. 양국의 최근 우울
증과 자살 증가는 두 나라의 사회적 상황을 반영하는 것 같습니다. 국
제 관계에서의 긴장 고조와 국가의 장래에 대한 불안, 경쟁 사회, 입시
를 둘러싼 갈등, 등교 거부, 가치관의 변화와 세대 간의 갈등, 그것들이
낳는 가족 내의 긴장 등의 사회적 과제는 세계 속 한국과 일본의 역사나
입지와도 밀접하게 관련되어 있을 것입니다. 일본에서는 사회에 만연
한 불안감, 그리고 아무리 노력해도 보상받지 못하고 가진 자와 가지지
못한 자의 격차는 커지기만 하는 허탈감이 우울증의 배경에 있다고 합
니다. 그렇다면 그러한 절망에 대한 처방전으로서의 정신과는 어떻게
개입하여 삶의 어려움과 관련하여 어떤 도움을 줄 수 있을까요?

우울증과 자살을 둘러싼 일본 정신의료의 지난 25년을 쫓다 보니 몇 가지 중요한 변화가 보입니다. 첫째는 우울증 개념의 확산입니다. 이 연구를 위해 제가 캐나다와 일본에서 사전 조사를 시작한 1997년에는 우울증을 잘 알고 있거나 자기 자신의 일이라고 이야기하는 일본인은 거의 없었습니다. 당시에는 정신병에 대한 낙인이 뿌리 깊어 이는 숨겨야 할 비밀이었고, 그마저 자신에게 닥친 것이 아닌 그저 남의 일이었기 때문입니다. 그런데 1990년대에 거품경제의 붕괴, 효고현 남부 지진, 옴진리교의 지하철 사린 사건이 일어남에 따라 세기말적 비관론도 높아지는 가운데, 세상은 "마음의 돌봄"에 주목하게 되었습니다. 또 경제 침체로 인한 파산 및 높은 실업률과 함께 1998년 이후 14년간 한해 3만 명이 넘는 자살률을 기록하면서, 그 한 요인으로 우울증이 주목받게 되었습니다. 이제는 자신의 가족이나 친구, 동료들 사이에서는 우울증에 걸린 사람이 없다는 사람을 오히려 보기 어려울지도 모릅니다.

　둘째, '우울증'을 통해 누구나 마음에도 병을 얻을 수 있다는 인식이 확산됨으로써, 그동안 충분히 알려지지 않았던 사람들의 고통이 사회적으로 인정받게 되었습니다. 주요 조사 시기인 2000년대 초반의 우울증은 일본에서 주로 중장년층의 남성이 과로로 인해 걸리는 병으로 여겨졌습니다. 해외에서는 여성 우울증 환자가 훨씬 많이 보고되는 것을 감안하면 이는 신기한 현상이었습니다. 그런데 많은 여성이 사회에 진출함에 따라 남성과 같은 스트레스를 받고 있는 탓인지 우울증은 남성뿐만 아니라 여성도, 그리고 중장년뿐만 아니라 젊은이도 걸리는 병이라는 인식으로 바뀌게 되었습니다. 지금은 노인은 물론 어린이의 우울도 문제가 되고 있습니다. 우울증이 '고통의 관용어idiom of distress'로서의 성격을 띠고, 더 많은 사람들이 마음의 피로와 감정노동의 고통을 인정함에 따라 사회도 그 구제를 위해 움직이고 있습니다.

우울증의 증가는 사법과 행정도 움직였습니다. 2000년에는 한 젊은 남성 직원의 과로자살에 대해 기업에 책임이 있다고 본 대법원 판결이 나왔습니다. 이 사법부의 판단을 계기로 정부 역시 노동자의 정신건강에 관해 근본적 개혁에 나섰습니다. 그럼에도 불구하고 2015년에 같은 회사인 덴쓰에서 이와 유사한 과로자살 사건이 재차 일어나 사회가 충격에 빠졌습니다. 당시 크리스마스 당일 과도한 업무로 우울증에 빠져 직원 숙소에서 몸을 던진 것은 도쿄대 출신의 화려한 경력을 가진 젊은 여성이었습니다. 그녀 같은 엘리트라도 수면 부족과 피로가 계속되면 무엇에 홀린 듯이 죽음을 택해버린다는 사실에 사람들은 놀랐습니다. 우울증이 심해지면 '죽을 바에는 회사를 그만두는 것이 좋다'라고 생각하지 못하고, 죽음 외에 다른 선택지가 없는 것처럼 보이는 소위 '심리적 시야협착' 상태에 빠지기 때문입니다. 사람들은 이런 것을 깨닫고 그 상태가 되기 전에 자신의 '마음의 건강'을 되돌아보거나, 가족이나 친구의 마음을 케어하려 하고 있습니다.

조사를 시작한 지 사반세기가 지난 현재, 직장에서는 스트레스 체크가 이루어지고 있고 역 앞에는 정신건강병원의 간판이 즐비해 일반인들도 이전과 비교해 훨씬 수월하게 정신과 진료를 받을 수 있게 되었습니다. 정신병에 대한 낙인이 희미해져 가는 가운데 자살률도 떨어졌습니다. 현재는 우울증을 앓더라도 다양한 지원을 받아 복직하는 것이 당연해지고 있습니다. 이러한 의료화가 가져온 변화는 이 책에서 자세히 논하듯이 빛과 그림자의 양면을 지니고 있습니다. 하지만 자신이 사회에 적응하지 못한다고 자책해야만 했던 사람들이 정신의학의 지식을 통해 힘든 삶의 근원에 있는 부분을 생각하기 시작했다는 점은 지난 25년이 가져온 큰 구원이라 느낍니다.

동시에 주목해야 할 것은 2000년대 이후 더욱 '생애 주기의 정신의학화psychiatrization of the lifecycle'라고 부를 수 있는 현상이 진행되고 있다는 점입니다. 현재 청년기와 중년기에 발생하기 쉬운 우울증에 더해 아동기의 발달장애와 노년기의 치매에 대한 지식이 빠르게 확산되고 있습니다. 얼마 전까지만 해도 산만한 아이로 여겨졌던 아동이 ADHD(주의력 결핍 과잉행동 장애)라 불리게 되고, 기력이나 의욕이 없는 학생이나 직원은 우울증으로 진단받으며, 약간씩 멍해지는 것 정도는 용인되었던 고령자들도 인지증 예방용 뇌훈련에 힘쓰는 모습이 어느새 일상의 풍경이 되고 있습니다.

코로나19 시대에 학교에서 나눠준 태블릿 PC는 아이들의 정신건강을 지키는 데에도 쓰이고 있으며, 우울증에 대해서는 앞서 언급한 직장에서의 스트레스 체크가 행해지고 있고, 나아가 치매의 조기발견 목적으로 75세 이상의 자동차 면허 갱신 시에도 검사가 실시되고 있듯이 마음 건강의 집단검진mass screening이 널리 실시되고 있습니다. 일생 모든 시기에 '마음의 병'을 의식하고 정신의학의 개념을 이용해 건강도를 측정하고, 그 정신의학의 언어로 자신을 돌아보게 되는 시대가 이미 도래한 것 같습니다.[2]

이러한 생애 주기의 정신의학적 의료화가 무엇을 가져오고 있는지, 그것이 '마음의 건강' 감시사회를 초래하는 것인지,[3] 아니면 친절하고 배려 깊은 사회가 탄생하는 것인지는 아직 알 수 없습니다. 다만 우울증을 통해 마음의 병이 뇌 질환에 의한 병일 뿐만 아니라 사회적 원인에 의한 병이기도 하다는 사실이 알려지면서, 사회 자체를 바꿔가자는 움직임이 세계적으로 확산되고 있다는 점은 주목할 만합니다. 예를 들어 미국의 국립정신건강연구소에서 오랜 세월 신경과학 연구를 추진해온 토머스 인셀은 유전자 정보를 기록한 DNA 코드보다 우편번호가 그 사람의 건강을 아는 데 훨씬 중요하다는 점을 지적하고 있습니다. 즉, 개인의 건강을 결정하는 70%는 어느 지역에 살고 누구와 살고 어떻게 생활하고 있는가와 관련된 사회적 요인이며, 유전자 등은 나머지 30%에 영향을 미치는 것에 지나지 않을 수 있다는 점이 현재 진지하게 검토되기 시작하고 있습니다.[4] 이러한 생물학과 환경의 상호작용을 어떻게 모델화해 나갈 것인가, 그리고 병을 경험하는 당사자 시점에서 얼마나 검증의 피드백 루프를 창출할 것인가에 대한 시도가 전 세계에서 진행되고 있습니다.

정신장애는 삶의 괴로움의 표현이자 증명이고, 이러한 삶의 괴로움은 사회구조에서 생겨납니다. 이전에 『랜싯 *Lancet*』지에서 미얀마와 중국, 일본에서의 우울증을 비교 검토하면서[5] 우울증은 그 나라의 정치적 상황을 직접적으로 반영하는 것이며, 또 그것은 역동적으로 역사적으로 변화하는 것임을 거듭 느끼게 되었습니다. 마음의 돌봄에 대해 세계적으로 추진되고 있는 글로벌 정신건강 운동(WHO, Global Mental Health Action 2013-2030)이 당초 기대했던 것과 같은 성과를 내지 못하고 있는 가운데, 새삼 주목받고 있는 것은 마음을 둘러싼 문화사회적 요인입니다. 이 책을 하나의 계기로 한국과 일본, 그리고 아시아의 정신건강 상황을 비교연구적 시각에서 다시 파악하고 논의할 수 있는 계기가 마련되었

으면 좋겠습니다. 이 책의 영문판이 첫 출판된 2011년으로부터 10여 년
간 일본에서도 다양한 변화가 있었고, 우울증의 세계적 유행으로부터
사반세기가 지난 현재, 정신건강 케어에 있어 무엇이 개선되고 무엇이
과제인지를 더욱 넓은 시야에서 되돌아볼 기회가 있었으면 합니다.

　본 번역서 출판에 있어 바쁘신 와중에 번역이라는 엄청난 노력이 드
는 작업을 놀라운 속도로 진행해주신 선생님들께 진심으로 감사드립니
다. 한양대학교 간호학과 조교수 문우종 님, 파리 시테 대학교 사회학과
박사과정생 이주현 님, 서울대학교 인류학과 교수 이현정 님, 일본 국립
민족학박물관 조교수 제소희 님의 열의와 정성, 리더십으로 번역이 가
능해졌습니다. 그리고 사월의책 안희곤 대표님과 박동수 편집장님께도
진심으로 감사의 말씀을 올립니다. 출판에는 게이오기주쿠 대학 후쿠
자와 출판조성기금(福澤基金), 연구에는 일본 과학연구비 조성사업 학
술 변혁 프로젝트(JP21H05174)의 지원을 받았습니다. 감사드립니다.

　아시아에서도 특히 많은 공통점을 가지고, 자살이나 정신장애의 사
회적 원인에 대해 이미 진지하게 임하고 있습니다. 한국과 일본 양국에
서 지혜를 모아 삶의 어려움을 조금이라도 해결해 나갈 수 있는 방법을
만들어낼 수 있기를 진심으로 기원합니다.

기타나카 준코

옮긴이의 말

이 책은 2011년에 출판된 영문 도서 '일본의 우울증: 고통의 사회에 대한 정신의학 치료Depression in Japan: Psychiatric Cures for a Society in Distress'의 한국어 번역서이다. 이 책은 우울을 느끼는 사람들의 가슴 아픈 경험담에 대한 공감과 그들의 잔잔한 치유에 관한 내용을 담았다기보다는 정신의학에 초점을 두고 일본의 우울증의 역사와 의료화 과정을 심층 분석한 책이다. 저자 기타나카 교수는 이 내용을 발전시켜 "정신의학의 역사와 인류학", "우울의 의료인류학" 등의 제목으로 우울증과 정신의학의 학술적 내용을 체계적으로 개진해왔다.

길지 않은 책의 번역에 세 명의 연구자와 한 명의 감수자가 모이게 된 것은 이 책의 내용이 현재 우리에게 시의적절하고 필요하다는 공감 때문이었다. 2021년 발표된 OECD 보고서에 의하면, 2020년 기준 한국의 우울감 확산 지수는 36.8%로 OECD 주요국 중 가장 높은 것으로 나타났다. 즉, 한국 사회가 "우울의 시대" 속에 있다고 말해도 과하지 않을 것이다. 책을 번역하는 기간 동안에도 코로나19, 경기불황, 과잉 주식 투자, 과로 등으로 우울증 증가와 극단적 선택에 대한 가슴 아픈 기사가 무수히 보도되었다. 우울증이 일상이 되어버리고, 자살 기사에 무디어져 가는 현재가 비단 우리에게만 닥친 비극일까? 1990년대 말부터 약 10여 년간 매년 무섭게 최고 자살률을 경신해갔던 일본 역시 유사한 고민을 했었고, 또 여전히 고민하고 있다. 일본 사회는 만연하는 우울증과 치솟는 자살률의 문제를 무엇으로 읽어냈을까? 우울증뿐만 아니라 모든 종류의 정신병리의 증가가 전 세계적인 문제로 등장하고 있는 지금, 과거 일본이 겪었던 사건과 사례에서 일본 정신의학이 어떻게 담론의 주도권을 쥐었으며 어떤 방식으로 이 문제를 해석하고 해결하였는지, 그 과정에서 만들어진 정책과 의료화의 장단점을 살펴봄으로써 다른 사회의 정신병리적 현상을 반추해볼 필요가 있을 것으로 보인다.

이 책은 저자가 1990년대 말 북미 친구들에게 받은 질문, '일본 사람들은 왜 우울증에 걸릴 만큼 일을 하는 거냐? 과로사라니, 죽을 때까지 일을 한다는 게 말이 되느냐?"라는 질문에 대한 답을 찾기 위해 지난 25년간 일본의 우울증을 연구해온 결과물이다. 지금은 이미 의심의 여지 없이 받아들여진 많은 부분—'우울증-자살' 도식이나 사회적 고통과 우울증의 증가 등—에 계속 의문을 제기하며 저자는 일본의 우울증의 언어, 담론, 관련 행위자, 네트워크의 변화 등을 촘촘히 좇아간다.

1부에서 저자는 '정신병리적 우울증에 대한 대중적 관심이 생겨나기 이전에는 일본에 우울증이란 존재하지 않았던 것인가?' 또는 '이전에는 흔치 않았던 병이 어떻게 국민병으로 바뀌었는가?'라는 질문을 던지며, 우울증의 역사에서부터 논의를 시작한다. 마음과 기의 정체, 때로는 미화되기까지 한 우울함이 서구 의학의 틀에서 멜랑콜리아와 신경이라는 개념의 도입과 함께 새로운 언어를 갖게 되고, 뇌의 병, 특정 유형의 성격으로 이해되어 생물학적 대상이자 의료화의 대상으로 포섭되는 과정을 폭넓은 역사서 연구를 통해 간결하고도 명확히 설명한다. 일본 문헌과 역사서 용어의 적절한 번역을 통한 가이드를 위해 일본 국립민족학박물관의 제소희 교수가 1부 번역을 담당했다.

2부에서는 임상의 현장으로 이야기의 무대를 옮겨 입원부터 퇴원까지 의사와 환자의 상호작용에서 드러나는 서사와 의미의 구성을 다룬다. '환자의 고통을 누가 어떤 방식으로 설명하는가?' '자살은 우울증과 어떻게 연관 지어졌는가?' '자살은 의료화의 대상인가' '죽으려고 굳게 결심한 사람을 자신의 의지에 반해 의사는 어떤 권리로 치료할 수 있는가' 등 예민하고도 아직도 끝나지 않은 문제에 대해 저자는 적절한 거리를 두며 다양한 직종의 남녀 환자들과 여러 세대의 의사들의 이야기를 들려준다. 특히 자살을 미화하기도 하였던 문화적 토양에서, 감금과 통제라는 역사적 오명을 지닌 정신의학이 어떻게 정신과적 문제의 경계를 그려내고 있는지 정신과 의사들의 고민마저 공감되도록 생생히 기술되어 있다. 2부는 행위중독을 중심으로 임상 현장에서 서사를 연구해온 파리 시테 대학 박사과정에 재학 중인 이주현이 맡았다.

3부는 병리적 대상으로서의 우울증을 병원 밖으로 옮겨 과로사, 과로 우울증을 중심으로 담론 분석과 제도적 변화를 설명한다. 여기서 정신과 의사들이 엄격하게 유지해온 임상적 우울증에 대한 개념적 통제가 무너지고, 제약회사, 의사, 행정 관료, 변호사, 판사 등의 다양한 행위자들에 의해 의미가 지속적으로 협상되고 수정되는 유동적 맥락을 밝혀낸다. 현재의 '과로사'를 일본 문화에서의 '자결'—본문에서는 의지적 자살—과의 상이한 양상을 두고, 그 죽음의 책임에 대한 실로 방대한 논쟁과 소송 자료를 일례로 하여 핵심을 꿰어낸다. 과로자살 소송과 노동 정신의학에서 정신의학은 우울증의 실재적 존재를 설득하기 위해 대중적 언어를 제공하였고, 사회적 의식이 덧붙여진 과학적인 정신의학을 만들어내었다. 우울증은 이제 비합리적인 유전병이라는 낙인을 벗고, 과도한 피로에 의해 쉽게 유발되는 합리적인 질병으로서 묘사되기도 하며, 급격하게 의료 서비스와 사회적 정책 속으로 포섭되었다. 3부는 기업인류학, 의료체계와 제약산업 등을 연구해온 한양대학교의 문우종 교수가 맡았다.

저자의 주된 필드가 정신의학과 현장인 관계로, 우울증과 자살에 대한 전문 의료용어와 정신의학 분야에서의 심층 논의 등을 마주칠 때마다 번역에 한계를 느꼈고, 더욱이 저자가 계속 엮어가는 질문과 그에 대한 분석에 수많은 의료인류학의 역사적 연구가 많은 설명 없이 던져져 있어, 선행연구에 관한 충분한 지식이 없는 상황에서는 번역한 글이 때로는 실타래처럼 얽혀버리곤 했다. 이렇게 부족한 번역본을 넘겨받아 정신과 전문가들에게 실제의 쓰임을 확인해가며 꼬여버린 글을 매끄럽게 풀어내고 용어와 선행연구를 명료하게 다듬어주신 것이 서울대학교 인류학과 이현정 교수님이다. 교수님의 감수 없이는 원활한 출간이 어려웠을 것이다.

또한 포괄적이어서 어찌 보면 모호할 수 있었던 원제 '일본의 우울증'을 한국어판에서 '우울증은 어떻게 병이 되었나?'라는 제목으로 바꾸어주신 편집자의 결정은 독자들에게 한결 쉽게 다가갈 수 있게 하는 핵심적인 역할을 했다고 생각한다. '병으로 되어간다'라는 중의적 표현을 통해서 우울이 질병이 아니었던 시대에 대한 궁금증을 자극함은 물론, 정신의학의 장에서 직조되는 우울의 경계와 언어, 그리고 질환명이 가져오는 루핑효과와 의료화, 더 나아가 우울과 자살이 만연하게 만들어버린 사회적 영향까지 문제를 제기하는 대목이다. 이렇듯 사월의책 출판사 분들로부터 내용에 대한 깊은 이해와 연구의 가치에 대한 공감, 그리고 협력이 있었기 때문에 이 번역서가 빠른 시일 내에 무사히 출판될 수 있었다.

다른 역사적 토양에서 다른 시간대에 존재하는 우울을 고민하는 국내 독자들에게 이 책은 당연히 정답을 주지는 못한다. 하지만 이 책에서 던지고 있는 질문과 고민은 우리에게도 유효하다. 자신의 마음을 잠식해버린 부정적 감정과 무기력에 대해 남에게 도움받기는커녕 자신조차 납득하지 못하고 아파하는 사람들이 우리들 사이에서도 존재하고 있고, 이런 사람들의 지속적인 증가 현상은 개인적, 생물학적 문제가 아니라 공적 질환, 사회적 병폐에 대한 큰 과제를 우리 모두에게 던지고 있다. 번역을 하면서 번역자들도 한숨을 쉬며 함께 가슴 아팠고, 고개를 끄덕이며 공감했던 대목이 많다. 이렇듯 자신과 타인의 우울증에 대해 좀 더 이해하고 싶은 독자들은 물론, 아픔에 대해 연구하는 (의료)인류학자, 의료사를 연구하는 학생과 연구자, 현장에서 치료와 돌봄을 고민하는 정신의학과의 의료종사자, 과로사에 대한 소송에 부딪힌 가족과 법조계 관계자, 근로자들의 정신건강관리를 위한 정책적 대책을 고민하는 정부 관계자와 기업 관리자 등등 특정할 수 없는 많은 이들에게 이 책이 조금이라도 참고가 되길 기원한다.

2023년 5월
옮긴이 일동

1
서론 - 의료화의 지역적 동력

큰 기업에서 승진을 하고 세 달간 매우 열심히 일한다. … 우울증
증세가 뚜렷하게 나타난다. 항우울제를 복용하며 반년 남짓 휴
직을 한 후에 완전히 회복해서 직장으로 돌아온다. … 이것이 일
본에서 볼 수 있는 전형적인 멜랑콜리 유형이다.

— Kasahara Yomishi in Kasahara, Yamashita
and Hirose, *Utsubyō* (우울병) (1992: 29)

처음 병원에 입원했을 때, 나는 일과 가족으로부터 해방된 느낌
이 들었고 상태는 바로 나아졌다. 그러나 지금은 직장으로 복귀
해 나에게 닥칠 일들을 생각하기 시작했다….

— 43세의 직장인. 회복 중이던 환자가 직장
상사로부터 전화를 받고 다시 우울해짐.

우울증의 증가

일본에서 **과로사** karōshi라는 용어는 사람들이 지나치게 열심히 일해서 스
스로를 죽게 만드는 사례를 설명하기 위해 1980년대에 만들어졌다. 일
본의 자살률이 급증했던 1990년대 후반에 비슷한 다른 용어들도 대중
미디어에서 자주 등장했다. 과도한 업무로 인한 자살을 일컫는 **과로 자살**
karō jisatsu, 이런 행위의 원인으로 보이는 **과로 우울증** karō utsubyō 같은 용어
들이다. 2000년도에는 일본 대법원이 일본에서 가장 큰 광고회사 덴쓰

Dentsū에게 직원의 사망에 대해 유래 없는 큰 액수의 보상금을 그 가족에게 지불하도록 판결을 내렸고, 과로사와 우울증에 관한 관심은 더 높아져만 갔다. 덴쓰는 직원의 자살이 본인의 자유의지에 의한 행위라고 주장했지만, 대법원은 이를 만성적이며 과도한 업무로 인해 발생한 **우울증**의 결과라고 판단했다. 이 판결 이후에 자신의 우울증이 업무로 인한 것이라 주장하는 노동자들이 소송을 제기하였고, 이 중 많은 수가 승소로 이어졌다. 사회 전반적으로 급증하는 법적 분쟁과 우울증 환자수에 놀란 일본 정부는 새로운 정신건강 법안을 마련하고, 스트레스에 의한 정신 질환을 중요한 국가적 문제로 다루고 통제하기 위한 일련의 노동정책 변화를 시작했다.[1]

이러한 결과는 종종 노동자 운동의 승리로 논해지기도 하지만, 나는 일본에서 자살과 우울증에 대한 광범위한 의료화의 시작이라는 측면에 집중하고자 한다.[2] 여기에는 정신의학과 정신과 의사가 핵심적인 역할을 해왔는데, 정신과 의사들은 법적 분쟁과 정신건강 기획에 참여하며, 거대한 사회적 압력하에서 무너지는 사람들이 당시 보통의 일본인에게 잘 알려지지 않은 질병인 우울증의 희생자일 수 있다고 일본인들을 설득했다. 1990년대 경기침체가 지속되면서 정신과 의사들은 사람들이 그들의 피로감과 무기력을 우울증이라는 개념으로 인식할 수 있도록 매우 효과적으로 유도해왔다. 또한 12년 동안 매년 3만 명 넘는 (당시 발생하던 교통사고 사망자 수의 3~6배에 달하는) 놀랄 정도로 높은 자살 수치를 목도하던 일본인에게 자살과 우울증의 연관성을 보여주었다. 2000년대 항우울제에 대한 제약업계의 공격적인 마케팅과 함께 촉진된 의료화의 과정은 우울증으로 진단받는 환자수의 급격한 증가로 이어졌다.

1999년에서 2008년까지 우울증 환자수는 2.4배 증가했다(Yomiuri Shim-bun, 2010년 1월 6일). 이제 우울증은 회사에서 병가를 받는 가장 흔한 이유 중 하나가 되었고, "매우 희귀한" 질병에서 최근의 일본 역사에서 가장 많이 회자되는 질병으로 전환되었다. 이러한 변화의 일부로서 정신의학은 곤경에 빠진 일본 사회를 구해줄 치료제를 제공해야 한다는 요청을 점점 더 많이 받고 있다.

이 책은 21세기로 넘어가는 일본에서 우울증이 갑자기 "국민병"이 되고 정신의학이 고통에 빠진 사회질서를 교정하는 새로운 수단으로 등장하는 과정을 검토한다. 이러한 변화는 무엇보다 일본인들이 최근까지도 정신의학이 일상생활에 개입하는 것을 거부해왔다는 점에서 놀라운 일이다. 이미 1880년대에 독일로부터 정신의학이 도입되고 제도적으로 구축되었지만, 그것은 심각한 중증 환자들을 대상으로 한 것일 뿐이었다. "비정상인"을 감금하며 낙인 찍는 역할로 인해 정신의학이 일상의 고통 속으로 확장되어 들어오는 것은 엄격히 제한되었다. 정신의학은 1960년대에 그 영향력이 커지긴 했으나, 반정신의학 운동antipsy-chiatry movement이 사회 관리를 위한 교활한 수단이라고 비판하면서 확장이 저지되었다. 1912년에 일본으로 도입된 정신요법(Okonogi 1971)도 "강한 의심의 눈길을" 받았다(Lock 1980: 258, Ohnuki-Tienery 1984, Ozawa 1996, Doi 1990). 일부 정신과 의사들은 일상생활의 문제 영역에서 정신의학의 확산이 발생하지 않은 것은 일본이 "서구" 사회에서 보였던 일종의 소외 현상 없이 근대성을 획득했음을 입증하는 것이라고 추측하기도 했다(Machizawa 1997 참조). 또한 일본에서 우울증이 특히 "드문" 증상으로 여겨졌던 것은 일본인들이 우울한 기분을 "병리화"하기보다는

"미화"함으로써 우울증 경험을 대체로 겪지 않은 것이라는 추론도 나왔다(Kimura 1979). 문화적 차이에 대한 이러한 가정에 확신을 가지고 있던 정신의학 전문가들은 제약회사 일라이 릴리Eli Lilly & Co.가 시장성 없는 일본에 프로작Prozac의 홍보와 판매를 진행하지 않도록 설득하기까지 했다(Applbaum 2006, Landers 2002). 이런 모든 상황들이 1990년대 후반 급격히 뒤집힌 것이다. 전례 없는 수의 일본인들이 우울증으로 고통받기 시작했고 그에 대한 정신의학적 치료를 갈구하게 되었다.

정신과 의사들은 일반적으로 그들의 영향력이 커지는 것을 과학적 진보의 신호로 간주하지만, 북미의 비평가들은 우울증의 증가가 새로운 항우울제의 출현과 어떻게 관련되어 있는지에 대해 우려를 표한다. 그들은 이것이 개인화된 생물학적 환원주의를 불어넣는 것이라고 경고한다. 이 경고는 "의료화 비판"에 근거한다. 즉, 사회적 기원 및 모순과 연관되는 삶의 문제를 개인의 생물학적 문제로 재정의하는 전지구적 흐름 속에서 우울증이 증가하고 있다는 것이다. 이러한 입장을 취하는 북미의 비평가들은 더 나아가 우울증의 생물학화biologization가 자아에 대한 근원적 공격이며, 항우울제 처방을 통한 빠른 치유라는 명목으로 사람들의 반발을 잠재우고 그들 고통의 사회적, 정치적 근원에 대한 반성적 역량을 감소시킨다고 주장한다(Illich 1975 참조). 일부 비평가들은 생물학적 환원이 더 나아가 생물학적 감시, 비정치화, 그리고 자율성의 감소를 초래한다고 말한다(Rose 2007 참조). 또 다른 계열의 비평가들은 우울증의 의료화가 북미 사회에 "슬픔의 상실"(Horwitz and Wakefield 2007)을 가져왔으며 사람들이 관용, 인내, 고통과 슬픔의 역량을 잃어가고 있다고 주장한다. "행복해지는 약"을 복용함으로써 정서적 삶이 변

그림 1.1. 우울증의 이미지. 2007년 항우울제 임상실험 참여자를 모집하는 제약회사의
광고 (출처: Shionogi & Co., Ltd.)

화되는 모습에 주목하는 일부 학자들은 이러한 의료화의 양태가 도덕적 불안을 조성하는데, 이는 사람들이 전통적으로 삶의 곤경에 대처하는 문화적 자원이 박탈되는 것이라고 말한다(Elliott and Chambers 2004).

북미에서 쏟아져 나온 각종 우려와 비판, 그리고 이러한 전지구적 의료화가 종종 "미국화"와 등치되는 모습을 보면서 혹자는 과거에[3] 정신의학이 개인화된 생물학적 환원주의로 비판받던 일본 같은 사회에서 왜 유사한 우려의 목소리가 나오지 않는 것인지 의아할 수 있다. 어떻게 일본의 정신의학이 일상생활 속으로 침투하였고, 이에 대한 사람들의 강력한 저항을 극복해왔는가? 정신의학은 우울증에 대한 이해와 치료에 생물학적 추론을 정확히 어떻게 연결시키고 있는가? 정신의학은 고통에 처한 사람들이 납득할 만하거나 심지어는 그들을 고통으로부터 해방시켜줄 수 있는 생물학적 설명을 제시하는 데 성공해왔는가? 일본인들은 북미에서 전개된 의료화와는 다소 다른 경로나 행복의 대안적 비전을 발견해왔는가?

의료화와 의료적 실천에 대한 최근의 인류학적 분석을 기반으로 이책은 정신의학이 어떻게 일본인에게 우울증에 대한 새로운 이해를 제공했는지 검토하고, 어떤 종류의 정치적 주체를 형성하도록 이끌었는지 질문한다. 의료화를 생의학의 하향식 통제와 동질화의 수단으로 보는 시각과 달리 인류학자들은 최근 이러한 프로세스를 사회적 논쟁과 정치적 운동의 지역적, 역사적 맥락에 근거를 두고 검토해왔다. 그들은 의료화가 일률적으로 비정치화로 이어진다고 가정하는 대신에 지역의 행위자들이 고통의 본질에 관해 경합하는 시각을 정교화하는, 생성적이며 정치적인 프로세스라는 것을 밝혀내고 있다(Lock 1993, 1999, 2002,

Young 1995, Cohen 1998, Kleinman 1986, 1995, Scheper-Hughes 1992, Todeschini 1999a, 1999b, Martin 2007). 나는 이러한 시각을 전제로 정신의학이 새롭거나 수정된 규범, 지식, 개념, 그리고 내가 여기서 "정신의학적 언어 psychiatric language"[4]라고 부르는 삶의 문제를 말하는 방식을 통해 새로운 주체들을 단순히 예속시킨다기보다는 생성하는 방식을 검토한다. 나는 특히 과거 일본에 의미 있는 방식으로 존재하지 않았던 "질환"의 정신의학적 치유를 모색하는 사람들에게, 정신의학적 언어가 그것이 재현하고자 하는 실재를 구성하는 데 있어서 얼마나 필수적인지를 보여주려 한다(Foucault 1973, 1975, Hacking 1995).

이러한 관점에서 나는 정신의학이 우울증의 **사회적** 성격에 관한 문화적 담론과 밀접하게 연계되고 사실상 이를 재전유하는 새로운 우울증 언어를 창조함으로써 일본인의 저항을 극복해왔다고 주장한다. 특히 과로 우울증에 관한 법의학적 논쟁을 통해 정신과 의사들은 우울증 환자들에 대한 매우 효과적인 묘사를 제공해왔다. 예를 들면 깊은 경제침체와 무너진 평생고용 제도 속에서 회사에 대한 환자들의 자기희생적 헌신이 더 이상 보상받지 못한다는 식의 설명이다. 그들은 "일본 스타일의 피로로 인한 우울증"(Kasahara, Yamashita, and Hirose 1992)에 초점을 맞추어 우울증이 어떻게 개별 뇌에 관한 병리학일 뿐 아니라 일에 대한 일본 문화 자체에도 근거를 두고 있는지를 구체적으로 설명했다. 이를 통해 그들은 우울증을 경제적 불확실성의 시대에 수많은 일본인들이 겪는 집단적 고통의 상징으로 격상시켰다. 이렇게 우울증을 "사회화"하는 언어를 통해 정신과 의사들은 생각지도 못했던 **해방**의 대리인으로 등장했다. 그들은 정상과 비정상, 건강과 병의 경계에 대한 일본인의 사고방식을 성공적으로 바꾸고 있으며, 사회가 사회적 고통을 겪는 개별 주체를 다루는 방식에 관한 문화적 논쟁을 재형성하고 있다.

이러한 맥락하에서 이 책은 일본에서 이렇게 다른 형태의 의료화가 어떻게 발생했는지, 그리고 그것이 어떤 결과를 가져왔는지를 탐구한다. 일본에서의 정신의학적 우울증 언어의 출현에 대한 나의 분석은 1998년부터 2010년 초기까지 이루어진 의료화의 등장에 관한 인류학적 연구를 근간으로 한다.[5] 나는 일본에 우울증이 비교적 덜 알려졌던 1998년 여름에 사전 현지조사를 시작했고 2000년부터 2003년까지 현지조사를 본격적으로 수행했다. 새로운 세대의 항우울제(선택적 세로토닌 재흡수 억제제, SSRIs)가 일본 시장에 도입되고, 사람들이 "우울증"에 관해 말하는 방법을 배우고 있던 시기였다. 나는 도쿄에서 2000년대에 걸쳐 우울증이 변화되는 경관을 지켜보면서 이전에 참여관찰했던 병원으로 돌아가 2008년, 2009년에 후속 조사를 수행했다. 이 시기에 후생노동성 Ministry of Health, Welfare, and Labor은 건강과 노동 정책에서 많은 변화를 만들어내고 있었고, 이는 우울증이 사회적 조건에 근거를 두고 있다는 관념에 제도적이며 물질적인 실재성을 부여했다. 이러한 정책적 변화는 산업계로 하여금 우울증을 치밀한 관리를 통해 예방되고 치료되어야 하는 집단적 위기로 다루도록 유도했다. 내가 현지조사를 마무리할 즈음 우울증이라는 개념은 보통 일본인들의 삶에 깊숙이 파고들었고, 내가 면담한 모든 사람들이 우울증으로 괴로워하고 이로 인해 병가를 내는 사람들을 알고 있는 듯했다. 그러나 우울증 환자의 증가와 함께 정신의학의 치료적 효용과 "치료법"의 특성에 관한 대중의 불안감이 새롭게 생겨나기 시작했다. 따라서 이 책은 정신의학이 일상생활의 영역으로 확장되면서 사람들을 감시와 생물학적 관리에 종속시켜 새로운 형태의 지배관계를 구성하고 있는지, 아니면 사람들이 겪는 곤경의 사회적 근원에 대해 고민하게 하고 해결하도록 도움으로써 그들의 반발이 사회개혁의 원동력이 되도록 하는지에 관해서도 탐구한다.

성찰적 행위자로서 정신의학적 주체의 생산

정신의학의 확산은 근대성의 특징(Rieff 1996, Giddens 1991)이자 현대 사회에서 통치의 특성, 정치적 감시의 성격, 행위성이 취할 수 있는 가능한 형태들이 변화되는 신호(Marcuse 1970, Foucault 1975, Rose 1996)로 언급되어 왔다. 생의학에 관한 비판적 연구의 1세대는 역사가 진보와 인도주의의 원칙에 의해 지배된다는 목적론적 관점에 대해 강력한 논쟁을 불러일으켰다. 의료사회학에서의 주요 연구들은 의료의 독점권을 확보(Freidson 1970, Illich 1975)하면서 지배적 사회질서와 권력구조를 재생산한다는 이데올로기적 용어들로 생의학을 개념화하는 데 힘을 쏟았다(Goffman 1961, Scheff 1966, Zola 1972). 특히 정신의학은 국가장치state apparatus로 기능한다고 비판받았는데, 정신의학이 자기 지위를 "과학적" 중립성의 이름으로 정당화하며, 사회질서에 완전히 참여하기에 부적합하다고 간주되는 사람들을 "정신적으로 아픈mentally ill"(Becker 1960) 자들로 명명하여 배제한다는 것이다. 이러한 과학 이데올로기의 중심에는 광기의 원인을 사회적 관계에 두기보다는 개인적 생물학/심리학에 위치시키는 개념화가 존재한다(Laing 1969, Szasz 1974, Cooper 1967, Ingleby 1980). 예를 들면 정신의학은 우울증을 뇌의 이상현상으로 정의하면서 처음에 소외를 불러온 사회적 조건으로부터 사람들의 관심을 돌리는 것이다. 이러한 분석에 의하면 정신의학은 사람들이 반발하는 목소리가 거부될 정도로 그들을 병적으로 만듦으로써 사회적 모순을 침묵 속에 가두는 역할을 한다.

이와 유사하게 일본 정신의학자들도 정신의학을 주로 억압의 수단으로 연구해왔다. 1960년대 반정신의학 운동의 영향 아래 이루어진 초기 연구들은 마르크스주의적 비판을 근간으로, 정신의학이 근대 국가의 수단으로 치유의 대안적 형태를 억압하고, 대상을 분류하고 표준화하며, 질환 경험을 지닌 사람들로부터 주도권을 박탈한다는 것을 폭로하고자 했다. 그들은 정신의학이 환자들을 "비생산적" 존재로 한정하기 위해 어떤 방식으로 과학적 범주를 남용하며 어떻게 그 근간의 경제적 합리성을 숨기고 있는지를 보여주었다. 모리야마(Moriyama 1975, 1988)는 일본에서 정신의학 기관이 근대국가 확장의 일환으로 어떻게 발전했는지에 대한 긴 역사를 조명했고, 도미타(Tomita 1992)는 지역 경제의 패턴에 따라 정신병원 감금 건수가 어떻게 변동하는지 보였으며, 아사노(Asano 2000)는 작업치료occupational therapy를 둘러싼 역사적 분쟁과 그것이 치료를 가장하여 강요된 노동의 형태로 기능했다는 혐의를 분석했다(Yamada 2000, Itsumi et al. 1970 참조). 정신병원에서의 소통 단절을 면밀하게 분석한 민속방법론적 연구도 있지만(Nomura and Miyamoto 1996), 정신의학 비판의 전반적인 경향은 정신의학을 획일적이고 억압적인 사업으로 묘사하는 것이었다. 이런 비판적 선행연구들의 중요성에도 불구하고, 정신의학에 대한 그들의 시각은 현재 수치로 입증되고 있는 우울증의 증가와 왜 수많은 사람들이 갑자기 그리고 **자발적으로** 정신의학적 치료를 찾고 있는지를 설명하지 못한다.

정신의학의 역사에 관한 보다 최근 (특히 유럽과 북미의) 연구들은 정신의학의 변화하는 권력 형태를 이해하기 위해 어떻게 주체들이 제도적, 개념적 차원에서 "정신적으로 아픈" 존재로 변환될 수 있었는지를 분석했다. 이 연구들은 사람들이 그들의 고통을 생물학적 또는 심리학적 용어로 이해하도록 길들이는 미세한 기술들을 자세히 설명했다(Foucault 1975, Atkinson 1995). 초기의 연구들이 전문가의 지배력을 강조했다면, 이들은 특정한 관념의 집합들이 "사실" 혹은 "진실"로 생산되고, 자연화, 안정화되는 **정상화**normalization의 과정을 밝혀냈다(Rose 1996, Nye 1984, Turner 1996). 이런 관점은 정신의학이 보호시설을 넘어 학교, 군대, 기업과 같은 사회적 기관들을 통해 일상의 삶으로 더 깊숙이 들어오는 양상 (Castel et al. 1982, Rose 1985, Nolan 1998, Herman 1995, Henriques et al. 1984, Still and Velody 1992, Lutz 1997, Turkle 1992)을 분석하는 데 특히 적절하다는 것이 입증되었다. 여기서 정신의학적 권력의 작동은 더 이상 하향식 억압과 강제가 아니라 설득, 체내화, 습관화로 개념지어진다(Foucault 1977, Althusser 1971). 지역화되고 일상화된 관행을 통해 정신의학의 언어는 주체들의 "생활세계"의 목소리에 본질적으로 섞여 들어 **내재화**된 권력이 된다(Foucault 1973, Armstrong 1983, Osborne 1994, Crawford 1984, Eguchi 1987, Miwaki 2000, Corin 1990, Lutz and Abu- Lughod 1990, Battaglia 1995, Sampson 1989, Sawicki 1991). 일본의 우울증과 자살에 대한 새로운 담론에서 볼 수 있듯이, 새로운 정신의학 체제는 사람들을 침묵시키는 것이 아니라 그들로 하여금 정신의학적 용어를 공유하고 말하며 자기 훈련을 하도록 장려한다.

일본인의 일상 용어체계에 정신의학이 어떻게 들어왔는지를 검토하는 데 있어 지난 몇 세기에 걸쳐 정신의학이 거쳐온 제도적, 개념적 변화 과정을 이해하는 것이 중요하다. 먼저 정책적 변화에 따라 정신과 의사들은 정신병원에서 사회의 문지기로서의 역할을 더 이상 보장받지 못했다. 특히 1969년 이후 지속된 격렬한 반정신의학 운동으로 인해 젊은 세대의 정신과 의사들은 구시대의 시스템을 벗어나 그들의 초점을 보호시설에서 공동체로 옮기고 이전보다 폭넓은 영역의 정신적 고통을 다룬다는 관념을 적극적으로 수용하기 시작했다. 이는 종종 정신 질환 mental illness으로부터 **정신건강**mental health으로의 전환이라 불리기도 한다. 또한 DSM-IV와 정신약리학의 영향력으로 대표되는 미국 정신의학의 전지구적 영향력 아래에서 일본의 정신과 의사들도 우울증의 정의를 크게 확대해 나갔다(Healy 2004). 이러한 맥락에서 그들은 이전의 주요 관심사였던 정신병적 우울증만이 아니라 매우 폭넓게 정의되는 기분장애mood disorders까지 그들의 치료목록에 포함시켰다. 다시 말해, 일본의 정신과 의사들은 더 이상 전통적 질병분류에 얽매이지 않고, 단순한 삶의 문제가 아닌 정신과적 문제의 경계를 다시 그리고 있는 것이다. 국가가 일터에서의 정신건강을 관리하고 자살을 방지하기 위해 정신의학을 매우 큰 규모로 활용하려 한다는 사실은, 이러한 의료화가 보통의 일본인들을 위한 의학으로 자신을 변화시키고자 하는 일본 정신의학에 있어 매우 중요한 변화의 계기임을 시사한다.[6]

우울증의 생물학적 원인과 사회적 원인

이러한 맥락에서 정신과 의사들은 두 가지 대조적이지만 보완적인 우울증 관련 언어를 미디어에 퍼뜨리며 우울증을 대중화하기 시작한다. 첫째는 생물학적 설명에 근거를 두는 것으로, 우울증이 개인들의 신체적, 정신적 조건에 영향을 미치는 것으로 그려내며 그 원인은 무엇보다 두뇌에 있다는 것이다. 이러한 언어로 우울증에 관해 쓰고 말하는 생물정신의학자들은 미국의 정신과 의사들과 별로 다르지 않다. 이들은 종종 제약업계와 협력하여 항우울제로 적절히 치료받지 않으면 우울증이 심각한 질병이 되거나 때론 자살로 이끌 수도 있다고 일본인들에게 말한다. 다른 하나는 우울증의 사회적 언어로, 주로 사회적, 현상학적 경향을 지닌 정신과 의사들이 장려한다(Shiba 1999, Takaoka 2003). 증가하는 자살률에 대한 대중의 염려에 호소해 그들은 자살이 단지 개인의 화학적 불균형 문제일 뿐만 아니라 사회병리적 원인에 의한 것이기도 하다고 주장한다. 또한 우울성 병전 성격melancholic premorbid personality 또는 멜랑콜리 유형Typus Melancholicus에 관한 전통적 정신의학 이론에 근거해(Tellenbach 1980[1961], Shimoda 1941), 정신과 의사들은 오늘날 대거 우울증과 자살로 내몰리고 있는 많은 사람들은 바로 일본 기업에서 가장 선호되는, 즉 이기심 없이 집단이익을 위해 자신을 헌신하는 부류라는 생각을 대중화시켜왔다. 이들은 일본 사회가 전통적 직업 윤리를 내면화한 사람들을 더 이상 보상하거나 보호해주지 못한다고 지적한다. 이들이 보기에 우울증을 개별적인 생물학 수준에서 개념화하는 것은 핵심을 놓친 것이다. 이들은 충격적인 자살률을 설명하기 위해서는 정신의학과 일본 사회 전체가 사회적 언어로 우울증에 대해 생각하기 시작해야 한다고 주장한다.

서구의 초기 의료화가 생물학화와 개인화를 전제로 했던 것과는 달리 일본의 정신의학은 우울증에 걸린 사람들이 살아가야 하는 사회질서에 의문을 제기함으로써 영향력을 확대해 나갔다. 특히 사회적 인식에 밝은 정신과 의사들은 우울증을 경기침체기에 살아가는 직장인들의 고통의 상징적 표지일 뿐 아니라 장기 병가와 경제적 보상을 위한 실용적 도구로 전환시켜 나갔다. 정신과의 우울증 진단은 노동자운동에 합류한 사람들에게 없어서는 안 되는 도구가 된 것이다. 더 주목할 만한 부분은 이러한 정신과 의사들이 우울증의 병인을 법적, 대중적 논쟁으로 열어젖힘으로써, 개인 탈진의 책임이 생물학적 취약성에 있는지 아니면 사회적 환경에 있는지를 논하는 정치적 투쟁의 장으로 그러한 논쟁이 옮겨가도록 했다는 것이다. 이러한 모습은 일본 정신의학의 전통적인 유전학적 결정론에서 후퇴하면서 정신의학이 반대자들을 개인화하고 유순한 노동자들을 재생산하는 사회적 관리의 도구라는 잠재적 비판으로부터 벗어나려고 노력하는 것으로 보인다(Miwaki 2000 참조). 그럼에도 정신의학적 언어가 활용되는 방식, 즉 한편으로는 낙담한 노동자와 그 지지자들이 반대의 목소리를 내는 통로로 사용하는 방식과 다른 한편으로는 국가와 기업이 그런 여론과 정서를 통제하고 침묵시키기 위해 사용하는 방식 사이에는 분명한 긴장이 존재한다.

일본에서 정신의학의 새로운 정치적 전복성은 사회적 우려의 승리를 알리는 신호일 수도 있지만, 생의학이 그 범주 아래 "사회적"인 것을 통합하려고 시도해온 방식을 고려한다면, 우리는 그러한 낙관론이 타당한지 묻는 것이 좋을 것이다. 여러 지역의 개혁론적 생의학 실천을 분석해온 인류학자들과 사회학자들은 사회적인 것들이 "스트레스"(Young 1980), "라이프스타일"(Comaroff 1982, Armstrong 1983), "가족 생활"(Silverman 1987)과 같은 "사회적"이라는 규정하에 개인화된 생물학적 개념들로 해석될 때 종종 발생하는 놀라운 전개를 지적했다. 이들은 정신의학과 심리학이 사회적 요인들을 개인의 생물학적/심리학적 속성으로 쪼개어 넣는 방식을 어떻게 만들어냈는지 꾸준히 보여주었다. 의료화에 관한 선구적인 민족지 연구에서 아서 클라인먼(Kleinman 1986)은 1980년대 중국에서 등장한 "신경쇠약neurasthenia" 담론을 통해 문화혁명의 부당함으로 인한 사람들의 사회적 고통이 어떻게 국가가 허용하는 방식으로 표현되는지 보여주었다. 그는 그러한 표현이 지닐 수 있는 해방적 함의에도 불구하고 그 해방의 생의학적 형태가 정치적 저항을 표출하는 사람들을 병리화시키고 고립시켜, 결국 그들의 목소리를 잠재우는 결과로 이어졌다고 말한다(Kleinman 1995). 앨런 영(Young 1995)은 베트남 참전군인들이 외상 후 스트레스장애PTSD 진단을 통해 집단으로서 그들의 처지를 공개적으로 인정받고 국가의 보상을 받은 과정에 대해 면밀히 조사했다. 이러한 정치적 유효성에도 불구하고, 영은 참전군인들이 그들의 고통을 표현하기 위해 PTSD 담론을 채택할 때 지불해야 했던 감정적, 도덕적 대가도 있었음을 보여주었다. 그러한 과정 속에서 그들의 경험을 둘러싼 역사적, 정치적 함의가 박탈되고 그들이 지닌 **분노**의 도덕적 의미들이 사소하게 여겨졌기 때문이다. 영은 더 나아가 신경생물학의 주도권이 강화되며 나타난 정신의학의 재생물학화에 따라 환자의 질환들이 점점 더 개인들의 생물학적 취약성의 측면에서 재해석되고 있음을 보여주었다.

일본에서 의료화의 "사회화"된 형태를 특징짓는 독특한 정치학을 이해하기 위해서는 "사회적"인 것과 "생물학적"인 것이 역사적, 정치적 맥락에 따라 각기 다른 이데올로기 지형과 연관된다는 점을 인식하는 것이 중요하다. 예를 들면 생물학적 환원주의는 미국 생의학의 특징으로 자주 비판된다. 과학사학자 히로이는 이러한 미국식 관점은 생물학적 결정론이 인종차별적 담론과 연결되던 역사와 떼어놓을 수 없다고 지적한다(Hiroi 1996: 151-56). 생물학적 결정론이 미국과 동일한 수준의 이데올로기적 권력을 갖지 못했던 일본에서는 그 대신 "개인의 정신이상보다는 병리학의 이미지로 '사회적 딜레마' 또는 격변"(Borovoy 1995: 7)의 은유가 활용되었다. 일본에서 이러한 사회화된 담론은 "사회-신체론socio-somatics"의 이데올로기에 기인한 것으로 가정되어왔다. 즉, 그것은 개인의 건강이 조화로운 사회질서에 기반한다고 보는 유교적 정치의 사회관이었던 것이다(Lock 1987). 이런 문화적 이데올로기는 일본 정부에 의해 제도적으로 뒷받침되었고, 일본 정부는 사회적 삶의 기반으로 가족 네트워크와 기업 복지를 배양함으로써 정치적 안정을 유지하기 위해 많은 노력을 기울였다(Gordon 2009). 사회성이 부족한 아이들을 연구해온 록(Lock 1986, 1988, 1993)은 일본에서 사회지향적 의료 담론이 반드시 해방적인 것은 아니며, 사람들이 겪는 고통의 의미를 과도하게 규정하는 방식으로 도덕화시키고 헤게모니를 조성해왔다고 말한다.[7] 그녀는 이러한 방식이 어떻게 개인들의 실제 질환과 변화의 가능성에 대한 관심을 쉽게 벗어날 수 없는 집합적 곤경이라는 추상화된 관념으로 전환시키는 데 사용되었는지 보여주었다. 보로보이(Borovoy 2008) 역시 이러한 종류의 사회화 담론이 어떻게 아이들의 개별적 요구를 인식하지 못한 채 아동 장애에 관한 사회적 해석을 정당화하는 데 사용되었는지 보여주었다.

따라서 대중 담론과 법적 분쟁은 우울증의 의미가 경합하는 중요한 현장이지만, 나는 그에 덧붙여 우울증이 실제 임상에서 회자되는 방식에 대해서도 검토할 것이다. 임상 진료의 목적이 사회적 비판의 목소리를 내는 것이 아니라 사람들이 겪는 삶의 고통에 대한 치료를 제공하는 것임을 고려할 때, 정신과 의사들은 고통의 본질에 대한 사람들의 인식을 어떻게 방향지우는 것일까?

설득의 장소로서 치료적 만남

일상의 고통을 정신의학적 용어로 이해하는 것에 대한 일본인의 저항을 정신의학이 어떻게 극복했는지 이해하려면, 현재 일본의 의료화를 내재적 설득의 수준에서 검토할 필요가 있을 것으로 보인다. 정신의학 용어의 범람은 정신의학이 물질적 지배의 수단으로만 작동했다면 분명히 가능하지 않았을 것이다. 비교적 최근까지 일본의 정신의학이 권위를 유지할 수 있었던 것은 그 지식이 문화적 상식으로 받아들여졌기 때문이 아니라, 의학지식을 통제하고 독점하여 정신적으로 아프다고 진단된 사람들을 그들의 동의 없이도 치료할 수 있는 관할권jurisdiction을 행사할 수 있었기 때문이었다. 그렇게 잔혹한 형태의 권력을 실행하면서도 정신과 의사는 정신의학적 세계관의 자연성에 대해 환자를 설득하거나, 환자에게 그것을 설명하거나 이해시킬 필요가 없었다. 이와 대조적으로, 우울증 담론으로 가장 명확하게 대표되는 오늘날 새로운 형태의 정신의학적 실천은 개념적 수준에서 작동하는 것을 추구해왔다 (Althusser 1971 참조). 스스로를 우울증에 걸렸다고 여기며 치료가 필요하다고 생각하는 사람들에게 정신의학은 "내재적으로 설득력 있는 담론"으로 기능하기 시작한 것이다. 이런 미묘한 강제는 개인들로 하여금 정신의학적 주체로서 "이데올로기적 전화ideological becoming"(Bakhtin and Holquist 1981: 342)를 요구한다(Lunbeck 1994 참조).

그럼에도 "의식"이라는 것이 조사하기에 매우 어렵다는 것뿐 아니라 사람들에 대한 정신의학의 개념적 지배가 결코 완벽하지 않기 때문에 이러한 전제는 즉각적인 어려움에 직면하는 듯하다(Young 1982a, 1983 참조). 민족지학자들은 정신의학적 치료와의 만남이 객관적 진실을 파악하는 장소라기보다는 논쟁의 장이라는 것을 꾸준히 보여주었으며(Corin 1998a, Corin and Lauzon 1992, Taussig 1980, Estroff 1981, Saris 1995), 그곳에서 환자들의 목소리는 종종 무시되거나 의심받았고 또는 "합리적 담론의 주변으로 내몰렸다"(Young 1982b: 275). 정신의학의 헤게모니에 필요한 개념적 변환을 이루지 못하는 경우, 정신과 의사들은 고통과 관련된 사회적 의미의 영역으로부터 멀어짐으로써 "정신 질환mental disorder"에 관한 최소한의 공유된 이해만을 모색할 수밖에 없다. 이런 측면에서 로버트 배럿은 전문가들이 어떻게 환자들로 하여금 자신들의 경험에 대한 스스로의 설명을 선택적으로 병합하게 함으로써 "조현병"에 관한 정신의학적 서사를 공동으로 생산하는 데 참여시키는지에 대해 세밀한 분석을 제시했다(Barrett 1996). 또 다른 학자들은 사람들이 그들의 고통에 대한 정신의학적 설명을 반드시 받아들이지 않으면서도 어떻게 스스로를 의료화의 실용적 행위자로 구성해 나가는지 보여주기도 했다(Nichter 1998, Lupton 1997, Good et al. 1992). 정신의학에 관한 민족지 연구는 정신의학이 작동하는 개념적, 상징적 변환의 모든 수준에서 여전히 많은 불확실성을 남겨두고 있다(Kirmayer 1993, Comaroff 1982).

나는 정신의학이 작동하게 된 개념적 방식에 대한 조사를 통해 일본 정신의학이 개인의 불행을 집합적 고통의 징후로 해석하는 일반적인 틀을 제공하여 생물학적인 요소와 사회적인 요소를 어떻게 우울증의 특정한 구성에 성공적으로 병합했는지 밝히려 한다(Kleinman 1986, Kleinman, Das, and Lock 1997 참조). 정신과 의사들은 무엇보다 환자들로 하여금 그들의 신체를 객관화하고 어떻게 신체가 피곤해지고 소외되는지에 대한 인식을 체계적으로 키우도록 촉구함으로써 이를 달성한다. 특히 낙담과 분노의 의미에 집착하는 사람들에게 정신과 의사들은 신체의 회복에 집중하게 하면서 그러한 감정을 완화시키려 한다. 그들의 격렬한 감정을 길들이고 생물학적 관리가 가능한 대상으로 변환시키는 동시에 정신과 의사들은 환자들을 무너지게 만든 사회적 압력을 강조하여 그들의 **희생자성**을 드러낸다. 정신과 의사들은 주로 남성인 임금 노동자뿐 아니라 주부들의 감정노동까지 포함해 과로를 강조하며, 이를 통해 생의학이 가장 잘해온 것을 달성한다. 즉, 그렇지 않을 경우 고통을 겪는 사람들이 종속되기 쉬운 자기비난과 도덕적 책임으로부터 해방시키는 것이다(Sontag 1978). 이런 방식으로 그들은 환자들이 놀라울 만한 획일성과 일관성으로 서사를 재생산하도록 한다. 이는 그들이 환자들을 완전히 설득했거나 의식을 변환시켰기 때문이 아니라 의도적으로 많은 부분을 그냥 남겨두었기 때문이다. 예를 들어 그들은 환자들이 자신들의 고통을 구성하는 데 어떤 역할을 했는지, 또는 환자들이 그것을 변화시키기 위해 할 수 있는 것이 무엇인지에 관한 심도 깊은 탐색을 하려 하지 않는다(Suzuki 1997). 그 결과 우울증 언어는 분명히 개인의 고통을 정당화하는 수단으로 활용되지만, 기묘하게도 개인의 행위성은 결여되어 있다(6장 참조).

우울증과 관련된 개인의 행위성을 결정함에 있어서 정신과 의사가 맡는 역할에 대한 관심 부족은 무엇보다 자살 시도와 관련해 문제시된다. 적어도 표면적으로는 대부분의 우울증 환자들이 큰 저항 없이 생물학적 우울증 언어를 수용하는 듯하지만, 자살을 시도했던 일부 환자들은 자살에 대한 지배적인 문화 관념을 소환함으로써 의료화에 저항한다(7장에 상술). 자살이 병리적 산물이라기보다 자유의지의 행위라고 주장하는 일부 환자들은 생물학적 언어를 채택하는 것의 함의에 대해 노골적으로 의문을 제기한다. 일부 정신과 의사들은 환자들이 사회적 문제의 희생자들이라고 강조하며 자살에 관한 문화적 관념을 이용해 생물학적 환원주의를 넘어서려 노력하기도 한다. 이러한 노력이 정신의학적 대화의 새로운 가능성을 제시할 수도 있겠지만, 결과적으로 자살한 사람들을 수동적 희생자로 그려내는 것은 사람들의 관심을 개인 고뇌의 구체성으로부터 집단적 곤경이라는 추상적 관념으로 돌리는 것이다(Lock 1986, 1988 참조). 또한 심리적, 실존적 측면을 회피함으로써 정신의학적 담론은, 특히 행위의 개인화된 의미와 그들 삶을 변화시키는 방식에 관해 탐구하려는 사람들에게는, 내재적으로 설득적인 **경험적** 언어가 되기 어렵다.

우울증이란 무엇인가?

사람들의 경험에 정신의학이 미치는 영향의 측면에서 내가 염려하는 것은 결국 정신의학에 대한 근본적 비난과 관련이 있다. 이러한 비난은 일본에서 드물지 않은데, 즉 정신의학이 현실의 불완전한 덩어리들을 질환으로 조합하며 사람들에게 영속적인 불안을 불어넣고 치료받아야 하는 문제로 만들어낸다는 것이다. 이 주장이 다른 여러 형태로 나타나기는 하지만, 근대 이전에 일본인들이 우울증을 거의 겪지 않았다는 추정과 지금 일본인들이 집단적으로 고통받고 있다는 주장은 우리로 하여금 의료화의 잠재적 악영향에 진지하게 직면하게 한다. 의료화는 병리적 경험으로 간주되는 것으로부터 일본인들을 보호할 정도로 우울증을 용인하고 미화하기조차 했던 일본인의 "문화적 자아"(Kimura 1979, Obeyesekere 1985 참조)를 무력하게 만들고 있는 것일까?

　놀랍게도 현장 조사를 하는 동안, 나는 현재 진행 중인 의료화에 대한 비판이 전혀 예상치 못한 곳에서 나온다는 사실을 발견했다. 바로 일본 정신과 의사들 자신이었다. 위에서 언급했듯이 그들은 처음에는 일본에 프로작을 위한 충분한 규모의 시장이 없을 것이라고 믿었다. SSRI가 일본에 도입되어 광범위하게 처방이 이루어지던 2000년 이후에도 많은 일본 정신과 의사들은 우울증의 급격한 증가가 "제약회사의 음모" 때문이라고 주장했다. 실제로 이러한 정신과 의사들이 비난했던 것처럼 일부 제약회사들은 초기에 "언어 변경"(Landers 2002)을 통해 항우울제를 판매하려고 노력했다. 제약회사들은 우울증에 보다 긍정적인 함의를 부여하기 위해 **"마음의 감기**kokoro no kaze**"** 또는 **"감기에 걸린 영혼"**이라는 문구를 채택했다. 정신과 의사들은 또한 제약회사들이 우울증을 누구나 언제라도 걸릴 수 있는 질환이라고 제시하는 방식에 비판적이었다. 의사들은 자신들이 명백하게 "진짜" 정신적 문제라고 생각하지 않는 증상을 지닌 환자를 치료하는 데 불편함을 느꼈고, 정상과 비정상의 기존 경계를 모호하게 함으로써 자신들의 직업이 일상의 문제에까지 그 관할권을 넓혀가는 것에 놀라움을 금치 못했다. 내가 면담했던 대부분의 저명한 정신과 의사들이 1970년대 반정신의학 운동의 절정기에 의사가 되었다는 점에서 그들은 인류학자에게 그들 자신의 직업을 비판적으로 이야기하는 방법을 알고 있었던 것을 감안하더라도, 그러한 비판은 놀라운 정도로 빈번했고 대부분의 정신과 의사들은 진정으로 우려하는 것처럼 보였다. 그들은 환자들이 약물치료에 의해 손쉽게 치료될 수 있는 질병을 지닌 것으로 "속아 넘어가는" 것에 대해 우려를 표했는데, 사실상 많은 사람들은 생의학이 일시적 위안을 제공할 뿐인 사회적/실존적/심리적 문제에 대한 치료를 필요로 하는 만성 환자가 되어버릴 수 있기 때문이었다.

정신과 의사들 스스로의 회의론이 의료화를 둘러싼 경합하는 힘들에 대한 우리의 이해를 복잡하게 만들지만, 내가 강조하고 싶은 점은 전통적으로 정신과 의사들이 엄격하게 유지해온 임상적 "우울증"에 대한 개념적 통제가 이제 무너지고 있다는 사실이다. 현재 논의되고 있는 우울증은 더 이상 생의학의 독점물이 아니라 제약회사, 의사, 행정관료뿐만 아니라 의료화의 한 축을 담당하는 변호사와 판사까지 포함한 다양한 행위자들에 의해 그 의미가 지속적으로 협상되고 수정되는 한 묶음의 개념들이다(Lock 1997, 2002, Cohen 1998, Clarke and Montini 1993 참조). 우울증의 의미 자체가 이렇게 유동적인 맥락에서 사람들이 우울증을 "인식"하기 시작했고 상이한 것들을 우울증이라고 주장할 수 있게 되었다. 그렇다면 현재 대다수의 일본인들에게 우울증이란 정확히 무엇일지 궁금해진다. 그리고 예전처럼 우울증이 낙인 찍히지 않는 것이라면 우울증에 대한 경험도 한 세기 전과는 다를 것이고 우울증에서 해방되기 위해 의학적 치료를 찾는 일도 가능하지 않았을까?

이러한 질문들을 더 깊이 검토하기 위해서는 문화정신의학 전문가에 의해 제기된 기존의 역사적 주장이 지나치게 관념적으로 그려졌고 서구와 그 나머지라는 극단적으로 양분된 관념에 근거하고 있음을 알아야 한다(Ōhira and Machizawa 1988 참조). 현재 우울증이 전 세계적으로 증가하기 이전에 우울증은 본질적으로 서양인의 경험으로 논의되곤 했다. 우울증의 전신인 멜랑콜리는 아리스토텔레스가 천재들의 병으로 얘기했듯이 서구에서 오랜 역사를 지녔다(Jackson 1986, Radden 2000). 이런 사고방식에서는 슬픔, 죄의식, 자기비난 같은 우울증의 증세가 성숙함의 징후, 심지어 성인 자아의 표지로 간주되었다. 이후 1960년대에는 죄에 대한 기독교적 관념이 서구인들에게 내면성에 대한 감각과 스스로에 대해 반성하는 능력을 제공함으로써 우울증을 겪게 되었다는 주장이 제기되었다. 반면에 비서구인들은 반성적 자아가 없고 그들의 미성숙하며 비자율적인 자아가 자기반성의 능력을 갖추지 못했기 때문에 우울증을 겪을 수조차 없다는 것이다(Littlewood and Dein 2000 참조). 일본 정신의학 전문가들은 1950년대부터 일본인들의 문화적 자아가 죄책감이 아닌 수치심에 기반을 둔 것이라는 루스 베네딕트(Benedict 1946)의 연구(제2차 세계대전 당시 캘리포니아에 수감된 일본인을 대상으로 한 연구)를 고찰하며, 일본에서 우울증의 부재는 일본인의 자아가 과도하게 외부의 권위와 소위 "관계적 자아"에 집착하기 때문이 아닐까 생각했다. 실제로 기무라 빈 등의 일본 정신의학 전문가들은 서구 중심적 담론에 반기를 드는 대안적 주장을 내놓기도 했다. 기무라는 "문화적 자아" 개념을 이용하여 일본에서 우울증의 부재는 자아의 미성숙함이 아니라 오히려 문화적 전통의 강함을 입증하는 것이라고 논증했다. 우울증을 "부자연스럽고 비정상적인 어떤 것"으로 규정하는 "서구인들"과 달리 일본인들은 높은 수준의 관용을 유지하고 심지어 우울증의 미적 차원을 발견해왔다고 기무라는 주장했다(Kimura 1979).[8] 미야모토 다다오(Tadao 1979) 역시 왜 서구의 정신의학이 일본에 도입된 19세기 이전에는 우울증을 의학적 상태로 인식하지 않았는지에 대해 고찰할 것을 촉구했다. 이러한 관점에서 보면 일본의 최근 우울증 증가는 자아 감각의 내밀한 영역으로 서구가 침투한 또 다른 예로 여겨질 수도 있을 것이다.[9]

그러나 나는 19세기 후반 일본에서 정신의학이 등장하기 이전으로 거슬러 올라가면 "우울증"을 일종의 병리현상으로 간주하는 대안적 의료 용어가 저층에 충분히 존재했으며 지금도 여전히 그렇다는 것을 발견했다(2장부터 5장까지 참조). 일본 정신과 의사들의 일반적인 주장과는 달리, 적어도 16세기 이래로 전통의학에는 감정의 병으로서 우울증 개념이 포함되어 있었다. 사실 우울증을 뜻하는 현대 일본어 용어인 울병鬱病, utsubyō이 바로 전통의학에서 나온 것으로 19세기에 멜랑콜리아의 일본어 번역어로 채택된 것이었다. 울병 또는 그 이전에 불리던 울증鬱症, utsushō은 서구의 멜랑콜리아 관념과 놀라울 정도로 매우 유사한 특성을 보였다. 둘 다 생체 에너지(일본의 울증에서는 '기'로, 서구의 멜랑콜리아에서는 '체질'로 불리는)의 침체라는 신체적, 정신적 상태를 일컬었으며, 사람들이 어떻게 사회적 사건, 정서적 경험, 생리학적 변화 사이의 복잡한 상호작용 속에서 "우울함"을 느끼게 되는지를 설명했다. 대중 소설과 연극에 차용된 이 두 관념은 각각 "질병disease"이라는 좁은 범위의 의학적 정의를 넘어선 문화적, 도덕적 의미를 지니고 있었다. 일본에서 울증이라는 전근대적 개념에 인식론적 급변을 가져온 것은 19세기 독일의 신경생물학적 정신의학이 도입되면서 시작된 것으로 생각한다. 울증 상태가 병에 걸린 뇌의 문제로 전환되면서 울증의 사회적, 문화적, 심리적 의미들이 지워지게 된 것이다. 더 나아가, 이언 해킹(Hacking 1986)은 근대 정신의학이 단순히 질병의 범주만이 아니라 "사람의 종류kinds of people"를 만든 것이라고 주장한다. 이 경우에는 그 사람의 뇌가 본질적으로 다른 사람들의 것과 다르다고 간주되는 병적 우울증을 지닌 사람의 종류가 생겨났던 것이다. 그리고 정신의학은 더 이상 보통 일본인의 우울증에 관한 서사에 귀 기울이지 않았다.

실제로 혹자는 일본 근대 정신의학의 역사가 주관적 고통과의 극단적 단절로 특징지어진다고 주장할 수도 있을 것이다(Foucault 1975, Duden 1991, Yamaguchi 1990, Porter 1985 참조). 일본 정신의학도 다른 나라의 정신의학과 마찬가지로 분류되지 않고 진단될 수 없는 단순한 증상의 호소가 아닌, 의학적으로 인정되는 정당한 "질병"을 결정함으로써 과학적 권위를 내세웠다. 더구나 그 역사가 서구적 범주의 수입으로 시작되었기 때문에 일본 의사들은 환자들의 혼란스런 상황을 탐구하기보다는 일상의 실재를 서구의 기존 범주에 맞추는 데 더 많은 신경을 집중했다. 정신의학적 권위를 환자의 주관적 설명에서 전문가의 객관적 관찰로 대체한(Hoff 1996, Radden 2000) 독일 정신의학자 에밀 크레펠린의 신경생물학적 언어를 채택하게 되면서 일본 정신과 의사들은 환자들의 경험을 중요치 않게 여기게 되었는지 모른다. 이런 선택적 집중과 정신 질환의 특수한 구성으로 인해 일본 정신과 의사들은 일본인들이 우울증을 앓지 않는다고 주장한 것이다. 따라서 우울증의 새로운 정신의학적 언어가 실제로 사회적인 것과 신체 및 감정의 상호연관성에 대한 사람들의 인식을 다시 구축했을 수도 있다. 그러나 이것이 주관적 경험의 의미를 과도하게 결정하는 권위적이고 획일적인 언어로 기능한다면(Good 1994), 역시 "생활세계의 식민화"(Habermas 1987)에 활용되는 것일 수 있다.

정신의학이 경험의 언어로서의 한계를 드러내는 하나의 영역으로, 나는 환자들이 우울증에서 회복되는 과정에 대한 그들 자신의 서사를 검토하고 의사와 환자의 보고 사이에 존재하는 틈과 어긋남을 조명할 것이다. 분석의 또 다른 측면에서는 우울증을 겪는 여성의 비율이 남성에 비해 두 배나 높은 서구와 달리 왜 일본에서는 남성이 여성만큼 높은 수치를 보이는지에 대해서도 검토할 것이다(이 수치들은 우울증의 의료화로 인해 급격히 변화해왔다. 8장과 10장 참조). 일본 남성들의 서사를 통해 정신의학적 언어가 그들의 고통을 과로의 산물로 이해시키고 정당화하는데 효과적으로 작동했다는 것을 보여주고자 한다. 또한 반대로 동일한 언어가 여성의 "우울증"에 대해서는 설득력 있게 말하는 데 종종 실패했다는 것도 함께 보여줄 것이다. 나아가 여성들이 자신의 깊은 고통을 인식하는 데 있어 얼마나 많은 어려움을 겪어왔고 지금도 겪고 있는지를 보인다. 우울증의 젠더화된 구조(Hubert 2002 참조)를 드러내면서 나는 정신과 의사들이 어떤 사람들은 배제하면서 특정 사람들의 고통에 더 주의를 기울일 수 있다는 가능성을 제기하려 한다. 그리고 그렇게 함으로써, 이 언어가 특별히 누군가는 해방시키고 또 누군가는 종속시킬 수 있을 것인지에 관해서도 물을 것이다(Abu-Lughod 1990, Comaroff 1985, Scott 1985, 1990). 의료화가 개별 고통에 대한 보다 다양한 표현으로 나타날 것인지, 새롭게 발견된 목소리가 개인의 주관성을 지배하는 의료화의 영향에 대항할 수 있을 것인지 등과 같은 질문들이 이 책 전반에 걸쳐 논의될 것이다.

나는 정신과 의사들이 노동의 정신병리학에 초점을 둠으로써 사회적 불의에 대한 파편화된 개인의 증언을 고통에 대한 **공적 언어**public language로 바꾸는 과정에서 핵심적인 역할을 해왔다는 것에도 관심을 기울이고자 한다(9장에 상술). 참전군인의 외상 후 스트레스 장애PTSD 진단(Young 1995)이나 우크라이나 원전 재난 피해자의 장애에 대한 의학적 증명(Petryna 2002)과 같은 고통에 대한 생의학적 검증은 현대 사회에서 사회적 고통에 대한 경제적 보상을 요구하기 위해 필수적인 도구이다(Kleinman 1986 참조). 일본의 정신과 의사들이 전형적인 우울증 환자를 과로하는 직장인으로 설득력 있게 그려낸 것도 마찬가지이다. 그들은 미디어와 정신의학 논문을 통해 과로, 실직, 파산, 과로자살을 겪는 사람들과 우울증 사이의 강한 연관성을 만들어냈다. 정신과 의사들은 우울증에 걸린 직장인에 대한 강력한 증거를 제공하면서 우울증 환자를 생물학적, 사회적 힘의 희생자로 재정의해왔다. 노동을 우울증의 주요 원인으로 강조하고 우울증 환자를 일본 사회가 겪고 있는 경제 구조 조정의 잔인한 폭력에 예속된 주체로 묘사함으로써, 그들은 우울증을 정치적, 경제적, 법적 개입이 필요한 사회적 문제로 부각시키는 데 성공했다. 이런 의미에서 정신과 의사들은 좁은 임상의 장을 넘어 해방적 영향력을 발휘하고 정치 영역에서 공적 목소리를 내기 시작했다(9장부터 11장 참조). 따라서 나는 이 책 전반에 걸쳐 정신과 의사들이 우울증, 업무 스트레스, 불황을 개념적, 제도적으로 연결해온 과정을 보여줌으로써, 의료화의 차이가 일본에서 우울증의 의료화를 추동해온 특정한 정치적, 경제적 관심사에서 비롯된 것임을 설명하고자 한다.

1부
역사 속의 우울증

북미와 유럽에서 일본의 우울증 급증에 대한 이야기를 하면, 일본인들에게 예전에는 우울증이 없었느냐, 왜 이렇게 갑자기 우울증에 걸렸느냐라는 질문이 많다. 어떤 학자들은 많은 일본인들의 경험이 "서양" 개념이 미국화된 일본에 전해진 또 하나의 사례는 아닌지, 아니면 일종의 일본 사회 특유의 우울증에 상응한 (혹은 대안적인) 이해로 보아야 하는지 물어온다. 이러한 물음에 간단한 답은 없겠지만, 16세기까지 거슬러 올라가 일본의 우울증에 관한 당시의 의학 문서 및 기타 인쇄물을 살펴본 본 역사적 조사는 우울증이 단순히 최근에 수입된 것이 아니라는 사실을 밝히고 있다.

울병(또는 그 전신인 울증)의 전근대적 개념을 연구한 결과, 일부 정신의학자들의 주장과는 달리 이 용어는 오랫동안 일본 전통의학에 뿌리를 두고 있다는 것을 알게 되었다(2장). 본래 중국으로부터 수입되어 16세기에 일본의 의학 지식에 편입된 울증은 기력 저하, 낙담, 사회적 위축을 포함한 광범위한 증상으로 이어지는 병적인 정체 상태를 일컫는 범주였다. 일반인들이 울증에 대해 의학적 치료를 찾기 시작한 17세기 중반 이후, 울증은 점차 도덕적으로 양극화된 의미를 갖게 되었고, 이후 지식인들에 의해 정신의 과도한 사용과 나태함으로 인한 병을 암시하는 것으로 사용되었다. 울증에 부여된 의미의 변화를 추적하면서, 나는 전근대 일본인들이 이 용어를 어떤 방식으로 사용하여 신체에 대한 감각과 존재 방식, 그리고 그들이 살아온 사회적 환경을 표현했는지 살펴본다. 나는 또한 이러한 울증 관념과 서양의 멜랑콜리아 사이의 어떤 유사점을 지적하는데, 둘 다 심신의 밀접한 관계를 표현하기 위해 사용되었기 때문이다.

3장에서는 우울증에 대한 일본 의학 지식의 역사적 불연속성이 발생한 것은 19세기 후반 생의학이 공식적으로 도입되면서 야기된 인식론적 단절의 결과일 것이라 가정한다. 1880년대에 독일의 신경정신의학을 받아들인 일본의 정신의학자들은, 울병을 포함한 정신병리는 사회 환경과는 무관하게 존재하는 개인의 신경학적 결함의 문제라고 주장하면서 전통적인 의학 관념을 버리기 시작했다. 울병은 유전적 이상을 의미하는 정신병(조울증)의 한 형태로 재분류되면서 이전의 문화적 의미로부터 더욱 멀어졌다. 따라서 이 장에서는 일본 정신의학의 역사를 간략히 살펴봄으로써 오늘날 인기 있는 질병 범주로서의 울병의 재등장이 일본 정신의학 자체가 겪어온 역사적 변화—중증 환자를 위한 생물학 기반의 학문에서 사람들의 일상적 고통을 치료하는 것까지 의료 행위의 망을 넓혀가는—와 별개로 이해될 수 없음을 보여준다.

20세기 초 일본 정신의학계의 공식 담론에서는 우울증이 모호하게 비춰짐에도 불구하고, 시점을 변화시킴에 따라 우리는 일본인들이 일상의 괴로움에 대한 불안감을 지속적으로 표현하고 그에 대한 의학적 돌봄을 추구했던 다채로운 지형을 발견할 수 있다. 4장에서 논의하는 바와 같이, 이는 19세기 후반에 미국과 유럽을 휩쓸고, 20세기 들어와 일본에 퍼진 신경쇠약의 "유행epidemic"에서 나타난다. 이 유행은 당시 세계적인 관심사였지만, 일본에서는 신경계와 뇌에 대한 서구적 개념에 일본인들이 익숙해지게끔 만들어주는 역할을 하는 독특한 형태로 나타났다. 광범위한 의료화의 초기 사례로서 신경쇠약 담론은 우울증에 대한 현재의 담론과 많은 유사점을 보이는데, 특히 그 인과관계에 대한 대중적 논쟁, 즉 신경쇠약이 과도한 노동의 결과인지 개인의 생물학적 나약함의 결과인지에 대한 것과 관련해서 그렇다. 더 나아가 이 장에서는 정신의학이 어떻게 신경쇠약 개념을 집요하게 확장하였고, 그 결과 신경쇠약에 의지하거나 이 질병 범주를 내재화시킨 사람들을 낙인찍고 있는가를 보인다.

1900년대에서 1930년대까지 형성된 신경쇠약 담론은 1930년대 이후 일본 정신과 의사들이 특유의 우울증 언어를 구체화할 수 있는 틀을 제공했다. 5장에서는 임상 현상 발현 전의 우울한 성격에 대한 지역적 의학 이론에 초점을 맞춰 이 정신의학 언어의 출현을 살펴본다. 이러한 학설은 전쟁 전의 생물학적 환원주의를 극복하기 위한 시도로, 제2차 세계대전 후의 정신의학자들에 의해 더욱 발전되었다. 이 이론들은 우울증에 걸린 일본인들의 성격을 규범적인 관점(진중하고 근면하며 배려심 깊고 책임감 강한)에서 보여주는 한편, 우울증의 중요한 사회적 원인으로서 과로와 피로에 대한 주의를 환기시켰다. 우울성 병전 성격에 대한 이러한 해석의 전환을 따라가면서, 우울증을 법적, 경제적, 정치적 개입을 가능하게 하는 사회적 병리로 재정의함에 있어 정신과 의사들의 "생물학적인 것"에 대한 재해석이 얼마나 필수적이었는지 보여준다.

1부에서는 지금까지 거의 연구되지 않은 일본에서의 우울증 변천의 역사를 개괄적으로 서술함으로써, 일본 정신과 의사들이 어떻게 우울증을 오늘날 가장 많이 언급되는 질병들 중 하나로 성공적으로 변화시켰는지를 보여준다. 또한 우울증에 관한 일본의 의학적 담론에서 반복적으로 대두되는 과로와 피로라는 주제를 조명함으로써, 정신과 의사들이 어떻게 우울증 환자를 그들의 통제를 넘어선 생물학적, 사회적 힘의 정당한 피해자로 이해하게 되었는지 탐구한다.

2
몸의 감정을 읽다 - 전근대적 우울증 언어

『내경』에서 의사들이 분노가 치밀어 오르고 두려움 속에 가라앉고 슬픔에 쓸려 내려가는 **기**에 대해 이야기할 때, 그들은 감정에 대해 객관적으로 설명하려 하지 않는다. 그들 자신의 몸을 통해 그들이 알고 있는 것과 관련지어, 분노는 갑작스럽고 폭발적인 울컥함으로, 슬픔은 진이 빠져버리는 방식으로 자신 안에서 주관적으로 느낀 바로써 묘사한다. 그러한 친숙한 일상에서의 익숙한 감각들은 정기의 전통적인 담론을 더욱 설득력 있게 만들었다. 그들 자신이 그러한 신체**였기** 때문에, 기에 대한 확신은 사람들이 몸에 대해서 가지고 있는 지식 안에 깊게 뿌리내렸다.

— 구리야마(중국 전통의학에 대해서),
『몸의 노래』(Kuriyama 1999: 103)

"우울증"의 역사적 부재?

의료인류학자들은 어떤 의학 개념들은 여러 문화로 잘 전파되고 지역 지식에 통합되는 반면, 다른 개념들은 다른 문화로 옮겨갔을 때 이질적이고 경험하기 어려우며 심지어는 이해할 수 없는 것처럼 보이는 이유에 대해 오랫동안 연구해왔다. 그들은 전통적으로 번역의 실패를 근본적인 문화적 차이의 징후로 해석해왔지만, 최근에는 그러한 주장의 이면에 숨어 있는 문화적 본질주의에 의문을 제기하고 그 대신 번역에 있어 권력의 문제를 탐구하기 시작했다. 인류학자들은 역사적으로 개념이 전달되는 초기 과정을 조사함으로써 특정 의학 개념이나 언어를 채택하는 데 어떤 힘이 작용하는지, 각각의 의학적 언어가 어떻게 상이한 양식의 실재를 표현하거나 해석하는 데 쓰이는지, 그리고 그러한 전달의 장면이 어떻게 이런 의학적 언어들이 경합하는 권력 투쟁의 장으로 읽힐 수 있는지에 대해 연구해왔다.

이런 점에서 1990년대 후반 이후 일본에서 우울증의 "증가"는 흥미로운 사례로 보인다. 이는 19세기 독일에서 우울증이라는 정신의학적 개념이 들어왔음에도 불구하고, 일본 정신과 의사들이 일본인들 사이에서 희귀해 보이는 이 현상에 대해 오랫동안 의아해했기 때문이다. 일본에서는 우울증 개념 자체가 전문적인 정신의학 지식으로 확고히 자리 잡고 있었지만, 일본인들이 그들의 경험을 이해할 때 우울증이라는 개념은 거의 주목받지 못하거나 설명력을 갖지 못했다. 이는 곧 번역의 실패를 시사하는 듯했다. 몇몇 정신과 의사들은 우울증, 또는 그 전신인 멜랑콜리아가 오랜 역사를 가지고 있는 서양과는 달리 현대 정신의학이 등장하기 전에는 일본에 우울증이 존재하지 않았다고 추측했다(Miyamoto 1979). 기무라 빈과 같은 다른 저명한 학자들 역시 우울한 감정에 대한 일본인의 전통적인 관용, 심지어 미화가 일본인들로 하여금 우울한 감정을 병적으로 보지 못하게 했을 것이라고 논했다(Kimura 1979). 일본의 정신과 의사들은 1990년대부터 갑자기 우울증이 일상화된 고통의 관용어로 떠오르고, 언론에서는 이를 "국민병national disease"이라고 부르는 것에 대해 당혹스러워했다.

이 급격한 증가와 우울증의 역사적 부재를 어떻게 해석할 수 있을까? 한편으로 기무라를 비롯한 다른 일본 정신과 의사들은, 멜랑콜리아 개념이 의학뿐만 아니라 종교, 철학, 문학에서 상징적 지위를 가지고 연상 작용이 있는 서양과는 달리, 일본 의학의 역사 안에는 멜랑콜리아와 같은 정신이상에 상응하는 개념이 없다는 점을 들어 일본과 서양 사이의 확연한 차이를 보여주는 듯하다. 그러나 다른 한편, 우리가 우울증의 개념을 더 가벼운 형태까지 포함하도록 확장한다면, 일본인들이 우울한 감정을 아주 드물게 병적으로 취급하였고 그 감정을 단순히 미화시켜 왔다고 생각하는 정신의학자들은 너무 오만했던 것일지도 모른다.

우울증의 역사에 대한 본 연구는 현재 일본인들이 우울증에 사용하는 동일한 용어인 울병鬱病이 전근대 일본에도 존재했을 뿐만 아니라, 그 예전 형태인 울증鬱症/鬱証과 **기울병**kiutsubyō, 気鬱病이 침체된 기분, 무기력, 사회적 위축으로 특징 지어지는 질병의 범주로서 18세기까지 대중 문학에 등장했다는 것을 밝힌다. 실제로 18세기 후반 네덜란드 의학에서 멜랑콜리아의 개념이 들어오면서 울병, 우울병 같은 "울utsu"의 일부 변형된 용어들이 표준 번역으로 채택되었다. 그렇다면 왜 일본 정신과 의사들은 전근대 일본인들에게 우울증에 대한 개념이 없다고 추정하게 되었는가?

최근 일본 의학에서 신체의 역사기록을 다룬 구리야마 시게히사(Kuriyama 1997, 1999)와 타 자료(Shirasugi 1997)를 참고하면서, 전통 의학서적과 대중문학을 활용해 일종의 의미론적 역사기록학을 시도해보고자 한다. 오늘날 우리에게 알려진 엄격하게 정의된 우울증 증상군에서 시작하여 그 질병 자체가 어떻게 역사를 넘나들었는지 조사하는 것이 아니라, "울utsu"이라는 용어 자체를 추적하고 개념 전달의 다양한 순간에 어떤 의미와 조건이 관련되었는지 살펴보고자 한다. 이를 통해 어떻게 전근대적 우울증에 대한 기존의 정신의학적 논의가, 푸코가 프랑스 근대성에 관해 묘사한 일종의 인식론적 단절(Foucault 1973)이 일본에서는 훨씬 더 결정적인 힘, 특히 의학을 통해 일어나게 되었다는 점을 충분히 고려하지 못했는지 조명하고자 한다(Garon 1997 참조). 19세기 후반부터 일본인들은 전통적인 이해 방식을 대부분 버리고 완전히 새로운 언어[1], 즉, 현대적 자아를 구성하는 언어를 차용하기 시작했다. 이 새로운 "전지구적" 의학 언어를 통해 "신경"(유럽으로부터 소개되기 전까지 일본에 알려지지 않았던)과 뇌(전에는 거의 중요하지 않다고 생각되었던 신체기관)의 개념이 통제의 중심지로서 일본 대중에 소개되었다. 더욱이 이 언어는 그 자체로 존재하는 추상화된 실재로서 신경정신학적 우울증 개념을 도입했고 (Zimmermann 2008 참조), 이는 몸으로부터 감정을 읽어내는 전통적인 언어를 무효화시키는 역할을 했는데, 이 언어의 일부가 **우울증**의 전근대적 개념을 구성해온 것이다. 일본인들이 시대별로 몸과 마음을 어떻게 다르게 경험하는지 조명하면서, 나는 에도 시대에 사람들이 이야기해온 "우울증"이 19세기 독일 신경정신과에서 나온 우울증 개념으로의 전이를 통해 어떻게 생소한 것이 되었는지, 그래서 대부분의 일본인들에게는 시대에 뒤쳐진 것으로, 심지어 정신과 의사들조차 그러한 질병 경험이 거의 존재하지 않는다고 추측하게 되었는지를 물을 것이다.

기의 흐름이 정체된 병으로서 울증

동시대의 일본인들은 **울병** 또는 **울증**이라는 병명이 있다는 것을 들으면 우울증이 전근대 일본에 존재했을 것이라고 쉽게 추측할 수 있을 것이다. 울은 우울한 기분을 나타내는 데 오랫동안 사용되어온 일반적인 용어이며, 증와 병은 각각 증상과 병을 나타낸다. 하지만 울증의 본래 의미에 비추어보면 그렇게 단순명료하게 보긴 힘들다. 울증의 의학적 개념이 있기 전에, 울이라는 말은 이미 오랜 역사를 가진 일상적인 단어였다. 울은 두 가지 의미를 지닌다. 우선, 울鬱이라는 글자는 "밀집하게 함께 자라는" 나무들을 형상화한 것으로, 사물이 난무하거나 빽빽하게 자라거나 정체된 생리 상태를 의미하는 단어이다. 둘째로, 중국 문학과 일본 문학에서 울은 침울, 슬픔, 그리고 수심의 표현으로 초기부터 사용되었다(Morohashi 1984: 13261-65). 겉보기에 상이한 의미들을 통합한 것은 기氣라고 불리는 현상에 대한 전근대적인 믿음이었다. 기는 모든 생명체뿐만 아니라 세계, 우주 그 자체도 이러한 생명 에너지로 가득 차 있다는 일본 전근대 사상의 본질적인 부분이었다(Arima 1990, Maebayashi 2000). 기는 보이지 않고 무형의 존재였지만 대기권에서 움직일 때는 바람의 형태로, 인체로 숨을 내쉴 때는 호흡의 형태로 느낄 수 있었다. 끊임없이 순환하는 어떤 것으로서 기는 외부와 내부의 힘 모두에 의해 변화되고 또 변화하는데, 그중 하나가 감정의 움직임이었다. 따라서 전근대 일본인들이 울에 대해 이야기할 때, 아마도 생리적으로 정체된 것은 기 그 자체였을 것이며, 인간의 몸에서 막히게 된 그와 같은 기가 심리적으로 우울한 상태를 야기한다고 여겨졌다. 사실 전근대 문학에는 이러한 이중적 의미로 울을 지칭하는 말이 유행하고 있었는데, 이는 분노가 치밀어 오르고 슬픔에 빠지고 얽히고 막히는 것을 묘사하는 기가, 마음과 육체 모두에 일어나는 감각을 설명했던 전근대 일본의 보편적 지혜의 일부였음을 시사한다(Kuriyama 1999 참조).

울이라는 단어 자체가 이 두 가지 의미를 가지고 있지만, 의학 개념으로서의 "울증"(우울의 징후)은 그것이 감정의 병이라는 지배적인 이미지를 얻기 전에 단순히 다양한 종류의 병리학적 침체를 나타내기 위한 것으로서, 첫 번째 함의에서 시작된 것으로 보인다. 이 개념은 16세기 초에 다시로 산키(1465-1544)에 의해 중국에서 전해졌다. 다시로에 따르면 울증에는 무엇이 막혔냐에 따라 기, 습, 열, 담, 혈, 식의 여섯 가지 종류가 있었다. 기울에서는 가슴의 "날카롭고 찌르는 듯한 통증", 현기증, 두통 또는 "말단 부위의 부종"이 나타나며(Tashiro 1979: 151), 담울에서는 호흡곤란을 일으키고, 혈울에서는 팔다리에 기력이 떨어지고 붉은 대변이 나온다(Manase Dōsan 1979: 15-17 참조). 이러한 정체에는 다양한 신체적 고통이 깔려 있다고 생각했기 때문에, 의사들은 발현된 신체적 증상을 검사함으로써 환자가 어떤 종류의 울을 가졌는지 진단할 수 있었다. 다시로의 유명한 제자로 고세이 의학파 설립에 기여한 마나세 도산(1507-94)과 겐사쿠(1549-1631)는 그들의 증례집을 통해 의학 안으로 이 개념을 받아들였다. 예를 들어 요도기미(당시 일본 통치권자의 연인)는 두통, 불면증, 가슴이 답답하고 아픈 증상을 보여 30대에 울증 진단을 받았다. 고요제이 천황도 28세 때 울증 진단을 받았고, 갑작스러운 어지러움, 의식 상실, 급작스럽게 중태에 빠졌을 때 약초로 무사히 치료되었다(Manase Gensaku 1979: 93-94, 98). 에도 시대의 세 번째 쇼군인 도쿠가와 이에미쓰도 30대에 기울에 걸렸다(Hattori 1978: 686-92). 이러한 사례에서 알 수 있듯이 의학적 진단으로서의 울증은 원래 체내의 각종 정체를 지칭하는 광의의 개념이었다. 전통적인 의학 개념인 "증"이 증상만이 아니라 병의 변화 국면을 나타낸다는 사실은 울증을 현대의 우울증과 동일시하기 더욱 어렵게 만든다.

울증과 우울증의 이러한 본질적인 차이는 존재하지만, 1686년 일본 최초의 의학사전이 출판되었을 때 울증이 일곱 가지 감정의 병으로 간결하게 정의되었다는 점을 주목할 만하다(Ashikawa 1982). 특히 **기울증**(기울의 병)은 기력이 없고 침울한 상태를 나타내기 위해 울증과 번갈아 사용하는 일반적인 범주가 되었다. 기가 건강에 가장 필수적인 요소라는 사실, 즉 다른 물질들의 체내 순환을 가능하게 하는 핵심적인 것이라는 사실을 고려할 때, 아마도 이것은 놀라운 일이 아니었다. 또한 기는 감정을 지배하는 것으로 여겨졌기 때문에 기울은 울증의 가장 중요한 특징이 되었고 생리적, 심리적 의미를 모두 가지게 되었다.

울증은 기가 정상성을 잃고 체하고 막히고 흩어지지 못하는 상태로 개념화되었고, 이는 기후, 음식섭취, 수면, 생활습관 등 외부적, 내부적 힘에 의해 야기되었다(Tashiro 1979). 그러나 이러한 의학 문헌에서 울증의 중요한 원인으로서 눈에 띄는 것은 **감정**의 움직임이었다. 사람이 갑작스럽고 격렬한 감정을 경험하면 기는 한 곳에 모여 정체되는 것으로 여겨졌다. 장기간의 대인관계나 환경과의 관계에 불화가 있을 때, 만성적인 정서적 고통에서도 기의 정체가 나타날 수 있다. 예를 들어 다시로는 다음과 같이 쓰고 있다. "남자나 여자가 연민에 얽매이거나, 애틋한 그리움을 이루지 못하거나, 질투에 격노할 때, 가슴 속의 기는 질서를 잃고 격렬하게 일어난다"(Tashiro 1979: 40). 정체된 기는 엉키게 되고 점차 몸에 정체를 형성하여 때로는 일본 전통 사상에서 **혼**soul의 위치라고 여겨지는 위와 심장 근처에 날카로운 통증을 유발한다. 일본인들은 중국 전통사상에 따라 "몸과 그 다양한 기운을 통제하고 조절하는" 것이

"마음의 흐름"이라고 말할 수도 있었다(Ishida 1989: 67 참조). 이러한 울증에 대한 서술은 에도 시대 내내 의학 교과서에 계속 등장했는데, 이는 근대 이전의 일본인들이 기울의 병에 대해 이야기할 때, 생리적 의미에서 정체된 상태를 말하면서도, 체내의 막힘을 유발하는 그 동일한 기 자체가 심리적으로 침체된 상태 또한 발생시킨다고 여겼음을 시사한다. 그러므로 그 당시 대중 문학에서 종종 묘사된 종류의 사람들, 즉 누군가를 너무 깊이, 너무도 간절히 갈구한 나머지 야위고 병에 걸리고 심지어 슬픔에 빠져 죽는 사람들은 적어도 의학적 이론으로는 울증을 앓고 있는 것으로 이해되었고 그에 상응하는 치료를 받을 수 있었다.

울증, 특히 기울증이 의학적 병의 범주로 들어온 것은 17세기 의학 안에서 **심리적**, 정서적 고통에 대한 관심이 증가했기 때문일 것이다. 이 시기에는 에도 막부가 200년 이상의 정치적 안정과 경제적 번영을 가져왔으며 의료 행위가 상업의 형태로 더 널리 보급되도록 장려되었다. 의학 이론도 일반인들의 삶에 깊이 자리 잡게 되었는데, 그들은 건강에 관한 책을 읽고 약초, 침술, 뜸, 마사지, 온천과 같은 광범위한 치료법을 모색하기 시작했다(Sirasugi 1997). 마나세의 고세이 학파와 달리 고호 학파를 설립하는 데 기여했던 고토 곤잔과 같은 영향력 있는 의사들은, 소수 부유층의 기호를 맞추기보다는 일반인들 사이에서 의술을 펼치기로 하였다. 이들은 기의 원활한 순환을 유지함으로써 사람들이 자신의 건강을 유지할 수 있다는 점을 역설했다(Liang 1997). 자신의 임상 치료를 바탕으로, 고토는 평화와 번영의 시대에 역설적으로 "점점 더 많은 사람들이 **기울**로 고통받고 있다"(Gotō, Shirasugi 1997: 71에서 재인용)고 말했다. 고토는 도쿠가와 막부 시대의 사람들이 이전의 전쟁 때처럼 더 이상 심각한 외상을 입지 않아도 되자, 되려 전혀 다른 종류의 질병에 시달리기 시작했다고 주장했다. 그는 사람들이 더 이상 "신체를 움직이는" 것이 아니라 "그들의 욕망을 충족시키기 위해 그들의 마음을 사용했기" 때문이라고 주장했다. 고토에 따르면 그들이 지금 앓고 있는 것은 "내면의 고통과 백 가지 질병"이며, 이는 기울의 상태에서 비롯되었다고 한다(Gotō, Shirasugi 1997: 71에서 재인용). 건강의 비결은 밖에 나가 몸을 움직이고, 기를 기르는 것으로서 기의 정체를 예방하는 것이었다. 고토는 기울이 어디에나 존재하며 매우 중요한 질병의 원리임을 밝혔고, 울증과 기울증은 종종 신체적 증상이 강조된 심리적, 정서적 고통을 암시하는 데 사용되었다(Gotō 1971: 395).

기울은 경쟁 학파를 넘어서 의사들에게 중요한 주제가 되었는데, 그들은 기의 심각한 정체는 하루 이틀 만에 일어나는 것이 아니라 기울을 만들어내는 생활방식으로 며칠, 몇 달, 몇 년 동안 살면서 발병하게 되는 것이라고 설파하기 시작했다. 고질적인 기울의 존재는 몸과 삶의 방식을 반영하는 것이며, 구리야마는 그것을 "자신의 과거의 무게"라고 말한다(Kuriyama 1997: 58). 그들이 말하는 "과거"가 어떤 것인지에 따라 정도의 차이는 있지만, 기울의 담론 속에는 양극화된 두 가지 도덕적 의미가 등장했다. 한편으로는 고토와 동시대를 살았던 가쓰키 규잔(1656-1740)에 따르면, 기울이 생기는 사람들은 "전에 부유하게 살다가 가난해진 사람, 시댁 식구나 남편과 맞지 않는 여자, 고향에서 멀리 떨어진 곳에서 일하는 사무라이"라고 적고 있다(Katsuki 1981: 36). 즉, 고통이 몸에 상흔으로 남듯이, 그들은 사회적, 도덕적, 심리적 괴로움이 기울을 통해 발현되는 사람들이었다. 그러나 다른 한편으로는 기울은 비생산적인 삶을 사는 사람들에 대한 도덕적 실패의 징표이기도 했다. 에도 시대의 대표적인 성리학자 중 한 명으로서 영향력 있는 자기계발서를 많이 쓴 가이바라 에키켄(1630-1714)은 기울을 게으름의 상징으로, 특히 여성에게서 나타나는 것으로 묘사했다. 1713년에 출판되어 널리 읽힌 그의 책 『양생훈(건강의 이론)』에서 그는 "여성들은 실내에 머무르는 경향이 강하기 때문에 **기울**은 물론이고 일반적으로 병에 걸리기 쉽다. 그들은 반드시 몸을 움직여 일해야 한다"라고 쓰고 있다(Kaibara 1928: 103). 구리야마의 주장처럼 기의 정체에 대한 이처럼 새로운 건강에 대한 의식의 이면에는 17세기부터 일본이 경험하고 있던, 인간 노동에 대한 수요를 증가시키는 원시 자본주의로의 전환이 있을 것이다. 이른바 "산업혁명"에서 탄생한 직업 윤리는 당시 의학 이론가들이 주창하던 건강 담론과 떼려야 뗄 수 없는 것이었다. 기의 정체에 대한 새로운 감수성과 불안감은 새로운 경제질서에서의 상품과 통화의 원활한 흐름에 대한 사회정치적 담론의 부상과 병행되었을 것이다(Kuriyama 1997).[2]

이러한 양극화된 도덕적 의미를 가진 기울은 에도 시대의 대중적 상상력을 관통한 것으로 보인다. 대중 서적에 등장한 최초의 전형적 울증 환자는 기울의 병이라는 개념을 받아들인 지식인이었다. 그는 자신의 상태를 침묵 속에 지내온 과도한 사색과 오랜 시간의 감정적 고통의 발현이라고 묘사하였다. 예를 들어 의사이자 에도 시대의 인기 수필가인 다치바나 난케이(1753-1805)는 그의 친구의 말을 인용하여 이렇게 말하고 있다. "오늘날 사람들은 기울의 병으로 고통받고 있으며 휴식을 취해도 실의에 빠져 있다. 그들은 혈색이 좋지 않고 기력이 부족하며 살이 빠진다." 그러나 다치바나는 "기울로 고생하지 않는 사람들은 대개 바보"(Tachibana 1927: 28)라는 친구의 말에도 동의하고 있는데, 이 질병으로 고통받는 사람들의 사회적 정당성에 대한 일정한 도덕적 무게를 가지고 있었을 것을 시사한다. 또한, 나중에 에도 시대를 대표하는 역사가가 되는 라이 산요의 아버지 라이 슌스이는 1798년 6월 8일 자신의 일기에 아들이 "울증"을 겪고 있다고 적고 있다. 같은 달, 산요의 어머니 시즈코도 일기에 아들이 실의에 빠지고 낙담해 있어 약물치료와 뜸을 통해 치료하고 산책을 데리고 나간다고 여러 번 쓰고 있다(Rai Shizuko 1931-32: 129-30). 분명 라이 산요는 침체기와 활동기를 겪은 것으로 보이며(Naka-mura 1971: 15-25), 정신병을 앓고 있다는 소문이 이웃 사람들에게 돌기도 했다. 이러한 사례는 울증이 정신이상까지 함축하는데도 유용할 만큼 모호하고 넓은 범주로 작용했음을 시사한다. 실제로 18세기 후반부터 정신이상에 대한 의학적 전문 분야가 등장하기 시작했지만, 기의 정체는 광기에 대한 일본 의학 이론화의 중요한 토대 중 하나가 되었다. 고토의 제자인 가가와 슈안(1683-1755)과 같은 저명한 학자들은 임상 관찰을 바탕으로 정신병의 체계적 분류(1807년에 출판)를 만들기 시작했고, 기의 정체가 어떻게 설명될 수 있는지에 대해 논의하였다(Kagawa 1982).[3]

에도 시대부터 메이지 시대까지 대중 문학에 계속 등장하는 두 번째 전형적인 울증 환자는 부유한 집안의 버릇없는 아들이나 딸로, 유유자적하고 비생산적인 삶을 살며 상사병의 한 형태로서 울증을 앓고 있는 것으로 그려진다. 18세기에 널리 읽혀진 어떤 책은 부유한 농부의 아들이 도시에 두고 온 기생을 향한 강한 그리움으로부터 울증이 발병하는 이야기를 담고 있다(Negishi 1972: 250). 또한 대중들에게 인기가 높았던 우키요조시의 여러 이야기에서 에지마 기세키(1666-1735)는 어머니 몰래 임신해버려 병이 나버린 젊은 여성 등 "울증"에 걸린 것으로 여겨지는 사람들에 대해서 쓰고 있다. 걱정스러운 그녀의 어머니는 이렇게 말하고 있다. "늘 보살핌을 받은 소녀에게서 생긴 이 병은 틀림없이 **울증**일 것이다. 그건 **노해**rougai[나중에 결핵과 동일시되는 병]로 발전할 수 있다. 몸조리 잘하고 빨리 나아라"(Ejima and Hasegawa 1989: 426). 다른 이야기에서 에지마는 또한 "여자들은 **기울**에 잘 걸린다"며 "**기울**"이라면 약을 먹을 필요가 없다. 네가 하고 싶은 대로 나가서 너의 기를 보양해라. 중요한 것은 아무것도 걱정하지 않는 것이다"(Ejima and Hasegawa 1989: 462)라고 말하고 있다. 이는 마나세 시대의 울증으로부터의 변화로 보인다. 한가롭고 게으른 삶의 방식이 비난받기는커녕 으레 그런 것으로 단순히 추정되었던 귀족들, 마나세 시대의 주 고객들이 약재를 가지고 제대로 된 치료를 받았다. 고토에 의해 울증이 신체 움직임의 부족과 욕망의 과잉을 상징하는 것으로 재해석됨에 따라, 특히 해당 문학의 주 독자층이었던 새로운 직업 윤리를 가진 신진 상인 계층에게, 의학적 범주로서 특정한 도덕적 모호성을 획득했을지 모른다. 그들에게 울증은 기의 흐름이 끊임없이 움직이는 이상적이고 활동적이며 근면한 삶에 상반되는 사람들에게 나타나는 병으로서 조롱과 비난의 상징적 꼬리표 역할을 했을 것이다. 울증은 그들에게 심리적인 고통뿐만 아니라 몸에 좋지 않은 것이 과하다는 신호였다.

그리고 울증의 대중화와 심리화는 점차적인 개념적 변화에 한몫을 했고, 나중에는 역사적 모호함에 빠지게 된다. 기울의 병이 대중적으로 알려졌을 즈음에는, 정기가 신체적으로 정체된다는 본래의 의미를 잃었을지도 모를 몇 가지의 요소가 보인다. 당시 의사들은 일반인들의 해

석을 본래의 의학적 처방에 대한 명백한 위협으로 보았다. 34권의 의학
교과서를 저술하고, 3,000명 이상의 의사를 육성해낸 의학교의 원장으
로서 영향력 있던 아자이 데이안(1770-1829)은, 울증에 대한 강연에서
기술적, 의학적 의미와 일반인들의 해석 간의 격차가 증가하고 있음에
대한 광범위한 비판을 하고 있다. 여기에는 당시의 일반인들이 기울로
고통받고 있다고 말할 때조차도, 기가 신체적으로 정체되는 것이라고
는 생각하지 않았음을 시사하고 있다.

> 여기서[이 강연에서] 우리가 기울이라고 부르는 것은 오늘날 사람들이
> 말하는 '사람이 너무 많이 일하면 기울에 걸리기 쉽다'라는 말의 기울과
> 는 다릅니다. 즉, 기울은 기와 숨이 울이 된 상태에 있다는 뜻입니다. 즉,
> 기와 숨이 펼쳐지지 못하고 막힌 것입니다. ··· 일본어에서 사람들은 마
> 음을 표현할 때 기를 사용합니다. 마음을 썼다고 할 때 기를 썼다고 합
> 니다. 마음이 상쾌해졌을 때 기를 폈다고 합니다. 그러나 기가 진짜 의
> 미하는 것은 호흡의 기입니다. 따라서 이러한 (사용법)은 전적으로 일반
> 인들 쪽에서 실수하는 것입니다. (Azai 1981: 440-41)

기의 정체에 대한 이러한 일반인들의 심리학적 해석은 많은 일본 역사
가들이 지적했듯이, 기 자체가 그것의 신체성을 잃기 시작하고 대신 단
지 기분을 뜻하거나 심리적인 용어로 사용되기 시작한 에도 시대의 근
본적인 변화와 관련이 있을 것이다(Nakai 1995, Maebayashi et al. 2000). 기
를 심신을 하나로 묶는 개념으로서 전통적인 의미를 대체로 유지하고
있는 중국인과 달리[4], 현대 일본어의 경우 기를 신체에 대한 이전의 관

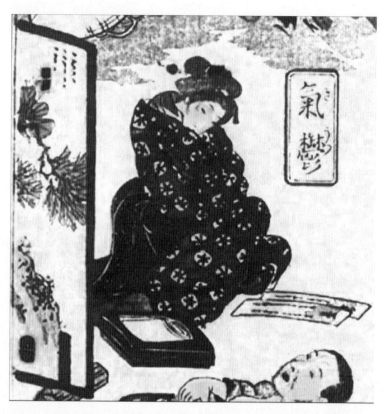

그림 2.1. 기울에 걸린 여성(국제일본문화연구센터 제공)

계에서 벗어나 주로 심리적 개념으로 여기게 되었다. 현대 일본어에서 (전통의학과 무술과 같은 특별한 문맥을 제외하고) 기는 마음이나 느낌보다 조금 그 이상의 것을 의미하며, 기를 포함한 수많은 심리적 표현들이 있지만 이것들은 거의 은유에 지나지 않는다(Doi 2000). 오늘날 일본인들이 기분이 상쾌해지고 기운이 나는 것을 "**기가 맑아진다**ki ga hareru", 우울하게 느껴지는 것을 "**기가 꺼져 들어간다**ki ga meiru"라고 표현함에 있어, 그들은 이 모든 움직임을 관장하는 기라고 불리는 실제 생리적 실체가 있다는 것을 거의 상상하지 않고, 그것은 오직 마음속에 있는 것에 지나지 않는 것으로 본다. 우울할 때, 그들은 확실히 신체뿐만 아니라 정신도 어떤 종류의 기의 침체로 고통받고 있을 수 있다고 생각하지 않는다. 일본에서 어떻게 이러한 개념적 변화가 일어났는지 정확히 추적하는 결정적인 연구는 이루어지지 않았다. 이것이 어느 정도까지 일본의 근대적 사고의 시작을 알리는 "내적" 발전이었는지(Nakai 1995), 아니면 단편적이지만 서양의학이나 과학과의 조우가 가져온 "외적" 자극에 의한 결과였는지 우리는 알지 못한다. 새로운 비판적 감수성을 만들어낸 것이 무엇이든지 간에, 일본 정신의학자들은 일본인들이 우울한 감정의 병에 대해 거의 논하지 않아왔다고 추측하게 되었고, 기 자체의 심리학화와 탈신체화는 어떻게 울증이 모호하고 은유적인 존재가 되었는지를 부분적으로 설명해주고 있다(그림 2.1과 2.2 참조).[5]

멜랑콜리아에 의해 대체되다

> 눈물을 흘릴 수 없는 슬픔은
> 다른 신체기관을 울게 한다.
> —헨리 머드슬리[6]

울증이 근대 이전부터 다소 애매한 의학적 범주였다면, 그것을 결정적으로 쓸모없게 만든 것은 멜랑콜리아와 이후의 우울증에 대한 서구적 개념의 이입이었다. 그러나 이 역사적 변화는 한 번에 일어난 것이 아니라 두 단계로 걸쳐 이루어졌다는 점이 중요하다.

그림 2.2. 만능약 와교간(和胸丸) 광고(와교간 허키후다, 국제일본문화연구센터 제공)

처음에는 울증과 멜랑콜리아라는 두 개념은 차이점보다는 유사점이 더 많았을 것이다. 우선, 둘 다 병적인 침울함과 슬픔을 의미했다. 둘째, 울증이 기의 침체에 의해 야기된 것처럼, 18세기 서양에서 멜랑콜리아 역시 흑담즙의 침체에 의해 야기된 것으로 여겨졌다(Jackson 1986). 따라서 1792년 우다가와 겐주이(1755-97)가 출판한 일본 최초의 서양 내과 교과서(레이던 의과대학 헤르만 보어하브의 제자로 네덜란드 의사인 요하네스 드 고터가 쓴 교과서의 번역본)에서 멜랑콜리아는 **흑색 담즙**zoeki haikokushō이라는 이름이 붙었지만, 전통적인 의학 문헌상의 울증의 묘사와 매우 유사한 언어로 번역되었다. 교과서에서는 뇌로 이동한 검은 담즙이 어떻게 "기와 영(Geist는 여기서 **생기**sei-ki 또는 기-영혼으로 번역된다)"의 정상적인 상태를 변화시켜, "한 사람의 정신과 지각이 환상, 수심, 슬픔"을 일으키게 됐는지 설명했다. 울증과 마찬가지로 멜랑콜리아는 여전히 정상의 연장선상에 있으며, 예를 들어 "변으로 검은 담즙을 배출하는 것" (Udagawa 1995: 357-60)으로 치료될 수 있었다. 1829년부터 1834년까지 고모리 도우(1782-1843)가 출판하여 널리 쓰인 서양의학 교과서에서는 멜랑콜리아의 번역으로 울증이 등장하였다(Kaneko 1965: 272-75에서 인용한 Komori 참조). 이때부터 울증과 또 다른 변형인 **울우병**utsu-yū-byō(근심의 의미 우憂를 더한)이 멜랑콜리아에 대한 표준 번역어가 되었다. 주목할 만한 차이점은 서양의 여러 의학 문헌에서 뇌 질환을 정신이상의 중심지로 보고, 우울증의 유전적 원인에 대한 강조가 증가하고 있다는 점이다 (Kaneko 1965가 인용한 Komori 참조). 그러나 멜랑콜리아와 울증에서는 생명의 힘을 구성하는 발상들이 상이하게 존재하지만, 여전히 둘 다 건강에 대한 전체론적 관점을 반영하고 있었다. 원칙적으로 양쪽 모두 중요한 것은 본질적인 생명력의 자연적 순환을 회복함으로써 심신의 균형을 회복하는 것이었다.

오늘날 일본의 정신과 의사들이 멜랑콜리아와 울증 사이의 개념적 관련성과 심지어 둘의 어떤 역사적 연속성을 대개 인지하지 못하고 있다면, 부분적으로 이는 서양의 멜랑콜리아라는 개념 자체가 특히 19세기 동안 중요한 개념적 변화를 겪었기 때문이다. 멜랑콜리아에서 우울증으로 용어를 바꾼 것은 우울증의 총체론적 개념이 가지고 있던 철학적, 실존적 짐을 끊고, 대신 뇌와 신경의 병리학적, 생리학적 메커니즘을 강조하기 위해서였다. 서양 의학이 가져온 이러한 변화와 신경에 대한 그들의 기계적 개념은, 뇌를 중요한 기관으로 여기지 않았던, 심지어 신경이란 것을 이질적으로 느끼던 일본인들에게는 실로 엄청나고 중요한 것이었다(Sakai 1982). 존재감만 느껴질 뿐 결코 볼 수 없었던 기와 달리 신경은 만질 수 있었고 가시화되어 "실재"가 되었다. 흩어지고 흘러다니는 기와 대비되는 신경은 개개인의 몸에 들어 있었고, 따라서 현대 의사들은 대인관계나 환경과의 외부 불화보다는 내적인 생리학적 메커니즘을 명시적으로 가리키기 위해 이용했다. 이것은 해부학적 세계관이 자리잡을 수 있도록 길을 열었고, 현대 의학의 해부 기반 기술을 정당화하고 질병의 국소화에 대한 생각을 활성화시키는 역할을 했다. 이 새로운 신경 담론은 서양 의학에서 교육받은 의사들이 전통적인 의학을 비난하고, 점차적으로 기를 미신의 영역으로 격하시키는 데 기여하였다. 그것은 또한 정신과 의사들이 마음의 중추 관리 메커니즘으로써 뇌에 흥미를 가지도록 하였다. 다시 말해, 정신 질환에 대한 해부학적 조사를 통해 정신과 의사들은 영혼의 새로운 장소로 뇌를 재정의하기 시작했다.

우울증에 대한 체액적 설명은 1876년에 번역된 헨리 머드슬리의 교과서에서 계속 볼 수 있는데, 이 교과서는 초기 일본 정신과 의사들 사이에서 널리 읽혔다(Kanbe 1973[1876]). 그러나 1886년 도쿄제국대학에서 정신의학이 제도화되면서 우울증은 전근대적이고 총체적인 의미를 잃기 시작했고 독일의 신경정신학적 우울증 개념으로 대체되었다. 1901년 "일본 정신의학의 아버지"인 구레 슈조가 크레펠린의 신경정신의학을 학계의 공식 교리로 도입하면서 우울증에 대한 이미지가 통제 중추의 이상이라는 내재적 뇌질환으로서 전면화되고 멜랑콜리아의 초기 체액설은 퇴색하게 되었다. 이러한 움직임은 자동적으로 정신 발작이 재발하는 선천적이고 불치병인 조울증의 일부로서 우울증을 간주하는 크레펠린의 재분류로 인해 더욱 가속화되었다. 이 개념은 1906년에 출판된 일본 최초의 크레펠린 정신의학 교과서를 통해 배포되었는데, 여기서 조울증은 두 가지 주요 정신 질환 중 하나로 정의되었고(다른 하나는 조발성 치매dementia praecox, 후에는 조현병schizophrenia으로 개칭), 이는 유전의 영향이 80% 정도라고 보았다(Ishida 1906). 『신경학 저널』에서 구레가 논의한 임상 사례들은 우울증에 걸린 사람들의 선천적인 위험을 밝히는 역할을 했다. 예컨대 실의에 빠져 있다가 갑자기 천황이라고 자처하기 시작한 남성의 사례, 젊었을 때 "일명 기울병"을 앓고 결국에는 공공장소에서 옷을 벗으면서 조증을 보인 여성의 사례가 있었다. 그녀는 결국 경찰에 의해 정신병원으로 이송되었다(Kure 1914, 1915). 이러한 사례에서 알 수 있듯이 조울증은 두 가지 주요 정신 질환 중 하나로 간주되었으며 조현병과 구별하기가 매우 어려웠다(다른 점은 좀 더 예후가 좋다는 것뿐이었다).

이러한 재분류의 결과는 광범위하게 드러났다. 인류학자 로버트 배럿은 질병 범주를 "다의적 상징"으로 개념화해야 한다고 제안한 바 있으며(Barrett 1988: 375), 이 다의적 상징에는 "다양한 의미와 가치가 신드롬으로 압축된다"(Lock and Nguyen 2010: 73). 조울증의 일부로 재분류되어 독자적인 의미체계를 갖게 된 울병은 그전의 울증과는 완전히 다른 다의적 상징이 되었다. 조현병에 대한 배럿의 논의를 바꾸어 말하면, 비록 그 낙인이 조현병만큼 심각하지 않더라도 조울증의 한 극으로서 우울증은 "낙인, 심약, 내적 퇴보, 뇌질환, 불치와 예측 불가의 위험"(Barrett 1988: 375)으로 표현되기 시작했다. 위험하고 숨겨진 정신 질환으로서 심지어 불운한 유전까지 의미하는 울병은 고통받는 개인과 그 가족에게 엄청난 영향을 미쳤다. 돌이킬 수 없는 뇌질환으로서 울병은 심신의 기의 침체를 반영하던 일시적인 병으로부터 더욱 멀어지게 되었다. 이러한 전문적인 재개념화는 의학 담론뿐만 아니라 조울증을 법적 무능의 근거로 삼기 시작한 정부에 의해서도 확인되었다. 신경정신과를 통한 이러한 개념적인 변혁의 영향은 매우 광범위하고 뿌리 깊어서 1924년 도쿄제국대학 정신의학과 세 번째 교수 미야케 고이치는 신체에 미치는 정신의 영향을 일본인들이 크게 무시하게 된 것을 한탄하고 있다.

사람들이 기의 병이라고 부르던 것처럼 어떤 질병은 정신에 의해 발생한다. … 몸과 마음은 분리될 수 없고, 대부분의 질병은 정신적 원인에 의해 발생한다고 생각했었다. 그러나 자연과학과 의학이 발전하면서 신체질환은 주로 세균이나 독소 같은 (외부) 병인에 의해 발생한다는 사실이 밝혀졌다. ··· 사람들은 심지어 정신은 질병과 무관하다고 생각하게 되었다. (Miyake 1924: 336)

심리적, 사회적 의미와 단절된 울병은 더 이상 누적된 슬픔, 과도한 사색, 침묵 속의 인내를 떠올리게 하지 않았다. 현대 신경정신의학으로 교정된 울병은 일상에서 멀어지고 낙인이 찍혀 일본인들이 더 이상 앓기 힘든 병이 되었다.

기울의 실종?

> [쇼군은] 하고 싶지 않은 것은 무엇이든 병인 척하며 그들을 피했다. ··· 만나기를 거부하고 사람들을 피해 어두운 방에 숨었다. 얼마 지나지 않아 그는 진짜 병이 났다. ··· 그는 병으로 괴로워하게 되었다. ··· 지금은 신경쇠약이라고 불리고, 그들은 그것을 기울증이라고 불렀다.
>
> —산유테이 엔쇼가 쓴 고전 라쿠고(고도로 양식
> 화된 희극 형식) 이야기 중에서(Sanyūtei 1980)

그 후 사람들이 기울의 병이라고 불렀던 종류의 경험은 어떻게 되었을까? 그 경험은 단어 자체의 변형과 함께 완전히 사라진 것일까?[7] 1883년 한 군의관이 작성한 일본 의학 용어와 서양 의학 용어의 비교표에서 힌트를 찾을 수 있는데, 이 표에서 우리는 멜랑콜리아(심각한 광기)와 우울증(비교적 가벼운 정신 질환)을 각각 울우병(멜랑콜리아)과 울증(우울증 또는 우울한 기의 질병)으로 번역하고 있는 것에서 명확한 차이를 발견할 수 있다(Ochiai 1883). 이러한 차이는 1820~30년대에 출판된 서양 의학에 관한 고모리의 글에서 이미 나타났다. 여기서 울우병은 그 환자들이 끊임없는 슬픔과 두려움과 의심을 호소하면서 다른 사람들을 피하는, 망상 속의 비정상적인 상태로 설명되었다. 이와는 대조적으로 고모리는 울증이 **위장쇠약**ichōsuijaku, **신경쇠약**sinkeisuijaku에 의한 가벼운 우울증의 형태라고 기술했다(Kaneko 1965가 인용한 Komori). 신경쇠약은 나중에 뉴라스테니아neurasthenia를 번역하는 용어로 사용되었고, 20세기 초 일본 의학에서 가장 널리 사용되는 분류 중 하나가 되었다. 신경과 신경쇠약의 개념이 비교적 문제없이 수용된 것은 당시 지식인들이 기라는 전근대적인 개념을 신경의 새로운 관용어구로 바꾸려고 시도했다는 사실에 기인할 것이다.

당시의 신문들을 가볍게 살펴보면 의사, 지식인, 그리고 나중에 일반인들이 신경의 새로운 생물의학적 개념을 사용하여 전통적인 기울의 개념을 덮어쓰고 있는 이러한 전환을 볼 수 있다. 1878년의 기사에서 기울에 걸린 귀족 딸에 대한 묘사를 보면 여전히 전통적인 틀 안에서 쓰여 있음을 알 수 있다(Yomiuri, 1878년 3월 23일). 그러나 이듬해 기사에선 "태생적으로 부끄러움이 많고", 늘 우울해하던utsu 젊은 여성이 마침내 "신경장애shinkei-byo"가 생겨 신바시강에 투신했다는 내용이 실렸다(Yomiuri, 1879년 7월 25일). 우리가 여기서 볼 수 있는 것은 기울과 신경장애라는 두 가지 개념의 전환의 시작과 이러한 현대적인 범주가 일반인의 어휘로 침투하는 점이다. 1886년의 또 다른 신문 기사에서는 당시 일본인들이 신구의 전환을 어떻게 다루고 있었는지를 더욱 분명하게 조명했다. 유복한 집의 딸이 "울우병"(멜랑콜리아)을 앓고 있다는 내용이었다. 걱정이 된 가족들은 그것이 상사병이라고 생각했고 기도하기 위해 그녀를 신사로 데려갔는데, 그곳에서 가족들은 그녀가 실제로 앓고 있는 것은 "신경장애"라는 말을 들었다. 놀란 가족들은 기도와 악령퇴치를 부탁했지만, 그 대신 "함께 이유를 잘 생각해보는 것"이 그런 문제를 치료할 수 있다는 조언을 들었다. 기사는 다음과 같이 코믹한 마무리를 하고 있다. "**기울의 원인이 얼마나 사소한가!**"(Yomiuri, 1886년 9월 16일). 흥미로운 것은, 정신과 의사들이 손상된 신경이 가져올 수 있는 심각한 결과를 경고하기 시작했다는 사실에도 불구하고(4장 참조) 신경장애의 의미는 잘 알려지지 않은 채 퍼져 있었고 여기서도 은유적인 질병(그때까지 기울로서)에 지나지 않았다는 것이다.[8] 비록 그것이 불확실한 자연적 병에 부여된 일종의 포괄적인 명칭이 되었지만, 여기서 우리는 기울의 친숙하고 전통적인 도덕화를 발견한다. 신경 담론의 등장은 의학 전문가들이 전통적인 의학을 비난하고 기를 미신의 영역으로 격하시키는 역할을 했으며,[9] 기울을 은유적인 존재로 바꾸어 점점 더 탈신체화하고 심리학화시켰다.[10]

결론: 우울증의 세계화와 지역적 지식의 번영

우울증에 대한 역사적 지식의 혼란스러운 불연속성의 이면에는 개념 전이를 통한 두 가지 중요한 변화가 있다. 첫째, 전통적인 의학 용어 "울증"의 대중화와 심리학화를 통한 점진적인 개념적 변화이고, 둘째, 현대 정신의학에 의해 야기된 인식론적 단절이 이러한 심리학적 개념화를 더욱 가속화시켰다는 점이다. 사실 일본이 독일 신경정신 이론을 채택하게 된 것은 근대국가의 힘을 뒤에 업은 서구 태생의 범주에 대한 강요에서 처음 시작되었다. 정신과 의사들은 전통적인 의학 지식에서 크게 벗어난다는 점을 강조함으로써 그들의 의학적 정당성을 확립하기 위해 노력했고, 일반인의 질병 범주나 환자에 의해 보여지는 혼란한 현실을 탐구하는 것보다는 일상적인 현실을 서양식 분류에 맞추어가는 것에 더 많은 관심을 기울였다. 이 새로운 언어로 훈련받은 정신과 의사들은 무엇이 의학적으로 인정되는 합법적인 "질병"인지를 결정하고, 미분류 되고 진단되지 않는 것은 (단순한) "불평"으로 규정하면서 그들의 과학 적 권위를 역설했다. 이것은 초기에 지역의 주관적이고 경험적인 괴로 움의 관용어와 정신 질환의 보편적, 객관적, 전문적 언어 간의 극단적인 단절을 야기했다. 이러한 전통적인 의학지식의 대체, 환자의 고통에 대 한 선별적 주목, 그리고 정신병의 특별한 구조 때문에 일본 정신과 의사 들이 일본인들에게는 우울한 감정의 병을 묘사할 수 있는 언어가 없었 다고 대체로 추측하게 되었다고 보인다.

일본에서 우울증의 역사적 부재는, 20세기에 신경 담론이 널리 퍼졌음에도 불구하고 사람에 대한 정신의학적 개념이 완전하다고는 말하기 어렵다는 사실을 나타내고 있을지 모른다. 이는 부분적으로 생의학적 근대성이 이중적 불일치로 특징되기 때문이다. 즉, 불일치는 의사의 전 문적 언어와 환자의 경험적 서술 사이에서만 존재하는 것이 아니라, 전 세계적인 과학적 의학과 지역적인 임상적 실천 사이에도 존재한다(5장 에서 자세히 설명한다). 그러나 오늘날의 의료화 속에서 의사와 제약회사 들은 신경학적 우울증 언어가 사람들의 어휘에 깊이 침투하도록 하기 위해 더욱 공격적인 시도를 하고 있다. 고통받는 사람들에게 메커니즘 이 생소한 독립적인 뇌의 이상으로 우울증을 묘사하는 대신, 정신과 의사들은 그래픽과 뇌 영상을 이용하여 심리적 고통이 뇌의 내부 작용과 어떻게 밀접하게 연관되어 있는지를 분명히 설명하고자 한다. 우울증에 대한 이러한 새로운 정신의학적 언어는 (전문적 언어의 소외시키는 힘에 의해) 사람들을 그리 침묵시키지는 않는데, 그들이 자신만의 용어로 말하고 공유하도록 장려하기 때문이다. 따라서 이러한 신경정신과 언어는 정신의학과 제약기술이 점점 더 지역화되고 일상화되는 과정을 통해 **내부화된 권력**이 되고 있는 것일지 모른다. 반면, 항우울제에 대한 불만의 증가로 입증된 신경정신과 언어의 한계(10장 참조)는 일부 일본인들이 기의 정체와 약초 치료라는 전근대적 생각을 탐구하도록 자극하고 있는 것으로 보인다.[11] 이것의 영향 중 하나는 일본인들이 점점 더 우울한 몸과 마음, 그리고 우울한 개인과 그들이 살고 있는 사회적 환경 사이의 깊은 관계를 다루는 전통 의학적 언어로 눈을 돌리고 있다는 것이다. 우울증에 대한 동시대 일본의 지역적 지식의 물밑 흐름은 우리로 하여금 전근대 유럽 사람들이 한때 **멜랑콜리한 신체**라는 측면에서 침체된 몸과 마음을 표현했던 방식이 어떠했는지 궁금해하게 한다.

3
정신의학의 일상으로의 확장

정신의학 확장의 세 단계

우울증 증가에 대한 우려가 높아지면서 일본 정신의학사는 새로운 국면을 맞게 된다. 이는 "보통의" 일본인이 정신과 치료를 받는 것이 매우 드물었던 시기로부터 전환되는 것이다. 이번 장에서는 정신의학이 일상의 괴로움의 영역으로 확장해가는 전환의 역사를 세 단계로 나누어 검토한다. 1단계(1870년대에서 1930년대까지)는 국가가 근대화를 위한 강력한 수단으로 정신의학을 도입했던 전쟁 전의 시대였다. 정신병이 생물학적 질병이며 종종 유전된다는 견해는 에도 시대의 다른 병과 마찬가지로 광기도 기의 부조화로 인한 것이라는 기존의 관념을 대체하게 되었다(2장에서 논한 바 같이). 정신병에 대한 신경생물학적 관점은 학술적 정신의학, 언론, 사회적 다윈주의 사회정책의 영향을 통해 확산되었고, 환자에 대한 사적 구금을 집행하게 하였다. 근대성의 병리학으로서 신경쇠약을 문학적으로 논의하는 것 외에도(4장 참조), 정신의학은 배제와 낙인의 억압적인 힘으로 사용되었다. 2단계의 확장은 전쟁 후 일본 재건기(1950년대에서 1960년대까지)에 이루어졌다. 주로 경제적 근거에 의해 추동되었던 국가는 많은 민간 정신병원 설립을 지원했고, 이 병원들은 새로운 사회질서에서 부적합하고 비생산적이라고 여겨지는 사람들을 시설에 수용했다. 이러한 확대는 정신의학의 기반을 공고히 하는 데 도움을 주었지만, 정신의학이 정신적으로 아픈 사람들에 대한 치료 제공자가 아닌 문지기 역할을 한다는 모순이 커지면서, 1960년대부터 장기간 지속된 반정신의학 운동으로 이어지게 하였다. 전통적인 정신의학계에 대한 공격과 정신의학적 담론에 대한 대중적 관심의 고조는 학술적, 생물학적 정신의학의 혼란과 일시적 후퇴를 야기함과 더불어 저항의 언어이자 사회비판의 한 형태로서의 정신의학적 담론의 확산을 일으켰다(5장 참조). 이러한 변화가 3단계 확장(1980년대에서 현재까지), 즉 정신의학이 정신병원에서 나와 처음으로 국가적 관심사로서 보통의 일본인들의 정신 건강에 집중할 수 있는 조건을 마련했다.[1]

제1차 확장기: 1870년대부터 1930년대까지

일본인 신체의 근대화: 양생에서 위생으로

근대 일본 정부가 정치 질서를 세우기 위해 신체를 이용해왔다는 논의는 설득력이 있었다(Bourdachs 1997, Burns 1997, Karatani 1993, Lock 1993). 일본에서의 새로운 의료 시스템의 제도화는 명백히 하향식 과정의 산물이었으며, 이는 서구의 열강들 사이에서 동등한 경쟁자로 나라를 재창조하려는 국가의 목표에 의해 동기가 부여되었다. 메이지 정부는 먼저 서양인의 눈에 "이상"하게 보이는 전통적인 치료 실천을 금지함으로써 육체적, 시각적으로 일본인을 근대화시켰다(예를 들어 1872년 경범죄에

관한 법률: Narita 1995, K. Kawamura, 1990). 지방의 반발 속에서 중앙 정부는 1873년에 주술, 마술, 샤머니즘을 금지하였고(Ōtsuki 1998), 전통의학을 탄압하면서 1874년에는 생의학을 새로운 지식 및 실천 체계로 도입시켰다(Jannetta 1997).[2] 1858년부터 1895년까지의 콜레라의 유행은, 유럽에서와 마찬가지로 생의학이 민속적 힘과 지역의 치료 네트워크보다 적법성을 얻게 되는 각축장이 되었다(Kakimoto 1991, Arnold 1993, Mitchell 1988 참조). 지역의 반복적인 저항을 물리쳐가며 생의학은 콜레라에 대한 대규모 예방 조치를 마련하여 이후 공중보건 개입과 도시 계획을 위한 모델을 세웠다(Narita 1993).[3] 생의학의 성공은 전통의학의 후퇴를 의미했다. 1875년 당시 개업한 의사들은 대부분 전통의학을 전공한 사람들이었고, 28,262명의 개업의 중 서양의학 의사로 등록되어 있던 것은 5,247명뿐이었다(Kawakami 1961: 235). 이러한 상황은 1876년 정부가 모든 의사에게 서양의학을 배울 것을 의무화하는 규정을 통과시키면서 급격히 바뀌기 시작했다(Lock 1980: 62). 게다가 1894년부터 1895년까지의 청일 전쟁은 근대국가의 공식적 의학으로 생의학을 합법화하는 계기가 되었다.

일반 건강에 관한 대중적인 사고의 영역에서 생의학은 양생yōjō에서 위생eisei으로 급진적인 변화를 가져왔다(Shikano 2004, Narita 1993, Kitazawa 2000). 에도 시대의 문헌을 통해 발전되어 대중화된 양생에 대한 전통적인 생각은 개인과 환경의 균형 유지, 휴식, 안전의 중요성을 강조했고 건강은 질병의 부재로 정의되었다(2장 참조). 이러한 "수동적 개념"과는 대조적으로 위생 개념은 1870년대에 새로운 건강 원리로 소개되었고, 과학적이고 체계적으로 건강을 달성하기 위해 적극적으로 건강을 증진할 필요성이 제기되었다. 위생 패러다임은 인간 생물학이 보편적이며, 개인의 몸이 자연과 독립적으로 존재하고, 개인은 과학적 원리를 따라 위생과 건강을 달성하는 법을 배워야 한다는 개념을 도입했다. 게다가 위생 패러다임은 전통적인 의학적 사고의 일부를 선택적으로 통합하고 강화시켰다. 위생 패러다임은 양생 개념에 내재된 "사회-유기체socio-organic"의 개념을 재정립함으로써 개인의 건강과 국가의 건강 사이의 연관성을 정당화했다. 특히 1890년대에 독일의 정책 아이디어가 도입되었을 때, 이러한 시각은 "개인들과 사회는 하나의 통합된 유기적 총체의 일부를 대표하며 지속적 발전을 위해 서로 의존하고 있다"는 생각을 더욱 강화시켰다(Kinzley 1991: 23).[4] 이로써 위생은 시급한 국가적 프로젝트가 되었다. 국가의 근대화, 즉 신속한 근대화를 위해서는 개개인의 노력이 요구되었고 그 최종 목표는 서구의 어떠한 군사적 위협도 물리칠 수 있는 강력한 군인을 만들어내는 것이었다. 일본 내무성의 위생국과 (국가가 재정적으로 일부 지원하는) 대일본위생협회와 같은 기관이 설립되어 지역의 관리와 건강의 과학적 관리를 위한 네트워크를 구축했다(Narita 1993, 1995, Ikeda and Satō 1995).

정신의학의 초창기

이렇게 정치화된 풍토를 바탕으로 1886년 도쿄제국대학에서 신경정신과가 공식적으로 조직되었다. 일본 정신의학의 초창기에는 지방정부로부터 정신과 의사에게 지역을 조사해달라는 요청이 많았다. 이들 지역에서는 걱정스러울 정도로 영적 빙의가 빈발하고 있었다. 분명히 메이지 정부는 에도 시대 말기의 빙의 사건이 종종 사회적 불안과 신흥 종교의 탄생으로 이어지고 때로는 현재 상황에 맞서는 유토피아 운동으로 조직되던 것을 우려하고 있었다(N. Kawamura, 1990, Garon 1997).[5] 정신의학을 도입한 국가의 목적은 시민 전체의 사회복지를 증진하는 것이 아니라 새로운 사회질서 확립에 위협이 된다고 판단되는 사람들을 분류하고 배제하는 것이었다(Omata 1998: 232). 이 국가적 프로젝트는 또한 개인의 책임과 결부되어 있다는 특징이 있었다. 국가는 정신병원에 대한 공공 지출을 증가시키는 것이 아니라, 당시의 지배적인 가족 이데올로기를 이용하여 가장이 정신적으로 병든 가족을 책임지고 **집에** 가두도록 하는 정신병 감시 시스템을 만들었다(Akimoto 1976, Asada 1985). 유럽과 미국에 등장한 대규모 공공 정신병원 대신, 1870년대 후반 경찰과 지역 위생위원회의 감독 아래 촘촘한 사적 감시망이 만들어졌다. 1900년 정신질환자 구류 및 돌봄에 관한 법률이 시행되면서 1924년부터 1941년까지 사적으로 감금된 정신 질환자의 수는 전체 인구 증가율을 넘어서는 수준으로 계속 증가하였다(Akimoto 1976). 이러한 양상은 전후에도 지속되었는데, 국가가 정신 질환자를 정신병원에 수용할 책임을 가족에게 계속 물었고 이들 정신병원의 대부분은 사립병원이었다.[6] 나카자와(Nakazawa 1985)가 지적하듯이, 정신 질환은 전염병과 같은 방식으로 다루어졌다. 사적 감금은 두려움, 수치, 비밀의 체제에 기반을 두고 있었으며, 이러한 정신병의 이미지가 향후 수십 년 동안 지속되었으리라고 추측할 수 있다.

그러나 지방의 일상세계에 대한 메이지 정부의 이러한 공격적 식민화는 또한 민중의 저항을 촉발시켰다. 민간요법과 샤머니즘 관습은 지하로 들어가 생존했고, 아픈 사람들은 정부의 감시를 피해 몸을 숨겼다

(Shikano 2004, K. Kawamura 1990, Eguchi 1987, Ōtsuki 1998). 게다가 저항이 공공연하고 강력하게 나타나는 시기도 있었다. 1870년대에서 1880년대 사이에 발생한 콜레라 봉기korera ikki는 (1879년 한 해에만 24건의 폭동이 있었고 그중에는 2,000명 이상이 참여한 폭동도 있었다) 진압되긴 했지만, 이 반란을 통해 에도 시대 이후에도 지속된 반정부 민간요법 운동의 풍부한 저류를 엿볼 수 있다(Lewis 1990, Nakai 1983, White 1995). 각종 스캔들과 논란이 언론을 통해 드러났다. 정신의학이 확장되고 있는 가운데, 1890년대 소마 사건은 대중의 감정을 자극했으며 이는 인쇄 문화를 통해 촉진되어 일종의 일본 최초의 반정신의학 운동으로 이어지게 하였다(Akimoto 1985). 소마 가문의 새로운 영주가 자신이 가문을 장악하기 위해 불법적으로 전 영주를 정신병원에 감금한 사실을 전 영주의 하인이 고발하자 정신의학에 반대하는 여론이 들끓었다. 그 하인이 사건에 대해 자세히 쓴 책이 베스트셀러가 되어 1893년에는 17번째 판이 인쇄되었고 재판은 12년 동안 계속되었다. 이 소식이 해외에 전해지면서 일본 정부는 불법 감금 행위를 막을 수 있는 법적 제도가 부족하다는 국제적 비판을 받았다. 이런 평판이 서구와의 "불공정 조약"[7]을 개정하기 위한 일본의 협상력을 크게 손상시켰기 때문에, 정부는 1900년 법률을 통해 정신 질환자의 가족 구금을 법제화함으로써 감시를 강화했다(Akimoto 1985: 20).

감금과 정신병원의 벽을 넘어

1900년대 초 생의학이 급성 전염병에서 만성 질환으로 초점을 옮기기 시작하면서, 정신의학도 국가의 억압적인 장치에서 독립적 목소리와 폭넓은 호소력을 가진 전문 영역으로 변화할 수 있는 입지를 다졌다. 1901년부터 도쿄제국대학 최초의 교수이자 "일본 정신의학의 아버지"인 구레 슈조의 지도 아래, 정신의학은 공공 및 민간 부문으로 연계를 확대하기 시작했다(Ambaras 1998). 구레와 그의 동료들은 공무원들과 지식인들에게 강연을 하고 대중 잡지에 기사와 질의응답 코너를 작성하는 등 대중과 활발하게 교류하였다. 구레는 다섯 가지 부분에서 넓게 공헌했다. (1) 1902년에 일본신경학회(1935년 일본정신신경학회로 개칭)를 설립하고 학술지『신경학회지』를 발간했으며, (2) 크레펠린 독일 정신의학을 정착시켰고, (3) 병원 정신의학을 재구축하고 구속력 사용을 금지하여 치료를 인도적으로 만들었으며, (4) 1910년부터 1916년까지 정신 위생 운동을 장려하고, (5) 1910년에서 1916년 사이에 정신적으로 아픈 사람들이 겪는 곤란함에 대한 역학조사를 실시하였다(Akimoto 1976).[8] 일본 국민의 3분의 1을 대상으로 한 이 전국적 조사를 통해 구레는 의료적 돌봄이 없는 사적 감금의 참상에 대해, 특히 가난한 사람들의 사례에 대해 주의를 환기시켰다. 정신병원법(1919년 제정)을 위한 캠페인을 성공적으로 주도한 구레는 아픈 이들을 위한 의료적 돌봄 제공에 대한 국가의 책임을 명확히 했다(그중 6만 5천 명은 입원이 필요한 것으로 여겨졌다).[9] 그러나 1920년대 이후 경제적, 사회적 불안으로 재정적인 기반이 부족하게 되자,[10] 법은 현실적으로 결과 면에서 공허하게 끝났다(Nakazawa 1985).[11]

특히 구레의 영향력이 크던 시기(1901-1925년)의 일본 정신의학계는 카스텔 등(Castel et al. 1982[1979])이 소위 "횡단제도화Transinstitutionalization"라고 부르는 것을 확립하기 시작했다. 이는 정신의학이 공공 부문과 민간 부문 모두에서 다양한 기관들과 이해관계가 다른 행위자들을 가로

질러 연결함으로써 더 넓은 영역으로 확산되는 과정을 말한다. 1890년대부터 급속한 사회 변화로 인한 "사회 문제"에 대한 인식이 미디어를 통해 높아지면서 이러한 현상이 일어났다. 일련의 전쟁(1894년 청일 전쟁, 1904년 러일 전쟁, 1914년 제1차 세계대전)은 일본의 산업혁명과 도시화를 유발시키고 새로운 중산층을 창출했지만, 동시에 도시에서 계급 간의 격차를 심화시켰다. 도시 빈곤, 노동 운동, 노동자 계급의 곤경, 비행아동 문제, 그리고 노동자층의 자살률에 대해 대중에게 전하는 수많은 보고서들이 작성되었다(Ambaras 1998, Kinzley 1991). 이런 "사회 문제"라는 관점은 정신과 의사와 같은 전문가들이 학계 밖의 사회단체와 협업하기 시작할 수 있는 공간을 열었다. 특히, 근대화되지 않은 사회의 나머지 영역까지 근대화하려는 열망을 가진 새로운 중산층은 국가, 전문가 및 지역 네트워크 간의 협력을 구축하여 사회 정책을 위한 통로를 만들었다(Ambaras 1998). 그들은 20세기 전반에 걸쳐 정부가 일본 사회를 성공적으로 관리하는 데 크게 기여했다(Garon 1997: 346). 중산층 지식인에 의해 추진된 위생교육은 교과서, 팸플릿, 잡지 칼럼, 어린이 게임(예: 위생 주사위 놀이), 위생 전시회 등 다양한 매체를 통해 대중적 인기를 끌기 시작했고 큰 반향을 불러일으켰다(Tanaka 1992, Mitchell 1988 참조). 고조된 위생 운동은 대중적 지지를 얻었고 이는 새로운 보건 체제를 사람들에게 친밀하게 느끼게 하고 일상적 지식의 일부로 받아들이게 하는 역할을 하였다(Yoshimi 1994, Kakimoto 1991, Narita 1990).

정신에 대한 새로운 과학 역시 근대 생활의 비정상성과 병리학에 대한 토론을 통해 대중매체에서 호감을 얻는 데 성공했다. 처음에는 심리학자들이 일상 생활 속의 비정상적 문제들에 대한 관심을 높이기 위해 많은 일을 했다. 그들은 1909년부터 1913년까지 일반 청중들을 대상으로 일련의 강연을 실시하고, 후에 인기 있는 저널 『심리학 연구』를 발행했다(Furusawa 1998: 42, Mamiya 1998). 정신과 의사들 또한 정신 위생, 히스테리, 신경쇠약증에 대한 건강상의 조언을 다루는 인기 잡지에 글을 쓰기 시작했다(K. Kawamura 1990). 예를 들어 정신의학을 대중화하는 데 있어 가장 주목할 만한 발전 중 하나는 교육과의 연관성이 커졌다는 것이다. 의무적인 집단교육 시스템 아래에 있는 비위생적인 어린이들과 그들 가족들의 "무지ignorance"는, 정신과 의사들이 개입하여 자신의 의학적 지식과 권위를 세울 수 있는 절호의 기회를 제공했다. 1897년 학교위생법, 1898년 학교감염병예방 및 소독법이 이어 통과되면서 아이들의 건강과 청결상태를 정기적으로 검사하게 되었다. 그들의 가족 또한 "가정교육"을 통해 이 시스템에 통합되었다(Ambaras 1998). 어린이연구회는 1902년 여러 전문가들 간의 정보 교류를 위해 설립되었다. 국가가 개인의 결함 유무를 판단하기 위해 전문적인 개입을 필요로 할 때, 지능과 정신지체의 "문제들"에 관심을 가진 이 시기에 정신과 전문의가 호출되었다. 1910년대 구레와 다른 학자들은 정신지체, 반사회적 성격, 비행, 청소년 범죄에 관한 독일 정신의학 이론에 대해 집필하고 강연했다. 내무부는 이와 연계하여 정신과 의사에게 지능검사를 이용하여 청소년 보호시설 수용자들에 대한 전국적인 조사를 수행하도록 위탁했다(Ambaras 1998: 21). 논란과 비판에도 불구하고 1920년대까지 지능과 지체에 대한 정신의학 및 심리학 연구는 관리 장치로 확고히 자리잡았다(S. Takahashi 1998: 177). 정신과의 관리 기술은 또한 산업과 군대 모두에서 노동자와 군인의 "적응"과 효율성을 보장하기 위한 도구로 각기 채택되었다(Kinzley 1991: 103).

제2차 세계대전, 우생학, 그리고 생물학적 담론의 기원

정신의학은 비학술적인 네트워크와 민간 부문의 재정적 지원을 통해 일시적으로나마 대중적인 영역으로 확장하는 데 성공한 것으로 보인다. 그러나 이러한 연관성과 ("일본의 피넬"이라고 불리는) 구레의 인본주의적인 성향에도 불구하고, 전쟁 전의 정신의학은 결국 정신 질환에 대한 편견을 조장하고 과학적 연구와 임상적 실천 사이의 분열—즉 병든 신체와 고통받는 환자 사이의 분열—을 초래했다.[12] 여기에는 여러 가지 이유가 있다. 첫째, 대학에 기반을 둔 학문적 정신의학의 전통에서 의학은 인본주의적인 치료와 별개로 개념화되었다. 예를 들어 구레의 공개 강연(대일본여성위생협회 포함)은 상류층 여성들의 정신 질환에 대한 인식을 높이는 데 도움을 주었다. 그러나 분명히 젠더화되고 상징적인 것으로 보이는 노동의 분업도 존재하였다. 즉, 인본주의적 돌봄은 개인적으로 자선사업을 하는 여성들의 손에 남게 된 반면, 학문적 정신의학 자체는 남성의 과학적 추구로 정의되었다(Kobayashi 1972 참조). 전쟁 전에 유학하여 정신의학을 공부한 22명의 교수 중 임상적 실천을 공부한 교수는 한 명뿐이고 나머지는 뇌의 과학적 연구에 시간을 쓰고 있다고 오카다(Okada 1999)는 지적한다. 이는 생물학 연구와 과학적 진보에 대해 열광하던 시기였다는 사실을 고려하면 놀라운 일도 아니다. 1913년 노구치 히데요가 매독의 원인물질을 발견하면서 일본의 정신과 의사들은 정신 질환의 유기적 원인을 찾는 데 더욱 박차를 가하게 되었다(Asada 1985: 26). 의심할 여지 없이 대부분의 정신과 의사들은 정신 질환의 유기적인 원인과 치료법을 탐구함으로써 그들의 주된 역할을 임상의사가 아닌 과학자로 보았다.

그러나 아마도 가장 중요한 것은 정신의학의 생물학적 성향이 사회적 다윈주의와 가족국가 이데올로기에 의해 강화되고 정당화되었다는 것이다. 즉, 의학은 국제적인 "적자" 생존에서 살아남기 위해 "일본 민족의 신체"를 충분히 경쟁력 있도록 만드는 것에 기여해야 한다는 생각이다(Matsubara 1998a: 188). 허버트 스펜서의 저서가 일본어로 번역되었고, 1877년과 1889년 사이에 이 주제에 대한 20권의 책이 출판되었다. 1910년대에는 일본 우생학자들의 연구들이 계속 나왔고, 1920년대에는 우생학 전문 학술지가 발간되었다(Ukai 1991: 126, Otsubo and Bartholomew 1998). 정신과 의사들도 환경보다 유전, 사회적 조건보다 생물학을 강조하는 인종 개선운동에 휩쓸려 들어갔다. 개인이 아닌 가족이 기본 사회 단위로 간주되는 정치 풍토에서(N. Kawamura 1990), 정신 질환에 대한 진단은 가족 전체에 대한 판단을 의미하기도 했다. 실제로 제2차 세계대전이 끝날 무렵, 정신 질환은 심각한 결함이고 유전병이며 따라서 가족의 책임이라는 생각이 공공 담론에 확고히 뿌리내렸고 심지어 1940년 우생학법의 제정으로 법적으로도 입증되었다.

이러한 사회적 맥락에서 정신의학을 대중화하고자 하는 정신과 의사들의 노력은 1937년 새롭게 만들어진 후생성의 우생과[13]가 조직한 전시 정책에 통합되면서 멈춘 것으로 보인다.[14] 정신의학이 우생학과 인종위생 이데올로기에 깔끔하게 통합되었거나, 국가와 조화로운 협력이 있었다는 뜻은 아니다. 마쓰바라(Matsubara 1998b)는 정신 질환을 유전적인 일탈로 정의한 우생학적 담론을 지지하거나 또는 거부한 정신과 의사들 사이에서 진행된 복잡한 협상에 대해 논하고 있다. 우생학법 통과 직전, 후생성은 정신 질환자 3,000명(입원 1,500명, 사적 구금 1,500명)의 가

계도를 대상으로 실시한 전국 조사보고서를 발간했다. 요미우리 신문은 지체, 조현병, 조울증, 기타 정신 질환을 앓고 있는 가족을 포함하여 "3,000명의 불운한 가족들"이라는 결과를 기사화했다. 이 연구에 관련된 정신의학자들(도쿄제국대학의 우치무라 유시 교수와 같은)이 그 과학적 가치를 부정하고 반대했음에도 불구하고, 정부는 정신 질환이 유전인 것으로 "증명되었다"고 주장했다(Matsubara 1998a, Nakazawa 1985: 4). 불행하게도 가족, 생물학, 유전을 연결했던 이 전쟁 시기 "정신과" 담론의 영향은 전쟁 전의 정신의학의 지속적인 유산이 되었다.[15] 이 과거의 유산은 이후에 반정신의학 운동이 싸웠던 대상이며, 일반인에 대한 돌봄을 비롯해 정신의학의 개념을 대중화하는 과정에서 오늘날의 정신과 의사들이 싸워야 하는 유산이기도 하다.

제2차 확장기: 1950년대에서 1960년대까지
전쟁 후 제도적 확장과 반정신의학 운동

> "GNP가 2배로 성장함에 따라, 정신 질환자의 수는 4배가 될 것입니다." 1957년에서 1982년까지 일본의사회의 회장을 역임한 영향력 있는 다케미 다로는 이렇게 예측했다.

제2차 세계대전 이후 일본 정신의학에서는 정신분석적인psychoanalytic 미국 정신의학의 맹공으로 인해 신경생물학의 우위가 근본적으로 흔들렸던 짧은 기간이 있었다. 1940년대 후반부터 1950년대 초반까지 "정신 건강"에 대한 미국 모델은, 신설된 정신분석 중심의 대학 학과와 미국 주도의 정신보건연구소를 통해 보급되었다. 신경증에 관한 대중적인 책들이 연달아 출판되었고 "노이로제"라는 단어는 그 시대의 유행어가 되었으며(Satō and Mizoguchi 1997, Uchimura 1954 참조) 이윽고 언론들은 불안에 대해 가벼운 신경안정제가 광범위하게 사용되는 것을 사회 문제로 간주하기 시작했다. 힐리는 현재 우울증이라고 불리는 것이, 가벼운 신경안정제 시대인 1950년대에는 불안증으로서 널리 다루어졌을 가능성에 대해 논해왔다(Healy 2000). 이것은 전후의 일본에서도 사례가 있었을 것이다. 전국적 신문에 연재되는 만화("사자에 씨")를 봐도 알 수 있듯이, 1950년대에는 평범한 샐러리맨이 가정의 사소한 걱정 때문에 그런 약을 복용하는 것으로 보였다(Asahi Shimbun [Asahi], 2005년 5월 14일). 1965년 신문 기사는 "가벼운 신경안정제의 일상적 사용"의 위험과 공포에 대해서 논했다. 이는 1972년 정부가 이 약을 처방약으로 만들기 전까지 이런 일상적 복용이 널리 퍼진 문제였음을 보여준다(Asahi, 1965년 11월 21일, Asahi, 1956년 9월 15일). 이는 정신의학적 약물의 대중적 수용성, 그리고 대중 담론의 영역에서 정신 건강의 미국적 모델(특히 신경증)의 번성을 나타낸다.

그러나 학문적인 측면에서 1950년대 초부터 정신의학의 많은 지식층 지도자들(독일 정신의학에 깊이 빠져 있던)은 미국의 영향에 대해 회의감을 표현하기 시작했고, 특히 도쿄 대학과 연계된 사람들은 곧 정신분석학을 비판하고 크레펠린의 신경생물학을 일본 정신의학의 공식 패러다임으로 재정립하기 위해 동원되었다. 정신신경학회 창립 50주년 기념 강연에서 우치무라 유시 도쿄대 정신의학과 교수는 일본 정신의학자들이 미국 정신의학계에 "넉다운" 당했던 전후 혼란기를 회고하였다. 우치무라는 초기 반응이 얼마나 다양했는지("누군가는 망설이고, 일부는 얼굴을 피하고, 어떤 이들은 그것을 받아들였다") 주목하면서 정신분석이 얼마나 "(그들이) 이전에 경험했던 어떤 것과도 달랐는지"에 대해 자세히 설명했다 (Uchimura 1954: 710-11). 그는 (정신분석학을 그 자체의 한계에 맹목적인 "유사 심리학"이라고 불렀던) 카를 야스퍼스에 근거하여, 정신분석학의 치료 도구로서의 가능성을 인정하면서도 그것의 인식론적 기초를 비판하였다 (Uchimura 1954).[16] 학계와 대중잡지에서는 미국 "심리학주의psychologism"의 본질과 일본 정신의학의 방향성에 대해 열띤 논쟁이 계속되었다(Muramatsu 1953, Shimazaki and Ishikawa 1954, Shimazaki 1953, Doi 1954, Uchimura et al. 1957). 도쿄 지역의 주류 정신과 의사들은 그 이상의 정신분석학적 영향을 막는 데 대체로 성공했다. 그들은 정신의학적 탐구의 주요 대상이 신경증과 심리학이 아닌 정신병과 그것의 생물학적 메커니즘이라고 주장했다.[17] 따라서 신경생물학은 다시 학문적 정신의학 내에서 정신병에 대한 강력한 모델로 자리 잡았다.

정신과 의사들은 개념적으로 신경생물학의 우위를 다시 정립하는 한편, 제도적으로는 민간 정신병원 네트워크를 통해 세력을 확장하기 시작했다. 사실 전쟁 후 정신의학의 제도적 확대는 전후 정신의학 학계에에 의해 달성되었던 것을 훨씬 뛰어넘었다. 1947년 새로운 민법에 따른 이에※ 체제의 붕괴와 1950년 정신위생법에 의한 사적 구금의 불법화는 구금 장소가 정신병원으로 이동하기 시작하면서 정신 질환 진료에 급격한 변화를 일으켰다.[18] 후생성이 정신병원 시설의 "부족"을 지적하면서 민간 시설 건립을 위해 저금리 대출을 제공하였다. 이로 인해 갑자기 "정신병원 붐"이 일어나 수많은 민간 기관들이 생겨났고, 상당수는 의학적 능력이 의심되기도 하였다.[19] 경제 호황과 급속한 도시화, 내부적 대규모 이주 등으로 정신 질환자의 수가 증가함에 따라, 1950년 법의 관련 조항은 탄력적으로 적용되어 경제적 어려움을 이유로 "정신 질환자"의 비자발적 입원을 정당화하기 시작했다. 전국 정신건강 기금의 대부분은 이러한 목적으로 사용되었던 한편, 정신병원의 정신과 의사들 사이에서는 치료를 제공하거나 환자를 지역사회로 돌려보내야 할 필요성이 거의 없었다(Kobayashi 1972, Okagami et al. 1988).

커뮤니티 케어의 정책적 기반을 마련하기 위해 발의된 1965년 대망의 정신위생법 개정안은 저명했던 미국 대사 에드윈 오 라이샤워가 정신적으로 불안한 19세 젊은이에게 공격받은 불행한 사건에 의해 다시 가로막히게 되었다. 경찰청장이 국회에서 "정신적 문제로 인해 규제와 감시가 필요한 3,000명"이 있다(Nakazawa 1985: 8에서 재인용)고 선언한 것처럼, 그 사건을 둘러싼 대중의 여론은 정신의학을 국가 기관의 통제 아래 유지하는 방향으로 바꾸게 하였다. 이번 사건을 계기로 법의 "감시" 요소가 더욱 강화되어 경찰이 정신적으로 불안한 시민의 이름을 등록하고 그들을 구류하거나 입원시킬 수 있는 훨씬 폭넓은 권한을 보장받게 됐다(Koizumi and Harris 1992: 1101). 이 와중에도 정신의학 기관들은 전쟁 후 급속한 경제성장으로 인한 각종 모순들을 처리하며, 1960년대 수익성 높은 사업으로 계속 성장했다(Tomita 1992). 정신과 의사들은 정신 질환자를 병원에 수용하고 국민건강보험으로부터 안정적인 수입을 받으며 수익을 올린다는 비판을 받았다. 실제로 영향력 있는 일본의사회 회장 다케미 다로는 정신과 의사들을 "목축업자"라고 부르며 조롱하기도 했다(Akimoto 1976: 193).

1960년대 후반에는 일본 정신의학에 대한 국제적인 비난이 들리기 시작하여 1968년 세계보건기구(WHO)의 클라크 보고서는 일본 정신의학의 대규모 제약 체계, 전문 진료의 부족, 영리 지향적 관리형태를 지적하였다(Hirota 1981). 비판이 누적되자 1969년 정신신경학회 가나자와 회의에서 반정신의학 운동이 시작되었다. 도쿄 대학의 우테나 교수의 뇌엽 절제술 사용에 대한 논란이 불거지는 가운데 그는 은퇴하게 되었고, 도쿄 대학의 정신의학 병동은 학생들이 점거하게 되어 그 후 10년 동안 학생들이 그 병동을 통제하게 되었다(Tomita 2000, Akimoto 1976, Healy 2002). 이 운동은 곧 전국 대학으로 확산되었고, 이후 10년 동안 대부분의 정신의학회가 해체되었다. 아사히 신문이 앞장서서 정신의학 기관의 공포와 정신 질환자의 처지에 대해 보도하면서 이 운동은 또한 대중매체를 통해 대중적 호소를 얻었다(예를 들어 Ōkuma 1973). 그럼에도 불구하고 정부 정책으로 인해 일본 정신병원의 대부분을 구성하는 민간 병원의 수익 기반 구조는 변화에 꿈쩍하지 않았다는 것이 입증되었다. 심지어 1987년에도 이들 병원의 입원 환자의 90% 이상이 비자발적인 환자들로 구성되어 있었다(Asai 1999: 14). 투쟁은 길고 씁쓸했다. 갈수록 사소한 인신공격으로 전락했고, 1980년대부터 반정신의학 운동이 점점 분열되면서 점차 사그라들었다. 대부분의 일본 정신과 의사들은 이 운동의 의미와 결과에 대해 여전히 판단을 내리지 못하고 있다(Ōhigashi 1999). 30년 동안 다른 건물들로 물리적으로 나뉘었던 도쿄대 정신의학부가 한 신경생물학 교수에 의해 재통합되면서 그 마지막 흔적은 2001년에 상징적으로 끝이 났다.

나는 반정신의학 운동, 그리고 전통적인 일본 정신의학의 해체가 우울증의 향후 의료화를 위한 조건을 마련하는 데 결정적이었다고 생각한다. 개념적으로 반정신의학 운동은 비록 그 효과가 일시적이었을 지라도 신경정신의학과 유전 중심 패러다임을 소멸시켰다. 반정신의학 운동은 혼란과 개념적인 공백을 남겼는데, 그것은 DSM-III(1980년, 1982년 번역)에 의해 빠르게 채워졌다. 이는 미국 정신의학에 대한 그들의 양보 없는 비판에도 불구하고 일본 정신의학자들이 스스로를 재정비할 수 있는 다른 대안이 거의 없었기 때문이다. 제도적으로 대학이 통제하는 위계적 시스템의 해체는 위계 체제를 반대하던 젊은 정신과 의사들이 외래 진료를 제공하는 작은 병원을 열기 위해 대학을 떠남으로 인해 지역공동체의 정신건강을 향한 움직임을 촉발시켰다(Koike and Matsuda 1997, Sekiya 1997). 1987년 정신보건법 개정으로 정신과 외래환자에 대한 국민건강보험 적용범위가 확대되면서 이 같은 환자가 늘어나기 시작했다. "심리-복합체psy-complex"(Castel et al. 1982[1979])의 출현은 반정신의학 운동에서 비롯되었다고 할 수 있고 이는 이후에 우울증의 의료화를 위한 여건을 마련하였다.

제3차 확장기: 1980년대에서 현재까지
우울증과 자살에 대한 현재의 정신의학 담론을 향하여

정신병원에서 지역사회 정신의학으로의 전환은 수년간의 쏟아지는 비판에도 불구하고, 느리고 점진적으로 이루어졌다. 대부분의 정신병원이 공립이었던 서양과 달리 일본에서는 민간 정신병원 시스템이 급진적인 구조 변화에 저항해왔다(Okada 1999, Salzberg 1994). 그러나 직장 내 정신건강에 대한 관심은 경제적인 우려에서 비롯되었다. 1982년 정신적으로 힘들어하던 조종사에 의해 일어난 JAL 여객기 추락 사고로 인해 노동자들의 정신 질환에 대한 인식이 높아졌다(Kasahara 1991). 국민적 불안감이 커지자 후생성은 정신건강 관리와 스트레스 관리(재정적 뒷받침이 거의 없는)의 필요성을 강조하며, "마음 건강하게 만들기kokoro no kenkō zukuri" 대책을 시행하기 시작했다. 1987년 정신보건법과 이어 1995년 정신보건복지법은 정신 질환자의 탈제도화, 정상화, 재활을 위한 기조를 마련했다(Komine 1996). 1990년대 이후 사망 노동자 가족들이 과로사 자살에 대해 기업을 상대로 정신과 진단을 근거로 낸 소송이 성공하는 사례가 증가해왔다(9장에서 논의한다).[20]

경제적 필요성(예: 과로 우울증과 자살에 대한 법적 보상에 대한 두려움)이 정신건강 관리 부족에 대한 높아지는 대중 정서(Kawakami 2000), 타 직업과의 경쟁 증가[21], 정신의약품 산업의 공격적인 항우울제 홍보(New Current 1999)와 결합하여, 일본 정신의학은 일상 속에서 겪는 괴로움의 영역으로의 중요한 확장을 처음으로 준비하고 있는 것으로 보인다. 또 다른 주목할 만한 변화는 DSM-III의 도입과 일본 정신의학이 다시 미국화되는 것이다(Okada 1999, Klerman 1990, Tajima 2001). 내가 1997년 정신의학 관련 다른 연구를 하고 있을 당시만 해도 권위 있는 기관에서 면담한 정신과 의사가 DSM을 주기적으로 참고했다고 하는 경우는 거의 없었다. 이후에 현지조사를 시작한 2000년에 대부분의 우울증 전문가들은 전통적인 진단과 함께 DSM을 사용했다고 인정은 했지만 여전히 대놓고 회의적이고 비판적이었다. 현지조사가 끝날 무렵 DSM은 지속적인 비판에도 불구하고 일상적인 임상적 실천의 현실이 되어버렸다. DSM이 일본 정신의학계에 미친 영향은 아직 알려지지 않았지만 상당할 것으로

짐작된다. 1950년대 일본에 쇄도했던 정신분석학적인 미국 정신의학과는 달리 DSM의 새로운 크레펠린 패러다임과 서술적 접근으로 대표되는 최근의 미국의 영향력은 정신 질환에 대한 일본 정신과의 신경학적 이해에 매우 부합한다(DSM에 대한 반응은 Honda 1983 참조). 동시에, DSM의 "조작적 진단"을 통해 일본 정신과 의사들과 환자들은 그저 단순한 삶의 문제일 뿐이었던 광범위한 것들이 이제는 정신병리의 징후로 간주될 수 있다는 사고방식에 간접적으로 친숙해지고 있다. 이는 1950년대 미국의 정신분석학이 일본에서 시도했지만 실패했던 것이 이제 성공하고 있는 것으로 보인다. 즉, DSM은 이전에 견고하게 유지되었던 정상과 비정상 사이의 경계를 허물어 의료화에 대한 일본의 저항을 무너뜨리고 있는 것일 수 있다. 특히 양자 사이에 불안하게 놓여 있는 우울증 개념을 통해 일부 일본 정신과 의사들은 이제 그 영향력을 일상적 괴로움의 영역으로 확장하려고 공격적으로 시도하고 있으며, 이 노력은 꽤나 성공하고 있는 것으로 보인다.

4
과로의 병리학인가, 나약한 성격인가?
20세기 초 일본에서 신경쇠약의 부상

일상적 괴로움이 의료화된 첫 번째 사례

정신의학은 최근에 들어서야 우울증을 통해 제도적으로 일상 담론의 영역으로 확장되기 시작하였다. 하지만 일본의 우울증 역사에서 주목할 점은 정신의학이 보통의 일본인들이 일상의 괴로움을 기술하는 방식과 개념, 대중적 담론에 많은 영향을 끼친 시기가 있었다는 점이다. 이는 20세기 초에 신경쇠약의 "유행epidemics"이라고 알려진 시기였다. 의학 전문가들뿐만 아니라 그 당시 영향력 있는 지식인들은 신경쇠약의 위험에 대해 상세히 기술하여 널리 경고하였다. 이는 보통의 일본인들이 질병을 생의학적 용어로 이해하기 시작하던 시기에 일어났으며, 이 신경쇠약 개념은 그들이 일상 경험의 언어로서 정신의학과 친숙해지도록 하였다. 본 장에서는 이러한 전후 역사에 대해 간략히 설명하고, 신경쇠약에 대한 의학적 담론과 대중적 담론이 어떻게 간접적으로 일본의 우울증 이론화에 대한 개념적 틀을 제공했는지를 보인다. 또한 신경쇠약 담론이 현재의 우울증 담론과 어떻게 유사점을 공유하는지 설명한다. 그중 하나는 신경쇠약이 (한 세기 후의 우울증처럼) 과로로 인한 질병인지, 나약한 성격으로 인한 질병인지를 두고 벌어진 뜨거운 논쟁이다.

일본 민족학의 아버지이자 20세기의 저명한 지식인 야나기타 구니오는 1931년 아사히 신문에 현대 서양의학의 효과에 대해 논평했다. 그는 이 새로운 의학 덕분에 "들어본 적이 없는" 그리고 "알아채지 못했을" 많은 심각한 질병들이 이제 성공적으로 치료되고 있다고 말했다. 그러나 동시에 서양의학은 예상치 못한 결과를 가져왔다. 서양의학은 일본인들에게 자신의 신체에 대한 근본적으로 새로운 지식을 주었지만, 그것은 사람들을 그 어느 때보다도 더 불안하게 만들었다. 일본인들은 이제 "자신의 건강에 작은 변화가 있는 것을 계속 걱정"했고, 그 결과 "병에 더 취약해졌다." 사람들은 심지어 질병과 비질병 사이의 회색 지대에 존재하는 무언가로 고통받고 있었다. 야나기타는 그 대표적인 예로 **신경쇠약**shinkeisuijaku, 神経衰弱(말 그대로 신경이 약해짐)을 들었다(Yanagita 1967: 288).[1] 신경쇠약의 증가는 현재 우울증의 대중화 이전에 일본에서 일상적 괴로움이 광범위하게 의료화된 최초의 사례였다.

신경쇠약neurasthenia은 1869년 미국의 신경학자 조지 비어드에 의해 대중화된 질병 분류로 원래는 신경의 쇠약함이나 신경 피로를 언급하는, 근대의 좋지 않은 부산물로 간주되었다(Gosling 1987, Lutz 1991, Clarke and Jacyna 1987). 19세기 후반 신경쇠약의 유행이 미국과 유럽을 휩쓸었고(Oppenheim 1991, Gijswijt-Hofstra and Porter 2001, Rabinbach 1990), 1880년대 일본의 지식인들은 신경쇠약 개념을 논의하기 시작했다. 1910년대에 이르면 일본 언론은 신경쇠약을 "국민병"이라고 불렀다(Yomiuri, 1917년 7월 8일). 언론은 처음에 신경쇠약을 근대화 과정의 선두에 있는

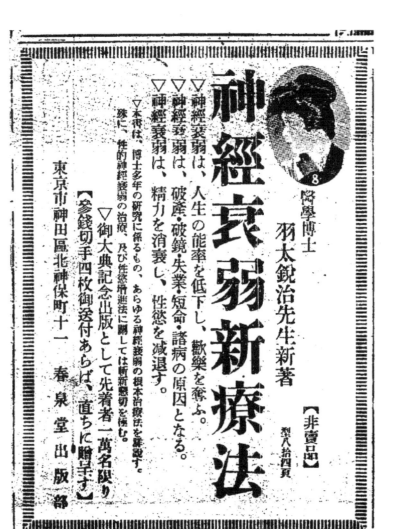

그림 4.1. 1928년 11월 22일자 요미우리 신문에 실린 신경쇠약 치료법 서적 광고

사람들에게 불가피한 결과로 묘사했는데 심지어 쇠약한 신경이 그런 사람들을 식별하는 표시가 되었다. 정부 관료, 회사 임원, 대학 교수, 예술가 등 엘리트들 사이에서 전례 없이 많은 신경쇠약 사례가 보고되었다. 오늘날의 우울증과 마찬가지로 신경쇠약도 의학 전문가들과 사회 평론가들에 의해 현대 생활의 다른 위험들 중 하나인 "과로"와 곧 연결되었다. 신문이 연일 신경쇠약을 치료하기 위한 다양한 약 광고를 싣기 시작하면서 신경쇠약은 점차 일반 대중들 사이에서 퍼졌고 1910년대에 흔히 사용되는 고통의 관용어로 쓰이게 되었다(그림 4.1 참조). 정신과 의사들에게 신경쇠약의 학문적 중요성은 1910년대에 감소하기 시작했다. 1920년대에 일부 정신과 의사들은 모든 종류의 일상적 괴로움을 설명하는 신경쇠약 개념의 만연한 "남용"에 반대하는 캠페인을 벌였다. 1930년대 후반부터 신경쇠약이 나약한 성격을 의미하게 되면서 이 개념은 서서히 사회적 중요성을 잃기 시작했다. 신경쇠약은 한동안 신경증과 번갈아 사용되었지만, 전후에는 그 의미가 희미해져 갔다. 신경쇠약은 많은 변천과 개념적인 불확실성을 가지고 있었지만, 이 개념은 사람들의 일상적 괴로움을 표현하는 친밀한 언어로서의 정당성을 확립하는 데 도움을 줌으로써 일본 정신의학에 기여했다.[2]

경험의 새로운 언어—"신경"

이러한 초기 의료화의 성공은 특히 불과 몇 십 년 전만 해도 일본인들이 신경쇠약을 전혀 앓지 않았다는 사실을 고려하면 매우 놀랍다. 일본 의학을 연구하는 역사학자들이 지적해왔듯이, 이것은 일본어에 단지 "신경nerves"이라는 말이 없었기 때문이다. 사카이 시즈(Sakai 1982)가 말했듯이, 중국에서 유래한 전통 의학의 패러다임 안에는 신경이라는 개념이 없었고, 뇌도 중요한 신체기관으로 간주되지 않았다. 공식적으로 해부를 최초로 시행했던 일본인 의사 스기타 겐파쿠는 1774년 『신인체해부학』을 저술하면서 말 그대로 **신경**shinkei이라는 일본어를 만들어야 했다 (Kuriyama 1992 참조). "신경"은 다음 세기 동안 상당히 전문적인 용어로 남아 있다가, 1874년 정부에 의해 서양의학이 공식적으로 채택된 이후 일반인들에게 확산되었다. "신경"은 일본인에게 전혀 와닿지 않는 개념이었기 때문에, 서양의학 전문가들은 "신경 질환nerve disasese"에 대해 자세히 설명하고자 노력하였다. 1906년 요미우리의 한 신문 기사에는 "신경 위생The hygiene of nerves"이라는 제목의 글이 실렸다. 다무라 가자부로는 신경에 대한 이야기가 유행하고 있는 것을 언급하면서 사람들이 잘못 인식하고 있다고 말했다. "많은 사람들은 신경이 보이지 않는다고 생각하는 것 같다. 그것들은 사실 눈에 보이는 것이다." 신경은 "흰 실"과 유사하고, 일반적 너비는 "면 실" 정도로, "열차를 운행시킬 수 있는" "전선"과 같은 기능을 한다. 전선이 "사용할 수 없을 정도로 소진되거나" 전선이 "절단"되면 전차가 운행되지 않듯이, 근대화의 원동력이었던 시민들도 신경을 제대로 돌보지 않고는 제 기능을 하지 못할 것이다(Tamura 1906). 생물경제학의 시각에서 정신과 의사들은 신경력nerve power의 결핍과 기능 장애에 의해 촉발된 신경 질환에 대해 이야기했다(Sakaki 1912). 그리고 서구 초강대국에 합류하기 위해 근대화라는 전국적인 운동을 벌였던 일본의 엘리트들은 신경력의 경제에 관해 걱정이 많았다.

미디어는 사람들이 자신들의 신경에 주목하도록 독려했고 신경쇠약 증상에 대한 자가진단 검사를 자주 제공했다. 영향력 있는 지식인 잡지 『태양Taiyō』에는 1902년에 전국적인 위기감을 부추기는 타이틀의 기사가 실렸다. "신경쇠약: 사업가, 작가, 공무원, 학생은 이 글을 읽으세요" (XYZ 1902). 기사는 공무원들이 신경쇠약으로 휴직하는 것으로 알려졌으며, "오늘날 상담을 위해 병원을 찾는 환자의 3분의 1"이 이 병을 앓고 있는 것으로 알려졌다고 전했다. 이러한 환자들은 주로 지적 노동에 종사하는 엘리트들이어서 신경력을 과도하게 사용하는 경향이 있었다. 증상은 쉽게 흥분하는 성질(감도kandō), 불면증, 집중력 부족, 정신력 저하, 과민, 비이성적인 공포와 걱정, 두통, 배탈, 눈의 피로, 머리에 무거운 냄비를 덮은 것 같은 몸의 이상감각(현대 일본의 우울증 환자에게서 주로 보이는 통증)까지 모든 것을 포함했다. 이러한 증상들은 뇌의 신경세포의 병리학적 변화에 의해 발생한다고 한다. 유전의 가능성이 언급됐지만 특정 외부적 삶의 사건을 감안하여 신경쇠약이 누구에게 어떤 영향을 미치는지 강조되었다. 기사는 주식 거래에서 손해를 보는 사업가, 동료들로부터 망신을 당한 공무원, 연애에서 상처를 입거나 시험에 떨어져 굴욕을 맛본 학생 등의 사례를 인용했다. 신경쇠약은 주로 "한창 일하는 시기에 있는 중장년층"에게 영향을 미친다는 의견도 제시됐다(오늘날 일본의 우울증 담론과 아주 유사하다). 직장이나 가족 간의 상호작용으로 인해 너무 많은 자극을 받은 사람들에게는 입원이 권장되었다. 치료하지 않고 방치할 경우 신경쇠약으로 인해 완전한 정신착란이나 자살로 이어질 수 있다는 것이다(XYZ 1902: 134–39, Yomiuri, 1917년 7월 8일 참조). 의학 전문가들과 지식인들이 신경쇠약의 예방에 대해 언론에 쏟아낸 지속적 캠페인은 1900년대에 시작되어 신경쇠약이라는 질병을 사람들의 건강

염려 목록의 상위에 올려놓았다(그림 4.1 참조).[3] 이것은 분명 야나기타가 말하는 높은 불안감을 만들어냈다.

많은 일본 지식인들에게 신경쇠약은 근대성─단순히 어떤 근대성을 말하는 것이 아닌 특정한 일본 근대성─의 병이었다. 일본 근대사에서 매우 중요한 작가이자 신경쇠약증 환자로 잘 알려진 나쓰메 소세키는 일본인들이 자신들이 선택하지 않은 근대화에 내던져졌기 때문에 집단적으로 신경쇠약을 앓고 있다고 주장했다. 소세키는 「근대 일본의 계몽」(1911), 「나의 개인주의」(1914)와 같은 그의 전설적인 연설에서 일본인들이 서구인들이 겪었던 절반도 안 되는 시간 안에 산업화와 도시화를 달성해야 하는 과제에 직면했다는 주제를 반복하여 논했다. 식민주의의 외부 위협으로 인해 일본인들에게 부과된 이런 "비정상적으로" 가속화된 발전의 결과는 일본인들이 쉽게 회복할 수 없는 "신경쇠약"이었을 것이다(Natsume 1986). 당시 작가들은 사회적 힘이 자신들에게 미치는 영향을 검토하기 위해 점점 더 내면으로 눈을 돌렸고, 자기 내면의 고통을 "신경"이라는 관용어에 의존하여 기록하였다. 신경은 물리적인 동시에 정신적인 것으로, 피로해지고, 지치고, 날카로워지고, 지나치게 자극되거나, 무뎌지고, 진정되고, 마비되는 것으로 상상되었다. 지친 신경의 이런 이미지는 당시 연재된 신문 소설과 잡지 기사의 독자들에게 쏟아졌다. 동시에 미디어는 뇌의 그래픽 사진과 함께 손상된 신경에 대한 모든 종류의 "치료"를 주장하는 광고를 계속 내보냈다.

1900년대 중반에는 증가하는 자살률의 직접적인 원인으로 신경쇠약의 유행이 지목되었다. 러일전쟁(1904-5) 무렵 사회 불안이 고조되면서 일본은 근대국가 수립 이후 처음으로 자살 붐을 겪고 있었다. 1903년 일본 최초의 소위 "근대적 자살"은 언론에 선정적으로 보도되었다. 엘리트 학생인 후지무라 미사오(소세키의 제자)는 유서를 나무 줄기에 새긴 후 도쿄 북쪽의 경치 좋은 닛코의 폭포에 뛰어들었다. "인생은 불가해하다"라는 그의 유서 문구는 유명해졌다. 지식인들 사이에서 곧 그의 행동의 의미에 대한 논쟁이 일어났다. 일부 지식인들, 특히 예술가들과 작가들은 자살에 대해 사회적, 철학적 의미를 부여했다. 예를 들어 혁명적인 문학가인 쓰보우치 쇼요는 자살에 대한 긴 성찰문을 썼고, 근대성의 불가능한 요구에 맞서 싸워야 하는 사람들을 위한 자유의 원천으로 자살을 논했다(Tsubouchi 1903, Robertson 1999 참조).

그러나 일부 정치인들과 학계 정신의학자들(대부분은 독일의 신경정신의학과 그 퇴행의 개념을 훈련받은)은 스스로 목숨을 끊는 개인들이 자신들을 "자멸autocide"로 몰아갈 수 있는 "선천적, 신체적, 병적인" 본성(신경쇠약 같은)을 가지고 있기 때문이라고 강하게 주장했다. 이 이론에 따르면, 이 개인들은 경쟁이 치열한 근대 사회에서 살아남기에 적합하지 않았다. 법의학의 권위자이자 전 도쿄제국대학 정신의학부 학장인 가타야마 구니요시는 1906년 도쿄 아사히 신문에서 자살하는 사람들이 "사회에 독을 흩뿌리고 있다"며, 국가는 "이러한 병리학적 분자를 제거하기 위해 몸과 마음을 강화해야 한다"고 썼다(Katayama 1906, 또한 Kure 2002 [1894-95], 1917 참조). 당시 상당히 영향력 있는 정치가이자 정신 위생 운동의 중심인물이었던 오쿠마 시게노부는 정신적으로 아픈 사람들을 돕기 위한 자발적인 모임인 "돕고 치료하는 모임Kyūchikai, 救治会"를 조직하는 데 일조했다. 1906년 정신과 의사들과 변호사들의 모임에 초대받았을 때, 오쿠마는 자살에 대해 다음과 같이 말했다.

요즘 젊은 학생들은 "삶의 철학" 같은 것에 대해 이야기합니다[회장에서 박수]. 그들은 삶의 중요하고 심오한 문제에 지면하여 패배하고 신경쇠약에 걸리고 맙니다. 폭포에서 뛰어내리거나 기차 앞에 몸을 던지는 사람은 마음이 약한 것입니다. 이들은 정신 구조가 튼튼하지 않아 정신 질환이 생기고 결국 죽음에 이릅니다. 그들은 얼마나 쓸모가 없습니까! 그렇게 마음이 약한 사람들은 살아 있어도 해를 끼칠 뿐입니다[박수]. (Ōkuma 1906: 616; 전체 연설문이 『신경학 저널』에 실렸다는 점에 주목)

놀라운 사실은 오쿠마 자신이 이 연설에서 나중에 친형제가 정신병을 앓고 있었다고 고백했다는 것이다. 정신 질환자의 가족임에도 이렇게 폄하하는 어조로 말한다는 것은 퇴행 패러다임이 당시 지식인들의 사고방식에 얼마나 스며들었는지를 보여준다. 구레는 1917년 요미우리 신문에 최근 매춘부들 사이에서 자살이 증가하고 있는 것은 (명백한 사회적 문제가 되었으며) 정신 질환의 결과라고 썼다. 그는 일반인들은 이 여성들이 삶의 고난에 절망하여 자살로 내몰렸다고 생각할지 모르지만, 이는 "아마추어적 사고"라고 썼다. 전문가들의 관점에서 볼 때, 구레는 그들의 자살의 원인은 이 여성들이 처음부터 "내재적인 정신이상의 징후"가 있었기 때문이며, 또한 이것이 그들이 왜 애초에 그런 부도덕적인 직업으로 전향했는가를 설명한다고 하였다(Kure 1917: 5). 따라서 자살은 당시의 의학 전문가들에게 "병리학적 분자"의 "자기파괴"였고(Tsubouchi 1903 참조), 신경쇠약은 비정상적인 경향의 발현이자 심지어 자살의 전조 증상이었다(Katayama 1912).

신경쇠약을 둘러싼 정신의학적 논쟁

한편, 이전의 자살에 대한 논쟁과 병행하여 신경쇠약의 원인에 대한 논쟁은 1910년대까지 정신과 의사들 사이에서 격렬해졌다.[4] 비어드를 따르는 첫 번째 정신과 의사 그룹은 신경쇠약은 실제로 점점 더 복잡해지는 근대 세계에서 누구나 경험할 수 있는 과로의 병이라고 주장했다. 뉴욕에서 4년 동안 아돌프 마이어의 지도를 받은 마쓰바라 사부로는 1914년 신경쇠약이 "문화인"의 병이라는 개념을 설명하기 위해 신경쇠약에 관한 광범위한 글을 썼다. 그러나 당시 대부분의 일본 정신과 의사들은 독일 크레펠린 신경정신학의 교육을 받았고, 그 결과 정신 질환의 원인으로서 유전학에 대한 강한 집착을 공유했다. 구레는 1913년 요미우리 신문에서 신경쇠약에 대한 논평을 통해 일을 너무 많이 해서 정신 질환에 걸릴 수 있는 사람은 없고 만약 있다고 한다면 분명 그들은 처음부터 그런 경향이 있었을 것이라고 썼다. 구레는 더 나아가 사람들이 자신의 한계를 넘어 신경쇠약에 걸리지 않으려면 그가 표현한 소위 "타고난predisposed 소질의 수준"을 인식하는 것이 중요하다고 말했다(Kure 1913). 또한, 사카키 하지메(일본 최초의 정신의학 교수)의 동생이자 규슈제국대학 교수인 사카키 야스자부로는 그의 저서 『비정상인들Kawarimono』에서 신경쇠약증인 사람들은 "일반적으로 뇌가 선천적으로 약하게 태어난다"고 말했다. 사카키는 신경쇠약에 걸린 사람들에 대해 "평범한 사람이 지닌 정신적 능력의 절반밖에 되지 않는" "가난한 사람"과 같다고 썼다(Sakaki 1912: 264). 1913년 일본신경학회에서 열린 신경쇠약에 관한 심포지엄에서 이 질병 범주의 과학적 정당성 문제에 대해 일부 정신과 의사들이 논쟁을 시작했다. 이 무렵에 비어드가 신경쇠약증을 과로로 인한 질병으로 처음 공식화한 것은 서양에서 크게 반박되었다(Lutz 1995). 이러한 개념적 변화에 따라 일본의 정신과 의사들은 "진짜 신경쇠약"과 **"신경질적 기질**shinkeishitsu"의 구별, 즉 신경 기질/성향(아래에서 논의)을 도입하기 시작했다. 구레의 후계자이자 도쿄제국대학의 미야케 고이치는 1912년 『신경학 저널』에서 이미 이러한 구분을 하고 있다. 소위 신경쇠약 환자의 약 10~20%가 실제로 신경쇠약을 앓고 있으며, 이는 "과로"와 같은 외부 자극의 결과라고 말했다(Miyake 1912, 1927).

1920년대까지 정신과 의사들은 너무 많은 사람들이 신경쇠약이라는 꼬리표를 아무렇지 않게 사용하고 있고, 그들이 스스로 신경쇠약이라고 자처하고 있다는 사실에 한탄하고 있었다(현재 우울증 담론과 관련하여 정신과 의사들 사이에서 보이는 또 다른 놀라운 유사점). 어떤 사람들은 이 병을 호소하며 의사를 찾아오는 대부분의 환자들이 신경쇠약을 앓고 있는 것이 아니라, 단지 신경질적 기질의 발현일 뿐이라고 주장하기 시작했다. 1929년 적십자사가 개최한 "정신위생 전시회"에서 게이오 대학 우에마쓰 시치쿠로 교수(이후 1950년 정신위생법 제정에 기여)의 공개강연에서 학계 정신과 의사들 사이의 이러한 일반적인 정서가 여실하게 표현되었다. 적십자 전시회는 "정신 질환에 대한 지식 증진"을 목적으로 도쿄 중심가에서 열렸다. 일본이 자국민의 건강을 증진시키기 위해 노력하던 시기에 열렸던 이 전시회는 사람들에게 정신병의 공포, 결혼을 통해 그것을 유전시키는 것의 위험성, 질병을 방어하기 위한 심신 위생의 중요성을 일깨우려 했다. 정신 질환은 이국적인 것으로 표현되었고, 그 공포는 이해하기 쉬운 그래프와 그림으로 전달되었다. 우에마쓰 교수는 "도시생활과 신경쇠약"이라는 제목의 강연에서 사람들은 한때 신경 쇠약이 과로에 의해 발생한다고 믿었지만, 진실은 이러한 신경쇠약이 "명백한 원인이 없거나 휴식으로도 나아지지 않는 것 같다"고 지적했 다. 우에마쓰에 따르면, 이 사람들은 신경질적 기질이고, 단지 외부 자 극에 대해 "비정상적이고 지속적인 방식"으로 반응하여 "자극 피로"가 발생했다고 한다. 물질 문화에 중독되고 경쟁에 대한 깊은 불안감에 시 달리는 사람들은 다시 말해 "약한 저항력"을 가지고 있었다.

> 신경쇠약은 질병이 아니라 그런 유의 사람인 것입니다. 두통, 현기증,
> 이명, 건망증은 모두 비정상적인 정신적 반응이며 그 자체로 뇌질환을
> 구성하지는 않습니다. 많은 일반인들은 신경쇠약이 주사나 약물치료로
> 치료될 수 있다고 생각하는 것 같습니다. 치유되는 것은 두통, 현기증,
> 불면증 등의 증상일 뿐입니다. 근본적인 질병, 즉 성격 자체는 결코 약
> 물치료로 치료될 수 없습니다. (Uematsu 1929: 17)

우에마쓰는 그런 병적인 성격은 어느 정도 누구나 가지고 있을 법한 것 이라고 얼른 덧붙였지만 신경쇠약의 유일한 치료법은 "철학적 태도 또 는 체념"이라고 결론지었다. 그는 1936년 요미우리 신문에서 "신경쇠약 의 폭로"라는 제목을 달고 있는 일련의 기사에서 이러한 입장을 되풀이 했고, 널리 사용되는 그의 교과서에서 이 질병 카테고리를 전면적으로 비난했다(Uematsu 1948; 1957년까지 9쇄 인쇄). 신경쇠약의 개념이 정신의 학 내의 병리학적 성향의 개념으로 녹아들고, 전쟁이 임박함에 따라 "정 신"을 수양해야 한다는 국민적 요구가 높아지면서 1930년대에 보고된

신경쇠약의 수는 급격히 줄어들었다. 제2차 세계대전과 그 여파 속에서 미야케의 후임으로 도쿄대학 정신과 학과장을 역임한 우치무라 유시는 1943년 정신복지협회 취임식에서 연설을 했다. 내무부를 포함한 200명의 참석자들 앞에서 그는 "시민들의 정신은 건강하며, 이것은 여러 면에서 명백하다. 1937년 이후 신경쇠약 환자의 수가 줄어든 것이 그 일례이다. 그러나 전시 상황에서 각종 신경전shinkeisen이 벌어지고 있는 마당에 현실에 안주할 시간은 없다."라고 했다(Uchimura 1943: 527). 분명 시민들이 정신과 신체 모두를 강하게 만들도록 끊임없이 강하게 권고받던 전시의 일본에는 신경쇠약이 설 자리가 없었다.

제2차 세계대전 이후 신경쇠약이라는 개념은 학술적 정신의학계에서 구식용어가 되었고, 신경증neurosis의 범주로 거의 대체되었다. 이것은 1942년에 이미 규슈 대학 교수이자 유명한 우울증 이론가인 시모다 미쓰조에 의해 제안되었다. 그는 대중들을 위한 책 『정신위생강연』에서 이렇게 쓰고 있다. "신경쇠약만큼 널리 사용되고 남용되고 있는 질병 범주는 없다." "정신 질환의 초기 단계의 대부분은 신경쇠약이라고 불린다. 이는 사람들이 일을 쉬는 핑계로 사용하고, 심지어 의사들도 정확한 진단을 찾지 못할 때 사용한다"(Shimoda 1942: 88). 전쟁 후 도쿄 대학의 나카가와 시로는 신경쇠약에 대한 면밀한 연구 결과를 출판하였다. 그는 신경쇠약과 신경질적 기질로 진단된 440명의 환자를 검사한 결과 74.9%가 예후가 양호하고, 대부분 현재의 신경증 범주에 속한다고 밝혔다(Nakagawa 1947, Muramatsu 1953, T. Takahashi, 1998: 트라우마성 노이로제의 특정 역사에 대해서는 Satō 2009 참조).

신경쇠약이 신경증이라는 개념으로 통합되면서 공식적인 용어의 사용은 빠르게 감소했고 이 용어는 광기의 완곡한 표현이 되었다. 전후의 신문기사에는 1950년대 폭력적인 자살 시도와 살인 사건의 경우 신경쇠약에 대한 언급이 산재했다. 예를 들어 신경쇠약에 걸린 엄마가 아이의 목을 조른 사건(1951), 한 신경쇠약자가 스스로 몸에 불을 지른 사건(1954), 신경쇠약의 공예가가 그의 장인을 손도끼로 죽인 사건(1960) 등이 있다. 1960년대에 이르러 이 용어는 거의 사용되지 않았다. 아사히 신문에서 마지막으로 등장한 것은 1974년 파리 동물원의 팬더 릴리가 "신경쇠약"에 걸려 단식투쟁 중 사망했다는 기사였다(Asahi, 1974년 4월 24일). 이 단어는 카드 게임(서양에서는 "멜랑콜리"로 불림)의 이름으로 남아 있으며, 시대착오적인 느낌이 있긴 하지만 여전히 정신 질환을 함축하는 용어로 인식되고 있다.[5]

이때까지 신경쇠약이 과로로 인한 질병에서 성격장애로 전락한 이야기는 일찍이 서양에서 일어났던 것에서 거의 벗어나지 못했다. 그러나 이 이후에는 두 가지 대목에서 뚜렷하게 일본식으로 전개된다. 첫 번째는 다이쇼 시대의 신경질적 기질에 대한 심리적인 담론이 대두되면서 신경쇠약이 대중화되는 방식이고, 두 번째는 시모다 미쓰조가 제안한 새로운 개념의 우울증이다.

신경쇠약에서 성격유형으로의 변화—신경질적 기질

신경쇠약이 더 이상 질병 실체가 아님을 정신과 의사들이 공식적으로 인정했음에도 불구하고, 신경계 질병의 관점에서 스스로의 고통을 생각하는 일반인들은 계속해서 이 범주에 의존했다. 그들이 치료를 받지 못한 채 방치되어 있는 동안, 생물정신의학biopsychiatry의 대안을 제시한 의사들 중 한 명은 모리타 마사타케였다. 그는 생물학 및 서구 정신분석학에 대항하여 자신의 심리학 이론을 발전시키기 시작했다. 모리타는 원래 신경증 연구에 관심을 가지고 도쿄제국대학에 들어와, 신경쇠약의 개념이 점점 심리적으로 변해가는 시기에 신경쇠약 및 신경증 분야의 권위자로 부상하였다. 1930년 『현대의학 대사전』의 집필에 있어, 모리타는 신경쇠약의 질병 범주를 명시적으로 부인하면서, 자극-소모는 일반적으로 병을 동반하는 증상이며 사람마다 상이한 매우 주관적인 것이라고 주장하였다. 대신 모리타는 히포크라테스의 과민성 체질론, 크레펠린의 유전성 신경쇠약증 이론 등의 사상을 바탕으로 신경질적 기질을 "자기성찰성과 지능"이 특징인 타고난 기질이라는 해석을 제시했다.[6] 모리타는 치료법의 핵심은 환자들이 겪고 있는 것이 실제로 질병이 아니라, 단지 그들 자신이라는 점을 "깨닫도록" 격려하는 것이라고 주장했다(Morita 1930: 83-85, Watanabe 1999). 모리타는 그의 신경질적 기질 환자의 60%가 이 치료를 통해 40일 이내에 회복되었으며, 고우라 다케히사와 같은 그의 제자들은 만성 신경쇠약이 유전적인 성향에 기반한 불치병이라는 통념에 대해 모리타 치료를 도입한 심리적인 변화에 의해 신경질적 기질 환자들이 정상 상태로 돌아갈 수 있었다는 점을 들어 반박해왔다(Kora 1938). 이는 일본에서 새로운 심리학 이론의 탄생을 알렸다. 즉, 신경질적 기질의 의미가 단순히 불치의 이상징후에서 **자기성찰의 과잉**으로 바뀌게 하였고, 이는 아마도 근대가 야기한 혼란에서 비롯되었다고 여겨졌다.

모리타 그룹의 치료법에 대한 이러한 놀라운 보고는 대부분의 주류 정신과 의사들에게는 무시되었는데, 그들은 오로지 "진짜"(즉, 생물학적) 질병에만 관심이 있었고, 석연치 않은 과학적 지위를 경멸하며 신경쇠약으로부터 멀어졌기 때문이다. 그러나 당시의 지식인들은 모리타 요법에 깊은 관심을 가지고 치료 운동을 전개하기 시작했고, 이는 다이쇼 시대를 기점으로 일종의 심리 붐을 일으키게 하였다. 1921년 모리타 자신은 그의 책 『신경질 및 신경쇠약 요법』을 통해 자신의 생각을 적극적으로 홍보하였고, 1926년에는 신경쇠약에 관한 전국 라디오 강연을 통해 많은 청중을 얻었다. 동시에 『출가와 그 제자』와 같은 작품으로 유명한 구라타 햐쿠조 같은 저명한 작가들은 모리타 요법을 통해 신경질적 기질에서 회복한 자신들의 이야기를 출판했다(Satō et al. 1997: 198). 가장 눈에 띄는 것은 『비정상적 심리』의 편집자인 나카무라 고쿄도 모리타의 열렬한 지지자였다는 것이다. 나쓰메 소세키의 제자였던 나카무라는 정신병으로 친형제를 잃고 그 자신도 신경쇠약으로 고생했다. 그는 자신의 경험을 통해 현대 의학을 비판하고 그것의 "물질론적" 치료법이 "인간 심리의 깊이를 무시한다"고 주장하면서 신경쇠약을 극복하는 것이 무엇인지에 대해 심도 있게 설명하는 수많은 사례 연구들을 발표하면서 그 자신이 유명한 치료사가 되었다(Nakamura 1930, Oda 2001).

나카무라는 1930년 잡지 『주부의 친구』에 연재한 일련의 기사에서 많은 연구 끝에 모리타 요법에서 치료법을 발견한 신경쇠약자들의 인생 이야기를 다루었고, 이는 이후 1930년 책 『신경쇠약은 어떻게 하면 완치되는가』로 출판되었다. 나카무라의 글 중 하나를 보면, 신경쇠약으로 인해 1년 동안 공무원 직무를 쉬어야 했던 37세의 도쿄제국대학 졸업생이 5회에 걸친 최면 암시요법으로 완전히 회복되어 이제는 "도지사로서 성공적으로 일하고 있다"고 쓰고 있다. 또 다른 환자는 26세의 직업학교 졸업생으로 초등학교 때부터 신경쇠약을 앓았다. 그는 수많은 의사들을 찾아 다녔는데 그들 중 대부분은 단순히 약과 비타민 주사를 처방했다.[7] 자포자기하는 마음으로 그는 "뇌의 변화"를 일으키기 위해 "뇌의 일부"를 마비시키는 "특별 약"까지 시도해보았지만 처참하게 실패했다. "약자는 반드시 사라지는 것이 자연의 법칙"이라고 확신한 그는 자신이 "사회에 기여할 수 있는 유일한 길"은 "이 세상을 떠나는 것"이라고 판단했다. 나카무라의 조언은 약자가 자신의 깜냥보다 더 강해지기를 원하면 그저 지칠 뿐이라는 것이었다. 치료법이라고는 단지 그 자신이 누구인지 인식하는 것뿐이었다. "그는 자신의 나약함을 받아들여야 하고 만족하며 감사해야 한다"(Nakamura 1930: 42-53). 이러한 비호감적인 숙명론에도 불구하고 모리타 요법은 대중의 지지를 얻었다. 이는 아마도 생물정신의학이 실패했던 곳에서 아주 필요한 치료법을 제공했기 때문일 것이다.[8] 동시에 모리타 치료는 정신분석을 수용하지 않는 일본 토양에 독특한 심리화 과정을 주입함으로써 신경쇠약의 사회적 원인을 덜 강조하는 역할을 했을지도 모른다.

새로운 과로 질환: 우울증의 지역화

그동안 신경쇠약의 의학적 범주가 학계 정신의학자들에 의해 배제되기 시작하자 일본 정신의학의 지평에 "신경쇠약과 유사한" 또 다른 병이 나타났다. 그것이 바로 우울증이었다. 다음 장에서 논할 것처럼 이 개념은 시모다 미쓰조에 의해 만들어졌다. 그는 한 그룹의 환자들이 신경쇠약의 증상뿐만 아니라 특정 유형의 성격을 보인다고 언급했다. 시모다는 그들이 사실 우울증을 앓고 있다고 주장하면서 이 환자들이 얼마나 근면하고 철저하고 매우 존경받는 사회 구성원으로서의 성격을 가지고 있는지를 더 조명했다. 과로로 인한 신경쇠약에 대한 이전의 담론을 되살리고 신경쇠약 자체의 섣부른 평가절하를 막기 위해, 시모다의 우울증 이론은—일본이 전쟁의 승리를 위해 모두 전념하고 있을 때—도덕적으로 타락한 유의 질병이 아닌 새로운 범주를 확립했다. 그러나 신경쇠약 개념의 도덕적 모호성은 시모다의 우울증 개념에도 계승되었다. 이것이 나중에 정신과 의사들이 일본 사회구조의 병리학을 논의하는데 도움을 주었지만 우울증의 새로운 개념은 또한 진짜 인과관계가 어디에 놓여 있는지에 대한 문제—과로가 요구되는 사회에 책임이 있는지 아니면 그들 자신을 과로로 몰아넣은 개개인들에게 책임을 물어야 하는지—에 대한 답을 하지 못했다. 이는 오늘날 증가하고 있는 우울증과 과로사 자살에 대해 일본의 정신과 의사들이 다시 마주해야 할 문제이다.

다음 장에서는 20세기를 거치면서 일본의 정신의학적 우울증 관념이 어떻게 진화해왔는지 살펴본다. 분명 일본의 정신과 의사들은 서구 지식을 통합하고 때때로 의문을 제기했을 뿐만 아니라 임상적이고 치료적인 수준에서 유의미한 것을 탐구함으로써 우울증에 대한 지역적인 이론을 발전시켰다. 이는 사회적 권력에 대해 도외시하지 않고자 하는, 우울증에 대한 일련의 독특한 생각들의 결과이다. 즉, 우울증을 이론화하려는 노력 가운데 일본의 정신과 의사들은 개인의 생물학과 사회 간의 상호작용을 어떻게 이해해야 하는지에 대한 문제를 해결하기 위해 고심하게 되었다. 이러한 이론적 발전과정을 추적해봄으로써, 나는 일본에서 우울증의 "생물학"에 대한 이해가 어떻게 지역적인 형태를 취해왔는지를 보이고자 한다.

5
우울증에서 "생물학적인 것"을 사회화하기
멜랑콜리 유형에 대한 일본의 정신의학 논쟁

생물학적인 것의 의미를 풀어내기

현재 진행 중인 우울증의 의료화가 새로운 항우울제의 출현으로 가속
화되면서 북미 비평가들은 정신의학이 일종의 생물학적 환원주의를 조
장하고 있다는 우려를 표했다. 우울증의 복잡한 인과관계를 "화학적 불
균형"으로 좁히고 "신경화학적인 자아neurochemical self"(Rose 2007 참조)에
대한 개념을 확산시킴으로써 정신의학은 우울증에 대한 일반인의 이해
수준을 저하시켰다는 것이다. 따라서 사람들이 삶의 고난에 대처하기
위해 발전시킨 다양한 지역적 자원을 균질화하였다는 비판이다(Elliott
and Chambers 2004 참조). 그러나 일본에서 현지조사를 하면서 의료화가
비평가들이 경고해왔던 것처럼 오래된 환원주의의 생물학적 사고를 고
취하는 것만은 아니라는 것을 알게 됐다. 대신, 의료화가 상당한 설득력
을 얻을 수 있었던 것은 우울증을 독립된 신경화학적 발생으로 여기는
사고방식 때문이 아니라, 일본 정신과 의사들이 우울증의 "생물학"을
이해하는 대안적이고 되려 독특한 언어를 대중화할 수 있었기 때문이

다. 이 장에서 설명하겠지만, 이 생물학적 언어는 "몸-자아Body-self의 살아 있는 경험에 대한 현상학적 감각"에 호소하며 일본인의 상상력을 효과적으로 사로잡았다(Scheper-Hughes and Lock 1987:7).

나는 일본 정신의학 분야를 연구하게 된 직후, "생물학"이 지역화되어 해석되는 흥미로운 방식을 발견했다. 거기서 지금까지 북미 정신의학 현장에서의 현지조사를 통해 익숙해진 생물학적 요법과 심리치료 사이의 이분법이 곧 무너짐을 알 수 있었다. 내가 정신과 의사들에게 그들의 이론적 지향점이 무엇인지 물었을 때, 그들 중 몇몇은—특히 좀더 심리치료적으로 접근한다고 생각했던 사람들은—나에게 되려 내가 말하는 "생물학적 정신의학biological psychiatry"이 의미하는 것이 정확히 무엇을 뜻하는지 되물어왔다. 이 의사들은 이러한 이분법이 존재하며 북미 정신의학을 계속해서 분열시키고 있다는 것을 잘 알고 있었으며 (Luhrmann 2000), 그들 스스로 특정 형태의 생물학적 환원주의를 비판하였다. 그러나 모든 일본 정신과 의사들처럼 그들도 신경정신과에서 처음 훈련을 받았기 때문에, 나중에 심리치료를 채택하는 사람들조차도 생물학적 관점을 그들이 생각하고 운용하는 방식의 필수적인 토대라고 간주하고 있었다. 차이는 거기서 그치지 않았다. 내가 만난 모든 일본 정신과 의사들이 우울증은 주로 신경화학적 질병이라고 자신 있게 말하기는 하지만, 두 가지 중요한 측면에서 북미 정신의학과 다른 입장에 서 있었다. 첫째, 그들은 주로 우울증을 (북미에서 흔히 볼 수 있는) 감정의 병이라기보다는 "몸(전체)의 병karada no byōki", 즉 피로, 활력감퇴 및 무기력의 생리적인 문제로서, 궁극적으로는 "전인적 인간"에게 영향을 끼치는 것으로 묘사한다. 둘째, 그들이 "멜랑콜리 유형Typus Melancholicus"이라고 부르는 **과학적** 이론을 통해 일본 정신과 의사들은 우울증에 걸리기 쉬운 사람들이 진지하고 부지런하며 철저하고 사려 깊고 책임감이 있는 등 일련의 내인적 성격상의 특성을 가지고 있으며, 심지어 이러한 성격이 그들을 과도하게 일하게 하고 경우에 따라서는 정신의학상의 붕괴상태로까지 몰고 가는 경향이 있다는 것을 관찰하였다. 일본 정신과 의사들은 이러한 이론들을 신경화학적 설명과 함께 적용하여 장기화된 불황 속에서 일본인들이 겪고 있는 누적된 피로감의 관점에서 우울증의 증가를 설명해왔다. 이런 식으로 생물-심리-사회적 서사를 엮어냄으로써 그들은 우울증을 거의 들어본 적도 없는 보통의 일본인에게 수용되는 것을 넘어 매력적으로 느껴질 정도의 아주 흔한 질병으로 성공적으로 변화시켰다.

이렇듯 우울증의 세계적인 "생물학화"의 표면 아래에는 우울증에 대한 지역적 담론의 풍부한 저류가 깔려 있다. 사실 현재의 신경화학적 담론은 심지어 지역의 다양한 해석을 부추기는 것처럼 보인다. 왜냐하면 적어도 많은 일본인에게는 신경화학적 변화의 층위에서 설명되는 우울증은 살아 있는 경험의 영역에서 너무나 멀어져 실제 현실의 영역에서 벗어났기 때문이다. 혹자는 신경화학적 이미지가 풍부한 의미를 새겨 넣을 수 있는 **공허한 상징**으로 작용하여 지역적 해석을 더욱 다양화하고 창의적이게 하며 좋은 생각을 환기시킨다고 주장한다(Barthes 1982 참조). 또한 중요한 것은 생의학 내부와 전체에 걸쳐 서로 다른 목소리가 존재한다고 주장하는 것이나(Mol and Berg 1998, Atkinson 1995), 생의학을 "지역적 합리성의 집합"(Osborne 1998: 260)[1]으로 생각하는 것이 어느 정도 흔해졌지만, 이러한 지역적 이론들 중 일부는—외부인에게는 이국적으로 보일지라도—단순히 문화적 지식이 아닌 **과학적 이론**으로 작동한다는 점이다. 역사적으로 이러한 이론들(일본의 피로와 멜랑콜리 유형에 대한 이론들)은 정신의학(유럽 및 미국에서 수입된 것들뿐만 아니라 국내에서 발전시킨 것도 포함)과 건강 및 신체에 대한 지역적 사고방식의 다양한 이론적 흐름들의 교차점에서 나타났다. 이는 마거릿 록이 "지역 생물학Local biologies"이라고 부르는 것을 함께 구성하고 있다(Lock 1993). 따라서 우울증의 "생물학"에 대한 특별한 해석이 일본에서 어떻게 가능했는지를 이해하기 위해 우리는 먼저 20세기 동안 나타난 "우울증"에 대한 **과학적** 담론의 종류, 그리고 새로운 항우울제가 등장하기 전후로 그것이 변형된 방식에 대해 살펴본다. 좀 더 구체적으로는 일본 정신의학자들이 전통적인 생물학적 환원주의와의 투쟁을 통해 어떻게 **생물학적** 우울증 언어를 형성하게 되었는지에 대하여, 내가 신체화, 실존화, 정치화라고 이름 붙여 구분하는 서로 다른 역사적 단계를 통해 집중적으로 살펴본다.[2]

우울증의 신체화: 근대 정신의학을 통한 의료화의 기초 작업

일본에서 우울증 의료화의 개념적 씨앗은 19세기 후반 일본 정신과 의사들이 우울증을 유전성 신경질환으로 정의한 독일의 정신의학 개념을 수입했던 시기에 뿌려졌다. 이 사고방식은 1900년대 교과서적인 지식으로 더욱 확고히 자리잡았다. 당시 우울증은 이를 조울증의 한 극(조현병과 함께 "두 가지 주요 정신 질환"을 구성하는)으로 정의한 크레펠린의 질병 분류학에서 공식적으로 채택되었다. 내가 면담했던 이미 은퇴한 의사들을 포함해 다양한 나이대의 일본 정신과 의사들은 우울증에 대한 신경학적 개념으로 훈련받았다. 그들은 가끔 나에게 이른바 "알람시계 이론alarm clock theory"으로 설명해주었다. 이 이론은 우울증에 걸리기 쉬운 사람들이 외부 환경과 관계없이 작동하는 일종의 내재적, 유전적으로 연결된 알람시계를 가지고 있다고 주장했다(Iida 1974: 14). 이 내부 시계는 자동으로 켜졌다 꺼졌다 하며, 환자가 어느 단계에 놓였는지에 따라 주기적으로 조울증 또는 우울증을 유발한다. 우울증에 대한 이러한 숙명론적 이해 때문에 조울증에 대한 실험실 연구(특히 뇌의 해부학적 해부)에 주로 관심을 가졌던 초기 일본 정신과 의사들은 우울증 그 자체에 대한 임상적 탐구에 상대적으로 관심을 보이지 않았다(Tatsumi 1975). 또한 조현병과는 달리 의학적 치료를 받지 않아도 3개월에서 6개월 이내에 자연스럽게 완화될 것으로 예상했던 우울증에 대한 추정 예후 역시 정신과 의사들의 적극적인 개입을 막았다. 조울증의 범주에 포함되는 우울증은 심리적 의미나 사회적 중요성이 결여된, 기계적, 또는 경험과는 거리감이 있는 질병 개념으로 남아 있었다.

이러한 생물학적 결정론이 초기 일본 정신과 의사들의 생각에 확고하게 자리 잡았지만, 그들 중 일부는 1920-1930년대 독일의 다른 정신의학적 조류에 참여하여 해부학 기반의 신경 정신의학인 크레펠린 유형에 대한 비판을 발전시키고 있었다. 1930년대 규슈제국대학 정신과 교수인 시모다 미쓰조는 임상 관찰의 힘과 환자의 생활사를 발굴하는 것의 중요성을 강조한 튀빙겐 학파의 에른스트 크레치머의 연구를 참고하여(Ishikawa 1925),[3] 우울증의 병리학적 과정을 연구하기 시작했다. 당시 시모다 교수팀은 상당수의 환자들이 의기소침, 수면장애 등 신경쇠약 증상으로 진료를 받고 있지만 일정기간 휴식을 취해도 회복되지 않는 것을 발견했다(Naka 1932). 시모다 교수팀은 이들이 단극성 우울증을 앓고 있다고 진단하고, 환자들은 정신 질환에 대해 크레펠린의 개념에서 보이는 바처럼 미비하게 퇴보하는 것이 아니라 되려 사회적으로 적응할 수 있는 사람들("대부분 상류층")이라고 말했다. 그들은 성공적인 삶과는 달리 우울증 증세가 발현되었다(환자의 20%가 의사였다). 조울증 환자는 순환기분장애cyclothymia라는 체질을 가지고 있다는 1921년 크레치머의 생각과는 대조적으로, 시모다는 자신의 환자들이 소위 자신이 말하는 **집착기질**Shūchaku kishitsu을 가지고 있다고 주장했다. 시모다 교수는 이 체질을 가진 환자들은 "비정상적인 감정 프로세스"를 가지고 있어 탈진이 극에 달해 우울증이 나타날 때까지 감정이 격렬하게 지속된다고 설명했다.

> 이 체질의 본질은 정서적 과정의 비정상성이다. 즉, 이 체질을 가진 사람들에게 한번 일어난 감정은 정상인처럼 일정 기간이 지나도 식지 않고, 일정 수준의 강도로 오래 지속되거나 오히려 더욱 강렬해질 수 있다. 이런 비정상적인 체질을 가진 사람들은 일에 열정적이고 꼼꼼하고 철저하며 정직하고 시간을 엄수하며 정의감과 의무감, 책임감이 강하며 부정행위나 허술함이 없다. 그들은 **모범청년, 모범직원, 모범장교**로 칭송받으며 타인의 신뢰를 얻는 부류의 사람들이다. (Shimoda 1950: 3, 강조 추가)

기초적인 수준에서 시모다의 이론은 알람시계 이론과 마찬가지로 우울증에 걸린 사람들의 유전적 취약성이라는 생물학적 주제를 반복했다.

이 체질을 가진 사람들은 자신의 피로를 느끼지 못했기 때문에 자신의 한계를 넘어 자신을 몰아붙인다. 우울증은 과열되었을 때 스스로를 보호하기 위해 시스템을 정지시키는, 기계에 내장된 내부 온도 조절기와 같은 기능을 하였다. 그러므로 시모다에게 있어 우울증은 피로가 극에 달했을 때 일어나는 "자기 유지를 위한 생물학적 반응"이며 적응의 보호 메커니즘이다(Shimoda 1950: 2, 1941).

생물학적 결정론에도 불구하고, 시모다의 이론은 생물학, 심리학, 그리고 사회 환경 사이의 복잡한 관계성을 조명했다는 중요한 대목에서 이전의 이론과 다르게 출발하였다. 이 이론은 이 병적 체질의 사람들이 애초에 어떻게 사회적으로 성공했는지를 조명하는 한편, 또한 이후에 체력이 약해져서 더 이상 본래의 업무 추진력을 감당할 수 없게 되면 왜 그들이 무너지는 경향이 있는지를 설명해주었다. 시모다의 이론은 유전학이 어떻게 특정 성격을 형성했고 그것이 병인적 상황을 초래하여 결국 무너지게 만드는지를 강조함으로써, 성격적 원인seikaku-in과 상황적 원인jōkyō-in을 이후에 개념화할 수 있는 길을 열었다. 심지어 이 이론은 겉보기에 정상적이고 근면한 사람들 속에 잠재되어 있는 비정상성을 과감히 설명하고, 그러한 맹목적이고 생각 없이 "열심히 일하는 것"이 문제시되기보다는 되려 당연시되고 장려되었을 군국주의 상태의 병리학을 보이는 것이라고 주장할 수도 있을 것이다.

시모다의 이론은 이후에 일본 정신의학의 우울증에 관한 이해가 발전해나갈 틀을 만들었지만, 전쟁 이전의 대부분의 정신의학자들은 임상 연구보다는 실험을 통한 조사에 훨씬 더 관심이 있었고, 또한 "서구"의 저명한 학자가 아닌 자신들 중 누군가가 (시모다와 같이 매우 존경받는

학자임에도 불구하고) 발견한 것을 무시하는 경향이 있었기 때문에, 당시
에는 거의 무시당했다. 이 이론이 재발견되고 우울증에 대한 광범위한
의료화가 이루어지는 것은 전쟁 이후의 시기였다.

우울증의 실존화: 광범위한 의료화에 있어 첫 번째 시도

1950년대 항우울제의 발견은 정신과 의사들이 우울증을 널리 의료적
으로 자리매김함에 있어 첫 번째 중대한 시도를 가져왔다.[4] 일부 정신과
의사는 이것이 정신 질환에 대한 생물학적 접근의 승리를 확고히 한 것
이라고 믿었다. 1960년대부터 항우울제에 대한 적극적인 홍보로 인해
우울증은 곧 미디어에서 많은 주목을 받게 되었고, 그것은 또한 정신과
의사들과 내과 의사들이 지역사회에서 상당한 수의 우울증 환자들을
"발견"하게 하였다(Hirasawa 1966). 비록 이후 1990년대보다는 훨씬 작은
규모였지만 의료화는 정신의학 실천의 상당한 확장을 가져왔다. 전국
의 의사들이 외래환자 중 우울증의 급속한 증가를 보고하기 시작했다.
도쿄의 지케이 대학은 1964년 7.1%에서 1971년 18.5%로 우울증의 증
가를 기록했다(Shinfuku et al. 1973). 교토 대학에서는 10.8%(1958년)에서
19.2%(1968년), 29.3%(1978년)로 나타났다(Kimura 1975).[5] 이러한 의료화
의 성공 뒤에는 정신 질환에 대한 강한 낙인을 극복하기 위한 정신과 의
사들의 일련의 노력이 있다. 특히 유전적 결정론으로부터 보다 유연한
형태의 신체적 표현으로 초점을 옮김으로써 "생물학적인 것biological"에
대한 그들 자신의 표현을 재구성하였다.

우울증을 일반 일본인에게 친숙하게 만들기 위한 시도로, 정신과 의

사들은 우선 우울증을 다른 신체적 질병과 동등한 것처럼 묘사하는 다양한 방법을 찾았다. 일부 정신과 의사들은 전문적, 신경화학적 용어를 사용했던 반면, 보다 더 임상적인 성향을 가진 다른 이들은 문화적으로 더 와닿는 일련의 관용어구를 상기시켜 우울증을 묘사하기 시작했는데 그중 일부는 전통적인 전체론을 연상시키기도 했다. 그들은 우울증을 "생체 리듬 장애", "생체 흐름의 정체", "생체 감정의 저하"라고 설명했다(Iida 1974: 6, Shinfuku 1969). 그들은 우울증을 자연스럽게 만드는 다른 은유를 사용하기도 했다. "몸이 양지에서 음지로 들어가는" 현상으로 묘사하여 우울증이 평범한 삶의 경험 범위 내에 있는 것처럼 친숙해지도록 했다(Okazaki et al. 2006 참조). 이러한 시도는 또한 당시 일본에서 심료내과shinryō naika라고 불리는 새로운 분야의 출현과 동시에 이루어졌다. 이는 신체와 정신의 밀접한 관계를 강조함으로써 생의학에 내재된 데카르트적 이원론의 극복을 시도하고자 했다. 해외에서도 비슷한 시도가 있었지만, 이 일본 심신의학의 특징은 몸의 변화를 유도하는 것이 마음을 치유하는 데에도 도움이 된다는 믿음에서, 의사들이 (심리치료사가 하는 것처럼) 마음이 아닌 (일본 전통 의사들이 하는 것처럼) 신체에 초점을 맞추면서 문제에 접근하는 방식이었다. 우울증을 탈심리화함으로써 우울증의 오명을 벗기려는 추가적인 시도도 있었다. 예를 들어, 시모다의 제자인 신후쿠 나오타케(Shinfuku 1969)는 크랄의 "가면성 우울증 masked depression" 개념을 사용하여 우울 감정이 없는 상태에서 거의 전적으로 신체적인 표현(기력 상실, 수면 장애, 식욕 변화 등)을 보이는 우울증의 형태에 대해 주의를 환기시켰다. 이러한 방식으로 초기의 우울증은 탈감정적, 탈심리적인 "신체적" 실체로서 일반 일본인에게 널리 소개되었다.

그러나 이러한 신체 중심적 접근법은 정신과 의사들이 항우울제 치료의 실패를 경험하기 시작하면서 점차 한계를 드러내었다. 이들은 상당수의 항우울제 복용 환자들이 호전되지 않고 일부는 재발, 일부는 만성환자가 되어가는 것을 지켜보았다(Takahashi 1974, Kasahara 1976). 우울증 전문가들은 심지어 항우울제의 사용이 자연적인 회복 과정을 억제해서 우울증의 **본질**을 변화시키는가에 대해 궁금증을 가지기 시작했다(Kasahara et al. 1992). 일부 정신과 의사들이 생물학적/약학적 연구를 계속하는 동안, 다른 정신과 의사들은 생물학적 해결책을 넘어 우울증에 대한 대안적 접근법을 탐구하기 시작했다. 그들 중 많은 이들이 관심을 가진 것은 프로이트식 정신분석학(저명한 정신의학자들로부터 사이비 과학이라고 계속 비판받던)이 아니라, 오히려 독일의 현상학적 정신병리학 쪽이었다. 이는 제2차 세계대전 이전부터 발전하기 시작하여 전후의 독일과 일본 양국에 상당한 영향을 끼쳤다. 일본의 정신과 의사들은 이러한 접근법에 학술적으로 좀 더 가깝게 느꼈다. 그 이유는 (정신병리학이 구축된) 독일 신경정신의학을 자신의 학문적 토대로 이해하고 있었고, 또한 전쟁 전 생물학적 결정론의 부정적 유산을 극복하고자 하는 독일의 투쟁과 자신들을 동일시할 수 있었기 때문이다. 많은 우울증 전문가들이 내게 말한 것처럼, 우울증에 대한 관점을 근본적으로 바꾼 것은 1961년 후베르투스 텔렌바흐의 멜랑콜리 유형Typus Melancholicus이라는 독일의 정신병리학적 우울증 이론으로, 전쟁 전의 생물학적 정신의학과 전쟁 후의 인본주의적, 실존적 정신병리학을 종합하려는 시도로서 발전된 것이다(Tellenbach 1980[1961]). 이러한 일본 정신과 의사들에게 텔렌바흐는 환자들이 그들의 성격(질서에 대한 애착과 타인에 대한 배려 등)을 통해 내생적인 특징들을 나타내면서도, 결국 어떻게 독특한 방식으로 사회 환경과 상호작용하여 우울증을 구조화하는지 구체적으로 보여주었다. 따라서 그는 우울한 사람들의 성격을 선천적이고 융통성 없고 정적인 실체일 뿐만 아니라, 행위성의 가능성을 갖고서 사회와 지속적으로 결부되는 역동적인 것으로 개념화했다. 텔렌바흐의 관념이 시모다의 집착성 성격과 상당히 유사하다는 것을 발견한 일본 정신과 의사들은 우울증의 "생물학적" 본성에 대한 자신들의 가정을 비판적으로 재검토하기 위해 이러한 이론들을 사용하기 시작했다.[6]

이러한 일본 정신과 의사들의 지적 노력은 멜랑콜리 유형을 "사회적 성격"으로 보는 논쟁에서 더욱 견고해졌다. 1941년 에리히 프롬이 독일 정신병리학에 관한 책(『자유로부터의 도피』, 1951년 번역)에서 거론했던 "사회적 성격social personality"의 개념은 일본 정신의학회 및 신경학회의 다양한 심포지엄에서 전쟁 시기 일본의 집단적 사고방식을 성찰하는 데 유용한 개념으로 논의되었다. 1960년대부터 갑작스러운 우울증 증가에 직면한 일본 정신과 의사들은, 특히 사회적으로 적응하고 규범적인 성격을 가진 사람들이 어째서 집단적으로 우울증에 빠지는지를 묻고 있었다. 그들은 일본적 정신, 혹은 일본 사회에 어떤 문제가 있거나 심지어 병인적인 무언가가 있는지 탐구하기 시작했다. 일부 정신과 의사들은 사회적 변화("근대화")가 개인의 심리뿐만 아니라 생물학적으로도 어떤 영향을 미치는지 설명해보고자 하였다. 이후에 『의존성의 해부학』 (1971)[일본어 원문으로는 "어리광의 구조"]으로 높이 평가되는 도이 다케오는 우울증의 유행은 가족과 전통적인 공동체의 붕괴, 노동 형태의 변화, 즉 집단과 개인의 "환영적 동일성illusionary identification"을 파괴하는 요인들에서 비롯되었다고 주장했다(Doi 1966). 나카이 히사오(Nakai 1976)는 막스 베버의 프로테스탄트 윤리에 대한 개념을 바탕으로 산업 자본주의의 질서가 어떻게 서양의 "지나치게 꼼꼼한" 성격을 주입하고 보상했는지에 대해, 노먼 브라운 같은 사회비평가의 논의와 더불어 일에 집착하는 일본의 우울한 성격의 역사적 기원을 "재건"이라는 특정한 직업윤리가 일본 사회에 스며들기 시작한 에도 시대까지 거슬러 올라가 검토한다. 나카이는 또한 이러한 성격 유형이 신흥 경제 구조에서는 더 이상 보상받지 못하기 때문에 오늘날의 사회 질서에서 멜랑콜리 유형이 어떻게 부적응자로 만들어지는지를 보였다. 반정신의학 운동이 한창이던 1972년 정신의학회 및 신경학회가 개최한 조울증에 관한 심포지엄에서 패널들은 사회적인 주제를 계속 논의하였다. 산업화와 핵가족의 증가가 병적으로 우울한 사람들Melancholics을 어떻게 소외시키고, 그들의 질서에 대한 애착과 소속감에 대한 강한 욕구가 급진적인 사회 변화의 시기에 어떻게 그들을 본질적으로 취약하게 만들었는지를 논하였다(Iida 1973 참조). 저명한 정신병리학자인 이이다 신은 1974년에 이러한 주제에 대해 보다 자세히 설명했다.

멜랑콜리 유형[또는 우울증에 체질적으로 취약한 사람들]은 그들의 특정한 삶의 방식이 더 이상 통용되지 않는 사회적 변화의 시기에 위기에 직면한다. … (1) 멜랑콜리 유형은 안정과 질서에 의존하기 때문에, 관점을 바꾸고 실존의 새로운 단계로 도약할 능력이 부족하여 빠른 변화에 쉽게 적응하지 못한다. (2) 개인의 가치관이 다양해지고 권위가 어디에 있는지 명확하게 정의되지 않는 오늘날의 사회에서 본질적으로 친

체제적이고 보수적인 멜랑콜리 유형은 삶의 의미를 찾기 어렵다. (3) 이
들에게 중요한 것은 개인적 관계에서 느끼는 정서적 만족감과 그들이
다른 사람들과 사회에 도움이 되고 있다는 실재적인 감정이다. 그러나
기계문명이 고도로 발달하고 사회제도가 거대해짐에 따라 개인이 단지
톱니바퀴의 톱니에 불과한 현대사회의 현실에서 멜랑콜리 유형은 더
이상 그러한 만족감을 얻을 수 없다. (Iida 1974: 13-14)

멜랑콜리 유형의 담론을 통해 우울증은 사회적 격변의 상징이 되었다
(Iida 1974, 1976, Ōhara 1973).[7] 원래 시모다의 논의에서 개인의 생물학적
결함으로 개념화됐던 것이 이제는 일본 사회의 전후 재건, 그리고 "일본
인의 자아"의 핵심에 놓여 있는 무언가의 배후에 있는 집단병리학이 된
것이다.

심리학적인 것의 공허함

그러나 이 고도로 추상화되고 사회화된 우울증 이론은 당시 유행하던
일본인론Nihonjinron의 정신이라는 틀에 맞춰져 있었고, 심리치료에 중심
을 둔 정신과 의사들에게 새로운 도전이었다. 개인들이 어떻게 사회적
힘의 희생자가 되었는지에 대한 그들의 고상하고 좌파적인 생각에도
불구하고, 이러한 정신과 의사들은 수년간의 시행착오 끝에 결국 개인
에 대한 심리학적 탐구를 공허한 것으로 남겨두었다. 처음에 그들 중 일
부는 약과 심리치료를 결합하는 법을 모색했다. 그들은 멜랑콜리 유형
의 전제를 바탕으로, 회복 중인 우울증 환자에게 그들 자신의 성격, 즉

그들 자신이 어떻게 병인성 상황을 구축하는 것에 기여해왔는지에 대해 고찰하도록 하였다(Yazaki 1968 참조). 그러나 이러한 시도는 비체계적이고 산발적이어서 결정적인 결과를 도출하지 못했다. 이러한 의사들은 치료상의 실패에 직면했을 때, 자신의 미숙한 전문성이나 교육의 부족, 또는 심리치료 자체에 내재된 어려움의 이야기를 논하는 것이 아니라, 오히려 멜랑콜리 유형의 선천적인 특징에 대해 논의하는 경향이 있었다. 저명한 정신과 의사들은 그들의 경직성과 질서에 대한 사랑을 감안할 때 우울증 환자들이 성찰적인 자기변환으로 위협을 느낄 것이라고 주장하기 시작했다(Kasahara 1978, Hirose 1979, Yoshimatsu 1987). 따라서 우울증을 타고난 성격과 사회적 환경의 산물로 정의한 멜랑콜리 유형의 고도로 사회화된 담론은, 개별 행위자를 개념화할 수 있는 여지를 거의 남기지 않았기 때문에 생물학적 그리고 사회적 결정론의 기이한 혼종을 만들어내었다. 그 결과, 우울증(혹은 신경증적 우울증)이 오랫동안 심리치료사의 "주 소득원"으로 남아 있던 미국의 상황과는 대조적으로 (Healy 1997, Luhrmann 2000), 일본에서는 향후 수십 년간 약물을 제외한 치료법이 거의 개발되지 않았다.

대신, 심리학적 관점이 도입되었을 때, 그것은 치료를 위한 것이라기보다는 우울증과 신경증을 구별하는 진단적 도구로서 종종 사용되었다. 정신과 의사들은 멜랑콜리 유형을 "진짜" 우울증(즉, 생물학적인 기반을 가진 내인성 우울증)의 핵심으로 정의함으로써 규범적인 일본인다움의 사고에 맞지 않는 사람들을 "새로운 유형"의 우울증(심리학적인 기반을 가진 신경증적 우울증) 환자로 분류하기 시작하였고, 이들은 "치료 저항성 환자"와 같은 의미로 논의되었다. 이러한 유형학은 정신과 의사들이

"진짜 신경증적 환자들"(과로로 인해 병에 걸린 합법적 환자들)과 "자신이 신경쇠약이라고 주장하는 사람들self-claiming neurasthenics"(나약한 성격으로 인해 병에 걸린 의료의 불법적 소비자)을 더욱 차별화하던 1920-1930년대의 신경쇠약 담론을 반영하고 있다. 같은 방식으로, 멜랑콜리 유형은 의학적인 범주뿐만 아니라 도덕적인 범주로서도 역할을 하기 시작했다. 예를 들어 히로세 도루는 1977년에 멜랑콜리 유형과 어떤 특성(완벽주의나 철저함 같은)을 공유하는 젊은 환자 그룹을 예를 들면서, "도피형 우울증"을 앓고 있는 환자의 수가 증가하고 있다는 점에 대해 논한다. 그들은 어려운 일에 직면하면 재빨리 물러서는 편이며, 병가를 내는 상황에서도 업무와 무관한 활동을 즐길 수 있어 보인다는 점에서 예상을 벗어나고 있었다(Hirose 1977). 미야모토 다다오는 또한 의존성, 이기심, 자기중심성, 주목 받기, 그리고 "사소한" 스트레스를 마주하면 의욕을 빨리 잃어버리는 30세 전후 환자를 "미성숙형 우울증"이라 제안하고 있다(Miyamoto 1978: 68). 그 결과, 멜랑콜리 유형 이론은, 세월이 지나도 변치 않는 자신만의 우주에 갇혀 세대를 거듭해도 변화에 대한 전망이나 의욕이 없이 늘 동일한 "일본적 자아"를 재현하고 있는 우울증 환자라는 다소 획일적이고 운명론적인 사고를 만들어냈다.

이론적인 부적절성과 그 이론에 과학적 타당성이 결여되어 있다는 생물학적 정신과 의사들의 거듭된 비판에도 불구하고, 멜랑콜리 유형은 수십 년 동안 정신의학의 교과서적인 지식으로 남아왔다. 이것은 이이론이 일본 최초로 조울증의 공식 진단기준에 포함됨으로써 단순한 임상적 민속지식folklore을 넘어 표준화된 과학적 지식의 지위를 획득했기 때문이기도 하다. 1975년에 두 명의 저명한 정신병리학자 가사하라

요시미와 기무라 빈은 증상과 예후뿐만 아니라 발병 전 성격과 상황적 원인의 기준을 조합하여 조울증을 진단하는 체계를 개발했다(Kasahara and Kimura 1975). 이 시도는 DSM-III보다 5년 앞서 다축multi-axis 기준을 도입하였고, WHO와 같은 단체들이 정신 질환의 징후와 예후에서 문화적 변화에 대한 인식의 중요성을 강조했던 당시 국제 정신의학계의 열정을 반영한 것이었다. 1980년 DSM-III의 도입 이후 그 영향력이 줄어들기 시작했지만, 이 진단 시스템은 오랫동안 일본의 젊은 세대 정신과 의사 양성 매뉴얼로서 중요시되었고(Makino 1997), 면담에 응해준 베테랑 정신과 의사들은 우울증에 대한 그들의 사고방식을 형성한 가장 중요한 것으로서 이 진단 체계를 자주 언급하였다.

우울증의 정치화: 현재의 의료화

명백히, 1970년대 중반까지 정신과 의사들은 우울증을 정상화하고 대중화하기 위해 쉽게 쓸 수 있는 관용구를 가지고 있었지만, 그들은 당시에 우울증의 광범위한 의료화를 적극적으로 꾀하지는 않았다. 이에 대한 가장 분명한 이유는 반정신의학이었다. 당시에 정신과 의사들 자신은 사회적 문제를 의료화하는 자신들의 학문적 경향에 비판적이 되었다. 3장에서 논의된 바와 같이 1969년부터 반정신의학 운동은 일본에서 특히 격렬하고 오래 지속되었다. 그 후 수십 년 동안 많은 학회와 대학 학부(특히 도쿄 대학 등의 엘리트 학교에서)를 포함한 정신과 기관들이 와해되고 혼란에 빠져 있었다. 내가 면담한 많은 정신과 의사들이 지적했듯이, 그들이 그것에 동의했든 안 했든, 그들은 학과와 병원 내에서 매일 논의되고 있는 논쟁에, 우울증을 포함하여 모든 정신 질환이 어떤 면에서 사회적으로 생산된다는 주장에 직면해야 했다. 생물학적 정신과 의사들은 그들에게 어떻게 꼬리표가 붙어 사회적 통제의 가장 억압적인 주체로서 비난받아 왔는지, 어떻게 그들이 "유전학"(금기어 중 하나가 된)과 같은 용어의 사용을 자제하게 되었는지, 그리고 그들 연구 그룹이 얼마나 비밀 종파 모임의 느낌을 가졌는지 말해주었다. 심리치료 지향적인 의사들 또한 자신들이 "개인들을 관리하고 조종하는 음흉한 도구(들)"이라는 이유로 더욱 가혹하게 비판받았으며, 어떻게 환자의 내면에 "침입"하고 "비워냈는지" 반성하라는 촉구를 받았다고 한다. 심지어 내가 만난 사회 지향적인 정신과 의사들조차 1970년대와 1980년대 동안 그들의 치료가 인권침해 가능성에 있어 비판적으로 비춰져 면밀히 조사받았기 때문에, 지역사회 정신건강에 있어 그들의 업무에 상당히 지장이 컸다는 사실을 한탄했다. 정신역학 조사에 대한 어떠한 시도도 불가능해졌으며, 이것은 얼마나 많은 사람들이 "우울증"이나 어떤 정신 질환을 겪었는지 파악할 수 있는 수단이 수십 년 동안 거의 없었다는 것을 의미한다.

이러한 급진적인 자기 비판에도 불구하고, 환자의 장기간 시설 수용에서 주요 수입을 얻는 민간 정신병원에 크게 의존하는 일본 정신의학계의 제도적이고 구조적인 문제로 인해 일본 정신의학의 개혁은 뒤쳐지게 되었다(3장 참조). 정신과 의사들과의 면담과 1970년대와 1980년대의 대중 문학에 대한 연구로 미루어볼 때, 아마도 이 시대의 정신의학의 가장 생산적인 측면은 소외된 사회에서 발생한 우울증을 포함한 "사회병리social pathology"에 대한 활발한 문화적 비평이었다(Lock 1986, 1987 참조). 언론에서 정신과 의사들은 다양한 형태의 우울증에 대해 자세히 설명하기 시작했다. "이사 우울병", "승진 우울증", "아파트 우울증" 등은 사회적 사건이나 환경이 우울증의 원인이 될 수 있음을 시사하는 것이었다. 사회적 병폐를 개념화하기 위한 정신의학적 수사학을 일본인에게 친숙하게 하는 역할을 했던 방식으로, 반정신의학 운동은 나중에 우울증을 의료화하는 데 토대를 제공했을지도 모른다.

따라서 1990년대에 새로운 세대의 항우울제가 도입되었을 때, 정신과 의사들은 완전히 새로운 관용구를 만드는 대신, 1970년대부터 1980년대에 활용된 것과 동일한 주제와 수사법을 재활용하여 새로운 우울증 언어에 대해 자세히 설명하였다. 예를 들어 지역의 심인성 관용구를 통해 우울증을 정상화하려는 시도는 더욱 강화되어갔다. 우울증은 뇌의 "화학적 불균형"이라는 관념이 대중적인 비유로 제기된 미국과는 달리, 일본의 정신과 의사들은 우울증에 대한 전문적, 신경화학적 이미지들과 친숙한 문화적 관용구를 계속하여 결합시켜 우울증을 몸과 마음 모두의 일반적인 질병으로 표현해내었고, 이는 과도한 스트레스를 받으면 누구나 겪을 수 있는 것이었다. 그들은 다시 "활력 에너지의 일시적 감소"라던가 "몸 전체와 인격 전체가 겪는 일반화된 질병"과 같은, 우울증에 대해 과거와 유사한 설명을 사용하고 있다(Okazaki et al. 2006). 이 전체론적 주제는 2000년대 초반에 널리 대중화된 문구(정신과 의사들과 제약회사 모두에 의해)에서 가장 분명하게 표현된다. 즉, "마음의 감기"인 우울증, 여기서 항우울제가 다시 효과적인 치료제로 제기되는 것이다. 새로운 것은 일반인들이 이 언어를 흡수하고 단순히 항우울제에 대해 의사의 권고를 따르는 것을 넘어서 그들의 식단을 조절하고, 규칙적으로 운동하고, 좋은 수면습관을 기르고, 일반적으로 더 건강한 삶을 영위하려고 노력함으로써 우울증을 치료하는 방법을 스스로 탐구하기 시작했다는 것이다.

우울증을 일반 일본인들에게 설득력 있는 범주로 만드는 데 기여한 것은 멜랑콜리 유형과 같은 수사학이다. 1970년대 멜랑콜리 유형의 환자는 근대성의 힘에 의해 소외된 사람들로 표현되는 반면, 2000년대 멜랑콜리 유형 환자는 새로운 실력 기반의 경쟁 체제와 종신 고용제의 붕괴 속에서 상처받기 쉬운 세계화의 희생자로 묘사된다. 근본적으로 달라진 것은 이 멜랑콜리 유형에 대한 담론이 단순한 수사학을 넘어 풀뿌리 의료화에 신뢰를 주기 위해 이용되면서 정치적, 제도적 권력을 획득했다는 점이다. 즉, 우울증이 주로 열심히 일하는 사람들에게서 발현한다는 이론을 이용하여 노동자들과 변호사들은 우울증의 사회적 인과관계를 성공적으로 입증하면서 기업과 정부가 노동자의 정신쇠약에 대한 책임을 지게 했다(9장에서 이어 논의한다). 우울증이 어떻게 생물학적, 사회적 질병으로 이해될 수 있는지에 대해 설득력 있는 이야기를 만들기 위해 생물학적 정신과 의사들과 사회적 정신과 의사들이 함께 모였고, 지역적 억압 형태에 대한 새로운 이해를 만들어내고 있다. 이런 식으로 반정신의학 시대에 발달한 사회적 테마가 만개하게 되는 듯하다.

그러나 이와 동시에 이러한 상향식 의료화는 사회적 인과관계에 대한 주장이 무엇이 "사회적"으로 간주되는지에 대한 암묵적으로 도덕화된 지역적 이해에 기반한다는 점에서, 자체적으로 문제를 제기한다. 록은 일본 일상생활의 의료화에 관한 연구를 통해(Lock 1988, 1993), 일본에서 대중적인 의학 담론 속 "사회적" 구성요소의 유해한 영향을 보였는

데, 이는 사람들이 겪는 고통의 의미를 동질화하고 과도하게 재단하는 역할을 하고 있었다. 비슷한 방식으로, 멜랑콜리 유형을 둘러싼 담론은 일본인다움에 대한 시대를 초월한, 정적이고 동질화된 이미지를 창조함으로써 우울증의 복잡성과 다양성을 감추는 역할을 했다. 정신과 의사들이 "진짜 우울증"에 대해 그들이 생각하는 범주에서 벗어나는 사람들을 구별하기 위해 이 멜랑콜리 유형 이론을 채택하고 있었다는 점에서, 정신과 의사들은 그들이 1970년대에 했던 것과 같은 방식으로 누가 합법적인 환자이고 누가 그렇지 않은지를 결정하는 데 똑같은 도덕 규범을 재생산하고 있는지도 모른다. 결과적으로, 사람들은 그들의 고통에 대한 정당성을 주장하는 방법으로 우울증 진단에 의존하고 이들은 우울증의 본질에 대한 변화하고 정치화된 해석의 대상이 된다. 지금까지 이러한 개인들에게는 반문하거나 공식적으로 "과학적인" 담론을 다시 쓸 수 있는 여지가 거의 없었다. 비록 그들이 "생물학적인 것"이 도덕적으로 주입되고, 문화적으로 협상 가능하며, 정치적으로 유연하다는 것을 알고 있더라도 말이다.

지역적 지식을 넘어서

우울증의 세계적 의료화는 기존의 문화적 자원을 지우고 비우기보다는 우울증이 지역적 맥락에서 무엇을 의미하는지에 대한 혼종적 담론을 낳았는데, 이것은 세계의 여타 지역에서 동시에 일어나고 있는 현상이다(11장에서 논의한다). 이러한 지역의 이질성은 정신의학 실천의 이중적 구조 때문에 생의학에서 논의되지 않는 경우가 많다. 앨런 영이 보여왔듯이, 정신의학은 의료 과학과 임상 실천 사이의 구별로 지속적으로 특징지어졌다(Young 1995). 의료 과학은 객관성과 보편성에 관한 이데올로기의 집합체와 함께 대체로 안정적인 지식의 핵심 또는 "추론 스타일 style of reasoning"(Hacking 1982, 2002)을 지닌 반면, 임상 의학은 지역적 지식의 단계에서 작동하며 다중적이고 내포적이며 불안정하게 존재한다. 정신과 의사들 스스로도 이 두 가지를 서로 다른 종류의 지식으로 보는 경우가 많지만, 두 가지 사이의 상반된 목소리나 위계질서 유지에 대해 고민하지는 않는다(Gilbert and Mulkay 1984). 과학적 추론 스타일은 모든 과학적 사실이 동일한 "진리" 가치를 지닌 것은 아니라고 이야기하고, 따라서 과학적 추론은 사실들 간의 질서와 일관성을 제공하기 때문이다(Young 1995). 이러한 의료화의 중요한 행위자로서 제약 산업은 이것을 확실히 이해하고 있으며, 과학 담론을 전략적으로 지역적 담론에 혼합함으로써 이 이중 구조를 자본화하는 것처럼 보인다. 이들은 항우울제 마케팅에 가장 적합한 수사법(일본의 경우 멜랑콜리 유형과 같은)을 각 지역에 따라 사용한다(Petryna, Lakoff and Kleinman 2006).

두 가지 지식 사이의 이러한 권력 관계를 더욱 복잡하게 만드는 것은, 과학적 정신의학이 여전히 소수의 권력 중심(대부분 서양)에서 유래하고 "주변" 지역으로 이동하는 반면, 임상 정신의학은 "지역local"에 있지만 과학적 정신의학의 지식이 생산되는 곳으로 거의 되돌아가지 않는다는 사실이다. 그러므로 일본 의사들은 멜랑콜리 유형과 같은 지역의 이론들을 일상적인 임상에서 사용하는 것에 만족하고, 정신병리에 대해 문화적으로 제한된 이해를 보이는 DSM에 대해 자주 비판의 목소리를 내지만, 국제 정신의학에서 그러한 차이를 진지하게 탐구하거나 명확하게 표현하는 것에 있어서는 상당히 양가적이다. 보편적인 생물학 언어에 대한 헌신을 통해 전문가적 권위를 얻고, 또한 의료 과학의 전지구적 생산에 있어서 자신의 한계성을 알고 있는 일본의 정신과 의사들에게, 지역의 차이점은 국제적인 합법성을 확립하려고 할 때 인식론적 긴장감의 원천이 될 수 있다. 그러므로 국제적인 동료들 앞에서 그들은 그러한 차이를 지우기 위해 노력하거나 또는 그것에 대해 말하는 경우에는 "임상적 현실과의 관계를 통해서는 별로 논하지 않고, 주로 국제적인 합법성 내에서 반대되는 대화를 통해서" 한다(Cohen 1995: 330). 따라서 지역적 지식의 부富는 주로 사라지며, 침묵하게 되고, 공식적인 과학 담론 아래에 묻힌다.

이러한 이중 구조가 전지구적 의학과 지역적 임상 사이의 익숙한 위계를 공고히 하고 재생산하는 역할을 해왔다는 점을 감안할 때, 지역적 지식에 관심이 있는 인류학자들은 단순히 이질성을 표현하거나 지역의 다양성을 찬양하는 것으로 만족해서는 안 된다. 과학적 재현과 임상적 실재 사이의 격차와 모순이 커지는 상황에서도, 이중 구조는 전지구적 정신의학과 지역적 정신의학이 모두 평상시대로 사업을 진행할 수 있도록 한다(이후의 민족지에서 설명). 의학이 지역적 임상 실천의 영역에서 데이터를 없애버리고, (모순을 제기할 가능성을 남기는) 환자의 서사를 실험실에서 목소리 없는 물리적 개체의 파편으로 대체할 때, 대화의 결여는 훨씬 더 심각한 문제가 된다. 생물정신의학화의 마지막 단계에서 자기 지식의 소유권 전이가 완료되면, 지역적 주체성은 더 이상 중요하지 않게 될 것이다(Young 1995). 궁극적으로, 이것은 정신의학으로 하여금 과학적 위조 가능성의 공공연한 기준에 부응하지 못하도록 하는 불행한 영향을 미칠 수 있다(Young 1995). 그러므로 내가 생각하기에 인류학자로서 나의 직무는, 지역적 지식과 지역의 차이에 대한 인류학적 표현이 빠르게 세계화되는 과학적 정신의학과의 새로운 대화를 만드는 데 도움이 될 수 있다는 희망을 가지고 과학적 정신의학과 임상적 정신의학 사이의 경계에 무엇이 놓여 있는지를 밝히는 것이다. 우리는 지역적 지식이 어떻게 (재)생산되고 "지역적"으로 유지되는지, 지역적 지식과 전지구적 정신의학 사이의 대화를 위한 어떤 가능성이 있는지, 그리고 지역적 지식이 어떤 형태로 전지구적 정신의학의 지식 생산에 영향을 미칠 수 있는지 물어야 한다. 이 질문들을 이 책의 나머지 부분에서 검토할 것이다.

2부

임상 실천 속의 우울증

2부에서 나는 지역의 임상 현장에서 정신과 의사들과 환자들이 우울증을 실제로 어떤 방식으로 논의하고 있는지를 검토한다. 일본의 가장 영향력 있는 현대 정신의학자 중 한 명인 나카이 히사오는 왜 우울증에 대한 일본의 정신의학적 설명이 노동에 과도하게 집착하는 것처럼 보이는지 의문을 제기했다(Nakai 1976). 실제 이러한 경향은 1990년대 이후 두드러진 것으로 보인다. 앞 장에서 역사적 검토를 통해 보았듯이 우울증을 일으키는 피로의 원인이 되는 노동은 일본 정신의학에서 중요한 주제였으며, 일본의 우울증 이론화의 특이한 양상일 수도 있다. 이 이론화는 육체 노동자가 겪는 신체적 고통, 사무직 직장인의 정신적 스트레스, 그리고 주부들의 정서적 압박 등 모든 종류의 업무 스트레스와 피로를 포함하는데, 이때 생리적 피로와 심리적 피로의 경계는 흐릿하고 모호한 채로 남는다. 특히 과로로 인한 우울증을 둘러싼 논쟁에서는 심리적 피로가 있었다는 것을 주장하기 위해 (변호사들이) 생리적 과로의 존재만을 부각시키기 때문에, 우울증을 야기하는 개인의 심리, 주관성, 그리고 행위성의 역할은 거의 연구되지 않았다.

정신과 의사들은 업무 스트레스로 인한 피로를 우울증과 연관되는 주제로 다루었고 일본인들은 이를 통해 우울증을 이해하게 되었지만, 의사들은 피로를 우울증의 유일한 원인이라고 생각하지 않을뿐더러 그들의 유일한 직업적 관심사도 아니다. 우울증이 종종 도덕적이고 근면 성실한 희생자의 전형적인 질병으로 표현되지만, 임상에서 우울증 환자들은 매우 이질적인 집단이며, 그들의 삶의 이야기, 좌절의 이유, 그리고 "우울증"의 유형은 매우 다양하다. 우울증의 복잡성을 고려할 때, 정신과 의사들은 환자에게 "우울증"의 병리학적 본질을 설득시키기 위해 어떤 언어를 사용하는가? 그들은 어떻게 환자들이 겪고 있는 삶의 여러 분열을 중재하는 데 성공하는가? 그리고 환자들은 이러한 의료화에 어떻게 대응하고 있는가? 정신의학 전문기관 세 곳(대학병원, 사립정신병원, 정신건강의학 전문 소규모 클리닉)에서 2년간 진행한 민족지적 현지조사를 바탕으로, 나는 정신과 의사들과 환자들이 일상적인 임상적 만남의 상황에서 실제로 우울증을 어떻게 다루는지 살펴본다. 일본 정신과 의사들이 우울증의 생물학적 본질에 초점을 두고 있음을 조명함으로써 나는 정신의학적 설득이 어떠한 방식으로 환자들을 해방시켜주는지 탐구한다. 또 한편으로는 어느 지점에서부터, 특히 어떤 사람들에 대해 그들 경험의 의미를 과도하게 결정하면서 예속하고 있는지 살펴본다.

6장에서는 먼저 어떻게 정신과 의사들이 일종의 생물학적 근거에 기반하여 환자들을 대상으로 그들의 우울증의 병리적 본질을 **성공적으로 설득**시키는지 보이고자 한다. 이는 어째서 많은 일본의 정신과 의사들과 심지어는 생물학적 환원주의에 비판적인 사람들조차 우울증을 치료하는 데 있어서 (정신분석학에 가까운) 심리치료를 금기사항으로 여기는지에 대한 질문으로 시작한다. 진단 면담, 입원, 그리고 사례 발표를 통해 나는 이미 취약해진 환자들의 자의식을 보호하기 위해 정신과 의사들이 어떠한 방식으로 환자들의 성찰성을 억제하고 심리적 영역에 침투하는 것을 피하려고 하는지를 설명한다. 정신과 의사들은 우울증을 신체로부터의 정신 소외 개념으로 정의하며 환자들이 신체변화와 사회적 고통에 집중하도록 설득한다. 이로 인해 우울증에 대해 놀라울 정도로 한결같은 서사들이 나타나게 되는데 이는 환자의 고통에 대한 사회적 정당성이라는 감각을 만들어내기 위함이다. 여기에서 정신과 의사들은 생물학적 언어를 부분적인 설득의 수단으로 사용하는데, 이는 우울한 사람들의 공식적인 표상 아래에 숨어 있는 잠재적인 모순을 덮기 위한 상징적인 "뚜껑"이다. 그렇게 함으로써 이 정신과 의사들은 그들의 임상적 감수성에도 불구하고, 우울증 환자들이 단지 생물학적 치료를 수동적으로 받는 것을 넘어 어떻게 자기변화의 행위자로 행동할 수 있는지에 대한 중요한 문제를 검토하지 않은 채 남겨둔다.

7장에서는 정신과 의사들이 환자들을 대상으로 그들의 "우울증"의 생물학적 본질에 대한 **설득에 실패한** 지점을 탐구한다. 생물학적 설득의 한계는 개별 행위성의 문제를 다루는 데 실패한다는 점에서 정신과 의사들이 자살충동을 느끼는 환자들과 대면했을 때 중요한 문제가 된다. 현재의 의료화에서 가장 주목할 만한 점은 정신과 의사들이 전통적으로 자유의지의 행위로 묘사되어온 자살이 우울증에 의한 것이라고 일본인을 설득하는 데 일정 부분 효과를 거두고 있다는 것임에도 불구하고, 임상적 만남의 상황은 이러한 노력이 개념적 긴장들로 가득 차 있음을 보여준다. 7장에서 나는 정신과 의사들이 환자들에게 그들의 자살 시도의 병리적 본질을 설득하는 방식과 환자들이 이러한 의료화에 어떻게 반응하는지를 분석한다. 이와 더불어 병리적 자살에 대한 정신과 의사들의 양면적인 태도와 그들이 어떻게 조심스럽게 심리적 영역을 피함과 동시에 생물학적 이례anomaly로 간주하는 것만을 다룸으로써' 생의학적 영역/관할권을 제한하는지 탐구한다. 이 의료화의 한 가지 아이러니한 결과는 정신과 의사들이 정상적인 자살과 병리적인 자살, 즉 "순수한pure" 자살과 "사소한trivial" 자살의 이분법을 강화시킨다는 점이 될 수 있을 것이다. 이러한 구분이 의미가 없다는 점과 인간 의도성이 일시적이라는 것에 대해 정신과 의사들이 임상적인 지식을 갖고 있음에도 불구하고 말이다. 그러므로 자살의 의료화는 일본인들에게 정상과 비정상 사이에 놓인 경계선의 위치와 자살 충동을 느끼는 사람들을 삶 쪽으로 어떻게 되돌려 놓을 것인가에 대해 논의할 수 있는 개념적 공간을 만들어내고 있는 반면, 자살을 자기 결정의 도덕적 행위로 승격시켜온 문화적 담론을 대체하기엔 충분히 강력해 보이지 않는다.

8장에서는 일본 우울증 특유의 "젠더화"에 주목하여 정신의학적 설득이 실제로 **환자** 스스로의 우울증에 대한 이해와 경험을 구조화하는 데 어떻게 작용하는지 살펴본다. 서양에서는 우울증이 주로 "여성의 병"으로 묘사되고 있음에도 불구하고, 일본에서는 남성 역시 여성만큼이나 우울증으로 고통받는 것으로 드러난다. 나는 이러한 젠더적 이례anomaly의 이면에는 고통에 대한 선택적인 의학적, 사회적 인식이 놓여 있다고 주장한다. 우울증을 극복한 사람들의 이야기를 통해서 나는 어떻게 남성들이 그들의 피로감과 과로뿐 아니라 경제와 사회 시스템의 불공정을 강조하는 우울증에 대한 공적인 서사를 제공받았는지 보여주고자 한다. 다른 한편으로, 여성들은 그들의 절망감에 대해 곰곰이 생각하는 동안에도 그 고통을 우울증의 구조적 원인과 연관 짓는 경우가 거의 없는 것으로 나타난다. 남성들이 가부장적이며 보호적인 정신과 의사와의 관계에 종속될 때 우울증으로부터 회복하는 반면, 여성들은 종종 정신과 의사들이 의존성을 조장함으로써 그들을 치료하려고 하는 방식에 거부감을 표시하고 대신 그들에게 맞는 의사를 찾음으로써 통제력을 확보하려고 한다. 따라서 우울증의 경험은 성별에 따라 다른 형태를 취하는데, 이는 일본 여성들이 일본 남성들보다 더 많이 고통을 받거나 덜 고통받기 때문이 아니라 그들의 사회적 고통의 본질이 다르게 구성되었기 때문이다. 나는 이러한 젠더 정치가 현재의 의료화에서 빠르게 변화되고 있음을 시사함과 동시에 "통제에 대한 체념"을 통한 회복이라는 일본식의 접근이 점점 더 그들의 삶을 통제할 것을 장려하고 더 나아가 강요하기조차 하는 신자유주의 시대의 새로운 요구와 기대에 상충하고 있다는 것을 주장하려 한다.

6
성찰성의 억제
우울증에 대한 심리치료의 금지

육체는 **통제하고자 하는 우리의 시도를 위협**하는 모든 것의 중심
에 있다. … 플라톤이 말했듯이 '자연은 영혼으로 하여금 지배
하고 통치하라고 명령하며, 육체로 하여금 복종하고 섬기라고
명령한다.'
— 육체에 대한 서구적 사유를 설명하는 수잔 보르도의 책,
『참을 수 없는 무게』(Bordo 1993: 145, 강조는 원문)

정신분석은 거기에 참여하는 사람들의 마음속에 자율성을 갖
고 있다는 느낌, 즉 운명에 대한 **통제라는 소중한 환상**을 갖도록
돕는다.
— 도이, 『정신분석학에 대한 문화적 기대』(Doi 1990: 269, 강조는 필자)

심리치료에 반하여?

나는 JP의대의 정신의학과[1]가 정신병리학seishin byōrigaku에 중점을 두고
있었기 때문에 그곳에서 현지조사를 하기로 결정했다. 정신병리학은
현상학과 정신분석에 기반한 학자들이 발전시킨 임상 정신의학의 하위
분과로서, 생물정신의학과 정신분석학을 대립시키는 미국식 접근에 익
숙한 사람들은 이해하기 어려울 수 있다. 독일의 신경정신의학에 기반

한 정신병리학은 정신의학에서의 생물학 활용에 반대하기보다는 오히려 이를 필수적인 부분으로 간주한다. 정신병리학은 임상 관찰을 수행하는 특정한 방법과 "정신 질환자의 삶의 세계"를 이해하기 위한 시도 차원에서의 현상학적 접근을 강조하는 진단 방법을 포함한다. 정신병리학자들은 정신 질환의 주관적인 의미를 간과하는 생물정신의학자들을 비판해왔고, 1960년대 이후 일본 정신의학계를 지배해온 신경생물학적 관점에 중대한 이의를 제기해왔다. 또한 이들은 우울성 병전 성격에 대한 독특한 이론을 발전시켜왔으며(5장 참조) 우울증에 대한 일본의 전문적 담론과 대중적 담론 모두에서 우울증에 대한 상식적인 생각들을 정립해왔다. 이러한 전통의 계승자로서 JP의 정신과 의사들은 생물학뿐만 아니라 정신 질환자의 주관적 경험과 정신 질환 경험을 만들어내는 상황적 원인들에 대해서도 세심한 주의를 기울이는 것에 자부심을 가지고 있다. 다른 한편, 이 정신과 의사들은 지난 20년 동안 DSM화가 점점 진행되고 있는 일본 정신의학계에서 그들의 분야가 얼마나 소외되어왔는지를 알고 있으며, 정신병리학적 관점을 확립하고 다시 활성화시킬 방법을 적극적으로 찾고 있다.

JP에 있는 정신과 의사들 중 대부분은 생물학적 정신의학이 아닌 다른 것을 배우고 싶어 일부러 이 과에 지원했다고 말한다. 이 과의 과장은 정신병리학자인 히가시 교수인데, 그는 선구적인 사회정신의학자의 손자이기도 하다. 그는 프랑스에서 교육을 받았으며 프랑스 철학과 독일 철학에 대한 폭넓은 지식을 가지고 있다. 다른 높은 직급의 정신과 전문의들도 철학, 예술, 그리고 창의성에 대한 깊은 관심을 공유하는 학자들이다. 이 정신의학과는 독일, 프랑스, 영국에 정기적으로 직원들을 보내 교육을 받도록 하고 있어 많은 직원들이 다양한 유럽 언어를 구사할 수 있다. 교수들과 다른 상급 직원들 모두 하루의 바쁜 임상 실무가 끝난 후 매주 수많은 세미나를 연다. 이 세미나에서 그들은 스스로의 임상 실천을 다른 관점에서 상대화하고 살펴보기 위해 독일어와 프랑스어 원서로 임마누엘 칸트와 자크 라캉 등의 저서를 읽는다. 정신병리학자들은 DSM-IV와 ICD-10을 전통적인 질병분류표와 함께 활용하면서도 미국 정신의학에 대해 회의적인 태도를 유지하고 그들만의 임상적 관점을 설명할 때 종종 미국 정신의학을 비판한다. JP의 정신병리학그룹은 신경생물학 연구로 존경받는 40대 남성 부교수가 이끄는 소그룹에 속한 동료들과도 놀라울 정도로 평화로운 공존을 유지하고 있다.

이 정신과에서 보다 주도적인 위치를 차지하고 있는 유럽에서 훈련받은 정신병리학자와 그 밑에서 일하는 미국에서 훈련받은 생물정신의학자는 조화로운 균형을 이루며 지적으로 활기찬 분위기를 조성한다. 그리고 이는 주간 세미나에서 다루는 넓은 주제에서도 드러난다. 예를 들어 내가 현지조사를 진행할 당시 세미나의 발표에는 신경생물학자의 세로토닌 증후군에 대한 실험 보고서, 비트겐슈타인을 참조한 조현병적 망상의 언어적 분석 그리고 시몬 베유의 철학에 기반한 거식증 서사탐구 등이 있었다. 그러나 정신 질환의 **의미**에 대한 그들의 분명한 관심은 기묘하게도 무대 뒤에서 벌어지는 지적 토론에 한정된 것으로 보인다. 일상적인 임상 업무에서 JP병원의 정신과 의사들은 실용주의적, 생물학적 접근을 노골적으로 강조하는데, 이는 내가 관찰했던 생물학을 지향하는 다른 정신 병원들과 크게 다르지 않았다. JP병원 정신과 의사들은 이들이 서사에 기반한 관점에 기울이는 관심에도 불구하고, 특히 우울증 치료에 있어서만은 "생물학적" 접근을 견지하고 있으며, 내게 "우울증에 대해서는 심리치료가 금기시된다"고 말하기까지 했다.

의사들의 지적 성향 때문만이 아니라 프로작의 등장 이후에도 북미에서는 오랫동안 심리치료가 효과적인 치료 방법으로 여겨져 왔기 때문에 이 대목은 이해하기 어려워 보였다. 사실 생물학적 치료법이 점점 우세해지면서 많은 비판을 불러일으켰고, 지식인들은 그러한 간단한 치료법이 사람들의 자기성찰 능력을 약화시킬 수 있다고 우려해왔다(이 논쟁에 대해선 Kramer 1993, 2005 참조). 정치적 의식이 있는 비평가들은 우울증의 생물학화가 사람들의 비판적 통찰력을 마비시키고 순응성을 강요할 수 있다고 우려해왔다(Elliott and Chambers 2004 참조). 그러나 되려 일본에서는 우울증에 대한 치료로 항우울제의 증가가 아니라 심리학적 치료가 정신과 의사들 사이에서 불편함을 만들어내고 심지어는 명백한 금기사항이 되었다는 것은 흥미로운 차이점이다.

내가 이 정신과 의사들에게 우울증의 심리치료를 부인하기까지 하는 이유에 대해 물었을 때 그들의 반응은 다양했다.[2] 그들은 정신분석 중심의 심리치료가 전반적으로 인기가 없다는 점과 이런 치료에 대한 제도적, 경제적 뒷받침이 부족하다는 점을 일반적으로 지적했다. 현행의 제도에서 "심리치료psychotherapy"에 대한 의료비용 환급이 정해진 비용으로 유지되어 왔기 때문에 의사가 15분간 이른바 치료라고 불리는 조치를 해도 한 시간 동안 치료를 했을 때와 같은 금액을 받게 된다.[3] 그러나 경제적 보상의 부족만으로는 왜 이러한 정신과 의사들이 거식증과 같은 다른 유형의 환자에 대해서는 때때로 광범위한 대화 치료에 참여하면서도 우울증에 걸린 사람들에 대해서는 그런 경우가 거의 없는지를 설명하지 못했다. 다시 내가 구체적으로 우울증에 대해 물었을 때, 그들은 우울증이 생물학적 질병이며 항우울제가 주요 치료 수단이 되어야 한다고 강조했다. 그리고 1975년 기무라 빈과 함께 조증과 우울증에 대한 최초의 종합 질병 분류법을 정립시킨(5장 참조) 정신병리학의 권위자인 가사하라 요미시를 언급하곤 했다. 널리 읽힌 그의 논문에서 가사하라는 우울증이 무엇보다도 약물치료와 휴식으로 치료되어야 한다고 주장했다. 그는 환자의 이야기를 경청하고 실질적인 문제에 대해 조언을 하는 것은 권장하지만 우울증 환자의 심리적 통찰력을 증진시키는 종류의 심리치료에 대해서는 조심하거나 삼가도록 엄격한 주의를 준다(Hirose 1979, Yoshimatsu 1987 참조). 그는 또한 정신에 초점을 맞추는 지점에 있어 너무 "부분적partial"인 미국의 인지적 접근보다 육체적, 정신적 회복에 모두 집중하는 일본식의 접근법이 더 "총체적holistic"이라고 평가했다(Kasahara 2003). 그렇다면 심리치료에 대한 일본에서의 금지를 단지 생물학화의 문제가 아니라 일종의 총체론적 의학의 문화적 표현으로 이해해야 하지 않을까(White 1982, Kirmayer et al. 1998 참조)?

정신의학적 만남에 대한 인류학적 분석을 바탕으로, 나는 이 일본 정신과 의사들이 우울한 사람들에게 삶의 혼란을 표현하고 중재하기 위한 언어를 어떤 방식으로 제공하는지 살펴보고자 한다(Lock 1988, Young 1995, Corin 1998a, Kirmayer 1992). 이 연구의 목표는 정신과 의사가 심리치료 대신 우울증에 대한 생물학적 이해를 어떻게 해석하는지 검토하는 것이다. 생물정신의학에 대한 비평가들이 주장하는 것처럼, 의사의 정신의학적 언어는 환자를 침묵시키고 성찰성을 억제하는 역할을 하는가? 아니면 가사하라가 은근히 주장한 바처럼, 이는 정신 질환의 본질에 대한 "총체적" 성찰을 촉진하려는 시도인가? 정신과 의사는 우울증의 생물학적, 심리학적 본질에 대한 성찰성을 해석하는 다른 대안적 방법을 갖고 있는가? 심리치료에 대한 일본의 반감은 오랫동안 주목받아왔으나(Lock 1980, 1982, Ohnuki-Therney 1984, Ozawa 1996, Ozawa-de Silva 2002, Doi 1990), 일본의 정신과 의사들, 특히 심리치료 지향적인 의사들이 일상적인 임상 업무에서 환자를 치료하는 방법에 대한 민족지적 조사는 (Breslau 1999를 제외하고는) 거의 없었다. 이 장에서는 이러한 공백을 채우고자 한다.

진단 면접

도쿄 외곽 도시에 위치한 JP의대는 다양한 인구학적 범주에 있는 환자들을 맞이한다. 대기실은 아침부터 빠르게 환자들로 가득 차고 정신과 의사들은 하루에 삼십 명에서 육십 명의 환자들을 만난다. 하얀 가운을 입은 의사, 간호사, 몇몇의 심리학자들, 그리고 복지사들이 바삐 움직이며 전반적으로 활기찬 기운을 만들어낸다. 면접실에는 진료 침대, 책상, 그리고 두어 개의 의자 등 최소한의 가구만 배치되어 있다. 외관상으로 정신과 병동은 대학 내 다른 병동과 별 차이가 없다. 그러나 닫힌 문으로 복도와 분리되어 있는 대기실은 다른 병동보다 항상 더 긴장된 분위기를 풍긴다. 환자들의 불안한 표정을 보다가 이내 그들이 지인과의 만남을 피하기 위해 얼마나 애썼는지 들었을 때, 우울증에 대한 미디어 캠페인이 점점 더 많은 환자를 이 대학으로 오게 했지만 아직 정신과와 관련된 낙인을 근본적으로 줄이지는 못했다는 것을 깨닫게 된다.

환자들과 정신과 의사의 첫 만남을 가장 강하게 특징짓는 것은 환자들의 고조된 불안감이었다. 그 이유 중 하나는 대부분의 환자들에게 내과에서의 진단 질문은 익숙한 것이지만 정신의학은 이질적인 영역이기 때문이다. 환자들은 윌리엄 쭝William Zung의 우울 척도와 병원에서 직접 개발한 질문들로 구성되어 있는 문진표를 면접 전에 작성해야 하는데, 이는 환자들이 갖는 낯선 느낌을 가중시킬 수도 있다. 병원에서 개발한 질문들은 환자의 인구학적 정보, 병력, 현재의 증상 등 일반적인 의학적 질문을 포함한다. 한편 여기에는 광범위한 성격적 특성 목록과 가까운 친척의 병력을 기입해야 하는 유전적 요소를 나타내는 가계도와 같은 **정신의학적** 항목이 포함되어 있다. 이와 같은 사전 진단 면접은 정신과 의사들이 환자의 생리적 증상뿐 아니라 그들이 어떤 사람인지에 대해서도 관심이 있음을 보여준다. 훈련 과정 중에 있는 레지던트 정신과 의사들이 진행한 사전 진단 면접에서도 정신의학적 체계에 대한 환자들의 생소함은 확연히 나타났는데, 일부 환자들은 어디에서부터 이야기를 시작해야 할지, 정확히 무엇이 "정신의학적" 증상을 이루는지 혼란스러워 하는 듯했다. 나중에 선임 의사와의 면담에서 환자들의 이야기가 상당히 극적으로 바뀌는 것을 보고 나는 놀라곤 했다. 정신과 의사들이 우울증의 생물학적 모델을 통해 고통을 이해하기 위한 견고한 틀을 먼저 정립하려고 시도하는 것은 환자들의 불확실성과 그들 서사의 유연성에 반대된다.

빅터 터너는 치료 의례가 고통에 이름을 부여함으로써 어떤 방식으로 혼란을 억제하는 역할을 하는지를 보여준 바 있다(Turner 1967). 내가 본 진단 면접에서 정신과 의사들은 의료 권위자의 차분한 확신을 가지고 환자의 정서적 혼란에 접근하고자 노력하고 있었다. 어느 날 아침 외래환자 진료에서 오다 교수와 나는 문진표를 보고 우울증으로 의심되는 한 남성에게 들어오라고 했다. 잘 차려 입은 56세의 회사원인 다카야마 씨는 초췌하고 안절부절 못하며 걱정이 가득한 모습으로 면접실에 들어왔다. 오다 교수가 나를 연구생으로 소개한 후 (다카야마 씨는 내게 고개를 끄덕여 보였다) 그에게 무엇이 불편하냐고 묻자, 그는 최근 자신을 괴롭혀왔던 직장 내 이야기들을 쏟아내기 시작했다. 영업 부장으로 승진한 후부터 그는 사무실에서 압박감과 고립감을 느꼈다. 그는 밤새 일에 대해 생각했고 잠도 자지 못했다. 그리고 그는 새로운 직책하에 그가 받고 있는 대우에 대해 매우 분노하고 있었다. "저는 회사가 제가 해야 할 일보다 더 많은 일을 저에게 떠넘기고 있고, 제 동료들은 어떤 책임도 지지 않고 있다고 생각합니다." 이야기를 해나갈수록 그는 자기 자신의 분노와 싸우고 있는 것 같았고, 그 분노가 면접실을 가득 채우는 것 같은 강렬함을 느낄 수 있었다. 그가 몇 분 동안 이야기를 이어나간 후 조용히 세부 사항을 적고 있던 오다 교수는 고개를 들어 "힘든 일을 겪으셨군요taihen deshitane"라고 말했다.

그 순간 다카야마 씨의 어깨가 축 내려가더니 안도하는 표정을 지어 보였다. 그 후에도 내가 여러 번 목격했듯이 정신과 의사의 단순한 인정의 말은 환자에게 "당신은 고통받았군요"라는 명제로 대표되는 종교적 혹은 심리치료적 지지를 연상시키는 효과를 내는 것 같았다(Levi-Strauss 1963b 참조). 이후 인터뷰에서 환자들이 밝힌 것처럼, 놀랍게도 많은 환자들이 가족은 물론 다른 의사들에게도 자신의 걱정을 무시당했다. 그래서 그들은 자신들이 겪고 있는 일을 조금이라도 알아주는 누군가를 만난 것에 큰 안도감을 느꼈다. 환자들이 정신과 의사의 인정을 받은 것을 결정적인 변화의 순간이라고 말한 것은 이 때문이었을 것이다. 한 여성은 내게 이렇게 말했다. "나는 그 순간 의사선생님이 나를 이해했다는 걸 알았고 선생님을 믿고 나를 맡길 수 있다는 걸 깨달았어요." 의사들에게도 이러한 공감의 순간을 만드는 것은 진단의 정확도와 치료의 효과를 보장하기 위해 중요한 일이었다. 정신과 전문의들은 몇몇 환자들이 정신 질환자로 낙인 찍힐까 하는 두려움에, 혹은 자신을 드러낼 만큼 의사를 신뢰하지 못해 진짜 자신을 괴롭히는 것이 무엇인지 말하지 않고 집으로 돌아간다는 사실을 말해주었다. 환자가 자신의 가장 깊은 두려움을 드러내고 정신과 의사의 능력에 스스로를 맡길지 말지를 결정할 때 언어적 교환의 이면에서 많은 것들이 진행되었다.

하지만 의사가 재빨리 진단 질문으로 넘어가면서 이 심리적이고 카타르시스적인 연결의 순간은 금세 끝났다. 말의 톤과 속도를 바꾸면서 오다 교수는 기본적인 증상을 묻는 것으로 시작했다. "잠을 잘 못 주무신다고 했는데, 식욕은 어때요?" 이에 대해 다카야마 씨는 "생각해보니 밥을 많이 먹지 못한 것 같아요. 살이 좀 빠졌어요."라고 대답했다. 그의 수면 패턴에 대해 물었을 때 다카야마 씨는 새벽 두 시나 세 시쯤 규칙적으로 깨서 남은 밤을 지새우곤 한다고 대답했다. 오다 교수는 집중력과 기력의 정도와 기분 변화에 대해서도 물었다. 다카야마 씨는 아침마다 우울한 느낌이 강하게 들지만 오후가 되면 이 우울감은 서서히 약해진다고 말했다(이는 정신과 의사들이 주간기분변동diurnal variation이라고 부르는 우울증의 특징적인 징후이다). 호주의 정신의학적 실천에 관한 민족지에서 로버트 배럿(Barrett 1996)은 정신과 의사가 공공연한 설득이 아니라 반복적인 질문과 관련 없을 것 같은 정보를 회피하는 미묘한 과정을 통해 환자에게 그 경험의 생물학적 특성을 이해시키는 방법을 보여준다 (Atkinson 1995, Osborne 1994 참조). 이 과정은 내가 관찰한 곳에서도 일어나던 일이었다. 정신과 의사는 환자의 매우 감정적이고 심리적인 고통을 일련의 생물학적 징후로 읽어내기 시작했다. 이 징후들은 패턴을 형성하기 시작하며 이내 분명한 **질병**의 모습으로 바뀌게 된다. 우울증의 신체적 측면에 대한 정신과 의사의 초점 맞추기는 실제로 문화적 전체론의 표현(신체적 증상을 통해 환자의 감정에 관여하는 방법)이라고 볼 수 없다. 오히려 이 초기 단계에서 이것은 정신과 의사들이 신체적 증상을 단순히 기저의 생물학적 질병의 지표로서 다루는 생물학적 환원주의의 표현으로 보인다.

정신과 의사는 우울증의 생물학적 윤곽을 명확하게 뽑아낸 후에야 환자의 고통을 그들 삶의 사회적, 심리적 맥락에 위치시키는 단계로 나아간다. 오다 교수는 다카야마 씨에게 생물학적 증상이 다른 사회적, 심리적 요인과 독립적으로 나타나는지 판단하기 위해서 우울증이 시작될 무렵의 그의 일상에 대해 묻기 시작했다. 다카야마 씨에게 그의 가족 상황에 대해 묻고 거기에 문제가 없다고 판단한 오다 교수는 승진 이후에 그의 삶이 어떻게 변했는지 질문했다. 다카야마 씨는 새로운 직급하에 늘어난 업무량 때문에 최근 일찍 일어나 밤늦게 귀가하기 시작한 것과 만성적인 피로를 느꼈던 모습을 상기했다. 이어서 오다 교수는 다카야마 씨가 이전에도 비슷한 경험을 했는지 알아보기 위해 더 오래된 인생사에 대해 물었다. 다카야마 씨는 10년 전 그의 상사가 주요 프로젝트 마감 전에 몸이 안 좋아져 대신 책임을 맡게 된 후 심각한 궤양에 걸렸다가 간신히 살아났다고 회상했다. 내가 만난 우울증 환자 중에는 이와 같은 신체적 쇠약, 특히 궤양 같은 사건을 겪은 경우가 드물지 않았다. 이러한 병력을 통해 정신과 의사들은 사회적으로 스트레스를 받는 상황에 대한 환자의 반응 패턴을 이해했다.[4] 마지막으로 오다 박사는 그의 성격에 대해 물었고 다카야마 씨는 자신이 "진지한majime" 유형인 것 같다고 말했다. (5장에서 논의한 멜랑콜리 유형 이론에 근거한) 우울증의 추가적 징후에 만족한 오다 교수는 다카야마 씨가 앓고 있는 것이 내인성 우울증이라고 확신하는 듯했다.

생물학적 변화에 대한 질문은 그것이 효과적으로 이뤄질 때, 환자의 (정상적인) 자아를 질병으로부터 상징적으로 분리시키는 역할을 한다 (Estroff 1981, Luhrmann 2000). 다카야마 씨가 자신이 고통받았던 모든 생리적 증상들을 펼쳐보는 데 집중함에 따라 그 자신을 지배했던 통제되지 않은 감정에서 순간적으로 벗어나는 듯 보였다. 이는 그가 너무 정신이 팔려 알아차리지 못했거나 혹은 너무 두려워서 스스로 인정할 수 없었을 몸과 마음에서 일어나고 있는 심각한 변화를 새롭게 인지하는 효과가 있었을 것이다. 특히 직장 동료들에 대한 분노를 털어놓던 그는 갑자기 울분을 터뜨리며 이렇게 말했다. "내게 무슨 일이 일어나고 있는지 모르겠어요. 나는 친한 사람들에게 고마움을 표현할 수조차 없어요. 나에게 잘해준 사람들에게 인사도 건넬 수 없어요." 이러한 자기 고백의 분출은 이해할 수 없는 변화와 통제할 수 없는 격렬한 감정들에 대해 그가 얼마나 진심으로 두려워하고 있는지 보여주었다. 오다 교수는 다카야마 씨에게 이것은 "질병"이라고 확신시키며, 즉시 휴직을 하는 것과 약을 복용하는 것이 회복을 보장할 것이라고 말했다. 다카야마 씨가

2주 뒤 다시 방문 예약을 잡고 방을 떠날 무렵, 그는 적어도 그 순간만이라도 자신이 겪고 있는 부조화에 대한 걱정으로부터 해방된 듯 평화로워 보였다. 오다 교수는 생물학적 우울증 자체가 사라지면서 다카야마 씨의 정서적 혼란 역시 결국 사라질 것으로 믿었다. 그는 특정 사건이 발생했거나 심리적인 갈등이 존재했을 수 있으며 그것이 발병의 원인으로 작용했을 수도 있다는 것을 부인하지는 않았을 것이다. 하지만 그의 계획은 먼저 약물치료를 시도하여 환자가 그러한 사건들에 대한 **해석**을 바꾸고 삶의 어려움을 헤쳐 나갈 선천적인 힘을 회복시킬 수 있는지 살펴보는 것이었다. 정신과 의사들이 우울증의 신체적 측면에 우선순위를 놓는 것은 무엇보다도 이러한 연유에서이다.

이러한 생물학적 언어의 힘은 환자가 감정적 혼란에 대해 사회적 의미를 찾는 것을 일시적으로 중단하게 하고, 이를 생물학적 관리하에 확고히 두는 능력에 있다. 또 다른 아침, 사토 교수와 나는 낙담과 강한 분노 경험에 대한 넋두리를 늘어놓는 서른 살의 주부 야마나카 씨를 만났다. 그녀는 자신의 감정적 고통이 처음에는 남편의 불륜 때문이라고 생각했지만, 이후 훨씬 더 심해졌다고 말했다. 면접실에서 쉬지 않고 흐느껴 울던 야마나카 씨는 매일 아침 분노가 솟아오르는 자신의 모습에 대해 이야기하며 왜 자기가 본인의 감정을 통제할 수 없는지 너무나 의아해했다. 그녀는 "내 자신이 아닌 것 같다"고 강조하며 사토 교수에게 그녀가 "성격 장애나 그 비슷한 것"을 겪고 있는 것인지 물었다. 진료 후 내게 말해준 바에 따르면, 그녀의 이야기를 조용히 들으며 사토 교수는 우울증의 두 가지 우려되는 증상에 집중하고 있었다. 첫째는 스트레스의 요인이 되는 사건(남편의 불륜)에 비해 환자 스스로 생각하기에도 과하게 감정을 드러냈다는 점이고, 두 번째는 남편과 화해하고 몇 달 후에 이러한 증상이 시작되었다고 말한 것과 같이 사건과 우울증의 발병 사이에 시차가 있다는 점이다. 그녀의 우울증이 스트레스를 주는 사건에 대한 합리적인 반응으로서의 심인성psychogenic 우울증이기보다는 생물학적 뿌리를 둔 이상 현상인 내인성endogenous에 가깝다고 추측하며 사토 교수는 내인성 여부를 확인하기 위한 진단 문진표를 그녀에게 주었다. 예를 들어 교수는 하루 중 어느 시기에 분노를 느끼는 경우가 많은지("항상 아침에 그래요.") 그리고 어느 시점에 멈추기도 하는지("오전 10시까지는 보통 유지되곤 해요.") 등을 물었다. 이러한 종류의 질문을 이어가며 사토 교수는 마치 스스로 생명이라도 갖게 된 것처럼 보이기 시작한 "분노"의 강도, 내구성, 주기성 등을 이끌어냈다. 사토 박사는 그녀의 관심을 분노의 심리적 **내용**에서 생물학적 형태로 옮김으로써 환자가 자신을 넘어선 힘의 피해자라고 성공적으로 설득해내는 것처럼 보였다.[5]

이 사례들은 첫 정신과 면담에서 환자의 불확실성을 일시적으로 막기 위해 주로 우울증의 생물학적 모델이 사용된다는 것을 잘 보여준다. 히가시 교수는 우울증이 "언어의 한계"에 있다고 자주 강조한다. 다시 말해, 우울증의 핵심은 자아에 대한 감각의 근본적 붕괴를 만들어내는 정신 질환적 경험이다. 우울증의 정신 질환적 측면에 대한 정신과 의사들의 감수성은 그들이 정신 질환의 도덕적 위계 속에 단순한 심리적 고통을 암묵적으로 낮은 순위에 두었다는 것을 의미하기도 한다. 그들은 생물학적 원인이 있는 것으로 추정되는 내인성 우울증을 신경증으로부터 조심스럽게 구분했고, 종종 후자를 멸시하는 어조로 언급하기도 했다. 그들은 심지어 DSM-IV의 주요 우울증 개념과 구분하기 위한 목적

으로 내인성 우울증을 "진짜 우울증"이라고 불렀는데, 그들은 DSM-IV
의 개념이 신경증을 포함하도록 우울증의 경계를 부주의하게 넓혔기
때문에 임상 진료에서 쓸모가 없다고 생각한다. 이 암묵적인 도덕적 위
계는 심리적인 문제로부터 고통받는 것으로 판단되는 환자들이 때로는
의학적으로 문제가 없고, 따라서 (더 작은 클리닉으로 환자를 연결시켜주는 것
외에는) 의사가 할 수 있는 일이 많지 않다는 것을 의미하기도 한다.[6] 하
지만 이러한 단순한 형태의 생물학적 모델에 의문을 제기하게 하는 애
매한 사례들이 명백히 존재한다.

입원

임상적 만남 전반에 거쳐 우울증의 생물학적 모델이 지배적이긴 하나,
정신과 의사들은 종종 초기의 극심한 우울증에서 벗어난 환자들에게
소위 "총체적" 접근법을 포함해 순전히 생물학적인 관점을 넘어선 방법
을 도입하기도 한다. 이는 정신과 의사들이 입원한 환자들을 치료하는
방식에서 분명하게 드러났다. 장기 입원이 휴식의 기회가 되는 사회에
서, 특히 유급 병가를 후하게 제공받을 수 있는 직장인의 경우, 장기 입
원은 약물치료의 효과가 즉각적으로 나타나지 않는 우울증 환자들이
선호하는 치료 방법이다. 이렇게 약물치료에 내성이 있는 환자들을 위
해 정신과 의사들은 입원치료를 다음과 같은 측면을 고려하여 구조화
한다. 먼저 그들의 회복을 방해하는 요인이 순전히 생물학적인 것(증상
과 항우울제 사이의 불일치)인지 아니면 심리적이거나 사회적 요인(스트레
스를 주는 가족이나 직장 상황)에 의한 것인지 스스로 탐색할 수 있는 방식

으로 구조화하는 것이다. 생물학적 탐구의 관점에서 입원은 정신과 의사들에게 이상적인 실험실에 준하는 환경을 제공하는데, 여기에서 의사들은 세 가지 차원에서 환자를 면밀히 관찰한다. 먼저, 의사들은 환자의 체온, 체중 변화, 혈압, 수면 및 식사 패턴 그리고 배뇨 및 배변 활동에 대해 간호사가 작성하는 일일보고서를 확인하며 환자의 **생리적** 상태를 정밀하게 살펴보는 일련의 검사를 한다.[7] 둘째, 그들은 환자의 기력 상태와 그들이 어떤 종류의 활동을 하는지 살펴봄으로써 환자의 **행동** 변화를 관찰한다. 셋째, 의사들은 개별 면담을 통해 환자의 **정서적, 인지적** 변화를 관찰하고 그들의 표정, 목소리 톤과 더불어 불안, 동요, 걱정거리 혹은 낙담 등의 징후를 살펴본다. 정신과 의사들이 항우울제의 복용량에 따라 환자들이 "업되었다"(조증 증상을 뜻함)거나 "다운되었다"(우울해지는 것을 뜻함)라는 식으로 흔히 얘기하는 것은 의사들이 우울증의 생물학적 모델에 의존하는 정도를 알려준다. 의사들의 이런 이야기를 들으며 처음에 나는 이들이 환자를 우울증이 흔적을 남기고 가는 수동적인 매개체에 지나지 않는다고 보는 것인지 궁금해졌다.

하지만 의사들은 이러한 전문 용어를 사용하여 말하는 것을 환자들이 절대 듣지 못하게 하며 대신 환자들과 상호 작용할 때 다른 종류의 언어, 즉 우리가 **몸의 언어**라고 부르는 것을 사용한다. 의사들은 우울증이 "몸의 병karada no byōki"으로서 어떤 방식으로 경험되는지 환자들에게 현상학적인 방법으로 성찰하도록 함으로써 공통의 이해를 만들어내려고 노력한다. 입원 초기 단계에서 의사들은 환자들이 정서적, 심리적 고통을 잠시 제쳐두고 휴식을 통한 회복에 집중하도록 권한다. 그리고 환자들은 신체적 변화를 통해 그들이 얼마나 피로했는지, 그리고 그들이 얼마나 그들의 몸 내부에서 일어나고 있는 기능 장애에 대해 인지하지 못하고 있었는지 깨닫기 시작한다. 나는 종종 환자들이 그들의 생리적 증상에 수많은 심리적 의미를 부여하는 것을 보고 놀라곤 했다. 환자들은 어깨 결림kata ga koru, 머리가 무겁게 느껴짐atama ga omoi, 나아가 가슴이 무겁게 느껴짐mune no namari(Kirmayer 1999 참조)을 언급하면서, 그들을 괴롭게 하는 책임의 무게, 즉 많은 업무량, 가족에 대한 의무, 대인 관계에서의 불화 등등(8장에서 더 자세하게 다뤄질 내용)에 대해 이야기하였다. 아마도 이것이 정신과 의사가 환자로 하여금 그들의 정신적 고통과 신체 변화 사이의 연관성을 인지할 수 있도록 하는 것이며, 가사하라가 일본식 접근법의 강점으로 논한 일종의 총체론이 가장 뚜렷하게 드러나는 지점일 것이다. 이러한 현상학적 대화를 통해 환자들은 우울증이 "몸으로부터 정신의 소외"를 만들어내며, 회복은 이 연결을 복구하는 문제라는 생각을 공유하기 시작한다. 정신과 의사들은 신체와 정신 중 무엇이 원인이고 결과인지에 관한 질문을 깊이 파헤치지 않고도 우울증이 환자의 존재 전반에 영향을 미친다는 것을 성공적으로 설득하고, 생물학적 치료가 회복의 한 가지 길이라는 것을 제시한다.[8]

이런 맥락에서 정신과 의사들이 생물학적 언어가 전부라는 식으로 사용하지 않는다는 것을 주목하는 것이 중요하다. 다시 말해, 의사들은 환자들로 하여금 우울증이 다른 심리적, 사회적 요인 없이 발생한다는 생각을 하도록 하지 않는다는 것이다. 실제로 이들은 그렇게 단순화된 모델은 전통적인 정신과 의사들의 유전자 결정론을 믿고 우울증이 "타당한 이유 없이" 발생한 것이라 가정했던 과거에나 있었다고 강조한다. 대신 이 의사들은 생물학적 특성, 성격, 환경 간의 상호작용을 강조하고 우울증의 비생물학적 측면을 탐구할 수 있는 충분한 기회를 만들어 준다. 예를 들어 환자들이 생리적인 수준에서 회복되기 시작하면 의사들은 보통 자유로운 토론, 그림 그리기, 콜라주 만들기, 도자기, 서예, 음악을 포함하여 이 부서에서 제공하는 다양한 주간 그룹 치료 중 한두 개 정도에 참여할 것을 권한다. 의사들은 환자들이 우울증에 관해 기꺼이 이야기하지 않거나 이야기할 수 없는 측면을 이해하기 위해 이러한 활동을 관찰한다. 예를 들어 의사들이 한 환자가 다른 시기에 만들었던 작품을 비교하고 환자의 작품이 보여주는 주제나 색깔, 전반적인 분위기나 활기의 변화에 대해 논의하는 것을 보았다. 보다 심리치료 지향적인 의료진은 환자의 무의식적 욕망에 대해 논하려고도 했다. 때때로 그들은 사례 발표(아래에서 논의)에서 이 작품들을 보여주고 환자의 성격 구조, 숨겨진 심리학적 주제, 갈등 등을 분석하곤 한다. 그들이 개인 면담에서 이 예술작품들을 얼마나 활용했는지는 명확하지 않지만(나는 매우 극소수만이 이 방법을 사용한다는 인상을 받았다), 많은 정신과 의사들은 미술치료를 그들의 정신병리학 전통의 독특한 강점으로 여기고 비언어적이고 비강압적인 치료 도구로서의 가치를 강조했다.

환자들은 예술활동이 곧 치료의 일환이라는 것을 알아가는 듯했고, 이 활동에 참여하면서 그들 자신에 대해 얘기하고 있었다. 그리고 입원 생활이 가족이나 직장과는 분리되어 있기 때문에 몇몇 환자들은 이전에 해본 적이 없는 방식으로 자기 자신을 집중적으로 성찰하게 되었다. 환자들은 그러한 통찰을 종종 의사들(주로 듣고만 있는), 동료 환자들과 공유했다. 즉, 정신과 입원은 확실히 환자에게 외부 세계로부터의 **피난처**를 제공하여 그들이 평소와는 다른 수준의 자기 성찰을 경험할 수 있게 해주었다. 입원생활은 생물학적 언어가 가장 우선시되는 공식 언어임에도 불구하고 다른 다양한 우울증의 언어들도 서로 다른 층위에서 활발히 계발되고 공존할 수 있는 특별한 환경을 만들었다.

사례 발표

(크레치머가 한 말을 인용하자면) "우울한 사람은 본질적으로 위험 수위가 낮은 강과 같습니다. 물(=기력)이 너무 적기 때문에, 바위 투성이의 강물 바닥이 드러나게 되는 것이죠. 정신과 의사의 일은 이 바위들(=성격적 결함)을 제거하려고 노력하는 것이 아니라 그저 수위가 정상으로 돌아오게 하는 것입니다."

— 우울증 전문가 곤도 교이치 교수(크레치머의 인용은 Tolle 1991 참조)

입원해 있던 시간이 얼마나 심리적인 대화로 가득 차 있는지를 관찰했던 것에 비춰볼 때, 퇴원 회의를 통해 결국 어떤 방식으로 의사와 환자가 함께 우울증의 공식 서사를 만들어내는지 살펴보는 것은 매우 흥미로운 일이었다. 30여 명의 직원 앞에서 입원 환자와 퇴원 환자를 면담했던 히가시 교수는 이를 중요하게 여기고 모든 의사들이 참석하도록 했다. 담당 레지던트가 환자의 병력이 담긴 요약 보고서를 나눠주고 간단한 발표와 토론을 한 후 그들은 환자를 불렀다.[9] 대부분의 환자는 히가시 교수의 인사를 받은 후 처음의 긴장감을 이겨내가며 점차 자신의 이야기를 하기 시작했다. 이들의 이야기는 보통 15분에서 30분 정도까지 지속되었다. 어떤 면에서 이 사례 발표는 진단의 유효성과 부서의 치료 효과 수준을 보장해주는 품질 관리의 수단으로 기능했다. 그러나 이보다 더 중요한 것은 이 발표, 특히 이 글의 초점인 퇴원 회의가 환자들이 자신의 이야기를 할 수 있는 장을 제공했다는 점이다. 퇴원 면담의 구조가 진단 면접의 구조와 유사하기 때문에, 나는 환자들이 정신의학적으로 일관된 서사를 구성해내는 것을 보고 종종 매우 놀라곤 했다. 이는 환자들이 정신의학의 언어를 완전히 내재화하지는 않았더라도 얼마나 습득했는지를 보여주기 때문이다(Saris 1995 참조).

여기에서 정신과 의사들은 환자들이 "서사 통합katari no tōgō"이라고 불리는 것에 도달하도록 돕기 위해 노력했다. 면담은 교수가 우울증의 과정을 병인론, 증상의 진행, 그리고 예후 측면에서 환자 스스로 구분할 수 있도록 이끌어가는 방식으로 시작되는 경우가 많았다. 환자들은 그들이 겪었던 신체적 증상들을 묘사하고, 언제 그리고 어떤 방식으로 본인이 이전의 자신과 달라졌다고 느끼기 시작했는지 반추해보았다. 그러고 나서 그들은 의사의 요구에 따라 그들의 점진적인 쇠약을 초래했던 사회적 상황을 설명했다. 보통 히가시 교수가 환자에게 그들이 어떤 종류의 성격을 갖고 있다고 생각하는지 묻는 마지막 질문은 우울성 병전 성격에 대한 이론을 검증할 뿐만 아니라 그들의 우울증이 스스로의 성실함과 타인에 대한 배려 때문에 생겨난 질병이라는 지점을 정당화하기 위해 던져졌다. 히가시 교수는 이러한 환자와의 만남을 정신과 의사가 환자의 고통의 증언을 기록하는 비서 역할을 할 수 있는 자리라고 언급했다. 이러한 관점은 정신과 의사들이 면담 순서와 면담 기간을 결정함으로써 행사한 권력을 과소평가하긴 했지만, 정신과 의사들이 면담을 환자들이 어떻게 그들의 어려움을 극복해냈는지를 인정하는 기회로 본 것임을 시사한다. 이러한 방식으로 사례 발표는 정신과 의사들이 상징적인 종결감을 가져오는 동시에 환자들이 그들의 이야기의 저자가 되게끔 만들어주는 장이 되어주었다(Kleinman 1988a, Kirmayer 1994, 2000 참조).

따라서 사례 발표의 요점은 환자가 녹초가 될 때까지 질문을 던져 조사하거나 심지어는 우울증의 본질에 대한 확고한 공감대를 형성하려는 것이 아니었다(Light 1980 참조). 환자들은 그들의 해석을 제시했고, 때때로 정신과 의사들의 병에 대한 이해와 맞지 않는 이야기를 하기도 했다. 하지만 의사들은 생물학적 증상에 대한 기본적인 사실들이 대체로 맞는 한 그 자리에서 환자의 견해에 이의를 제기하지 않을 것이다. 이는 우울증 때문에 두 번째로 병원에 입원했던 55세의 회사원인 사카타 씨와의 면담에서 확실히 드러났다. 히가시 교수의 질문에 사카타 씨는 수많은 생리적 증상들을 막힘없이 이야기해주었는데, 그는 분명히 이전 입원의 경험으로부터 어떤 질문을 받게 될지 기억하고 있었다. 그는 이어서 우울증의 원인으로 긴 출퇴근 시간과 어려운 업무 상황, 업무와 관련된 잦은 음주와 그의 "아주 성실한" 성격에 대해 자세히 이야기해주었다. 그가 특히 자신의 우울증이 "별 이유 없이" 시작되었다고 강조한 점이 주목할 만했다. 몇몇 환자들은 우울증의 원인이 될 만한 뚜렷한 스트레스 상황을 발견하지 못하는 경우도 있었기 때문에 이 발언이 꼭 이례적인 것은 아니었지만, 그의 굳고 단호한 어조에서 그가 이 문답을 빨리 끝내고 싶어 한다는 것을 느낄 수 있었다. 사카타 씨가 면담실을 떠난 후 의사들은 그의 두 번째 우울증을 유발한 것이 무엇인지 검토하기 시작했다. 그들은 아마도 비생물학적인 이유가 있을 것이라고 의심했고 더 이상의 재발 방지를 위해 이를 검토해보아야 했다. 사카타 씨를 담당한 원로 정신과 전문의인 간다 교수는 사카타 씨가 이야기하고 싶어 하지 않아 보이지만 복잡한 가정 문제에 직면해 있는 것 같다고 말했다. 의사들은 이후 이 방향으로 추가적 진찰을 중단하고 간다 교수에게 환자를 맡겼다. 이 사례에서 환자가 생물학적 언어를 사용하여 공적인 서사를 이해하는 것은 명백했고, 이는 잠재적으로 위협적이고 심리적인 문제를 사적인 영역에 남겨두었다.

한편, 의사들 스스로 환자들이 주장하는 근본적인 심리적인 문제들을 다루지 않기 위해 생물학적 언어를 노골적으로 사용하는 경우도 있었다. 42세의 공무원 미야오 씨는 오랜 우울증을 앓았는데 증상이 호전된 듯하다가 예정된 해고를 앞두고 다시 악화된 경우였다. 미야오 씨는 히가시 교수에게 곧 해고당하게 될 직장으로 돌아가고 싶지 않다고 말하며, 업무에 대해 생각하는 것만으로도 얼마나 우울해지는지에 대해서 자세히 설명했다. 그러나 히가시 교수는 이 모든 것의 밑바탕에는 **우울증**이 깔려 있고, 미야오 씨는 "아주 성실한" 성격을 가졌으며, 약물이 투여되기 시작하면 기분이 달라질 것이라고 확신시켰다. 그러나 미야오 씨가 면담실을 떠난 후 몇몇 정신과 의사들은 미야오 씨의 업무량이 동료들의 업무량에 비해 꼭 더 무거워 보이지는 않으며 그의 "성격 구조 personality structure"에 특정한 취약성이 있는 것이 아니냐는 지적을 했다. 그들이 생물학보다는 심리학이 어떻게 작용하는지 논의하기 시작하자, 그를 담당했던 사토 교수는 미야오 씨의 상사가 얼마나 관료적이고 비협조적인 사람이었는지, 그리고 그의 직장 상황에 개입하는 것이 얼마나 어려운지를 강조했다. 이어 논의는 미야오 씨의 직장 복귀를 어떻게 지원할지, 어떤 방식으로 상사와의 관계가 개선되도록 도울지, 그리고 (사회적) 스트레스에 노출되는 정도가 점차 높아짐에 따른 그의 변화를 어떻게 세심하게 관찰할 것인지 등의 실질적인 문제 해결에 관한 것으로 옮겨갔다. 평소에도 그러했듯이, 의사들은 가족과 상사에게 환자를 어떻게 대하는 것이 최선인지 조언을 하고, 심지어는 필요한 경우 회사 동료들을 병원에 초대해 상담을 해주기도 하며 환자의 우울증의 사회적 차원에 개입하는 것을 주저하지 않았다. 생물학적 모델만으로 치료가 어려울 때, 의사들은 장기화된 우울증 이면에 있을 수 있는 심리적 이유를 조사하기보다는 대부분 사회적 관계를 조정하는 데 집중했다.

환자를 앞에 두고 심층적인 심리 내부로 파고드는 것은 분명 금지된 것이었지만, 한 젊은 우울증 환자의 경우 열성적인 젊은 레지던트가 이러한 일반적인 금지를 대놓고 거역한 적이 있다. 시마 씨는 26세의 회사원으로, 명백히 회사원의 **과로 우울증**으로 보이는 케이스로 병원에 입원해 있었다. 그는 몇 달째 새벽 두세 시에 집에 오는 야근과 주말 근무를 하고 있었다. 다른 부서로의 전출 요청이 거절된 후, 시마 씨는 심각한 우울감과 자살 충동을 느꼈다. 이는 그의 근무 여건 탓임이 분명했다. 그의 상사는 이미 무거운 부담감으로 우울증에 빠져서 정신과 의사를 만나고 있었다. 우울증으로 고통받는 입원 환자들 사이에서는 전형적인 상황이었음에도 시마 씨가 눈에 띄었던 건 삶의 "큰 질문"에 대한 그의 집념이었다. 그는 계속해서 자신이 왜 우울한지, 삶의 의미가 무엇인지, 왜 계속 살아가야만 하는지에 대해서 질문했다.

다른 정신과 의사라면 이런 심리적 갈등이 생물학적 회복이 이뤄짐에 따라 해결되기를 기다렸을 것이다. 한 수석 의사가 농담하듯이 의사는 환자 안에 심리학적인 것이 자리 잡도록 내버려두느니 차라리 "전전긍긍해하는 환자에게 생물학적 설명을 주입하고 일반적인 서사를 부과"할 것이라 하였다. 평소 헌신적이고 성실한 태도로 환자들 사이에서 좋은 평판을 갖고 있었던 모리 선생은 시마 씨의 실존적 고민에 화답하기 위해 긴 시간 그의 이야기를 들어주었다. 모리 선생의 보살핌 아래 시마 씨는 학교와 직장에서의 관계의 패턴을 이해하고 자신이 무너지게 된 것의 의미를 설명해가면서 빠르게 회복되었다. 곧 복직할 것처럼 보였던 시마 씨가 다시 여러 신체 증상에 심하게 시달리기 전까지는 모든 것이 잘 진행되는 것처럼 보였다. 이와 동시에 그는 특히 회사에 대한 분노와 같은 강한 감정을 표출하기 시작했고 이 분노는 시마 씨의 눈에는 자신의 문제를 해결하지 못하는 모리 선생에게로 향했다. 모리 선생과 그의 지도교수가 치료 과정을 다시 바로잡기 위해 필사적으로 노력했지만 시마 씨의 "공격성"은 더 심해졌다.

그의 분노는 다른 입원 환자들에게까지 영향을 미쳤는데, 평온했던 (별다른 사건이 없었긴 하지만) 한 치료 그룹이 치료에 비협조적인 환자들의 매우 감정적이고 폭발적인 배출구로 변해버렸던 것이다. 이들 중 일부는 약물치료의 효과에 대한 의문을 제기하기 시작했고 더 많은 심리치료를 요구했으며 자신의 병에 대해 "더 많은 통제를 할 필요가 있다"고 우려를 표현하기 시작했다. 몇 주간 지속되었던 이 격정의 상황은 그즈음 생리학상의 문제가 대부분 회복된 것 같았던 시마 씨가 다른 병원으로 옮기기로 결정하면서 급작스레 끝이 났다. 이후에 이어진 사례 발표는 환자 본인의 참석 없이 이뤄졌고 참여한 의사들의 자아성찰 같은 분위기가 느껴졌다. 그들은 환자의 생물학적 우울증이 정확히 무엇인지, 그리고 심리적 문제들("신경학적 요소")이 어떻게 커지기 시작했는지 밝혀내기 위해 노력했다. 히가시 교수는 시마 씨에게 의사란 그가 견

녀내고 있던 엄청난 고통에 궁극적인 의미를 제공해줄 것이라고 기대했던 전능한 존재가 되었을 것이라고 지적했다. 그러나 교수가 말했듯이 통합된 의미에 대한 그러한 큰 기대는 충족되기 어려울 것이다(Kleinman1995 참조). 한 의사가 시마 씨의 취약성에 대한 문제를 제기하며 "성격 장애personality disorder"를 시사하자 히가시 교수는 바로 이 개념의 사용을 경계했다. 그는 성격 장애라는 진단이 시마 씨에게 불치병이라는 불길한 의미의 꼬리표를 붙이고 암묵적으로 환자에게 책임을 전가할 수 있다는 점을 지적했다. 성격 장애의 개념에 기대지 않고, 선임 정신과 의사들은 우울성 병전 성격을 가진 사람들이 어떻게 내부에 "숨겨진 공격성"을 갖고 있는지 논의했다(Kasahara 1976, 1978, Yokoyama and Iida 1998 참조). 그들은 어떻게 **본질적으로 내인성** 우울증이 (진정 환자의 치료를 위한 것이지만 잘못 진행된) 심리치료적 개입을 통해 **신경증적으로 변할 수** 있는지를 지적했다.

의사들이 참여한 몇 주간의 논의에서 분명해졌듯이, 심리치료의 금지 뒤에는 특히나 지역화되고 역사적으로 자리 잡은 우울증에 대한 이해가 감추어져 있는 것 같아 보였다. 선임 정신과 의사들은 1970년대와 1980년대의 예를 들며 그들의 지도교수들이 집중적인 심리치료에 몰두하던 그때는 "심각한 정신 질환 환자와 방 안에 갇혀 밤을 지새우던" 시절이라고 추억했다. 이 시기는 우울증을 일본의 오래된 가치관의 붕괴로 인한 일종의 문화적 소외로 이해하기 시작한 정신병리학자들이 심리치료에 대해 높은 열의를 가질 때였다(Iida 1978). 5장에서 논의한 바와 같이, 이 정신과 의사들은 집단의 이익을 위해 이타적으로 헌신해야 한다고 배운 우울성 병전 성격을 가진 사람들이 새로운 사회 질서 속에서 우울증에 빠지기 쉽다는 것을 밝혔다. 당시 몇몇 정신과 의사들은 가치 체계 변화의 중요성을 강조한 반면(Yazaki 1968), 다른 의사들은 이러한 심리학적 조사가 환자들에게 얼마나 위협적일 수 있는지 밝혀내기 시작했다. 이 시기의 문헌들은 우울증 환자들이 내면화된 사회적 규범이나 집단과의 동일성에 의문이 제기될 때 얼마나 강하게 반응하는지에 대해 주목하고 있다(Kasahara 1978, Hirose 1979, Yoshimatsu 1987). 이러한 조사는 또한 우울증의 특성을 확장하고 확산시켜 그들의 취약성을 악화시키고 의존성을 유발할 수 있다. 가사하라(Kasahara 1978)와 같은 정신병리학자들은 우울증에 걸린 사람들은 처음에는 잘 적응한 사람들이며, 치료의 목적은 그들의 존재방식에 의문을 가지거나 바꾸려는 것이 아니라 오히려 그들이 원래대로 돌아가도록 돕는 것이라고 강조했다.[10]

성찰성 억제하기

따라서 정신과 의사가 생물학적 언어에 의존하는 것은 시대를 초월한 문화적 총체론에 대한 그들의 믿음에서 비롯된 것이라기보다 자신들의 힘이 지닌 잠재적인 위험에 대한 역사적 감수성으로부터 비롯된 것이라고 할 수 있다. 그들이 일할 때는 분명 문화적 총체론에 기대는 모습을 보이기는 하지만 말이다(Ozawa-de Silva 2002 참조). 다른 병원의 정신과 의사들 역시 격렬한 반정신의학 운동 이후 유일하게 남겨져 있는 것은 신경생물학적 정신의학뿐이며, 정신치료와 정신병리학을 포함한 다른 것들은 환자의 생각을 식민화하여 결국 "환자를 텅 비게 만들어 버리"고 마는, 위험하고 은밀한 도구로 철저하게 비판받았다고 말했다.

이런 맥락에서 일부 정신과 의사들은 환자들이 스스로의 심리적 성찰의 용어와 그 정도를 결정하도록 하는 것의 중요성에 대해 이야기하였다. 환자들이 우울증의 의미에 대해 폭넓게 심리적으로 파고들고 그 성찰의 깊이가 정신과 의사들의 지적 호기심을 자극한다 하더라도, 정신과 의사들은 치료를 위해서는 "뚜껑을 덮기"(억제하기) 위해 노력하는 것이 중요하다고 믿었다(Yokoyama and Iida 1998). 이는 우울증의 생물학적 근거가 명확하지 않은 환자들에 대해서도 정신과 의사가 최소한의 개입 원칙을 유지한다는 것을 의미하기도 했다. 일례로 나는 24세의 미용사에 대한 사례 발표를 참관할 기회가 있었다. 그는 신경증만 갖고 있었음에도 불구하고 의사들이 우울증으로 잘못 진단을 내려 입원을 하게 된 경우였다. 이 사례 발표에서의 면담 후, 의사들은 이 환자의 생물학적 증상이 실제로 "심해지지" 않았고, 우울증의 명확한 형태를 이루지 못했으며, 증상들(기력 저하, 수면 장애, 낙담)은 그저 그가 살아온 삶의 연장선에 불과하다는 데 동의했다. 그의 문제가 정신과 의사가 통제할 수 있는 종류의 것이 아니라고 판단한 의사들은 "병원 의존성"을 키우는 것보다 즉시 퇴원시키는 것이 낫다는 데 동의했다. 발표 마지막에 "그를 정신의학화하지 않는 것seishiniryōka shinai"이 좋겠다고 이야기한 가와노 교수의 말이 그들의 일반적인 의견을 요약해주었다. 교육 세미나에서 다른 선임 정신과 의사가 정신의학의 복잡한 권력 관계에 관련된 위험성에 대해 레지던트들에게 명시적으로 주의를 주었을 때 이 의견은 또 반복되었다. "환자를 자신의 욕망의 대상으로 만들지 마십시오. 고작 인간이 다른 인간을 변화시킬 수 없으며, 그러한 욕망은 비정상적인 관계를 만들어낼 뿐입니다."라고 말하며 다른 사람을 변화시키려는 것은 "마법의 영역에 속한다"고 단언했다. 이들 정신과 의사들에게 "생물학"과 "심리학"의 구분은 "진정한 우울증"이 무엇인지에 대한 경계뿐만 아니라 그들의 관할권과 책임이 어디에서 멈추는지의 경계를 지어주는 역할을 했다.

이러한 관행으로부터 회복이 무엇을 의미하는지에 대한 다른 관점이 생겨나기도 했다. 이러한 정신과 의사들은 환자를 식민화하는 것의 위험성을 강조하면서, 임상적 만남을 자기 계발을 위한 내적 탐구라기보다는 위기관리의 관점에서 정의했다(정신과 의사들은 정신의학적 만남을 통해 추론되는 이러한 자아가, 도이가 말한, "통제에 대한 착각"을 조장할 위험이 있다고 생각했을지도 모른다). 몇몇 정신과 의사들은 그들이 생각하는 이상적인 치료 모델과 미국의 정신분석학적 모델의 차이점을 명확히 밝혔다. 에구치 시게유키 박사의 말처럼 북미의 심리치료는 회복의 **변증법적** 모델을 고수하는데, 한 사람의 삶에 누적되고 있는 모순에 대한 인식 증가는 필연적으로 자신에 대한 인식의 대립으로 이끌어지고 환자의 새로운 자아의식은 "깨달음의 순간"에 도달하게 된다. 하지만 내가 관찰한 일본의 임상에서 특히 심리적 통찰을 통해 이런 극적인 변화를 이뤄냈다는 환자들의 주장에 대해 의사들은 회복의 진정성 측면에서 우려와 회의감을 표했고, 대신 그들은 환자들에게 신체 변화를 돌이켜볼 것을 권유했다. 이는 몸과 마음의 상호연관성을 믿고 있다는 점에서 전통적 의학과 현재의 관행 사이의 역사적 연속성을 암시적으로 보여준다(2장 참조; Lock 1980, 1981, 1982 참조). 환자들의 과도한 심리적 성찰을 억제하려는 의사들의 이러한 시도는 생물학적인 힘에 대한 단순한 믿음이 아니라, 환자를 깊이 내면화된 책임감에서 벗어나게 하고 그들의 취약한 자의식을 보호하고자 하는 의사들의 염려에 바탕을 두고 있었다.

그러나 이와 동시에 이러한 정신과 의사들의 실제 임상 실천은 역설적이게도 우울증에 대한 사회적이고 실존적인 질문을 배제하는 생물학적 환원주의자들의 실천과 비슷할 수 있다. 사실 일본 정신의학에서 "생물학적 접근법"이 우위에 있는 것처럼 보이는 것은 8장에서 환자 서사에 대해 살펴볼 것처럼 일부 환자들, 특히 여성 환자들에게는 좌절감의 원인이 된다. 정신과 의사들이 신체를 강조하고 심리치료법이 거의 부재한 상황은 우울증이 증가한 2000년대에 심각한 문제를 야기했다. 즉, 정신약리학에 과도하게 의존하면서 항우울제 오남용으로 이어지게 된 것이다(항우울제 사용에 대한 최근의 변화는 10장에서 논의). 이러한 문제를 다루기 전에 다음 장에서는 먼저 일본 정신의학의 문제적 쟁점인 자살에 대해 다루고자 한다. 이 자살에 대한 논쟁은 정신과 의사들과 그들 질환의 실존적 성격을 주장하는 환자들 사이의 대립이 가장 격렬한 지점이기도 하다.

7
의지적 자살 진단하기

자살은 ⋯ 의도적으로 자신의 삶을 파괴하는 행위 ⋯ 서구 문명에서 자살의 존재는 사회체계에 병폐가 존재한다는 신호로 여겨지며, 해결 가능 여부를 떠나서 면밀히 조사해야 하는 것으로 간주된다. 이런 점에서 특정 상황에서의 자살을 명확한 도덕적 신념의 일종으로 간주하는 일본과 서구 문명을 비교하는 것은 분명 불가능하다.

— 브리태니커 백과사전, 11판(1910-1911: 50)

자살은 단순히 "정신의학적 문제"로만 파악될 수 없으나 많은 정신의학적 질문의 중심에 있다.

— 리프톤, 『파괴된 연결』(Lifton 1979: 239)

병리적 자살과 의지적 자살의 경계

일본 내 정신의학의 힘이 커져가는 가운데, 자살만큼이나 의료화에 철저히 저항해온 주제는 없다. 20세기 초, 일본의 정신과 의사들은 그 당시 서구에서 지배적이던 자살에 대한 생물학적 관점을 받아들여, 자살을 뇌의 병이나 유전적 소인의 문제로 이해해야 한다고 제안했다 (Kure 1900, Miyake 1900). 이러한 생물학적 결정론은 수십 년 동안 일본에서 뜨거운 논쟁을 불러일으켰지만, 생물학적 정신의학이라는 좁은 영역을 넘어서 일반인들에게는 거의 설득력을 갖지 못했다. 모리스 팽게 (Pinguet 1993)의 『일본에서의 자살』에 따르면, 이는 아마도 일본인들이 원칙적으로 자살을 범죄로 규정하는 일이 드물었고 심지어는 자살이 정당하다는 느낌을 부여했기 때문일 수 있다(Takahashi 1994, Morris 1975, Gates 1988, MacDonald and Murphy 1990 참조). 이 문화적 논리에 의하면 스스로 목숨을 끊고자 하는 사람들은 병적인 이유로 그러한 것이 아니라 완전한 의식을 갖고 의도적으로 행동한다는 것을 의미한다(Takahashi 2003).[1] 자살에 대한 이러한 이미지는 전후 시대에 만연했고 미디어와 다양한 예술 형태를 통해 강화되었는데, 매년 방송되는 전설적인 드라마 "주신구라Chūshingura[사무라이 동반자살 사건]"나 학교 권장 도서이자 자살에 대한 이야기를 다룬 나쓰메 소세키의 근대 소설 『마음』 등을 예로 들 수 있다. 이러한 문화적 논리의 지속성은 전후 문학계의 거장 에토 준이 1999년 "나는 나에게 남아 있는 것을 없애기로 했다"(Asahi, 1999년 7월 23일)라는 유서를 남기고 자살했을 때 일본인들의 반응을 통해서도 입증되었다. 동료 지식인들의 감탄이 언론에 흘러 넘쳤고, 몇몇은 에토의 죽음이 "일류 미학"을 구현해냈다고 칭송했다. 사망 당시 에토의 정신 상태나 자살의 준비성에 의문을 제기하는 평론가들은 거의 없었고 에토의 자살이 우울증 때문이었을 수도 있다는 일부 정신과 의사의 의견은 무시되었다. 에토의 자살은 많은 일본인들에게 자기 의지의 궁극적 표현으로 자살을 정의하는 문화적 논리의 연장선, 또는 일본인들이 "의지적 자살kakugo no jisatsu"이라고 일컫는 것을 구현하는 것처럼 보였다.[2]

하지만 오늘날 일부 정신과 의사들은 이러한 생각의 문화적 정당성에 도전하고 있으며, 이들의 영향력은 전례 없이 막강해지고 있다. 12년 연속 사상 최고치에 달하는 매년 3만 건 이상의 자살률에 대한 대중의 우려가 높아지고 있는 가운데, 정신과 의사들은 자살과 우울증의 관계를 강조하기 위해 언론에 점점 더 많이 등장하고 있다. 과로사 자살에 대한 일련의 법적 소송들은 정신과 의사들로 하여금 엄청난 사회적 압박 속에서 스스로 목숨을 끊는 사람들 역시 우울증의 희생자일 수 있다고 주장할 수 있는 공적 무대를 제공했다. 이 소송들에 이어 후생노동성은 자살 진단의 새로운 기준을 채택하였고, 이는 "병리학적pathological" 자살의 범위를 대폭 늘리는 효과를 가져왔다. 새로운 진단 시스템 하에서는 자살 의도를 드러내는 메시지를 남긴 사람의 경우처럼 의지적 자살로 분류될 수 있는 자살 유형은 이제는 "주요 우울증major depression"에 의해 야기된 것으로 간주될 수 있다. 더 나아가 정부는 2006년 자살대책기본법을 제정했는데, 이 법은 직장과 학교에서의 정신의학적 개입에 대한 계획을 포함하고 있다. 이러한 변화들은 자살 문제를 점점 더 광범위한 정신의학적 검토의 대상으로 만들었다. 현재 진행 중인 자살의 의료화는 일본인들이 스스로 목숨을 끊는 사람들의 정상성과 의도성에 대해 생각하는 방식에 중요한 개념적 변화를 만들어내고 있다.

그러나 의지적 자살이라는 용어가 자살과 관련된 대중적 글, 과로사와 관련된 정부 기록, 그리고 내가 관찰한 임상에서의 일상적 대화에서 지속적으로 등장하고 있는 것을 보면, 일본에서의 자살의 의료화에 대해 의문을 제기하는 사람들에게 의지적 자살과 관련된 문화적 논리는 명백하게 강력한 준거점으로 쓰이고 있다. 특히 정신의학계에서 자살의 의료화에 대한 저항이 완전히 부재하는 것도 아니다. 한편에선 더 넓은 범위의 자살 사례를 진단하고 치료하는 데 열정적인 일본 정신과 의사들이 분명히 많다. 이들은 본인들이 인도적 개입을 시도하고 있다는 확고한 믿음을 갖고 있으며 이들 중 다수가 "의지적 자살"이라는 개념에 의구심을 품고 있다. 나와의 면담에서 48세의 자살 전문가는 "일부 사람들이 [자살에 대해 논할 때] 자유의지의 문제를 거론하는 것으로 알고 있습니다. 하지만 우리의 일은 사람들의 생명을 구하는 것이지 철학적인 논쟁에 휘말리는 것이 아닙니다"라고 말했다. 그들 중 일부는 20세기 초의 일본 정신과 의사들의 견해에 따라 대부분의 자살이 정신적 병리에 의해 발생한다고 주장하기도 한다.[3] 다른 한편, 의료화에 대한 지지가 확대되는 상황에 대해 주저함을 표현하고 이러한 종류의 병리화가 어떤 결과를 만들어내게 될지 궁금해하는 일본 정신과 의사들도 있다. 내가 당시 정신보건연구소 소장에게 "우울증과 자살"에 대해 질문했을 때, 그는 언짢은 표정을 지으며 자살과 우울증을 직접 연관 짓는 "새로운 관념"에 대해 비판을 쏟아냈다. 그의 입장은 1950년대의 폭발적인 자살 증가에서 비롯되었다. 소장은 제2차 세계대전에서 겨우 살아남은 친구들 중 다수가 전후 평화의 시기에 스스로 목숨을 끊은 것이 이해하기 어려웠고, 이 이유를 연구하기 위해 정신과 의사가 되었다고 말했다. 소장은 자신에게 (그리고 크레펠린 신경정신의학에 심취한 대부분의 일본 정신과 의사들에게) 그들의 자살을 생물학적 병리의 문제인 "우울증"으로 설명하는 것은 그들의 실존적 불안과 스스로 목숨을 끊은 결단을 무시하는 것으로 느껴진다고 했다. 자살을 다루는 정신의학의 권한이 커져가는 것에 대한 소장의 강한 주저함은 내가 면담한 많은 젊은 정신과 의사들도 공유하고 있었으며, 일본 사회 전반에도 강하게 남아 있는 것으로 보인다(Kayama 1999, Okajima 2005, Ozawa-de Silva 2008).

　이러한 상반된 견해를 보면, 일본의 정신과 의사들이 일상적인 임상 실천에서 실제로 자살을 어떤 방식으로 의료화하는지 궁금해질 수 있다. 자살의 근본적인 전제가 문화적 논리와 상반될 때 의사들은 자살에 대한 정신의학적 설명의 "진실"을 어떻게 환자들에게 설득할 것인가? 인류학자들은 정신의학이 설득력을 갖게 되는 과정에서 겪게 되는 긴장감 넘치는 지역화의 방식들을 반복적으로 보여왔다. 정신의학이 일상의 고통을 정신의학적 용어로 표현하는 것에 대한 일본인들의 저항을 어떻게 극복하는지를 이해하려면, 유사한 방식으로 현재 일본의 자살의 의료화를 검토할 필요가 있다. 비교적 최근까지 일본의 정신의학이 그 권위를 유지할 수 있었던 것은 정신의학적 지식이 문화적 상식으로 받아들여졌기 때문이 아니라, 의학적 지식을 독점하고 정신 질환자의 동의 없이도 그들을 치료할 수 있는 권한을 행사할 수 있었기 때문이다. 이러한 제도적 권력을 행사하는 과정에서 정신과 의사는 정신의학적 세계관의 자명함을 환자들에게 설득해야 할 필요도 없거니와 환자들이 이 세계관을 내면화하거나 받아들이기를 기대할 필요도 없었다. 오늘날에는 특히 우울증과 자살의 의료화를 통해 정신의학이 개념적 차원에서 작동하는 것을 추구하기 시작하면서 정신의학의 언어를 "내적으로 설득력 있는 담론"으로 변화시키고 있는데 이를 위해선 개개인들이 자발적으로 정신의학적 주체로서 이 담론을 받아들이는 것이 필요하다. 그러나 이러한 변화는 팽팽한 긴장감 속에 있는데, 이는 인류학자들이 반복적으로 보였듯이 정신의학적 만남의 본질이 완전한 변화를 만들어내는 것보다는 논쟁의 장으로 남아 있기 때문이다(Corin 1998a,

Estroff 1981, Kirmayer 2000, Saris 1995).

　일본에서의 자살의 의료화에 대한 강하고 끈질긴 문화적 저항을 감
안할 때 정신과 의사는 어떠한 방식으로 환자들을 설득하는가? 또한 환
자의 실존적 불안과 사회적 고통을 사소한 것으로 치부해버리는 것 아
니냐는 있을 법한 비판에 어떻게 대처하고 있을까? 나는 JP 의과대학의
정신의학과에서 2년간 진행한 현지조사를 바탕으로 이 질문들을 검토
하고자 한다. JP에서 나는 거의 모든 차원의 일상적인 임상적 실천에 참
여할 수 있었다. 자살 충동을 느끼는 환자들과도 이야기해보았고, 정신
과 전문의들과 이 사례들에 대해 논의했으며, 자살 충동 환자가 어떤 방
식으로 다뤄지는지 관찰했다. 이 장에서는 특히 48건의 사례 발표 관찰
에서부터 나온 데이터를 활용한다(48건 중 37명은 우울증, 3명은 조현병, 그
리고 8명은 섭식장애 및 신경증과 같은 기타 범주의 진단을 받았다). 사례 발표에
는 환자들의 자살 시도가 논의되었고 그들의 자살 충동이 명백히 의료
적 개입의 대상이 되었던 사례들이 포함된다. 또한 JP의대와 그 외 다
른 정신과 기관에서 만난 25명의 우울증 환자들 및 35명의 정신과 전문
의들과 자살에 대해 나눈 면담 또한 분석에 포함된다. 먼저, 어떻게 정
신과 의사들이 잠재적 자살 위험을 진단해내고 어떤 환자를 치료의 대
상이 되어야 한다고 판단하는지 보인다. 두 번째로, 환자로 하여금 자살
시도가 본질적으로 병리적인 것이라고 이해하게 하려는 설득의 과정을
통해 어떻게 자살을 의료화하는지 밝힌다. 세 번째로, 자살에 대한 정신
과 의사들 스스로의 고찰과 더불어 의사의 설득에 저항하고 자신의 실
패한 자살 시도를 의지적 자살의 시도로 이해받고자 하는 환자들과 대
면했을 때 정신과 의사들이 어떻게 반응하는지 살펴본다.

정신의학적 개입의 대상을 결정하기

일본 내 의료화의 남용에 대한 우려가 커져가는 상황에서, 현지조사를 시작하며 가장 먼저 맞닥뜨린 것은 JP 의과대학 정신과 의사들이 자살에 관련된 정신의학적 개입의 대상을 신중하게 제한하는 방식이었다. 무엇보다도 정신과 의사들은 자살 그 자체가 병리적인 것이 아니며, 그들의 임무는 우울증, 조현병, 혹은 성격장애와 같은 정신 질환으로 고통받는 사람들만을 치료하는 것이라고 생각하기 때문이다. 이러한 관점에서 그들은 확실히 "나는 어떤 사람도 망상에 빠진 것이 아니면 스스로 목숨을 끊지 않을 것이며 모든 자살은 정신적으로 정상이 아닌 행위라는 점을 증명했다고 생각한다"(Pinguet 1993:23 재인용. 에스키롤의 자살이론에 대해선 Goldstein 1987 참조)라고 말했던 장 에티엔 도미니크 에스키롤의 후계자들은 아닌 셈이다. 더 나아가, 이 일본 정신과 의사들은 심지어 정신 질환이 없는 사람들의 죽고자 하는 결심은 의사들이 개입할 권리가 없는 자유의지jiyū ishi의 영역에 속한다고까지 말했다. 그러나 특정 상황에서는 의지적 자살이라는 문화적 관념을 지지하는 것으로 보이는 이 명확한 듯한 원칙은 임상의 현실 속에서 쉽게 무너지고 만다. 의지적 자살이라는 이상적인 개념과는 달리, 사람들의 죽음에 대한 의도를 밝혀내는 것은 지극히 어려운 일이며 의도의 정도 또한 상당히 다양하다. 정신과 의사는 임상 실천에서 의도의 가변성과 자살 행위에서 주체를 결정하는 것의 불확실성을 금세 배우게 된다.

JP의대의 정신과 의사들은 이제 자살 개입에 점점 더 관여하고 있다. 이전에는 환자가 명백한 정신 장애의 명확한 징후를 보이지 않는 한,

정신의학적 검사 없이 환자를 보내주었을 것이다(Igarashi and Ishii 2000, Sakurai et al. 1998, Suzuki 2000 참조). 최근에는 자살 시도 실패 후 응급실로 이송된 모든 환자를 정신과 의사가 검진하도록 하는 새로운 제도를 병원에 도입했다. 따라서 응급 처치가 이루어진 후에 정신과 의사들은 자살 시도의 원인을 파악하고, 필요하다면 어떤 정신의학적 개입이 필요한지 결정한다. 만약 환자가 여전히 심각한 상태에 있다면, 의사는 먼저 가족이나 혹은 경찰로부터 정보를 수집한다. 그 자살 시도가 완전히 의도적이었는지, 만약 그러하다면 환자가 정신 질환의 영향을 받았는지 판단하기 위해 의사는 먼저 여러 질문을 한다. 첫 번째로, 의사들은 유서의 유무에 대해 묻는다. 두 번째로, 환자가 시도한 자살 방법과 그 방법의 치명도에 대해 묻는다. 예를 들어 환자가 어떤 칼을 사용했는지, 베인 상처의 깊이 혹은 복용한 약의 양은 어느 정도인지 등의 질문을 던진다.[4] 종종 환자들은 술과 함께 수백 알의 알약을 삼키거나 자신의 목을 긋는 것과 같은 치명적인 방법을 선택하기도 한다. 이런 경우 그들의 자살 의도는 의심의 여지가 없다.[5] 환자들이 (단지) 열 알 정도의 알약을 삼켰거나 손목에 경미한 상처를 낸 경우에는 의도의 심각성이 다소 모호해진다. 의사들이 묻는 세 번째 질문은 환자가 발견된 상황에 대한 것이다. 예를 들어 환자가 새벽 두 시에 아무도 지나갈 것 같지 않은 수풀이 우거진 산에서 수면제를 과다 복용한 상태로 발견되었는가? 아니면 저녁 여덟 시쯤 가족이 도착할 것 같은 시간에 집에서 목을 매단 채로 발견되었는가? 마지막으로 의사들은 왜 자살을 시도했는지 가능한 이유들에 대한 정보를 수집하려고 한다. 이러한 정황 증거로부터 의사들은 잠정적인 진단을 내린다. 그러나 이러한 진단은 단지 초기 해석일 뿐, 이후 환자들의 주관적 설명에 의해 쉽게 반박될 수 있다는 것을 의사들은 안다.

응급실에서 근무한 경험이 있는 정신과 의사들에 따르면 자살을 시도한 환자 중 절반에 달하는 상당수는 간단한 정신과 상담을 받은 뒤 바로 퇴원한다고 한다. 이는 이 환자들이 어느 정도 스스로를 통제하고 있다고 여겨지기 때문이다. 다시 말해, 그들은 논리적으로 그 행동을 설명할 수 있고, 후회를 드러내며, 자살 시도를 반복할 위험이 없다고 판단되었다. 일부 환자들은 그들이 정말로 죽으려고 했다며 그들의 자살 시도가 충동적인 행위였다기보다는 의지적 자살과 더 부합한다고 하지만, 어째서인지 그렇게 말하는 것은 그들의 죽으려는 의도를 "지워버리게" 된다. 다른 사람들은 죽음에 이르려는 의도는 없었고 순간적인 충동으로 행동했을 뿐이며 그들이 한 짓에 대해 후회한다고 말한다. 이 환자들과 면담하며 정신과 의사들은 이야기의 일관성에 괴리나 이상함, 혹은 파편화의 징후가 있는지, 그리고 그들이 말한 이유와 행위 사이에 연결이 안 되는 지점은 없는지 주의 깊게 살핀다. 만약 의사들이 정신 질환의 징후가 없다고 여겨지는 경우(즉, 자살 시도의 이유에 대한 환자의 설명이 문화적으로 이해할 수 있는 범위에 속하는 경우), 환자들은 외래 진료를 자주 와야 하게 될 테지만 일단 퇴원을 시킨다. 정신과 의사들도 인정하듯이는 진심으로 죽기를 원하는 몇몇 사람들이 자신의 의도를 성공적으로 숨기고 의사에게 자신을 보내줘야 한다고 설득할 수 있다는 가능성을 열어둔 것이다(아래에서 이어서 논의). 중요한 점은 당분간 일본에서 자살의 의료화는 잠재적으로 자살 시도의 위험성이 있는 소수의 사람들만을 대상으로 할 것이고, 이들의 대부분은 정신병을 앓고 있다고 의사들은 의심하고 있다는 것이다.

당장 정신과 치료가 필요하다고 판단되는 환자에는 두 가지 유형이 있다. 첫 번째 유형은 첫 번째 자살 시도 후에도 여전히 자살 충동을 느끼는 경우이다. (전부는 아니지만) 이들 중 대부분은 정신질환 진단을 받으며 일부는 완전히 "통제에서 벗어난" 것처럼 보이기도 한다. 즉, 이들은 안절부절 못하고, 쉽게 동요되며, 죽고 싶다는 충동에 완전히 사로잡혀 있다. 이러한 환자들은 안정된 상태일 때에도 밀착 감시하에 놓인다. 그들이 복도에서 서성이다 창문 밖으로 뛰어내릴 수도 있다는 우려 때문이다. 병원에 스스로 입원했던 한 남성은 "죽고 싶은 생각이 들었던 게 아니라, 내가 혼자 있으면 무슨 짓을 하게 될지 모르는 상태였어요." 라고 이 심경을 표현했다. 이러한 자아, 혹은 자아가 규정한 **의도**와 질병의 분열은 이 환자들을 의지적 자살이라는 문화적 개념의 영역 밖에 위치시킨다. (이는 의사들이 응급 정신의학과에 들어가기 전에 배우는 정신의학 지식의 핵심적인 부분 중 하나이기도 하다.) 두 번째 유형은 통제가 가능해 보이고 그들의 행위를 후회하지만, 자살 행위를 설명함에 있어 미심쩍은 부분이 남아 있는 경우이다. 즉, 환자 자신이나 정신과 의사 중 누구도 왜 자살 시도가 있었는지 완전히 설명해내지 못하는 것이다. 정신과 의사는 명확한 의도 없이도 이러한 환자가 또 다른 충동적인 자살 시도를 할 위험의 가능성을 두려워하기 때문에 근본적인 병리로 의심되는 것을 발견하고 치료하기 위해 환자들을 면밀한 관찰하에 두려고 한다.

병리적 자살 치료하기

정신과 의사와 환자 사이의 대화를 통해 우리는 정신과 의사가 환자의 자살 행위에 대한 병리적인 본질, 그중에서도 특히 생물학적인 본질을 어떻게 설득하려고 하는지, 그리고 환자가 이러한 의료화에 어떻게 반응하는지 엿볼 수 있다. 여기에서 함께 살펴보려는 환자와 히가시 교수 사이의 대화는 입원 시와 퇴원 시에 각각 열렸던 주간 사례 발표 시간에 이뤄졌다. 이 대화들이 2000년대 초반, 즉 의사들과 정부가 자살이 정신적 문제라는 관념을 홍보하는 공공 캠페인에 일본인들이 막 노출되기 시작한 시기에 이뤄졌다는 것에 주목해야 한다. 따라서 2년 동안 내가 본 환자들 중 그들의 자살 충동이 우울증이나 다른 정신 질환의 산물일 수도 있다고 자발적으로 판단한 사람은 거의 없는 것 같았다. 왜 자살 충동이 드는지 혼란스러워 보였던 사람들조차도 그들의 자살 충동을 정상의 영역에서 벗어난 것으로 간주하기 위해서는 정신의학적 설득이 명백하게 "필요했던" 것 같다. 예를 들어 히가시 교수는 극심한 우울증을 겪고 있는 60세의 은퇴한 노동자 기무라 씨를 입원 회의실로 불렀는데, 그는 눈에 띄게 안절부절 못하고 불안해하는 모습이었다. 자리에 앉은 직후 기무라 씨는 히가시 교수에게 이렇게 말했다. "말로 설명하기 어려워요. 죽음으로 내몰리는 느낌이에요." 히가시 교수는 무엇이 이러한 충동을 만들어내는지 정확히 밝히기 위해 그에게 다음과 같이 물었다.

H: 죽고 싶다는 느낌이 아침에 더 강한가요?

K: 아침에 더 많이 느껴지는 것 같아요.

H: 아침에 일어날 때 컨디션이 어때요? 푹 잤다는 느낌이 있나요?

진단 면접의 우선순위는 환자의 심신을 장악한 내인성 우울증의 존재를 알아내는 데 있다. 여기서 정신과 의사는 환자의 심리적 고통을 일련의 생물학적 징후로 해석하기 시작했고, 패턴을 찾아냈으며, 마침내 **질병**의 확실한 형태를 찾아냈다(6장 참조). 기무라 씨로부터 우울한 기분이 규칙적으로 변하는 주간기분변동과 수면 패턴의 이상과 같은 내인성 우울증의 일반적인 징후들을 감지한 후 히가시 교수는 그의 인생 이야기로 넘어가 살펴보기 시작했다. 기무라 씨는 정원 가꾸는 취미에 대해 이야기하기 시작하면서 조금 진정되는 듯했다. 하지만 앞으로의 관심사에 대한 주제로 넘어가면서 기무라 씨는 다시 동요했고 다시금 자살에 대한 생각에 사로잡혀 다른 것에 대해 아무것도 이야기할 수 없었다. 그의 충동이 그의 내부로부터 솟아나는 것을 보며 히가시 교수는 그에게 다음과 같이 장담했다.

> H: 일단은 의사에게 맡기세요. 자꾸 생각하려 하면 할수록 그 생각들은 계속 돌고 돌 뿐이에요.
> K: 이런 생각이 자꾸 드는 걸 막을 수가 없어요. 죽음에 대해 생각하면 안 된다고 스스로에게 말하지만 그래도 자꾸 그 생각이 떠오릅니다.
> H: … 우리가 기무라 씨의 불안을 꼭 치료할게요. 담당의가 해결해줄 거예요.

여기서 정신과 의사는 기무라 씨의 자살에 대한 생각을 약물치료로 쉽게 조절될 수 있는 비실존적이며 병적인 상태이자 우울증의 증상인 "불안"으로 해석해 다루려고 했다. (히가시 교수는 이후 기무라 씨를 담당하는 레지던트에게 "불안 수준을 낮추라"고 지시했다.) 기무라 씨의 자살 충동이 단순한 우울증 증상으로 여겨지기 때문에, 우울증이 "날아가"면 그러한 충동도 사라질 것으로 기대되었다. 이러한 믿음에 근거하여 의사들은 환자들이 우울한 상태에 있는 동안의 과도한 자아 성찰은 환자에게 (환자뿐만 아니라 의사에게도) 고통만을 줄 것이라고 생각하기 때문에 자살에 대해 너무 깊이 생각하지 말라고 경고한다. 어느 날 아침 회진에서 "망상적 우울증delusional depression"을 앓고 있는 몸집이 작은 할머니가 갑자기 히가시 교수의 하얀 의사 가운의 소매를 붙잡고 자신은 어차피 죽을 것이니 의사들이 할 수 있는 것은 아무것도 없다고 말했다(나중에 사례 발표 시간에 그녀는 왜 자신이 그렇게 믿고 있었는지 매우 의아해했다). 정신과 의사는 이처럼 심각한 상황에 있는 환자를 지속적으로 치료하기 때문에, 우울증에 시달리는 환자의 사고가 대체로 순환적이고 반복적이며, 이로 인해 차분한 추론을 바탕으로 환자의 상황을 이해하는 것이 불가능하다는 점을 강조한다. 환자 스스로가 이러한 사고방식을 갖고 있기 때문에 그들은 "자아" 감각의 외부적인 힘인 통제할 수 없는 충동에 대해 이야기하기 시작한다. 장기간의 병가를 신청한 45세의 직장인은 "저는 항상 새벽 네 시쯤 영화를 보려고 하는데 언제나 그 즈음에 자살 충동이 생긴다는 걸 알고 있기 때문이에요."라고 말했다. 많은 정신과 의사들이 다루는 자살자들의 핵심에 자기 파괴의 생물학적 충동이 놓여 있었으며, 자살에 대한 심리학적 탐구의 여지는 거의 없었다.

환자가 자살을 시도하게 된 외부적 이유와 심리적 동기를 곱씹어볼 때조차, 정신과 의사는 엄격하게 내적인 생물학적 메커니즘에만 초점을 둔다. 즉, 이것은 행위성agency—통제의 중심locus of control—을 자살 시도 환자로부터 개념적으로 멀어지게 하는 효과가 있다. 예를 들어 33세의 한 공장 노동자는 어느 날 밤에 배를 긋고 목을 매 자살을 시도했지만, 이러한 치명적인 행위에도 불구하고 살아남았다. 사례 발표에서 그는 최근 노동조합에서 승진하게 되었지만 다른 사람들의 기대를 충족시키지 못하고 있는 것 같다고 이야기했다. 업무량 관리에 실패하고, 자신의 능력 부족에 절망했던 그는 자신이 죽어버리는 게 낫다고 믿게 되었다. 그러나 그의 이야기가 이어짐에 따라, 이를 듣고 있던 정신과 의사들은 그가 자신에게 한 행동에 대해 이야기할 때 담담하고 때로는 유머러스하기까지 한 태도를 보이는 것에 혼란스러워했다. 의사들과의 면담 도중 이 환자가 유일하게 심각하고 감정적으로 변했던 순간은 그가 자살 시도를 하기 전에 "망설였는지"에 대해 질문을 받았을 때였다. "네, 망설였죠. 그게 제가 성공하지 못한 이유입니다." 또한, 이 폭력성의 정도는 그의 인생사와 성격(그에 따르면 "진중하고 책임감 있는")에 비춰볼 때 일탈적인 행동처럼 보였다. 정신과 의사들은 그의 행동을 의지적 자살 시도의 실패로 보지 않고, 환자가 우울증을 겪었다고 결론 지었으며, 구조된 후에 우울증이 가벼운 형태의 조증으로 변한 것이라고 추측했다. 몇몇 의사들은 자살 행위에 대한 그의 감정적 유리와 면담 동안의 그의 행동을 우울증으로 설명할 수 있다고 주장한 반면, 다른 의사들은 아직 발견되지 않은 뇌의 유기적 장애가 더 충동적이고 위험한 행동을 유발시킬 가능성에 대해 여전히 우려했다. 이러한 방식으로 정신과 의사들은 자신의 업무가 주로 생물학적 이상 증상의 관리자로서 자살 시도 환자들에게 감추어져 있을 수도 있는 질병의 잠재적인 구조에 관한 단서를 찾는 것이라고 여겼다.

내가 현지조사를 수행한 병원에서는 이러한 생물학적 관심사가 다른 가능한 설명보다 항상 우선시되었고, 정신과 의사는 종종 의도적으로 심리학의 영역으로부터 거리를 두었다. 의사들은 때때로 그러한 행동 뒤에 숨겨져 있는 의도와 무의식적 욕망에 대해 언급했지만 이를 자세히 설명하는 경우는 매우 드물었고, 절대로 환자에게 이를 암시하지도 않았다. 39세의 여자 회사원이 목을 매어 자살하려다 구조되는 또 다른 사건이 있었다. 히가시 교수는 환자가 이 사건에 대한 기억이나 그 전에 있었던 일을 전혀 기억하지 못하는 것을 보고 그녀가 해리 상태에서 이 일을 저지른 것인지, 아니면 기억을 역행성 기억상실로 잃어버린 것인지 판단하려 했다. 그녀는 남편과의 흔한 다툼 후에 그랬다고 말했다. 그녀는 남편이 그녀의 일에 대한 배려가 부족한 데서 비롯된 지속적인 갈등과 결혼생활과 일 사이에서 균형을 잡으려는 그녀의 필사적인 노력들에 대해 이야기했다. 그녀는 또 "불안 때문에" 약을 먹어야 하는 사람이 남편이 아니라 본인이라는 사실에 대해 정신과 의사들에게 분노를 표출하기도 했다. 자살 행위로 내몰림에 따라 그녀의 생각 안에 오래 지속되어왔던 심리적 문제들이 명확히 떠오르기 시작했고 그녀는 어느 순간 의사들에게 말하기보다 자기 자신에게 중얼거리기 시작했다. "기억을 회복하지 못하는 게 나에게 더 나은 일일지 모르겠네." 그녀가 방을 나간 후 히가시 교수는 이 사건이 어떻게 그로 하여금 "그녀의 심리적 배경에 대해 생각해보고 싶게 만들었는지" 이야기했다. 그러나 의사들이 그녀의 불안 정도, 정신운동 장애 증상, 그리고 그녀의 해리 증상의 정확한 본질을 심도 있게 검사하는 반면, 심리적 배경에 대한 문제들은 거의 다뤄지지 않았다. 이 문제가 다뤄지지 않은 이유 중 하나는 그녀가 다시 자살 충동에 사로잡힐 수 있다는 불확실성과 위험감이 높아졌기 때문이다. 특히 치료 초기에 정신과 의사는 자살의 고의적이고 의도적인 측면보다는 충동적이고 생물학적인 요인을 더 많이 강조한다.

환자가 위험에서 확실히 벗어난 치료의 마지막 단계에서, 정신과 의사는 "심리적"인 개입이라고 부를 수 있을 만한 것을 감행한다. 이 환자들이 퇴원하기 전에 의사들은 환자들이 그들의 자살 행위에 대해 반드시 성찰하고 그 사건을 인생사에 통합시킬 수 있도록 한다. 그들은 이 과정을 "서사 통합"이라고 부른다. (이조차도 의식적이고 조심스럽게 생물학적 서사의 한 종류로 남아 있게 되는데 특히 정신분석학을 지향하는 관찰자에게는 이 과정이 심리적인 깊이의 측면에서 놀랍도록 "제한적"으로 보일 수도 있다.) 이 서사의 주요 구조는 환자들이 자살 충동을 느끼던 자아로부터 현재 자신을 떨어뜨려 놓음으로써 이전의 자아가 정상적인 자아로부터의 일탈이었음을 인식할 수 있게 하는 것이다. 한 사례 발표에서 44세의 회사원은 자신이 어떻게 빚이 쌓여 사지에 몰리게 되었는지, 그리고 기소되는 것이 두려워 본인의 생명보험금으로 빚을 갚겠다고 결심하게 된 경위에 대해 설명했다.[6] 혹시 이 결정을 침착한 상태에서 내렸는지 묻는 질문에 그는 단호히 부인하며 이렇게 말했다. "아뇨, 저는 완전히 진이 빠져 있었고, 제정신이 아니었어요. 어쩌다가 내 인생이 제대로 돌아가고 있지 않은건지 계속 생각했어요." 히가시 교수가 그에게 살아 있게 되어 행복하냐고 묻자 그는 고개를 끄덕이며 이렇게 말했다. "다시 이렇게 괜찮아질 줄 상상도 못했어요. 진심으로 감사드려요."

이러한 정신의학적 설득과 환자가 정신의학적 논리를 받아들이는 것은 때때로 너무 철저해서 환자의 고통과 행동에 대한 다른 가능한 모든 해석을 억제해버리는 듯했다. 한번은 자살을 하라는 "신성한 힘의 명령"에 따라 항정신병 약물을 대량으로 과다 복용한 41세 여자 환자가 히가시 교수와 익살스럽게 대화를 주고받는 걸 본 적이 있다. 처음에는 조현병이 의심되었지만, 결국엔 정신병적 징후를 야기한 갑상선 기능 저하증으로 진단을 받았다. 그녀가 봤다는 신과 죽음 사이의 투쟁에 대한 화려한 환상에 대해 이야기하는 것을 들은 후, 정신병적 경험에서의 창조성과 종교적 주제에 대해 다양한 글을 써온 히가시 교수는 감명 받은 듯한 느낌으로 그녀에게 그 경험을 뭐라고 부르겠느냐고 질문했다. "그건 마치 신비한 경험 같은데요?"라고 그가 말했다. 환자의 답변은 무뚝뚝했다.

> P: 아뇨, 그런 것 같진 않아요. 그저 병인데요 뭐. [면담에 참석한 직원의 웃음소리] 글쎄요, 의사들이 그건 병이라고 했는데요.
> H: [밝지만 멋쩍은 웃음을 지으며] 글쎄요, 제 생각에 당신은 매우 다채로운 경험, 말하자면 종교적인 경험을 하신 것 같군요.

그러나 때로는 자살 행위에 담겨 있는 실존적 고민이 너무 고통스러워 되돌아보기 어려운 경우도 있다. 환자에게 자살 충동이란 분명 너무 끔찍한 일이라 정신과 의사는 그 경험을 생물학화함으로써 다루려는 시도를 한다. 사실, 의사가 그들의 업무에 있어서 생물학적 설득을 중요시하게 만드는 주된 이유 중 하나는 생물학화의 방법이 실존적 불안을 다루는 힘에 대한 믿음이 있기 때문이다. 일부 환자들은 이러한 입장을 높이 평가하는 것처럼 보인다. 히가시 교수가 81세 여성에게 자살 시도에 이르게 된 시점에 대해 물었을 때, 그녀는 자세하게 그 사건을 묘사하다가 이내 침묵에 빠졌다. 그녀는 마치 자살 시도를 하기 전의 끔찍했던 순간을 다시 경험하는 것처럼 보였고 교수에게 더 이상 이야기를 계속할 수 없다고 말했다. "제 아들과 저는 그냥 그 사건을 잊는 게 최선이라는 데 동의했고 그 일에 대해 한 번도 이야기한 적이 없어요." 이러한 성찰이 일부 환자들에게 얼마나 불안감을 줄 수 있는지를 알기에, 정신과 의사들은 환자가 자발적으로 이야기하려는 것을 유심히 경청하면서도 심리학적 자기성찰을 강요할 수 있는 질문은 주의 깊게 자제하며 비개입non-intrusion의 원칙을 고수한다. 대신, 그들은 질병으로 인해 자살충동을 느끼던 자아와 질병에서 회복된 정상적인 자아 사이의 단절을 강조함으로써 회복 서사에 대한 일반적인 틀을 제공하려고 노력한다. 또 다른 은퇴한 70세의 환자는 노년이 되어 기억이 감퇴해감에 따라 지역 공동체 모임의 회장으로서 일을 제대로 처리하지 못하는 것을 인지하며 "부끄러워졌고" 그래서 차라리 죽는 편이 낫다고 생각하게 되었다고 이야기했다. 실제로 환자는 병원에 입원한 뒤에도 당분간은 죽겠다는 의지를 굽히지 않고 있었다. 마지막 퇴원 사례 발표에서 히가시 교수는 그에게 다음과 같이 물었다.

H: 예전에는 병원에 있는 게 쓸모없다고 말씀하신 적 있죠.
P: 죽고 싶었으니까요. 그 어떤 치료도 받을 필요가 없다고 생각했죠.
H: 이제는 더 이상 그렇게 생각하지 않으시는 거죠?

P: 정말 병 같은 것이었나 봐요. ⋯ 계속 기차 앞으로 뛰어들거나 차에 치이는 것에 대해서만 생각했거든요.

H: [감정 이입을 하며] 잠도 제대로 못 주무셨겠네요.

P: 네, 못 잤어요.

위와 같은 방식으로 정신과 의사들은 환자들의 고군분투에 공감하며, 환자의 관점에서 자살을 시도하는 것이 한때 얼마나 자연스러워 보였는지 강조한다. 히가시 교수는 단순히 생물학적 효과로 환원될 수 없는 환자들의 고통과 실존적 고민을 인정하는 방법의 하나로 "환자분에게는 그게 침착하게 내린 결심이었던 거죠"라고 하거나 "환자분께서 많은 일을 겪으신 게 틀림없죠"라는 표현을 자주 사용하곤 한다. 그 후 그는 환자들에게 어떻게 그들이 통제할 수 없는 힘에 의해 벼랑 끝으로 내몰리게 되었는지를 상기시킴으로써 점차 행위주체를 병적 측면으로 이동시킨다. 결국 환자는 스스로의 행위를 개인적인 의지의 산물이 아닌 것으로 간주하도록 유도되고, 정신에 영향을 미치는 정신병리의 결과로 받아들이게 된다. 히가시 교수는 이 점을 강조하며 문화적으로 만연해 있는 자살과 관련된 관념과 대비되는 질문을 극적인 방법으로 자주 던진다. "의지적 자살이었나요?" 환자에게서 일반적으로 나오는 이에 대한 완강한 부정은 정신과 의사로 하여금 치료가 완료되었음을 확인할 수 있게 해준다.

의지적 자살의 문화적 논리에서 비롯된 저항

정신과 의사들의 양면성과 의구심

정신과 의사들의 일상적인 업무에서 생물학적 관점이 주가 되는 것과는 대조적으로, 그들은 임상 밖의 대화에서는 그들 자신도 역시 일본 문화의 산물이라는 것을 밝혔다. 실제로 면담에서 많은 의사들이 일종의 낭만주의를 갖고 자살에 대해 이야기했다. 어떤 의사들은 친구들의 자살과 이것이 그들이 의사가 되기로 결심하는 데 끼친 영향에 대해 이야기했고, 다른 의사들은 인상적인 자살에 대한 글을 인용하며 좋아하는 작가들의 자살을 언급했다. 대부분의 의사들은 인간 마음의 깊은 곳을 엿볼 수 있게 되길 기대하며 정신과 의사를 직업으로 골랐다고 직접적으로 밝히곤 했다. 하지만 많은 의사들이 "진정한 의미에서의" 의지적 자살을 보는 것은 드물다고 냉소적으로 말한 것은 아마도 이러한 초기의 기대와 낭만주의 때문일 것이다. 이 주제와 관련해서 널리 읽힌 텍스트에서, 자살 전문가 이나무라 히로시는 독일의 정신의학자 P. 퓨델의 작업에 기반하여 그와 유사한 환멸을 표현한다. "상대적으로 보면, 사람들의 자살의 이유가 얼마나 사소한 경향이 있는지, 그리고 그들이 얼마나 가볍게 자살을 고려했는지 놀라울 따름이다. 우리는 종종 큰 기대감을 가지고 병상에 다가가지만 배신당할 뿐이다. 깊이 있는 무엇인가와 마주치는 대신 우리가 발견하게 되는 것은 인간 정신의 저속한 불완전함이다."(Feudell, Inamura 1977: 61에서 재인용)[7] 오다 교수도 "대부분 저는 환자가 왜 그런 사소한 이유로 자살을 시도했는지 궁금해하지 않을 수 없어요. 행동을 저지르기 전 유심히 심사숙고해보는 사람을 만난 적은 매우 드물어요."라고 말했다. (그러나 환자들이 의료적 맥락에서 그러한 식으로 자신을 얼마나 표출할 수 있을지는 의문이다.) 정신과 의사들은 그저 휴식과 약물치료로 환자의 마음이 변하는 것을 반복적으로 목격하면서 그들이 이야기하는 소위 "사소한" 자살 시도가 흔하게 발생하는 것에 익숙해지고, 밤마다 의사들에게 전화를 걸어 자살 계획에 대해 집요하게 이야기하는 환자들에게 질리게 된다. 상당수의 정신과 의사들은 초기의 낭만주의를 없애도록 배우면서, 심지어 의지적 자살과 같은 것이 실제로 있는지 의아해하기에 이른다.[8]

"정신병" 환자의 의지적 자살

하지만 임상적 실천에서 정신과 의사들이 그들의 자살에 대한 생물학적 모델을 재검토하게 되는 순간들이 있다. JP의대에서 2년 동안 현지 조사를 하는 동안 정신과 의사들이 환자들의 자살 (시도) 행위가 의지적 자살에 해당되는지 논쟁을 벌인 사례가 적어도 세 건은 있었다. 그중 하나는 조현병 환자의 자살 시도였는데, 조현병에 의한 자살 의도를 명쾌하게 의료화하는 데 실패했기—혹은 그렇게 하지 않기로 했기—때문이다. 과거에 환각 증상으로 치료를 받았지만 겉보기에는 오랜 시간 안정된 삶을 살아온 이 43세의 노동자는 살충제를 마신 후 응급실로 실려왔다. 퇴원 회의에서 그가 이야기한 그의 인생사는 점점 악화되는 가족 관계(아내가 아이들을 데리고 떠났다)와 병으로 인해 안정적인 직업 유지의 어려움을 드러냈다. 조현병이 장기간 완화되었음에도 불구하고 그는 재발의 가능성과 그 파괴적인 영향에 대한 지속적인 두려움을 분명히 갖고 있었다. 히가시 교수는 그의 자살 시도가 조현병 때문이라고 가정하며 그 이유가 무엇인지 물었다.

> P: 저는 막다른 길에 있었어요. 저는 제 존재가 가족에게 문제를 일으키
> 고 있다는 것을 알았거든요. 모두를 위해서 제가 죽는 게 나았어요. 아
> 내와 아이들에게 보험금이라도 남길 수 있었을 테죠. 그게 최선의 일이
> 었어요. 그게 결국 제가 내리게 된 결론이었어요.
> H: 그에 대해 많은 생각을 하셨겠군요.
> P: 그랬죠.

나중에 히가시 교수는 같은 질문을 던진 다음에 이번에는 환자가 "어떤
목소리에 의해 이끌렸었는지"에 대해 직접적으로 질문을 던졌다. 그 환
자는 얼굴을 들어 그를 똑바로 바라보며 이렇게 단언했다. "아뇨, 의사
선생님. 그건 내 의지에 의한 자살이었어요." 여기에 이 문화적 표현을
삽입함으로써 환자는 자신의 행동에 대한 정신의학적 프레임에 직설적
으로 저항했고, 이로써 자신의 마지막을 결정하려 했던 개인적인 의지
를 강조했다. 비록 그가 의사들을 비판하려고 한 것인지는 모르겠지만,
그의 발언은 또한 정신과 의사들이 그의 커져가는 절망의 원인이기도
한 병을 고치지 못했다는 것을 증명했다. 히가시 교수는 겸허히 침묵했
고 이와 관련된 다른 질문을 더 하지는 않았다.

자살을 실존화하기
환자가 의지적 자살을 주장함으로써 제기되는 곤란한 질문이 있을 수
있다. 한 사람이 죽기로 결심하기에 "충분히 합리적"인 이유가 있어 보

인다면 어떻게 할 것인가? 실제로 일본 정신의학적 관점에 중요한 변화를 가져온 것은 정신이상자들의 자살을 어떻게 개념화할 것인가에 대한 문제였다. 이전에 우세했던 생물학적 자살 모델은 1950년대 정신의학계에서 논쟁의 대상이 되기 시작했고(Katō 1953, 1976, Ōhara 1975) 반정신의학 시기에 비판의 대상이 되었다. 1960년대 후반 반정신의학 운동의 영향력 있는 리더였던 모리야마 기미오는 나와의 면담에서 생물학적 정신의학이 확립한 지식에 그가 의문을 갖게 된 출발점이 실제 의지적 자살을 시도했던 정신이상자를 만난 것이었다고 말했다. 그는 논문에서 이 환자들이 자신의 병의 심각성에 대해 고민한 후 자살을 시도했다는 것을 설명하고, 이러한 환자의 행동을 충동적으로 행해진 생물학적 증상으로 일축해버리는 것은 자살 시도의 실존적 본질을 인식하지 못할 뿐만 아니라 그들의 인간적 존엄성을 해치기까지 한다고 주장했다. 이 주장을 뒷받침하며 다케무라와 시무라(1977)는 보호 시설에 있는 정신 질환자들을 대상으로 자살 실태 조사를 진행했다. 그들은 자살 시도의 3분의 1 정도에 해당하는 경우에 "이해할 만한 이유"가 있다고 결론지었다(Takemura and Shimura 1977, 1987).

이 시기의 정신의학적 접근방식을 특징짓는 것은 환자 스스로의 주관적인 설명에 대한 정신과 의사의 열정적인 헌신과, 환자들의 자살 시도 행위에 정상성과 의도성의 가능성을 부여함으로써 주체성을 다시 환자에게 되돌려주려는 노력이다. 그러나 이 논쟁은 일본 정신의학계에서 자살에 대한 완전히 새로운 정신의학 모델을 확립하는 데 도움이 되지 않았다. 나와 이야기를 나눈 일부 정신과 의사들은 자살 예방이라는 새로운 시스템이 만들어지지 못하게 하는 제도적, 경제적 요인을 지적했고, 다른 몇몇 의사들은 실존적 차원에서 자살 충동에 관여하려고 할 때마다 스스로 빠지게 되는 "혼동"에 대해 이야기했다. 경고성 이야 기로 그들은 하나같이 실존주의 정신의학자 루트비히 빈스방거의 유명한 환자 엘렌 웨스트의 사례를 꺼냈다. 헬렌이 자살할 가능성이 있음에도 퇴원을 허락하며 "자유로이 선택한 죽음으로 그녀는 악순환에서 벗어날 수 있었으며", "진정한 자아실현에 이를 것"이라는 빈스방거의 믿음에 대해 의사들은 이야기했다(Ishikawa 1962: 954에서 재인용).[9] 의사들은 이 예시를 통해 빈스방거의 치료상의 태만과 환자의 죽음을 미화하는 철학적 접근 방식의 윤리적 문제를 강조하였다. 나의 문헌 연구도 밝혔듯이 이러한 종류의 실존적이고 인본주의적인 논의는 역설적이게도 환자의 자살에 대한 법적 책임으로부터 정신과 의사들을 보호하기 위해 사용되었다. 1970년대 말, 정신 질환을 겪었던 환자의 가족들이 환자의 자살을 막지 못했다는 이유로 정신과 의사를 고소한 법정 소송은 많은 논란을 불러일으켰다. 판사는 정신과 의사가 병적인 상태에 있는 비합리적인 자살에 대해서만 책임이 있고 환자 스스로의 의지와 자율성을 존중하는 정신과 의사들의 인본주의적인 보살핌은 자살 예방과 양립할 수 없다고 주장하며 담당 의사에게 무죄를 선고했다(Fukuoka Chihō Saibansho 1982, Nishizono 1986 참조). 이 판결은 자살에 대한 실존적인 접근법이나 자살의 행위성을 개념화하는 방법에 대해 명시적으로 논의하는 것을 꺼려왔던 대부분의 정신과 의사가 보기에 분명 아이러니한 일이었을 것이다(Okada 1989 참조).

치료 실패의 결과로부터 배우기

정신과 의사는 그들의 일상적 업무 속에서도 자살로 환자를 잃는 큰 충격을 겪기 때문에 자살을 실존화하는 것의 위험성을 금세 깨닫는 듯하다. 환자의 자살은 경험이 많은 정신과 의사에게도 분명 강한 흔적을 남긴다. 한 69세의 우울증 전문가는 이를 "절대로 익숙해질 수 없는 일"이라고 말한 바 있다. 현지 조사 기간 동안 나는 레지던트 시절 자살로 잃은 첫 번째 환자의 파일을 수없이 다시 읽으며 그 자살을 막기 위해 자신이 뭔가 다른 일을 할 수 있지 않았을까 지속적으로 고민하는 몇몇 정신과 의사들을 알게 되었다. 또한 종국에는 자살로 생을 마감한 환자들로부터 받았던 편지의 한 줄 한 줄까지 외우고 있는 많은 베테랑 정신과 의사들도 만났다. 수십 년간의 업무에서 세 명의 환자를 잃었던 경험에 대해 깊이 있게 이야기했던 한 저명한 성격장애 전문가는 한 환자의 아버지로부터 아들의 자살 이후 그의 유품 중 스케줄러를 받아 아직까지 쓰고 있었다. 그는 그 스케줄러가 자신에게 그 일을 상기시켜주기 때문에 보관하고 있다고 말했다. 젊은 의사들은 이러한 충격적인 경험 때문에 정신과 의사를 그만뒀거나, 아니면 진지하게 그만둘 것을 고려하고 있는 것으로 알려졌다(환자의 자살에 대한 미국 정신과 의사들의 반응에 대한 연구는 Hendin el al. 2000 참조). 33세의 한 정신과 의사는 자신의 인생에서 환자를 잃었던 시기에 대해 이야기하며, 단 일주일 사이에 한 명은 살인으로, 다른 두 명은 자살로 생을 마감한 세 명의 환자에 대해 이야기했다. "그건 마치 대학살을 경험하는 것과 같았어요. 그 당시에 나는 너무 바빴고 책임져야 할 일이 너무 많았기 때문에 잠시 멈춰 어떤 일이 일어났는지 받아들일 여유조차 없었죠." 37세의 정신과 의사는 그녀가 처음으로 잃었던 환자를 떠올리며 눈물을 흘렸다. 한 동료는 이 젊은 남성 환자에 대해 "(우울증보다는) 성격상의 문제가 있다"고 그녀에게 경고했던 적이 있다. 그녀의 돌봄 아래 환자는 지속적으로 괜찮아졌고, 그녀는 하룻밤 동안 그가 자신의 집에서 머물 수 있도록 허락해주었는데, 바로 그다음 날 아침 그는 목을 맨 채로 발견되었다. 멍하고 망연자실한 채로 그녀는 그날 아침 경황이 없는 와중에 결혼반지를 잃어버렸다는 사실 외에는 그 하루를 어떻게 보냈는지 거의 기억하지 못했다. "나는 그가 의지적 자살을 한 것인지 아니면 그게 우울증이었는데 내가 판단을 잘못 내린 것인지 아직도 모르겠어요. 그때부터 나는 '우울증은 곧 자살이다'라는 공식을 절대 잊지 않습니다."

불확실성 유예하기

이런 맥락에서 정신과 의사들은 때때로 자살을 의도적으로 의료화하는데 이는 그들이 병리적인 것 이상의 것을 볼 수 없기 때문이 아니라, 순수 생물학과 실존적 불안 사이의 경계가 얼마나 쉽게 흐릿해질 수 있는지를 알기 때문이다. 오다 교수가 말했던 것처럼, 분리된 상태로 있는 "망상이나 환각과는 달리", 자살에 대한 생각은 "상상하기 쉽고 감정적으로 끌려 들어가기 쉽다"고 의사들은 강조한다. 따라서 설득은 **두 가지 방향**으로 가능하다. 일부 정신과 의사들이 말하듯이 "(환자의 이야기를) 들으면 들을수록, 왜 그 사람이 죽고 싶어 했는지 그 논리를 더 잘 이해하기 시작한다." 정신과 의사들은 유난히 힘든 인생을 살아온 환자들을 확실히 많이 만나게 되는데, 이들 중 일부는 자살 전문가가 지적한 것처럼 "자살이 그들 삶의 자연스러운 결론처럼 보이기 시작했을 수도 있다." 이러한 생각은 정신과 의사로서 매우 위험한 마음가짐이라고 할 수 있다. 따라서 앞서 언급한 성격 장애 전문가는 자살 충동을 치료하는 것이 얼마나 지속적인 투쟁인지, 그리고 굳건함을 유지하는 것이 얼마나 중요한지 강조했다. 그는 자살을 의료화하는 것이 옳다는 사실에 대해 "의심하지 않는다"며 이렇게 덧붙였다. "그게 저희가 여기에 있는 이유죠. 만약 그들이 당신을 [그들의] 실존적 토대로 끌어가려고 한다면, 거기에 삼켜져버리고 말지 모릅니다. 그리고 만약 당신이 스스로에 대해 의심하기 시작하면 아마도 당신이 지게 될 거에요." 환자들의 "이유"를 고려하는 데 빠져들고, 의료적 치료의 정당성에 대한 의심을 갖게 되는 결과는 끔찍해질 수 있다. 따라서 경력 초기의 양면적 입장에도 불구하고 정신과 의사들은 한때 자살 치료에 대해 가졌던 불확실성을 유예하는 데 익숙해진다. 자신의 개입 대상을 정신 질환이라고 이해하는 것들로 제한함으로써 일본의 정신과 의사들은 효과적으로 자살을 생물학의 산물로 변형시키는 것 같다. JP의대의 정신과 의사들은 환자 가족들과 이야기하고, 업무 환경에 변화를 가져오려 노력하고, 그리고 환자가 복직할 수 있는 재활 계획을 세움으로써 심리학적으로 개입하는 대신 광범위한 사회적인 업무를 한다. 그리고 입원은 사회로부터의 피난처 역할을 하여 자살 충동을 느끼는 환자들에게 살고 싶다는 욕구를 키워주고, 때로는 꽤나 극적인 변화를 가져다주기도 하는 일시적인 방패막이 되는 것처럼 보인다.

생물학적 설득의 한계

생물학적인 것과 실존적인 것 사이의 경계선 긋기

정신과 의사는 주로 자살 생각의 생물학적 모델을 활용하게 되는데, 이는 정상적인 것과 병리적인 것 사이의 정확한 이분법을 가정한 것이다. 그러나 자살을 의료화하려는 새로운 세력들은 자살의 생물학적 모델의 취약성에 대한 오래된 논쟁을 다시 불러일으키는데, 이는 특히 환자가 치료를 거부할 권리를 주장할 때와 관련이 있다.[10] JP의대에서 의지적 자살을 주장하는 또 다른 케이스가 있었다. 64세의 전 공무원이었던 후루타 씨가 약물 과다복용 후 가족들에 의해 의식이 없는 상태로 발견되어 응급실에 실려 왔던 것이다. 그의 인생사는 일련의 비극을 보여주었다. 수백 년의 역사를 지닌 지주 집안에서 태어난 후루타 씨는 가업의 파산은 물론이고 가족과의 단절에 직면했다. 그는 지방의 명망 있는 정치인이었던 아버지와 사이가 좋지 않았고, 큰딸과의 사이도 틀어졌으며, 둘째 딸은 자살로 잃었다. 그의 셋째 딸은 자신의 "오염된 피"를 물려줄까 두려워 절대로 결혼을 하지 않겠다는 의사를 밝혔다. 지치고 절망적 상태에 있던 후루타 씨는 자신의 행동이 의지적 자살의 시도라고 주장했고, "죽음의 미학"을 이루기 위해 퇴원시켜줄 것을 의사들에게 계속해서 호소했다. 후루타 씨는 매우 지적인 사람이었기 때문에 역사적 인물들의 자살이 명예로운 자결 행위로 칭송받았던 것을 예로 들며 그의 죽고 싶은 마음을 표현할 수 있는 문화적 어휘들을 준비해놓았다. 의사들은 후루타 씨가 입원 몇 달 후 다시 자살 시도를 하기 위해 병원에서 몰래 빠져나가려다 발각되었을 때 더 큰 충격을 받았고, 이를 심각

하게 걱정하였다.[11]

중요한 것은 환자가 이러한 방식으로 의료화에 명시적으로 저항할 때, 정신과 의사들은 이 실존적인 것을 생물학화하는 것, 즉 의료화에 비판적인 이들이 가정하듯 실존적인 불안을 그저 생물학적 이상의 징후로 환원시키는 방법이 아니라 단순히 의도성을 제쳐두는 방식으로 대응했다는 사실이다. 정신과 의사들은 의지적 자살에 대한 후루타 씨의 집요한 주장에 직접적으로 관여하는 대신, 그에게 그들은 단지 임상적 우울증을 치료하고 있을 뿐이며, 그의 삶에서 해결할 수 없는 지점에 끼어들 의지나 권리는 없다고 계속 강조했다. 히가시 교수는 후루타 씨의 초기 사례 발표에 참여한 직원들에게 다음의 내용을 명확히 하였다. "그의 우울증을 치료하는 것은 우리의 책임입니다. 후루타 씨의 정신 질환이 치료되면, 남은 결정은 그의 것입니다."[12] 후루타 씨의 입원이 이례적으로 길어졌고, 의지적 자살에 대한 그의 고집이 거의 변하지 않았어도 정신과 의사들은 이 입장을 고수했다. 의사들은 그의 실존적 불안을 경청하면서도, 치료 중에 일어날 신체 변화에 그의 주의를 환기시키려고 노력했다. 후루타 씨가 예상치 못한 셋째 딸의 결혼 소식을 접하고 마침내 우울증에서 벗어나기 시작했을 때에도 의사들은 생물학적 우울증 측면에서 그의 자살 충동에 대해 지속적으로 이야기를 나눴다. 삶의 어려움이 더해질 때마다 우울증은 더 심해질 수 있기 때문이라고 의사들은 말했다. 18개월이 지난 후 병원을 떠날 쯤이 되어서 후루타 씨는 나와의 면담에서 그가 한때 의지적 자살의 시도라고 믿었던 것의 본질에 대한 자신의 양면성에 대해 이야기했고, 그가 한때 느꼈던 끔찍한 절망에 대한 그럴듯한 설명으로 정신의학적 관점을 받아들이고 거기에서 어느 정도 위안을 찾는 듯했다.

따라서 이들 정신과 의사들이 취하는 치료적 접근 방식은, 환자의 실존적 불안감을 뇌의 특정 위치의 화학적 불균형으로 환원하는 생물학적 환원주의 또는 "생물학주의biologism"라고 할 수 있는 것과는 구별되어야 한다. 후루타 씨의 우울증의 원인에 대한 질문을 캐묻는 대신에, 담당 의사들은 우울증이 그의 존재 전체에 영향을 미쳤고, 생물학적 치료가 회복으로 가는 하나의 길을 의미하는 것이라고 강조했다. 이러한 치료적 접근은 인류학자들이 현대 일본의 의료 실천에서 반복적으로 발견해내고 있는 전통의학 사상의 맥과 공명하는데, 이는 의료 전문가들은 물론 일반 사람들도 정신적 고통이 신체적 장애와 깊이 관련되어 있는 것으로 설명한다는 지점이다(Lock 1980, 1982, Marsella 1980, Ohnuki-Tierney 1984, Ozawa-de Silva 2002). 이러한 관점에서 이 의사들은 극도로 생물학적인 접근을 한다고 자주 비판을 받아왔지만, 이보다는 "체인론somatism"이라고 부를 수 있는 치료 원리를 채택하고 있는 것이라고 할 수 있다. 체인론은 심신이원론에서 나온 치료 원리가 아니라, 신체가 정신을 치료할 수 있는 중심 매개가 된다는 가정에서 나온 치료 방법이다 (6장 참조). 하지만 중요한 지점은 체인론이 정신과 의사들에 의해서 명확하게 표현되거나 의식적으로 이론화되어 있는 치료 원리가 아니라는 것이다. 그러한 인식이 없다면, 실제 임상 업무에서 신체에 대한 배타적인 강조는 생물학주의로 빠지게 될 위험이 크다(2000년대 일상적인 고통에 대한 급격한 의약화와 관련된 이야기는 10장에서 더 자세히 논의될 것이다).

의사들이 의지적 자살을 받아들일 때

정신과 의사가 후루타 씨에게 보여준 생물학적인 설득에 대한 표면적인 자신감에도 불구하고, 의사들은 그 뒤에서 어떻게 생물학적인 것과 실존적인 것을 구별할 수 있는지에 대해 실제로 토론을 하였다. 후루타 씨와 관련된 많은 사례 발표에서, 일부 정신과 의사들은 후루타 씨가 주장했듯이 그의 자살 충동이 자유의지의 산물일 수도 있다는 가능성을 제기했고, 그들이 무엇을 근거로 환자의 의지를 거스르는 방향으로 치료할 수 있는 권리가 있는지 물었다.[13] 사토 교수는 "우리는 스스로 목숨을 끊으려 하는 환자를 왜 막아야 하는지 정당화해줄 수 있는 그 어떤 철학적 근거도 갖고 있지 않습니다. 우리는 그저 환자들이 그들의 의도를 의사에게, 즉 생명을 구해야 할 의학적이고 윤리적인 책임을 지닌 사람에게 말한다는 사실이 그들의 생에 대한 암묵적인 욕구를 드러낸다고 믿을 뿐입니다."라고 말했고 결국 이러한 방식으로 의사들 간의 합의가 이뤄졌다.

정신과 의사는 후루타 씨처럼 단호한 자살 충동을 가진 환자를 계속해서 치료하는 것을 정당화하기 위해 후루타 씨가 "자유의지"로 의사들의 치료를 받으려고 했다는 사실의 가느다란 실낱을 붙잡고 있었다. 이는 정신과 의사들이 "의지적 자살"이라는 문화적 논리를 허용하는 유일한 시점이 환자들이 치료 중에 죽고 싶은 욕망을 성공적으로 숨김으로써 의사와의 대화를 암묵적으로 거부할 때라는 것을 시사한다. 후루타 씨와 비슷한 시기에 입원한 64세의 여성 환자 데라다 씨의 운명은 후루타 씨의 운명과 극명히 대조되었다. 남편을 잃고 1년이 되는 날, 그녀는 항우울제를 과다 복용했고 다음 날 아침 의식을 잃은 채 발견되었다. 그녀는 안락사를 요구하며, 자신이 죽는 걸 도와 달라고 응급실에 있는 정신과 의사에게 간청해 의사를 놀라게 했다. 회복 후 그녀와 진행한 면담에서 데라다 씨는 그녀가 겪은 고생들에 대해 이야기해주었다. 첫 번째 남편의 외도로 이혼을 한 후, 그녀는 30년간 병원 직원으로 일하며 두 아들을 홀로 키워냈다. 두 번째 남편을 만나게 되면서 그녀는 행복과 안정감을 얻었으나, 그건 남편에게 닥친 암과의 힘든 싸움에 내던져지기 전까지 짧은 시간일 뿐이었다. 암의 완치를 빌기 위해 둘이 숱하게 신사를 찾아갔던 추억이 여전히 기억 속에 생생했고, 마지막 순간까지 집에서 그를 간호하며 고통을 덜어주기 위해 할 수 있는 모든 것을 다 했다는 것에 그녀는 자부심을 느끼고 있었다. 남편의 죽음 후 그녀는 설명할 수 없는 증상을 경험하기 시작했다. 기진맥진, 떨림, 발진, 고혈압과 같은 증상이 있었는데 그녀가 방문한 의사들 중 그 누구도 이에 대해 진단을 내리지 못했다. 마침내 정신과 의사를 만나 항우울제를 처방받은 후에도 그녀는 스스로가 점차 "폐를 끼치는 아픈 사람"이 될까 걱정이 되어 수많은 밤을 지새웠다. 하지만 정신병원에 입원 후 그녀는 자신의 극적이고 빠른 회복에 놀랐고 곧 예전의 활기찬 모습을 되찾았다. 그녀는 나에게 어떻게 담당 의사가 자신의 목숨을 구했는지, 그리고 자신이 얼마나 그 의사를 전적으로 신뢰했는지 반복적으로 말했다. 퇴원 당시 그녀의 유일한 걱정거리는 결혼한 아들이 건강이 쇠약해진 그녀를 돌봐주기 위해 함께 살 것인가 하는 문제였던 것 같다. 입원 전 아들이 그렇게 하겠다고 제안했지만 그녀 자신은 판단을 내리지 못하는 모습을 보였는데, 그건 아마도 그녀가 우울증에 시달렸기 때문일 수도 있지만 동시에 자신이 다른 사람들에게 "부담"이 되는 것에 대해 끊임없이 걱정했기 때문이기도 할 것이다.

몇 달 후 데라다 씨를 담당했던 의사로부터 그녀가 요양원에 들어가기로 되어 있었던 당일 아침에 결국 스스로 목숨을 끊었다는 이야기를 들었다. 의사는 눈에 띄게 괴로워했다. 그는 무엇이 그녀를 그렇게 만들었는지 이해할 수 없다고 말했고 이내 침묵에 빠져버렸다. 그곳에 앉아 있을 때 한 가지 생각이 떠올랐다. 의사들이 생각했던 것처럼 그녀의 우울증이 완전히 낫지 않았던 게 아닐까? 그녀가 아들에게 짐이 되는 게 싫어서 죽음을 선택했던 것일 수도 있지 않을까? 그녀는 자신의 삶에 만족하고 있다고 했고, 재혼한 남편과 아들들을 돌본 것이 자랑스럽다고 강조한 바 있다. 그녀가 그토록 두려워했던 존재인 "폐를 끼치는" 사람이 되는 것보다 돌봄을 제공하는 사람으로서 느꼈던 자랑스러움을 간직한 채 죽고 싶었던 게 아닐까? 아니면 의료진과 가족들에게 버림받았다는 느낌에 체념, 혹은 항의의 의미로 죽었던 걸까? 내가 놓쳤을지도 모르는 징후를 찾기 위해 그녀와의 대화를 떠올리려 하고 있을 때, 의사는 이러한 결과를 전혀 예측하지 못했다고 말했다. 분명 데라다 씨의 자살은 계획된 행동이었으나 몇 번의 외래 진료 시에 그녀는 의사가 알아차릴 만한 그 어떤 자살 의지의 기미도 보이지 않았으며 "이건 분명 의지적 자살임이 틀림없어요"라고 의사는 덧붙였다.

부분적 설득

자살에 대한 정신의학 담론의 부상은 일본에서의 정신의학 권력의 성격 변화를 드러낸다. 이는 억압과 강요의 방식에서, 정신과 의사들이 사람들에게 정신의학의 언어로 이야기하고 공유하도록 장려하는, 설득과 통합의 방식으로의 변화를 의미한다(Foucault 1973). 하지만 위에서 논의된 임상 사례들이 조명했던 것처럼 이 변화는 긴장감으로 가득 차 있다. 고통의 본질에 대해 경합하는 도덕적 관점을 제시하는 환자와 정신과 의사가 대면하기 때문이다(Good 1994, Kirmayer 1994, Kleinman 1995, Young 1995 참조). 자살의 생물학적 모델의 일상적인 성공에도 불구하고, 정신과 의사는 의지적 자살을 시도했다고 주장하는 환자 때문에 의료화의 뿌리 깊은 양면성에 직면하게 된다. 환자는 정신과 의사의 확대되는 관할권이 어떻게 그들의 자살 의도의 실존적 차원을 사소한 것으로 만들고 병리화시키는지에 대해 (암묵적으로) 의문을 제기한다. 환자가 기반하는 자살에 대한 문화적 담론은 자살의 정신의학적 모델의 부적절성을 드러내는 한편, 자살을 원하는 본인의 의지를 거스르는 방향으로 환자를 치료하는 정신의학적 업무와 관련된 불편한 윤리적 문제를 제기하는 역할을 한다. 데라다 씨의 사례처럼 정신과 의사가 결국 치료에 실패한 경우에 약물치료는 그녀가 병원에 있는 동안에만 그녀의 관점을 바꾸는 데 성공했고, 생물학 지향 치료가 해결할 수 없는 넓은 사회적 고통의 영역이 있음을 의사들에게 상기시켜주었다. 우리가 본 바와 같이, 이러한 딜레마는 과거 실존적 영역에 대한 정신의학적 개입의 본질과 관련된 정신의학계 내의 열띤 논쟁을 야기했다. 오늘날에도 여전히 의료화의 증가하는 영향력으로 인해 비슷한 우려를 다시 불러일으키고 있는 듯하다.

정신과 의사가 이 딜레마를 해결하기 위한 한 가지 방법은, 그들이 통제력을 행사할 수 있고 일정 수준의 치료 효과를 얻을 수 있다는 것을 확신할 수 있는 생물학이라는 익숙한 영역으로 자신의 관할 영역을 제한시키는 것이다. 정신과 의사는 정신의학의 헤게모니가 필요로 할 법한 일종의 총체적인 개념 변화를 목표로 하는 대신, "정신 질환"의 생물학적 성질에 대해 환자와 최소한의 이해를 공유하기 위해 노력한다. 이는 환자의 고통과 연관된 실존적이고 심리적인 의미의 영역을 의도적으로 피함으로써 가능하다. 의사는 세 단계로 설득을 시도한다. 먼저 기저에 있는 정신병리를 "추출"하고, 환자 자신의 몸이 얼마나 피곤한 상태이고 심지어는 이질적인 상태가 되었는지에 대해 인식하게 함으로써 환자들에게 자신의 신체를 객관화하도록 촉구한다. 두 번째로 자살 충동을 느끼는 환자들에게 신체뿐만 아니라 정신 역시 생물학적 개입을 통해 얼마나 달라질 수 있는지 보여줌으로써 자살 충동을 탈실존화한다. 의사들은 환자들로 하여금 그들의 자살 의도를 "정상적인" 자아로부터 벗어나는 것으로 간주하도록 장려하고, 따라서 행위주체성의 위치를 생물학적 병리의 영역으로 옮겨버린다(Barrett 1996, Estroff 1993). 세 번째로, 의사는 환자의 자살 충동을 다루며, 이러한 장애를 야기한 사회적 압박에 대해서도 주의를 환기시켜 환자가 피해자임을 시사한다. 이 마지막 단계에서 정신과 의사는 정신 병리학의 특정한 구성에서 생물학적이고 사회적인 요소를 효과적으로 통합하며, 때때로 개인의 고통을 사회적 고통의 징후로 해석하는 일반적인 체계를 만들어낸다(Kleinman 1986, Kleinman et al. 1997 참조).

이 과정을 통해 정신과 의사는 환자가 자살에 대한 서사를 놀랍도록 통일되고 일관된 형태로 재생산해내도록 만든다. 이는 의사가 환자를 완전히 설득해서 그들의 의식을 바꿨기 때문이 아니라 오히려 의도적으로 많은 부분을 탐구하지 않은 채로 방치하기 때문이다. 정신과 의사는 환자의 심리적 어려움을 만들어내는 사회적 조건을 바꾸는 데 있어 자신의 무력함을 알고 있기 때문에, 환자가 자살을 시도하는 의도와 이유에 대해 명시적으로 개입하는 것을 피한다. 따라서, 일상적인 생의학적 관행으로는 쉽게 대답할 수 없는 도덕적이고 실존적인 질문들은 생략되고 검토되지 않은 채 남겨두기 때문에, 바이런 굿(Good 1994)이 논한 도구적 합리성의 승리가 여기에서도 우세해 보인다(Lock and Gordon 1988또한 참조). 한 측면에서 보면, 자살의 실존적이고 심리적인 차원에 대한 정신과 의사들의 침묵은 잠재적으로 음흉하고 심지어는 폭력적인 의료화의 힘에 대한 그들의 비판적인 성찰을 시사한다(정신병자의 자살에 대해 1960년대 말에서부터 1980년대 초에 이르는 일본의 정신과 의사들의 논쟁이 보여주듯이 말이다). 그러나 다른 측면에서 보면, 정신과 의사들의 침묵은 정신의학 담론이 의미 있는 용어로 자살에 대한 생각을 탐구하는 내부적으로 설득력 있는 언어가 되지 못하게 만든다. 이는 특히 단순한 생물학적 개입을 통해서가 아니라 다른 방식으로 그들의 삶을 바꾸고 싶어하는 환자들의 경우에 그러하다. 결국 정신과 의사는 문화적, 임상적 감수성에도 불구하고 환자의 행동과 의도를 의지적 자살로 이해해야 한다고 주장하는 환자와의 대화에 완전히 참여하는 것에는 제약이 있는 것처럼 보인다.

게다가 일본의 정신과 의사는 그들의 임상적 경험이 자살에 대한 문화적 가정과 다르더라도, 문화적 담론을 근본적으로 흔들어놓기는커녕 이를 재생산하는 데 공모하고 있을 것이다. 이는 병리적 자살과 의지적 자살을 뚜렷하게 구분하는 데서 가장 잘 드러난다. 한편으로, 정신과 의사는 의지적 자살을 다른 모든 자살(즉, 병리적 자살)에 대비하여 일종의 "이상적인" 것으로 놓는다. 그럼으로써 환자들에게 자살 의지의 취약한 본성을 생각하게 하고, 자살 충동이 병리적으로 유발되었다는 정신의학적 설명을 받아들이도록 종종 설득해낸다. 그러나 다른 한편으로는, 이러한 이분법의 사용은 문화적 담론에 내재된 암묵적인 도덕적 위계를 재생산하고 강화하는 것 같다. 즉, 어떤 죽음은 결의에 찬 **순수**하고 **진실**된 의지적 자살로 미화되는 반면, 다른 죽음은 점점 더 **"병리적"** 자살이라는 이름이 붙는 "사소하고", "하찮은" 등급으로 밀려난다. 정신과 의사들은 이러한 이분법이 실제 임상에서 쉽게 무너지고, 생물학과 실존적 불안의 경계는 모호해지는 경우가 많다고 지적한다. 이와 관련된 그들의 감수성에도 불구하고, 그들에게는 정신과 의사가 아닌 청중에게 자살 충동을 느끼는 마음의 복잡성이나 인간 의도의 덧없는 본성을 설명할 수 있는 언어가 부족한 것 같다. 그들의 문화적 감수성의 역설적인 결과들 중 하나는 일본의 정신과 의사들이 임상 현실에서 치료에 전념하고 있음에도 불구하고, 문화적 담론에 도전하고 대체할 준비가 되어 있지 않은 것 같다는 점이다. 문화적 담론은 전통적으로 스스로 목숨을 끊는 행위를 수용 가능한 자유의지의 표현으로 미화해왔으나 자살 충동을 느끼는 사람을 다시 삶의 편으로 데려오는 방법에 대해서는 거의 단서를 주지 않는다.

지금까지 우리는 의사와 환자가 일상적인 정신의학 진료에서 임상적 대화에 참여하는 방법을 살펴보았다. 환자의 서사가 상대적으로 무난하게 변화한 것은 심각한 우울증 상태를 대상으로 제한된 시간 동안 체계적인 임상 개입이 이뤄졌다는 사실에 기인한다. 환자가 퇴원한 후에도 그들의 서사는, 삶의 맥락에서 고통의 의미와 씨름하면서, 계속 진행된다는 것을 기억하는 것이 중요하다. 우리는 여기에서 정신의학적 설득이 "내부적으로 설득력 있는 담론"의 차원에서 어떻게 작용하는지, 그리고 그것이 개인에게 미치는 장기적 영향에는 어떤 것들이 있는지를 찾을 수 있다. 다음 장에서는 정신의학적 설득이 어떻게 질병에 대한 환자 스스로의 이해를 구조화하는지, 그리고 확연한 성별 차이를 드러냄으로써 어떤 방법으로—특히 누구를—자유롭게 할 수 있는지를 탐구하기 위해 환자의 서사에 집중해보도록 한다.

8
우울증의 젠더화와 고통의 선별적 인정

일본의 독특한 우울증 젠더화

우울증은 서양에서 전형적인 여성의 질병으로 표상되어왔고 여성이 남
성보다 우울증에 걸릴 확률이 두 배 높다고 알려져왔다. 일부 페미니
스트들은 우울증이 여성의 고통을 보여주는 완벽한 예시라고 주장하
기 위해 이 성비 차이를 인용해왔다(Jack 1991, Showalter 1985 참조). 그러
나 일본에서는 최근까지 남성 우울증의 비율이 여성과 비슷하거나 어
떤 때는 더 높았기 때문에 일본의 사례는 이러한 우울증의 젠더적 특성
에 이의를 제기한다. 20세기 내내, 많은 일본 정신과 의사들은 이 통계
적 이례anomaly에 대해 이야기해왔다(Hirasawa 1966, Naka 1932, Matsumura
1937, Shinfuku et al. 1973, Nakane et al. 2004 참조).[1] 1993년에 마거릿 록이 주
지시켰듯이 1973년 WHO가 실행한 우울증 관련 조사에 참여한 12개
국가 중 일본은 유일하게 남성이 여성보다 우울증을 더 많이 겪는 국
가였다(Lock 1993, Nakane et al. 1994). 이 데이터는 최근 우울증에 대한 지
역의 역학 조사에 의해 반박되었는데, 최근 조사 결과는 서양 데이터가
보여주는 것과 유사한 성비를 나타내고 있다(Kawakami et al. 2002, 2005).[2]

2000년대 동안 확실히 우울증을 겪는 여성이 증가했음에도 역학적인 차원에서 이 독특한 젠더화를 만들어내는 것이 무엇인지에 대한 경험적인 조사는 거의 없었다.[3]

우울증은 대중적 표상의 차원에서도 젠더화되어 있는데 이 지점에서 일본의 차이는 더욱 두드러진다. 통계 자료들은 반복해서 성별 사이에 거의 숫자상의 차이가 없는 것을 보여주고 있으나, 대중적인 담론에서는 우울증을 남성의 질병으로 묘사해오고 있다. 특히 가장 높은 자살률을 기록했던 시기인 1990년대 우울증이 "국민병"으로 떠오른 이후 언론들은 우울증의 피해자들을 남성 직장인으로 자주 그려왔다. 급증하던 우울증에 관한 책들과 TV 프로그램들 속에서 남성의 우울증이 중심적으로 다뤄졌으며, 이 때문에 2006년 NHK(일본의 BBC에 해당하는 국가 방송 채널)에서는 "여성도 우울증에 걸린다"고 주장하는 일련의 프로그램을 방영하기까지 했다. 이 프로그램들은 "우울증의 이미지가 남성 직장인의 것으로 남는다고 해도" 여성이 우울증에 고통받을 가능성이 훨씬 더 높다는 점을 강조했다. 이 표상 또한 빠르게 변화하고 있으나, 서양에서 우울한 주부가 우울증에 고통받는 사람을 표현하는 지배적인 이미지인 데 반해 일본에서 우울증의 희생자는 피곤한 직장인으로 표현되는 경우가 압도적이다.

이러한 젠더적 특이성을 어떻게 설명할 수 있을까? 초기의 일본 정신의학자들은 단순히 남성이 더 고통받기 때문에 우울증에 걸릴 확률이 높을 뿐이라고 제안했다. 그들의 논리는, 남성이 사회적 지위가 높기 때문에 더 많은 사회적 스트레스에 노출되는 반면, 여성은 사회적 책임이 적기 때문에 스트레스에 덜 노출되기 때문이라는 것이었다. 그러나 다른 정신의학자들은 여성의 낮은 사회적 지위와 경제적으로 의존적인 상황이 그들의 우울증에 적절한 주의를 기울이지 못하게 만든다는 점을 시사해왔다. 다시 말해, 여성들은 남성보다 더 고통받지는 않았더라도 비슷한 정도의 고통을 받아왔으나 그들의 고통은 대체로 인정되지 못한 채로 남아 있었다는 것이다. 만약 이것이 사실이라면 이는 일본에서 최근까지 폐경을 둘러싼 역설적인 상황과 유사할 것이다. 록이 분석한 바에 따르면 일본 사회에서는 "갱년기" 여성의 고통에 대한 인식이 상대적으로 부족하기 때문에 갱년기 여성의 몸은 의료화를 피해갈 수 있었다(Lock 1993). 이는 여성들이 의사의 진료실에 들어가지 못하게 하고 그들에게 다른 문화적 자원을 찾도록 장려하며 심지어 자신의 경험을 병리적으로 설명하는 것을 막는 동시에, 때로는 주관적인 경험에 반하며 그들의 고통을 정당하지 않은 것으로 만드는 지배적인 담론을 스스로 믿게 만들어버리는 유감스러운 결과를 야기하기도 했다. 이러한 의학적 표상과 주관적 경험의 상호작용을 기반으로, 나는 우울증에서 회복 중인 25명의 일본인(남성 12명, 여성 13명)의 이야기를 조사하였고, 이와 더불어 1년간 우울증 지지 모임에 참석하였다. 이 그룹은 2001년에 내가 찾을 수 있었던 유일한 지지 그룹이었는데, 공교롭게도 남자로만 이루어져 있었다. 이 자료는 2000년과 2003년 사이에 2년간 내가 도쿄와 그 인근의 세 개의 정신과 기관에서 일상적 임상 실천에 대한 참여관찰을 수행한 민족지적 현지조사를 토대로 분석되었다. 이 조사에서 드러난 것은 일본에서 보이는 특수한 우울증의 젠더화로 인해 남성과 여성이 다른 방식으로 고통받는다는 점이었다.

남성의 우울증: 우울증의 원인으로서의 과로?

> 고용 안정, 장기 근속 인정, 보상 체계, 직원 숙소, 사회적 지원: 일본 자본주의하에서 회사는 직원을 더 통합할 수 있는 방안들을 소홀히 하지 않고, 복지 역할의 큰 부분을 책임진다. 이러한 복지의 역할을 서양에서는 한때 교회가 담당했고 이제는 국가로 양도되었다. 고용주와 직원은 업무 능력에 기반한 정확하고 해지 가능한 계약에 묶여 있는 것이 아니고, 회사 생활에 완전히 매립된 개인적 헌신으로 묶여 있다.
>
> —모리스 팽게, 『일본에서의 자살』(Pinguet 1993: 30)

사회적, 의료적 인식과 의사에 대한 믿음

일본 정신과 의사들은 우울증에 걸린 사람들이 가장 규범적인 일본인들이라고 이야기한다. 자신 희생적인 헌신, 규율, 책임감을 지닌 그들은 시모다의 유명한 표현을 빌리자면, "모범적인 (남성) 청년, 모범적인 직원, 모범적인 임원"(5장 참조)과 같다. 이 말처럼, 정신과 의사들이 "전형적인 우울증 환자"라고 나에게 소개시켜준 남성 환자들은 항상 열심히 일하는 사람들이었다. 그들은 "우울증"의 원인으로 무엇보다도 업무 스트레스를 꼽았고, 늘어나는 업무량, 한계를 넘어선 피로감, 결국 찾아온 탈진, 단순한 휴식만으로도 가능했던 회복 등으로 이어지는 그들의 서사는 놀라울 정도로 구조적으로 동일했다. 또한 남성들의 서사는 가족과 의료 전문가들에 의해 비교적 원활하게 우울증으로 인식되었다는 점과, 이어 우울증을 과로의 산물로 이해하게끔 도와준 정신과 의사와의 원만한 관계를 형성하고 있다는 점으로 특징지어진다.

이는 중앙 정부에서 일하는 공무원인 55세 고바야시 씨의 사례에도 해당된다. 고바야시 씨는 시모다의 우울성 병전 성격 개념을 드러내는 사례로 정신과 의사들이 내게 소개시켜준 사람들 중 한 명이었다. 고바야시 씨의 이야기는 위험을 무릅쓰고 말 그대로 죽을 때까지 일을 하는 일부 일본 남성의 사고방식을 엿볼 수 있게 해주었다. 우리가 만난 사설 정신병원의 작은 상담실에서 고바야시 씨와 나는 명함을 주고받았고, 나는 그에게 연구에 대해 설명을 해주었다. 이어서 그는 우울증의 초기 경험이라고 생각했던 것을 떠올리며 그의 경험을 시간 순서대로 회상하기 시작했다. 10년 전 그는 가스미가세키(대부분의 정부 기관이 위치한 도쿄의 지역)에서 근무하고 있었고, 그의 부처는 연간 예산 관련 문제로 재무부와 치열한 협상을 벌이고 있었다. 예산 관리를 위한 새로운 컴퓨터 시스템이 도입되었지만, 컴퓨터를 잘 다루지 못한다며 상사에게 꾸지람을 듣고 싶지 않았던 고바야시 씨는 모든 일을 손으로 했고 매일 밤 잔업을 집으로 가져왔다. 매일 밤 세 시간씩만 자고 주말에도 근무하던 고바야시 씨는 어느 날 갑자기 자살 충동을 느꼈다.

> 일요일에 사무실에 있었을 때 갑자기 머릿속이 하얘졌어요. 그러고는 창문 밖으로 몸을 던져볼 수도 있겠다는 생각이 떠올랐어요. 가스미가세키에서 (높은 빌딩에서) 뛰어내렸다는 사람들의 이야기를 들어본 적이 있었지요. 나도 같은 짓을 하면 어떻게 될까 고민했어요. … 전 그냥 모든 것에서 벗어나고 싶었거든요.

1990년대 초, 정신 건강은 여전히 직장 사무실에서 사람들의 대화 주제가 되진 않았다. "우리는 보통 한 달에 100시간이 넘는 초과근무를 하곤 했어요. 만약 누군가가 사망하게 된다면, 상사들은 고인의 가족들에게 보상을 하려고 하겠죠. 하지만 그게 전부에요." 고바야시 씨는 자신의 문제가 우울증이라고 생각하지 않았으며 그저 자신이 일을 수행할 능력이 부족하고 "나약할" 뿐이라고 생각했다. 다른 우울증 환자들의 질병 서사와 유사하게, 그는 우울증이 아닌 십이지장 궤양으로 곧 병원에 입원하게 되었다.

정신과 의사와의 첫 만남은 일본 정신과 의사들이 흔히 말하는 "우울증 캠페인"을 그가 접했을 때였다. 당시 고바야시 씨는 다음 승진을 위한 디딤돌로써 일본 남부로 전출되어간 상태였다. 그러나 그곳에서 그는 강성 노조와 끊임없이 협상해야 했기 때문에 상당히 업무 스트레스가 많은 일을 하게 되었다. 고바야시 씨는 젊은 연수자들을 대상으로 하는 중요한 강의 도중에 노조원들이 자신에게 고함을 질렀던 일을 이야기하며 분노했다. 모욕감을 느끼면서도 매일 밤 노조 간부들과 술을 마시며(술을 싫어함에도 불구하고) 원만한 해결을 이끌어내려고 했던 고바야시 씨는 8개월 만에 녹초가 되어 더 이상 출근할 수 없었다. 걱정이 된 아내는 그를 내과 의사에게 데려갔고, 고바야시 씨는 이어서 정신과 의사에게로 인계되었다. 그를 우울증으로 진단한 정신과 의사는 고바야시 씨가 병가를 내도록 설득하기 위해 어떤 말을 해야 하는지 정확히 알고 있는 듯했다. "의사 선생님께서 [고바야시 씨보다 직급이 높은] 지방 정부 부장도 병원에 다니고 있다고 말했어요. 내 상사에게도 이런 일이 있었다는 것을 알고 놀랐죠." 병원에서는 이들의 진단명이 우울증이라는 사실을 숨겼고 모든 병문안을 금지했다. 그는 "오랜만에 원하는 만큼 잠을 푹 잤고" 2주 만에 회복되었다. 고바야시 씨에게 우울증은 명백히 일과 관련된 탈진, 혹은 "번아웃burn-out"이었고 이에 대한 치료법(넉넉한 유급 병가)은 쉽게 제공되었다.

이런 방식으로 업무로 인해 야기된 우울증이 정신의학적 지배 서사 psychiatric master narrative로서 내가 들은 남자들의 서사에서 보이는 일관된 주제였다. 정신과를 처음 방문한 대부분의 사람들의 서사는 뒤죽박죽이고 혼란스러운 점을 고려했을 때 이러한 서사의 통일성은 흥미로웠다. 정신과 치료를 받을수록 통일성이 드러나는 것으로 보였는데, 이는 그들의 서사가 스스로의 성찰과 정신의학적 설득이 함께 만들어낸 결과물이라는 것을 시사한다. 이전 장에서 이미 보였듯이, 내가 관찰한 일상적인 정신의학의 임상에서 종종 정신과 의사가 환자에게 스트레스로 인한 불가피한 탈진에 대한 확실한 서사를 제공하는 것을 보았다. 정신과 의사들은 먼저 환자에게 그들의 몸이 얼마나 피곤하고 소외되어 있는 상태인지에 대한 인식을 체계적으로 키워주고, 이를 통해 환자의 관심을 심리적 고통에서 다른 곳으로 주의를 돌리는 식으로 이러한 서사를 제공해주었다. 그들은 환자들에게 그들의 규범적인 성격과 그들을 궁지로 몰아낸 사회적 곤경을 상기시켜주었고, 이로써 환자들이 희생자임을 강조했다. 그렇게 함으로써 정신과 의사들은 생의학이 항상 가장 잘 해왔던 것, 즉 고통받는 사람들을 생의학적 접근이 아니면 느낄 수도 있었던 자책감과 도덕적 책임으로부터 거리를 둘 수 있도록 해주는 것 같았다(Sontag 1978).

실제로 고바야시 씨의 서사는 과로로 인한 우울증에 대한 전형적인 남성들의 설명이다. 이는 시모다가 1930년대에 이미 조명했던 우울증의 기본 형태이자 우울증에 대한 일본식의 정신의학적 이해가 주조되는 틀이다. 과로로 인한 자살 소송에 연관된 변호사들이 성공적으로 주장했던 것처럼, 면담한 거의 모든 남성들의 우울증의 중요한 요인이 업무 스트레스였다는 것에는 의심의 여지가 거의 없었다. 예를 들어 37세의 컴퓨터 엔지니어인 나리타 씨는 과장으로 승진한 직후 어떻게 우울해졌는지 설명했다. 그는 끊임없이 빨라지는 컴퓨터 업계의 변화 속도를 따라가야 하는 것과 직원들을 관리해야 하는 추가적 책임감 때문에 지쳐 있었다. 나리타 씨의 상사도 우울증으로 고생하고 있었기 때문에 나리타 씨는 병가를 내고 휴식을 취하라는 권유를 받았고 몇 주 후 회복할 수 있었다. 다른 55세의 자영업자 와타베 씨는 거품경제 붕괴로 한때 성공적이었던 그의 가맹점들이 도산하기 시작하면서 어떻게 자살 시도까지 내몰리게 되었는지에 대해 이야기했다. 와타베 씨는 재빨리 자금을 끌어 모으고, 임박한 파산 위험을 걱정하며, 많은 밤을 잠들지 못하고 보내며 점점 더 사지에 몰리게 되었다고 말했다. 이러한 서사는 장기화된 불경기에 놓여 있는 일본 남성들의 점점 더 고되어지는 노동 조건을 증명하며, 우울증이 어떻게 업무상의 위험으로 이해될 수 있는지를 시사한다.

내가 들은 남성들의 서사는 직접적인 "과로 우울증"이 주를 이루었지만, 일부 남성들은 특히 만성적이고 반복적인 우울증을 겪은 후 그들의 병의 본질에 대해 깊이 성찰하고, 어떻게 그들의 업무 스트레스가 직장 밖의 문제와 밀접하게 얽히게 되었는지에 대해 자세히 설명하기도 했다. 고바야시 씨도 이 중 한 명이었는데, 그는 몇 년간의 고통 끝에 우울증을 업무 스트레스의 일시적인 징후일 뿐만 아니라 그의 삶에서 커져가는 모순의 형태로 이해하기 시작했다. 우울감에 시달릴 무렵, 그는 아내가 여호와의 증인 모임에 참석하고 있다는 것을 알게 되었다고 말했다. "저는 아내가 모든 일에 대해, 특히 아이들을 어떻게 키울지에 대해 얼마나 힘들어 하고 있었는지 깨닫지 못하고 있었어요. 제 일이 너무 바쁘다는 핑계로 아내의 고통을 알아차리지 못했고, 이를 알게 되었을 때 저는 공황 상태에 빠졌습니다." 그의 아내는 자녀 양육에 대한 새로운 생각을 강하게 제안했고, 고바야시 씨의 가족묘 관리를 거부했다(가족묘 관리는 가족의 연속성을 보존하는 중요한 행위로 간주된다). 직장생활과 가정생활 모두가 무너지기 시작하면서, 고바야시 씨는 자신의 개인적인 열망이 삶에 부담을 주고 있다는 사실을 직시할 수밖에 없었다. 젊은 시절 가정 형편이 어려워 대학에 갈 수 없었지만, 정부 부처에 입사한 후 야간 학교를 통해 학사 학위를 취득했다는 이야기를 해주었다. 덕분에 그는 기대했던 것보다 더 높은 지위에 올랐지만, 여전히 중앙 부처의 최고 엘리트들과 지방 정부의 (비슷하게 거만한) 부장들 사이에서 중개자 역할을 해야 했다. 고바야시 씨는 일에 있어서의 믿음직함과 타인에 대한 끊임없는 배려로 많은 지지를 받았지만, 매년 500장의 연하장을 쓰는 등 모두와 원만한 관계를 유지함으로써 "자신의 능력 부족을 숨기려 한다는" 느낌을 지울 수 없었다. 그는 이러한 방법이 자신을 얼마나 완전히 지치게 했는지 깨달았다. 창문 밖으로 뛰어내리는 자신의 모습을 상상하면서 머릿속에 떠오른 것은 그가 업무상 돌이킬 수 없는 실수를 저질러 "부서지지지tsubusareru" 않을까 하는 두려움이었다고 그는 말했다.

병원에 입원했을 때 나는 아버지와 너무 이야기를 나누고 싶었어요. 그해 말에 아버지를 뵈러 찾아갔더니 아버지가 "나는 다 이해한다"라고 말했어요. 아버지는 내가 우울증에 걸렸다는 사실에 전혀 놀라지 않으셨어요. 저희 아버지는 그저 농부일 뿐이었지만 마을 의회에서 일을 하셨었기 때문에 [그게 어떤 일인지] 알고 계셨습니다. 아버지는 남들보다 앞서 나가는 것에 대해 걱정하지 말고 속도를 늦추라고 말씀해주셨어요. 저는 정말 안심이 되었어요. … 아버지는 한 번도 나에게 더 힘내라고ganbare 한 적이 없어요. 누군가에게 더 노력하라고 말하는 건 종종 목숨을 걸고 하라는 것을 의미하기도 하잖아요.

고바야시 씨에게 우울증에서 회복한다는 것은 자신이 살아온 방식을 비판적으로 재검토하는 것을 의미했다. 어려움을 겪으면서 그는 승진에 대해 너무 걱정하지 말라고, 그것 때문에 결혼한 게 아니라고 항상 말해주던 아내에게 고마움을 느끼게 되었다. 아내가 매주 자원봉사 활동을 하고 아이들을 정성껏 키우는 모습을 보며 고바야시 씨는 그녀의 종교적 믿음을 인정하게 되었다. "아내에게도 역시 삶의 목적ikigai이 얼마나 필요한지 깨닫게 되었지요." 그는 다음 승진을 위한 시험을 치르는 것에 대해 여전히 고민하고 있지만, "이 외에 내일 그가 할 수 있는 일"에 대해 걱정하느라 너무 많은 시간을 보내지 않기 위해 노력하고 있다. 고바야시 씨의 꿈은 10년 정도 정부 부처에서 일을 한 뒤 퇴직해서 고향으로 돌아가 농사일을 하는 것이다. "마지막 업무로 예산 편성을 한 번 더 하고 떠나고 싶습니다. … 제가 농부였다면 우울해지지 않았을 것 같아요."

다른 남자 환자들과 마찬가지로 고바야시 씨는 가족의 도움과 정신과 의사가 제공한 안전한 관계 덕에 점차 회복되었다. 의사들은 종종 이 우울증에 고통받는 남성들을 위해 의식적으로 업무 관계를 재현하여 그들의 상사 역할을 맡아 휴식을 취할 것을 지시하고 언제 복직해야 할지를 결정한다(Yoshimatsu 1987, Suzuki 1997). 고바야시 씨는 의사의 결정을 완전히 신뢰하는 것 같아 보였으며 "고야마 선생님은 제 이야기를 잘 들어주세요. 제가 삼 일간 쉬고 나서 다시 업무로 돌아가고 싶지 않았을 때 의사선생님께서 '저도 그래요.'라고 말씀해주셨어요. 이런 이야기들이 제 기분을 훨씬 좋아지게 해요."라고 말했다. 내가 면담한 남성들은 정신과 의사에게 권한을 넘겨 그들에게 자신을 맡김으로써 회복하였는데, 정신과 의사들은 환자들에게 친절한 안식처가 되어 손상된 자아감을 기르는 데 도움을 주었고 환자들은 이러한 관계 속에서 위안과 안정감을 느끼는 듯했다.

우울증의 의미들

그렇다면 "일work"은 일부 남성들이 자신의 우울증의 원인을 단순화하기 위해 사용했던 일종의 "변명"으로 간주되어야 하는가? 과로를 강조하는 정신의학의 지배 서사가 베테랑 정신과 의사가 말하는 우울증의 "일반적인 서사"로 기능하는 것은 확실하지만, 내가 만난 남성들은 진정으로 일을 가장 중요한 주제이자 그들 문제의 뿌리 깊은 곳에 있는 것으로 간주하는 듯했다. 그들의 서사는 그들이 일과 너무 하나가 되어버렸고, 깨어 있는 시간의 대부분을 일이 차지했기 때문에 직장 내부의 사소한 갈등이 자의식을 불안정하게 하고 심지어는 그들의 존재까지 위협할 수 있는 깊은 수렁을 열 수 있음을 시사했다.

예의 바르고 온화한 태도를 지닌 49세의 은행원인 다카시마 씨는 누구보다도 열정적으로 곤경에 처한 느낌을 토로했다. 그가 마침 갖고 있던 영국 산업혁명의 역사와 관련된 책에 대한 이야기를 나와 함께 나누기 시작하면서 다카시마 씨는 그의 우울증을 먼저 직장 내 소외의 결과로서 이야기하기 시작했다. 그는 1970년대 학생 운동이 남아 있던 시기에 마르크스 경제학에 심취하였고 명문 대학을 졸업했다. 사회적 약자의 필요를 위해 싸우는 변호사가 되겠다는 꿈을 좇는 대신, 부모님의 뜻을 따라 지방의 은행에서 일을 하기 시작했다. 이 시기가 오일쇼크 이후 일본 산업이 근본적인 구조 변경을 거치던 때이며 도요타의 엄격한 생산 관리가 새로운 시대의 모델로 칭송받던 때라고 그는 말했다. 그는 출판 중심지로 알려진 지역에서 대출 업무를 담당하게 되었는데, 그 지역에선 작은 공장들이 점차 소수의 대형 출판사에 귀속되어가고 있었다. 각각의 가게는 제본이나 페이지 장식 같은 출판 프로세스의 일부 과정을 전문으로 했는데 그들의 생계는 대기업의 변덕에 전적으로 달려 있었다.

> 이 작은 회사들을 담당하게 되었을 때, 저는 대학교에 있을 때보다 더 많은 경제 책을 읽기 시작했어요. 작은 회사들이 제본을 하면서 얼마 정도의 돈을 받는지 알고 계세요? 책 몇 천 권당 거의 센 단위(이제는 사라진 1엔보다 작은 단위)예요. 큰 회사들은 거기에다가 리베이트까지 요구한다구요! … 현실에서의 착취를 보고 있는 듯한 기분이었어요.

이러한 작은 공장들을 돌며 고객들과 신뢰를 쌓으면서 다카시마 씨는 자신의 일에서 의미를 찾기 시작했다. 그는 (명문대 졸업생으로서) 장래가

촉망되는 경력을 갖고 있었지만 대출 요청을 거절하는 것이 남성다움의 표시로 간주되었던 은행 문화에 항상 불편함을 느끼고 있었다고 말했다. "저는 고객들을 너무 아꼈거든요. 그게 제가 우울증에 걸린 이유예요. 직업을 잘못 선택했던 거죠." 다카시마 씨는 외환 부서 설립을 돕기 위해 부서를 이동했을 때, 즉 경력의 정점에 이르렀을 때 우울해지기 시작했다. 스파르타 문화로 소문난 타 은행에서 온 새로운 상사 밑에서 일하던 다카시마 씨는 새로운 업무에 적응하기 위해 일상적으로 아침 6시 30분에 집을 나서서 새벽 2시까지 일하기 시작했다. 그러나 상사는 다카시마 씨의 업무 스타일을 좋아하지 않았다. 상사는 다른 사람들 앞에서 다카시마 씨를 질책하곤 했으며, 다카시마 씨가 준비한 보고서로 책상을 내려치고 그를 꾸짖고 서류를 집어 던지곤 했다. "서류종이로 책상을 내려치는 그 소리를 잊을 수가 없어요. '쾅쾅.' 그때부터 제가 이상해지기 시작했어요. 상사는 자신의 업무 스타일을 제게 강요하기 시작했어요. … 저는 일에 자신감을 완전히 잃었고 제가 뭘 하고 있는 건지 스스로에게 묻기 시작했어요." 눈물이 나오기 시작했고, 그는 더 이상 출근을 준비하는 아침에 일어날 수가 없었다. 그는 곧 나카타 교수를 찾게 되었고, 그 후 거의 10년간 만나고 있었다.

여기까지의 다카시마 씨의 이야기는 내가 면담한 다른 우울증에 걸린 남자들 서사의 "전형"인 듯했다. 하지만 내가 그의 우울증의 원인을 업무 스트레스 때문으로 파악했다고 생각한 순간, 다카시마 씨는 갑자기 "[그의] 아내가 우울증의 또 다른 이유"라고 말했다. 다카시마 씨와 그의 아내는 자녀 양육에 대한 생각이 맞지 않아 사이가 좋지 않았다. 아내는 시어머니와 함께 살아야 했고(이는 일본에서 가정 내 불화의 원인으로 간주되어 이제는 점점 흔하지 않은 삶의 방식이 되었다), 이는 두 여자의 끊임 없는 전쟁으로 이어졌다. 아내는 이혼을 거부한 채 위층에 살고 있었고 그는 같은 집의 아래층에 살고 있어 마치 감옥에 살고 있는 느낌이 들었다. "저는 제 아이들을 사랑합니다. 아내가 애들에게 신경질적으로 소리 지르는 것을 참을 수 없어요. 제 어머니와 아내는 항상 싸워요. 정말 참을 수가 없어요." 직장과 가정에서 모두 궁지에 몰린 상태에서, 그가 평온함을 느낄 때는 자살 방법에 대한 복잡한 세부 사항을 고민할 때뿐이라고 말했다. 그는 그간 여러 차례 실패해온 자살 시도들에 대해 이야기하면서 그가 얼마나 "그 자신을 위한 절대적인 의미를 찾음"으로써 평화를 얻고 싶어 하는지에 대해 말했다. 그는 기차에서 본 거대한 보따리를 지고 다니던 등이 굽은 할머니 행상인에 대해 흥분해서 이야기하면서, 할머니는 그런 고생에도 불구하고 어떻게 삶을 이어가고 있는지 의아해했다.

> [제 우울증에 대한] 이유와 해결책을 생각해낼 순 있지만 그걸 실제로 실행할 수는 없어요. 전 그저 영원히 제 곤경을 분석하고 있을 뿐이죠. 아시다시피 열심히 일하는 사람들이 반드시 가장 많은 보상을 받는 건 아닙니다. … 농업혁명이나 산업혁명이 시작될 때 어려움을 겪는 많은 사람들이 있었죠. 그들은 도대체 어떻게 그 어려움들을 견뎌내고 살아남을 힘을 찾았을까요?

다카시마 씨의 꿈은 은퇴 후 대학원에 진학해 영국 노동자 계급의 역사를 연구하고, 사회적 약자들이 어떻게 사회적 어려움 속에서도 버틸 수 있었는지 이해하는 것이다. "은퇴까지 남은 시간, 그러니까 13년 하고 6개월 동안 버틸 수 있기를 바랄 뿐이에요."

이 남성들의 고통이 대부분 일에 의해 결정되기 때문에, 왜 그들이 그냥 일을 그만두고 다른 일을 찾지 않는지 궁금할 수 있다. 그러나 토마스 롤렌이 일본 은행원들의 삶을 묘사한 적이 있듯이, 종신고용이 아직도 규범적으로 여겨지는 사회에서 일을 그만두는 것은 사람들의 눈살을 찌푸리게 하는 이례적인 일이다(Rohlen 1942). 비록 이러한 사고방식이 1990년대의 경제 불황 이후 바뀌고 있는 것처럼 보이지만, 오랜 역사적 기간 동안 평생 고용을 잃는다는 것은 사회적 죽음과도 비견 가능한 일이었다. 이 뿌리 깊은 두려움은 내가 1년 동안 참석했던 우울증 지지 모임에서도 명백히 드러났다. 이 남성들은 대화 중 절반 이상의 시간을 어떻게 직장을 유지할 것인지 걱정하는 데 쓰고 있었다. 지지 모임의 오래 참여해온 기존 회원들은, 병가를 사용 중이지만 얼른 복직을 하고 싶어 하는 새로운 회원들에게 주의를 주곤 했다. 성급한 복직은 업무 능력을 더 떨어뜨릴 것이고, 이는 더 나아가 고용 가능성을 저해시킬 것이며 따라서 그들의 우울증을 더 악화시킬 수도 있다고 경고했다. 직장에서의 처우에 대해 분노에 차 이야기하면서 항의의 의미로 퇴사를 하겠다는 환상을 갖고 있던 다른 새로운 회원들에게는, 기존 회원들이 그들의 쓰라린 경험에서 우러나오는 이야기들을 해주었다. "회사가 우리에게 돌아오라고 애원할 것이라는 환상을 버려야 해요. 그만두라고 하는 것처럼 느껴져도 계속 버티고 다니세요." 다른 곳에서 (은퇴 후의 삶처럼) 대안적인 자아를 찾음으로써 완전히 회복되길 꿈꾸지만, 직장의 시스템과 그것이 제공하는 안정감을 감히 버리고 떠나는 남성들은 거의 없었다. 그리고 장기간 병가를 내고 있는 사람들은 종종 "제대로 된 남자"라면 일을 하고 있어야 할 대낮에 이웃들이 자기를 보진 않을까 하는 지속적인 불안감(그리고 그에 따른 수치심의 위험)을 표현했다. 직장에 묶여 있는 것은 축복이자 저주와도 같았는데, 비록 회사가 그들의 건강을 해치고 있더라도 그들이 오랫동안 연루된 시스템 밖의 삶을 상상하기 어려워 보였기 때문이었다.

놓아주기

우울증의 원인과 의미를 과도하게 자문하는 것은 이 남성들을 질서정연한 회사생활이라는 궤도에서 벗어나게 하며, 우울증은 이 과정이 일어나는 임계 공간liminal space에 해당한다. 그러나 일부 남성들은 그들의 고통을 통해 철학적 체념이라고 표현될 수밖에 없는 무엇인가에 도달한 것처럼 보인다. 오랜 세월 고생한 것처럼 느껴지는 63세의 과묵한 남성인 마치다 씨도 이 경우에 해당되었다. 그는 이전에 건설 회사에서 상무이사로 일했으나, 인터뷰 당시에는 생계를 위해 화장실 청소를 하고 있었다. 몇 년 전까지만 해도 그는 형제 세 명과 함께 회사를 운영하고 있었다. 그는 급하게 회사를 꾸려가던 힘들었던 시절과 사업이 점차 꾸준히 확장되면서 그들이 누렸던 성공을 회상했다. 하지만 모든 것은 거품경제의 붕괴와 함께 바뀌었다. 계약 건수는 줄어들기 시작했고 각 프로젝트의 수수료는 점점 더 줄어들기 시작했다. 이내 모회사는 마치다 씨의 회사와 같은 소규모의 자회사들에게 수익성이 별로 없는 일들만 던져주기 시작했고, 이 일조차 받지 않으면 향후 그들과의 사업을 중단하겠다고 위협했다. "이익이 아닌 손실을 만들어낼 게 뻔했기 때문에 그 누구도 원하지 않던 프로젝트라는 걸 알았지만, 어떤 계약도 거절할 수가 없었어요." (고이즈미 총리의 함께 "고통 나누기"라는 표어하에) 망해가던 대기업들을 보호해주는 조치들이 있었지만 마치다 씨의 회사처럼 소규모 회사들은 거의 보호해주지 못했다. 정부를 비난하기 시작하며 마치다 씨는 그답지 않게 흥분해서 말하기 시작했다. 회사를 살리기 위해 트럭과 다른 건설 기계들을 헐값에 팔아 넘기며 고군분투하던 도중, 마치다 씨의 형은 뇌경색으로 세상을 떠났다. 회사 경영을 이어받은 동생은 곧 알코올 중독에 빠져 간 손상으로 사망했다. 자금을 끌어 모아 직원들에게 매달 월급을 줄 수 있을지 걱정하던 마치다 씨는 자신에게 일어나고 있던 변화를 알아차리지 못했지만 점점 기력과 집중력을 잃고 잠을 자지 못하게 되었다. 파산 신청을 할 때쯤 그는 술에 쩔어 있었고 심각한 우울증을 앓고 있었다.

회사, 직원, 저축한 돈, 그리고 집까지 모든 것을 잃은 후, 마치다 씨는 지금의 단순한 삶에 "만족한다"고 말했다. 이 어려움을 겪는 동안 가족이 얼마나 자신을 지지해주었는지, 그리고 그게 어떻게 목숨을 끊지 않도록 도와주었는지에 대해 진솔하게 말했다. 그는 자금 관리의 걱정 없이 청소 회사에서 일하는 것이 정말 쉬운 삶의 방식이라고 강조했다. (그는 특히 그의 동료들에게 고마움을 표했다. 한 명은 은행원이었으며, 다른 몇몇은 전직 사장이기도 했던 그들은 모두 마치다 씨와 같은 "과거"를 갖고 있었으며 그들은 서로를 돕고 감싸주었다.) 그는 "매일매일 할 수 있는 일이 있다는 것에 감사하다"며 청소 일은 그 누구도 하고 싶어 하지 않는 일이었기 때문에 "더러운 것을 청소하고 치우는" 것은 의미 있는 일이라고 하였다. 그러더니 마치다 씨는 불교의 설법을 전하듯 어떻게 "인간이 일상에서 더럽

혀지고 삶이 끝없는 고통인지"에 대해 읊조렸다. 시모다가 원래 우울성 병전 성격을 "집착기질shūchaku kishitsu"이라는 용어로 칭했다는 점에 비추어볼 때 마치다 씨의 이 말은 흥미롭다. "집착shūchaku"은 어원적으로 불교 용어이자 산스크리트어(*abhi-niveśa*)의 번역어인데, 강박, 고착, 집념, 그리고 망상적 애착을 뜻한다(Hirasawa 1966: 49-52).[4] 환자들의 일에 대한 집요한 애착에 주의를 돌리기 위한 경우가 아니면 시모다는 우울한 사람의 본질을 도덕화하거나 환자를 바꾸기 위한 심리치료를 장려하지는 않았다. 그가 우울증 환자의 근본적인 병리를 묘사하기 위해 불교 용어를 사용한 것은 암묵적으로 회복을 위한 방법을 보여주는 것 같다. 즉, 세속적인 집착과 욕망을 버리면 내면의 평온함을 얻을 수 있다는 생각 말이다.

이러한 회복에 대한 토착 철학은 우울증 지지 모임에서 만난 다른 우울증에 걸린 남성들로부터 들은 이야기를 상기시켰다. 이들은 수년간 우울증과의 투쟁 끝에 "통제를 포기하는 것"[5] 외에는 아무것도 할 수 없다는 것을 어떻게 깨닫게 되었는지 설명했다. 실제로 이 집단에서 자연스럽게 나온 만트라는 다음과 같았다. "지금 여기 현재 당신이 겪고 있는 우울증에 집중하라. … 우울증에 깊이 몰입해라utsu ni doppuri tsukaru." 이 정신에 따라 한 회원은 그의 회복을 기쁘게 알리고는 "하지만 겸손함을 유지하기 위해 노력할 거예요. 그리고 열심히 노력하지 않으려고 노력하고 있습니다"라고 덧붙였다. 그의 말의 명백한 모순은 모두를 웃게 했다. 왜냐하면 이 노력은 그들 모두가 스스로에 대해 인지하고 있는 것이었기 때문이다. 이 지지 모임은 우울한 사람은 통제할 수 없는 일을 걱정하느라 "문제를 빌려오는" 경향이 있다는 것에 공감했다(Kondō

1999 참조). 그들은 우울증이 그들 스스로의 약점을 마주하게 만들었고 통제하고자 하는 욕구를 포기하게끔 만들었다고 말했다. 이는 내가 면담했던 다른 남성들로부터도 반복적으로 들었던 이야기이다(Ozawa-de Silva 2006 참조).

그들 중 대부분은 스스로의 한계를 인정하는 것이 자신이 얼마나 사회적 관계 속에 얽혀져 있는지 깨닫게 해주었다고 이야기했다. 앞서 언급한 자영업자 와타베 씨는 우울증의 원인이 자신의 성격이라고 이야기했다. "전 이기적인 사람이었고, 뭔가가 제 앞길을 막으면 쉽게 화를 내곤 했습니다. … 하지만 전 그 후로 바뀌었어요. 인생은 혼자 사는 게 아니고 그동안 언제나 많은 사람들이 저를 지지해주었다는 걸 알게 되었습니다." 그는 도움을 필요로 하는 사람들을 도와줌으로써 다른 사람들이 그에게 해주었던 일을 똑같이 보답하려고 노력 중이었다. (대부분의 면담 참가자가 자신의 경험을 나와 공유하는 것의 이유로 같은 이야기를 했다. 즉, 우울증으로 고통받는 다른 사람들이 그들 자신의 어려움으로부터 무엇인가 배울 수 있기를 바란다는 것이었다.) 은퇴한 한 과학 교수는 주변 사람과의 관계를 다시 만들어가는 것의 중요성에 대해 강조하며 이웃사람들과 "삶의 목적Ikigai 모임"을 시작했다는 이야기를 해주었다. 이 모임은 은퇴자들이 그들의 삶의 목적을 상기시키기 위해 각자의 전문 분야에 대해 이야기하기 위해 모인 곳이다(Plath 1980 참조). 우울증은 비록 분명 그들의 삶에 문제를 안겨주었지만, 그들에게 일종의 내적 자유를 가져다주는 철학적 경지에 도달하게 하는-힘들고 쓰라리긴 하지만-기회가 되어주기도 했고 직장 밖의 새로운 사회적 관계를 만들어가는 데 도움을 주고 있었다.

여성의 우울증: 권력 투쟁의 장으로서의 정신의학적 만남

> 일본 문화라는 큰 맥락에서 여성의 직업 정체성에 대한 서사 구
> 성은 중요하지 않다. 그들의 서사는 문화적으로 기념할 만한 대
> 상이 아니다. 실제로 그들의 삶은 일의 숙련도를 높여가는 목적
> 론적인 순서에 포함조차 되지 않는다.
>
> ─ 도린 콘도, 『자신을 빚어내기』(Kondo 1990: 259)

대중 담론에서 과로에 시달리는 직장인의 묘사가 문화적으로 동정심을
자아내게 하는 것과는 대조적으로, 최근까지도 여성 우울증에 대한 명
확한 지배 서사는 존재하지 않았다. 그리고 이는 의학적 담론에서도 어
느 정도 마찬가지인 듯하다. 정신과 의사는 주부들의 우울증과 젊은 여
성층의 우울증 환자가 늘어나고 있음을 지적했지만, 그들은 마치 여성
들이 겪는 고통의 본질을 제대로 파악하거나 설명할 수 없는 것처럼 이
여성들의 곤경에 대해서는 더 침묵했다. 내가 면담한 몇몇 베테랑 정신
과 의사들은 여성의 증상이 "명확한 형태를 갖지 않고", "이질적인 형
태"를 띠기 때문에, 그들의 우울증은 "쉬운 분류로 설명이 불가능"하며
우울증 모델에서 일탈에 가깝다고 주장했다. 여성의 서사에는 정신의
학적 지배 서사의 결핍을 반영하듯 남성의 서사가 흔히 가지고 있는 직
설적이고 획일적인 줄거리가 부족했다. 대신, 여성의 서사는 세 가지 유
형의 "결핍lack"으로 특징지어졌다. 사회적 및 의료적인 인정의 **결핍**, 의
료 전문가에 대한 전반적인 신뢰 **결핍**, 그리고 우울증의 의미에 대한 확
신 **결핍**이 바로 그것이다.

인정의 결핍

내가 면담한 많은 여성들은 다른 사람들이 자신의 고통을 알아주길 간절한 마음으로 바랐던 것을 설명하며 이야기를 시작했다. 59세의 유치원 원장 엔도 씨도 이런 경우였다. 그녀의 다정하지만 절제된 태도는 그녀가 겪은 조용한 고뇌를 더욱 드러내주는 듯했다. 그녀가 운영했던 유치원은 원래 사회복지학 교수였던 그의 아버지가 제2차 세계대전 여파로 가난한 지역에서 일하는 부모의 아이들을 위해 엔도 씨 가족이 살던 집에서 아이들을 보살피기 시작하며 설립한 곳이었다. 엔도 씨는 이 유치원을 이어받아 성공적으로 확장하여 현재 90명의 아이들을 수용하며 30명의 직원을 데리고 있었다. 어떻게 우울증이 시작되었는지 묻는 질문에 엔도 씨는 40대부터 갱년기 증상이 시작되었고("가장 활발히 일할 시기에 갱년기가 온다는 건 너무 힘든 일이에요.") 50세가 된 이후에는 그녀의 정신 상태에도 영향을 미쳤다고 회상했다. 그녀는 모든 일에 흥미를 잃었고, 아무도 만나고 싶지 않았으며, 아침에 일을 하러 가기에 몸이 너무 무겁게 느껴졌다. 가족은 그녀를 이해해주지 못했고 그녀의 절망감은 더욱 심해졌다. "가족들이 나에게 [힘을 내기 위해] 산책이라도 다녀오는 게 어떻겠느냐는 등의 아무것도 모르고 하는 말들이 상처가 되었어요. 가족들은 이런 걸 경험해본 적이 없었기 때문에 나를 이해해주리라 기대해봤자 소용이 없을 거라고 생각했죠. … 제가 느끼는 고통에 대한 명확한 지표 같은 게 있었으면 했어요. … 제 남편은 매우 건강한 사람이고 제가 그냥 게으른 거라고 생각하죠." 그녀는 다양한 의사들을 찾아 다녔고 "가슴의 무거운 납덩어리"에 대한 수많은 검사를 받았지만, 이런 전형적인 우울증으로 보이는 증상들에도 의사들 중 그 누구도 그녀의 고통을 덜어줄 수 없었다. 신경과 전문의에게 넘겨지게 되었을 무렵에는, 내가 만난 많은 여성들과 마찬가지로 그녀는 자신의 병이 치료할 수 없는 것이고 자살이 그 고통으로부터 벗어날 수 있는 유일한 방법이라고 믿게 되었다. "고통이 너무 심해서 다다미 바닥을 긁어댔어요…. 의사 선생님의 흰 가운의 소매를 붙잡고 뭐라도 좀 해달라고 입원이라도 좀 시켜달라고 간청했어요."

가족뿐만 아니라 의료 전문가로부터도 지속적으로 인정받지 못했다는 점은 면담에 참여한 여성들의 서사에서 두드러지는 주제였다(Lock 1987, 1991, 1993, Boddy 1989, Borovoy 1995, Martin 1987, Todeschini 1999a and b 참조). 한 번은 작은 병원에서 만난 유순해 보이는 여성의 거친 말투에 깜짝 놀랐던 기억이 난다. 그녀는 "제 주치의는 제 말을 잘 들어주긴 하지만 그가 어느 정도까지 이해하고 있는지에 대해서는 의구심이 있죠. 그 사람도 이 고통을 똑같이 느껴서 이게 얼마나 끔찍한 일인지 알 수 있었으면 좋겠네요."라고 말했다. 어떻게 다양한 의사들이 그들의 증상을 "진단할 수 없는" 것이기 때문에 "진짜real"가 아니라고 무시하듯 다루는지 많은 여성들이 묘사했다. 더 흔하게는 의사가 여성의 우울증을 "자율신경계 장애jiritsu shinkei shicchōshō"라고 진단을 내려 불특정 증상이라고 불릴 수 있는 "모든 것을 포함하는catch-all" 진단 분류 범주로 정의한다(Rosenberger 1992).[6] 여성 우울증을 진단하는 것이 어려워 보이는 이유에 대해 물었을 때, 일부 정신과 의사들은 일반 의사들이 기저에 있는 우울증을 발견하지 못하는 이유(혹은 적어도 정신과 의사에게 인계하지 않는 이유)는 여성들이 종종 복잡하고 이질적인 신체적 통증을 이야기하기 때문일 수도 있다고 지적했다. 그러나 의사들이 언급했듯이 일부 일본 남성들도 동일하게 복잡한 신체 증상에 대해 호소하기 때문에 이 이유만으로는 여성 우울증의 의학적 진단에 대한 실패를 설명할 수 없는 것처럼 보인다.

이는 증상 표현과 귀인causal attribution에 대한 여성들의 방식과도 관련 있는 두 번째 설명으로 이어지는데, 여성들은 우울증을 과로의 직접적인 결과로 보는 것이 아니라 우울증의 여러 가능한 원인들을 제시한다는 것이다. 엔도 씨에게 우울증의 원인이 무엇이냐고 물었을 때, 그녀는 우울증에 시달리던 당시 자신이 어떻게 연이은 문제에 휩싸여 있었는지 설명하기 시작했다. 유치원에서는 조리사와 교사들 사이에 큰 갈등이 생겨 엔도 씨가 중재자로 개입해야 했다. 가정에서는 언니가 자기 사위의 사업이 파산하자 엔도 씨와 함께 살기 시작했다. 언니 사위의 사업 보증인이기도 했던 엔도 씨는 갑자기 빚더미에 앉게 되었다. 남편의 큰 도움 없이 그녀 스스로 모든 짐을 지고 있는 듯했지만, 그녀에게 버팀목이 되어주던 아들이 결혼하여 출가하자 그녀의 외로움은 증폭되었다. "저는 매일매일 너무 지쳤고 하루의 끝에서도 피로를 떨쳐버릴 수가 없었어요." 이러한 서사는 여성의 삶이 여러 요구가 경합하는 다른 역할들로 분화되고 있는 방식을 반영했다. 그러나 복잡한 감정 문제와 가정 문제를 강조한 것은 그들의 우울증이 애초에 더 심리적인 것처럼 보이게 만들었을 수 있으며, 이것이 의사들로 하여금 그들의 문제가 덜 걱정되고 덜 위급한 것으로 생각하고 다루게 했을 수도 있다고 생각한다. 이 때문에 직장과 가정에서 쌓인 명백한 "과로"와 스트레스의 경우에도 가족과 일반의의 눈에는 여성들의 이야기에서 일로 인해 야기된 우울증이라는 명확한 형태가 보이지 않았던 것이다. 예를 들어 번아웃된 직장인 남성의 경우라면 초과근무 시간에 대해 이야기만 해도 과로로 인한 우울증임을 나타내는 데 충분했을 텐데 말이다. 다시 말해, 여기서 작동하는 것은 젠더의 문화적 구성과 **공적인** 직장 업무와 **사적인** 가사 노동에 대한 차별적인 가치뿐만 아니라 **생물학적** 질병과 **심리적** 고통의 대립일 수도 있다.

이러한 인식의 부족은 여성들이 처음 도움을 요청했던 내과 의사들에게서 가장 두드러졌지만, 정신과 의사 또한 다른 종류의 "우울증"에 대한 도덕적이고 암묵적으로 젠더화된 순서를 갖고 있는 듯했고 이는 그들이 여성 우울증을 다루는 방식에 영향을 미쳤을지도 모른다. 내가 관찰한 임상에서 정신과 의사는 여성의 가정 내 스트레스를 확실히 인지했고 감정노동의 중요성을 경시하는 경우는 거의 없었다. 그들은 과로의 개념을 여성의 어려움을 포함하는 것으로 넓게 해석했고, 여성들이 고된 상황에서 자신이 감당할 수 있는 것 이상으로 무리해왔다는 점을 계속해서 이야기했다. 그러나 정신과 의사는 생물학적 형태의 우울증(내인성 우울증)과 심리적으로 야기된 우울증(신경증적 우울증) 사이의 전통적인 구분을 또한 강조했고, 후자의 경우는 덜 중요하게 다뤘다.

정신보다 육체를 중요시하는 정신의학적 위계는 49세의 시립 도서관 사서 나가노 씨의 경험에서 여실히 드러나는 듯했다. 그녀는 자신이 행정직에서 관리직으로 승진할 때쯤인 5년 전 우울증이 시작됐다고 말했다. 업무의 성격이 갑작스레 바뀌면서, 나가노 씨는 "떨림(진전 증상)"을 느끼고 집중력을 잃었고 잠을 자지 못했다. 갱년기 초기 징후가 아닌가 싶어 심료내과(일본 정신의학의 유사 분과)의 권위자를 찾았지만, 자율신경계 장애로 진단받았을 뿐이다. 의사에게 남편과의 (심리적) 문제에 대해 이야기할 때 우리 둘은 "성격적으로 맞지 않는다"고 말했기 때문에 그 의사가 성의 없게 치료를 해준 것임이 틀림없다고 그녀는 생각했다. 의사가 그 자리에서 "그런 말씀을 하시면 안 되죠"라고 꾸짖고 설교와 훈계를 하기 시작하자 나가노 씨는 당황했다. 의사의 치료에도 불구하고 같은 증상을 계속 겪었지만 주변 사람들은 그녀의 병이 심각한 것이 아니라고 넘겼다. 그녀가 두 번째로 만난 의사는 심리치료사였는데 그는 "당신의 문제는 결혼생활 문제네요"라고 단도직입적으로 말했다(나가노 씨는 "마치 그게 문제의 전부인 양 말이죠."라고 말했다). 상태가 점점 더 악화되었기 때문에, 그녀는 이 문제가 그리 간단한 것이 아님을 알았다. 세 번째로 만난 정신과 의사는 "[그녀의] 기분에 따라 그의 결정이 흔들렸다." 그는 그녀가 얼마만큼의 약을 늘려달라고 부탁을 하든 처방을 해주었으며 결국 그녀는 과복용으로 인한 부작용으로 고통받게 되었다. 나가노 씨는 완치까지 얼마나 걸릴지, 어떤 목표를 위해 노력을 해야 할지 전혀 알 수 없었다.

의사에 대한 신뢰 결핍과 치료법 찾기

의료적 인정의 결핍은 필연적으로 여성들 사이에서 또 다른 결핍, 즉 의사에 대한 전반적인 신뢰 결핍으로 이어졌다. 많은 여성들은 자신들을 내게 소개시켜준 현재의 정신과 의사와 원만한 관계를 유지함에도 불구하고 의료진에 대해 노골적으로 비판적이었다. 이러한 여성들의 비판은 부분적으로는 의사들에 대한 (높은) 기대와 그들이 인식하기에 의존성을 만들어내는 의료의 온정적 간섭주의에 대한 강한 양면성 때문인 것처럼 보였다. 높은 평가를 받았던 『의존의 해부학』(1973)이라는 책에서 도이 다케오는 일본식의 관계에서 어리광amae에 부여된 긍정적 가치를 분석했고 상호의존과 상호연결성에 대한 열망이 "일본인의 자아"의 핵심을 구성한다고 주장했다. 이러한 의존의 중요성을 고려할 때 (적합한 정신과 의사를 찾을 때까지 집요하게 탐색을 했던) 이 여성들이 이러한 의존에 대해 얼마나 자주 노골적으로 분개했는지는 흥미로운 지점이다. 많은 여성들이 심리치료적으로 접근하며 공감해주는 것처럼 보였던 의사들이 자신들에게 의지해도 된다(어리광을 부려도 된다amaeru)고 했지만, 결국 마지막에는 배신감을 느끼게 되었다고 이야기해주었다. 예를 들어 30세의 가와노 씨는 명문 대학을 졸업한 후 우울증 때문에 주로 집에 머물렀다. 그녀는 자신이 만났던 9명의 의사들을 묘사하며 "믿음"이 어떻게 항상 "배신당했는지"에 대해 이야기했다. "의사들한테는 나한테 일어났던 나쁜 일들에 대해서 이야기하지 않는 편이 나아요. 내가 했던 말이 결국 나 자신을 따라다니며 괴롭히거든요.. 그리고 이상한 방식으로 상처를 받게 되죠." 도서관 사서 나가노 씨는 정신과에서의 만남에 있어 권력의 복잡한 역학에 대해 가장 열심히 이야기했다. 그녀는 현재 주치의인 다나카가 "내가 그에게 의지하게 될 절대적인 관계를 만들려고 하지 않기" 때문에 그를 신뢰한다고 말했다.

정신과 의사들이 어떻게 환자들을 통제하는지 아시잖아요. 환자들은 쉽게 회복되기를 원하기 때문에 그걸 간절히 원하기도 하죠. 하지만 한번 업히고 나면, 그다음에는 팔로 안아주길 바랄 거에요. 다나카 선생님은 그걸 피했어요. 내 존재의 중심에 침범하지 않았죠.

남성들이 정신과 의사들의 자비로운 온정적 간섭주의에 고마움을 표하고 그들의 보호 아래 어려움을 이겨내는 것처럼 보였으나, 여성들은 의사들이 겉보기엔 좋은 뜻처럼 보이지만 의존을 부추기는 시도를 하는 것이 무기력감을 강화시켰다는 이야기를 반복적으로 했다. 그래서 필사적으로 자신에게 맞는 의사를 찾는 것이 그들에게는 통제감을 회복하기 위한 방법이 되었다(Whyte 1997, Janzen 1978, Garro 1994 참조). 그러나 내가 몇 년간 봐 온 안타까운 몇몇 사례들에서는 이러한 여성들이 의료진의 눈에는 "문제적 환자"나 심지어는 "성격 장애 환자"가 될 위험이 컸고 이는 양쪽 모두가 불신의 악순환에 빠지게 되는 결과를 초래했다.

명백하게도, 여성들이 의사와 신뢰 관계를 쌓아가는 데 어려움을 겪었던 데에는 정신의학적 만남의 암묵적으로 젠더화된 특성과 관련이 있었다. 이 여성들이 상담한 정신과 의사들은 대부분 남성이었는데, 이는 두 가지 측면에서 공감의 영역에 문제를 일으키는 것처럼 보였다(미국 정신의학 수련에서 공감의 활용에 대한 놀라운 연구는 Luhrmann 2000을 참조하라). 첫 번째로는 성별 차이로 인해 정신과 의사들의 공감이 부족한 지점이 있었다. 일부 남성 정신과 의사들이 인정했듯이, 그들은 남성 환자들의 고통을 좀 더 이해하고 공감하는 경향이 있었다. 37세의 한 의사는 이것저것 물어보지 않고도 중년 직장인 환자들의 고통이 어떤 것인지 그냥 "알겠더라"라고 말했다. 그 스스로가 병원에서 "중간급 관리자"였기 때문에, 그 역시 환자들처럼 직업에 있어서 같은 종류의 책임감과 압박감을 느끼고 있었다. 이와는 대조적으로, 여성들의 고통은 덜 중요해 보였고 그래서 그들과 공감하는 건 더욱 어려운 일이었다. 이는 의사가 보기에는 문제를 겪는 대부분의 여성들은 의사들이 공감할 수 있을 만큼 사회적 책임감을 가지고 있는 것처럼 보이지 않았기 때문이다. 흥미롭게도 내가 일본의 한 정신의학 저널에 우울증의 젠더화에 대한 논문을 발표한 후, 많은 정신과 의사들이 학회 때 다가와 내 논문이 자신들의 공감이 얼마나 "젠더 편향적"이었는지 깨닫게 해주었다고 말해주었다.

두 번째로는 과도한 (혹은 잘못된) 공감의 문제가 있었다. 위에서 논의한 바와 같이, 일부 여성들은 친밀감과 의존의 정치를 둘러싼 정신의학적 만남이 얼마나 감정적으로 버거울 수 있는지에 대해 지적했다. 이 여성들 중 일부는 비록 치료가 성공적으로 이뤄지지 않았더라도 수년간 감정적으로 유대감을 느꼈던 특정 의사를 회상했다. 그들은 종종 이 의사들에 대한 양가적인 감정을 표현했는데, 어떤 경우에는 그 스스로 또 다른 치료 관계를 시작하거나 의사로부터 너무 많은 것을 기대하는 것에 대해 특별히 경계하도록 만들었다. 하지만 대부분의 일본 의사들이 체계적인 심리치료 훈련을 받지 않기 때문에, 이러한 심리적 문제를 거의 다루지 않는다. 결과적으로, 여성들은 의사들에 대한 양면적 감정을 그들 스스로 다뤄야 했고 치료 관계에서 불필요한 긴장을 만드는 데 일조했으며 불신의 악순환을 만들어냈다.

의미의 결핍과 도피의 문제

특징적으로 여성들의 "우울증"이 회복되는 데에는 의심의 여지없이 오랜 시간이 걸렸는데 이는 우울증의 원인과 그와 관련된 의미들이 여성 스스로에게 불확실했기 때문이다. 게다가 회복에 대한 그들의 생각은 두 가지로 나뉘었다. 첫 번째로 중년 여성들은 그 시점까지 남성과는 다른 경험을 해왔음에도 불구하고 통제를 포기하는 것의 필요성에 대해 이야기할 때 놀랍도록 남성들과 비슷한 이야기를 했다. 유치원 원장 에도 씨는 우울증을 통해 "자기 스스로 만들어내는 압박kioi"에서 벗어나서 이제는 "자연스럽게 내려놓을 줄" 알게 되었다. 나가노 씨는 자신에게 "조금 완벽주의적인 면"이 있어 감당하기 어려웠다고 말했다. 이제 그녀는 이전보다 더 느긋하고 활기차고 가족들과 가까워졌으며 그 어느 때보다 많은 친구들을 사귀었다. "우울증에서 회복되면서 제 스스로의 한계를 인정할 줄 알게 되었어요. … 제 불완전함을 인정하면서 자유를 얻었습니다." 두 번째로 내가 면담한 젊은 여성들은 이 같은 조용한 단념을 통한 "해방"의 감각을 찾은 것 같아 보이지는 않았다. 아직 경력 초기에 있는 그들은 과로에 대한 정신의학적 지배 서사를 자신의 이야기라고 편안하게 주장할 수 없었다. 직업 상태의 불안정성을 생각할 때 이들의 "우울증"과의 싸움은 직업적 정체성을 위한 투쟁과 얽혀 있는 경우가 많았다. 그리고 이들은 치료법을 간절히 찾으면서도, 혹시나 "우울증"이 **도피**의 위장된 형태로서 스스로 만든 것일지도 모른다는 두려움에 끊임없이 시달리는 것처럼 보였다.

이러한 긴장은 34세의 아오키 씨의 이야기에서도 명백히 나타났다. 그녀는 1985년 남녀고용기회균등법의 시행 이후 취업한 여성들의 첫 번째 세대에 해당했다. 이 법은 회사들이 여성 직원에게 제한적인 경력의 경로만을 정해주고 암묵적으로 조기 퇴직(보통 20대에 있는 사람들에 대한)을 종용하는 관행을 종식시키고자 만들어졌다. 같은 세대의 많은 여성들과 마찬가지로, 아오키 씨도 직업에 대한 열망과 기대감을 갖고 일터에 나갔다. 그녀의 첫 번째 직장은 극도로 일이 많은 출판사였는데, 이곳에서 그녀는 업무의 강도를 즐겼고 사무실에 있는 다른 경험 많은 선배 여성 직원들처럼 되기를 열망했다. 그러나 아오키 씨는 곧 눈 뒤쪽의 통증과 극심한 두통을 겪기 시작했고 수많은 의사들을 만나고 다양한 치료를 받았지만 아무것도 효과가 없었다. 부모님의 성화에 못 이겨 그녀는 일을 그만두고 치료법을 찾기로 결심했다. 회복될 가망이 없는 자율신경계 장애 진단을 몇 차례 받은 후, 그녀는 결국 심리치료사에게 넘겨졌지만 "말하는 치료법talking cure"의 효과에 대해서는 여전히 의구심을 갖고 있었다. "그 의사는 마치 그가 내 마음의 고민Kokoro no nayami을 들어주고 근저의 심리적 문제를 지적하기만 하면 내가 다 나을 거라고 생각하는 것 같았어요. 그는 당시 내가 겪고 있던 고통에 대해서는 별로 관심을 두지 않았어요." 아오키 씨는 절망한 나머지 "클로렐라"(영양제) 치료법을 행하는 미심쩍은 남자를 찾아가기도 했다. 그녀의 고통의 원인은 조상의 저주이며, 이를 없애기 위해선 "정화 의식"을 거쳐야 한다는 말을 들었을 때 그녀는 거의 그를 믿게 될 뻔했다고 웃으며 말했다. 다른 사람들에 비해 뒤처지고 있다는 생각에 괴로워하던 그녀는 30세가 되면 무엇을 하게 될지 계속 고민했고 이 때문에 "거의 죽고 싶을" 지경에까지 이르렀다.

마침내 대학 병원에서 "가면성 우울증masked depression" 진단을 받고 항우울제를 처방받았을 때 그녀의 고통은 "기적적으로 사라졌다." 제대로 된 진단 덕에 그녀가 그저 게으른 것일 뿐이라고 오랫동안 넌지시 이야기하던 아버지와 오빠 앞에서 "무죄가 입증된 듯한" 기분을 느꼈다고 말했다. 그러나 그녀는 곧 "우울증"의 불확실한 본질 때문에 부담감을 느끼기 시작했다. 그녀는 현재 작은 출판사에서 일을 하며 종종 증상이 재발하곤 하는데 "의료적 치료가 필요한 진짜 질병"과 "단순한 두통"을 어떻게 구분해야 할지 자주 고민하곤 했다. 이와 유사하게 우울증으로 고군분투하던 중 간호사로서의 꿈을 포기할 수밖에 없었던 31세의 노구치 씨도 "우울증의 애매함"에 대해 이야기했다. "우울증의 핵심이 되는 부분이 있지만 그 주변에는 많은 회색지대가 있어요. 기분이 가라앉는 것, 사회적으로 위축되는 것, 아침에 일어나지 못하는 것, 그리고 일을 할 수가 없는 것 등등이 있죠." 내가 만난 많은 여성들이 정신의학적 진단의 불확실성으로 인해 고통받는 것 같았다. 대학 졸업 후 집에만 있었던 31세의 가와노 씨는 "경력이 없는 것"에 대한 좌절감에 대해 이야기하였고 자신의 "우울증"에 대해 의구심을 표했다. "그냥 제가 아프고 싶었기 때문에 아프다는 환상을 만들었고 그래서 진짜로 아파졌는지도 모르겠어요." 갖가지 형태의 증상이 나타나는데다 마땅한 진단이 없는 상황에서, 이 여성들은 자신들의 "우울증"을 정당화시키고 싶은 욕구와 질병의 본질에 대한 의심 사이에서 괴로워하는 것 같았다.

이 여성들의 불확실성은 정신과 의사들이 그들의 우울증의 진위 여부를 놓고 의심을 표현한 것 때문에 의해서도 강화되었을 수 있다. 몇 년간 현지조사를 하면서 의사들이 경멸적으로 부르는 "자칭 우울증jishō utsubyō" 때문에 점점 더 많은 사람들이 병원에 오는 것을 보며 답답해하는 의사들을 자주 만났다. 1970년대에 일하던 정신과 의사들도 전통적인 내인성 우울증과는 다른 질병인 자칭 우울증과 비슷한 유형의 환자들이 병원에 늘어나는 것에 대해 논의하였다. 그들은 이런 "신경증적" 우울증의 형태를 "도피성 우울증"(Hirose 1977)이나 "미성숙형 우울증"(Miyamoto 1978)이라고 이름 붙였다. 그 당시에 그들이 논의한 환자들은 주로 젊은 직장인이었는데, 그들의 우울증은 일을 해야 할 때만 심해지는 것 같아 보였다. 정신과 의사의 눈에는 이 젊은 노동자들에게 전통적인 일본 직업윤리의식이 부족해 보였고, 그렇기 때문에 시모다의 우울증 환자 모델에서 벗어나는 것이었다(4장 참조). 1990년대 SSRI가 도입되고 새로운 우울증 환자의 물결이 시작되며, 정신과 의사는 누가 "진짜 우울증"을 앓고 있느냐의 문제에 직면하게 되었다. 심지어 이에 답답함을 느끼던 한 정신과 의사는 "모방 우울증gitai utsubyō"이라고 명명한 것에 대해 책을 집필했다. 이는 진정한 (생물학적) 우울증과 단순히 (심리적으로) 우울한 상태의 차이를 사람들에게 알리기 위함이었다(Hayashi 2001). 정신과 의사들은 종종 후자의 유형의 환자들의 성격을 문제 삼았지만, 내게는 이러한 담론이 위험할 정도로 도덕적 설명인 것 같다. 특히 집에 머무는 "생산성 없는" 여성의 경우 우울증이라는 진단은 과로하는 직장인의 "진짜 우울증"에 비해 도덕적 확실성을 확보하지 못하게 된다. 따라서 여성들의 고통을 표현하기 위한 문화적으로 알맞은 용어가 없기 때문에 여성은 일부 남성이 그랬던 것처럼 자신의 고통을 구조적 불합리성의 공적 산물로 묘사하지도 않았고, 그렇게 할 수도 없었으며, 이 고통은 주로 사적인 문제로 귀인하게 된다.

그러나 여기에서 논의된 젊은 여성들의 고충은 노동 인구에서 점차 불안정한 위치를 점하고 있는 모든 일본인들이 겪게 될 일의 예시가 될 수도 있다. 전후 고용제도를 특징짓고 공적 삶의 근간을 마련해주었던 평생직장과 종신 은퇴 제도가 무너지기 시작했다. 기성세대가 그랬던 것처럼 마치 가족 같은 조직에 얽매여 숨 막히는 느낌을 견디지 않아도 된다는 것을 의미한다고 해도, 청년 세대는 신흥 사회에서 실업의 위험에 직면했다(Dore 1958, Rohlen 1974a). 이러한 전환기에 속해 있는 젊은 여성들은 사회에서의 그들의 위치를 수용하고 일종의 조용한 체념을 하는 것으로 만족하기는 힘들어 보인다. 그들의 우울증 경험은 그들의 직업적 정체성에 대한 질문과 복잡하게 얽혀 있고, 가족은 이전에 그랬던 것처럼 심리적 성취의 주요 원천이 되어주지 못한다(Lock 1993 참조). 이러한 맥락에서, 통제를 체념함으로써 회복한다는 지역 토착적 개념은 더 이상 사람들에게 같은 종류의 해방감을 줄 수 없다. 이 개념이 현재 의료화의 세계적인 "프로작 서사"와 점점 더 대립하는 것처럼 보이기 때문이다. 조너선 메츨(Metzl 2003)이 지적하듯, 프로작 서사는 사람들이 약을 먹고 자기주장과 경쟁력을 발휘해 삶의 통제력을 갖기 위해 스스로의 한계를 넘어서는 능력을 강화시키도록 하는 "생산성 서사"이다. 여기에서 논의된 젊은 여성들은 이러한 정신의학적 담론의 확장이 유발한 근본적인 긴장 상태를 느끼고 있는 듯했다. 따라서 그들은 치료와 그들 고통에 대한 인정을 요구하기 위해 정신의학적 진단에 의지하지만, 이것이 궁극적으로 어떤 종류의 "치료"를 가능하게 할지 불확실한 상태에 있다.

우울증 탈젠더화에 있어서의 인과성의 정치

이 장에서는 일본에서의 독특한 우울증 젠더화의 배후에 무엇이 있는지에 대한 질문으로 시작하여, 어떻게 우울증에 대한 일본 정신의학적 지배 서사가 남성과 여성에게 균일하지 않은 헤게모니적 영향을 끼치는지, 그리고 어떻게 이것이 여성 우울증에 대한 인정의 결핍으로 이어질 수 있는지에 대해 논의하였다. 한편으로, 일본의 정신과 의사가 어떻게 우울증에 걸린 남성들에 대한 강력하고 공감할 수 있는 묘사를 만들어냈는지 매우 놀랍다. 예를 들어 새로운 신자유주의적 경제 질서에서 남성의 회사에 대한 헌신이 어떻게 더 이상 보상받지 못하고 있는지에 대한 묘사 말이다. 이러한 정신의학적 지배 서사를 반영하듯 우울증에 걸린 남성들은 주로 업무 스트레스로 인한 우울증에 대해 논의했으며, 일부는 명시적으로 자신의 개인적 고통을 인식할 수 있는 형태의 집단적 고통과 연결시켰다. 그들은 정신의학적 "우울증" 진단을 수용하고 정신과 의사와의 친숙하고 보호적 관계에 스스로를 내맡김으로써 우울증으로부터 회복하는 듯했다. 이는 특히 과로한 남성들에게 제도적으로 정당화된 형태의 일시적인 "도피처"를 제공했다. 다른 한편으로, 이 정신의학적 지배 서사는 여성의 고통에 대한 일본인들의 이해에 기이한 공백을 만들어내며 여성들의 주관적 경험에 실질적인 영향을 미치는 결과를 가져왔다. 여성들이 자신의 고통을 직접적으로 인식 가능한 우울증의 구조적 원인으로 귀인하는 경우는 극히 드물었다. 대신에, 그들은 의료의 온정적 간섭주의에 더 노골적으로 저항했고, 그들의 무기력감을 강화하는 것으로 보이는 임상적 만남을 비난했다. 여성들이 끈질기게 자신과 맞는 의사를 탐색하는 것은 통제력을 확보하는 방법이 되었지만, 그들이 문제적 환자라는 꼬리표가 붙을 위험도 야기했다. "우울증"에 대한 공적 정당성이 결여된 상황에서, 이 여성들 중 일부는 그들의 질병이 심지어 자멸적일 수 있는 "도피"의 연장일 수도 있다는 두려움에 고통받았다. 이러한 방식으로 우울증의 경험과 그것이 가져오는 성찰성은 젠더에 따라 다른 형태를 취하게 되는데, 이는 일본 여성이 일본 남성보다 더 고통을 받기 때문이거나 아니면 그 반대이기 때문이 아니라 그들의 사회적 고통의 본질이 다르게 구성되었기 때문이다.

이는 우울증을 탈젠더화하려는 세계적인 움직임과 함께 빠르게 변화하고 있다. 메츨(Metzl 2003)이 지적한 것처럼 프로작 서사는 생산성 서사일 뿐 아니라 "평등한 기회"의 서사이기도 하다. 특히 우울증이 생산성의 저하를 의미한다는 전제와 관련된 대중적 불안의 대상으로 떠오른 직장에서 말이다.[7] 따라서 남성의 우울증이 북미에서 새로운 위기로 빠르게 부각되는 가운데 우울증이 오랫동안 일터의 남성과 연관되어왔던 일본에서는 이제 여성들이 그들의 "숨겨진" 우울증을 인식할 수 있도록 깨닫게 해주는 정보들의 세례를 받고 있다. (보통 서양의 자료를 참고하는) 정신과 의사는 여성이 훨씬 더 우울증에 취약하다고 이야기하는 것을 듣고, 여성들은 점점 더 그들의 일상적 고통을 "우울증"으로 표현하는 데 익숙해지고 있다. 그리고 일반 의사 역시 우울증에 대한 인식을 바꿔가고 있기 때문에 이전에는 진단받지 못했을지도 모르는 "우울한" 여성은 이제 의료적 치료를 구하고 치료를 받기 시작했다(10장에서 더 논의됨). 일부 여성들은 우울증이 점점 더 "업무상의 위험"이자 경제적 보상을 받을 정당한 이유로 인정받고 있는 새로운 사회보장제도에 적극적으로 기대고 있다. 이는 법원이 과도한 업무 스트레스로 인한 것이라고 판단한 우울증으로 3년간 병가를 낸 여사원을 해고한 도시바(대형 전자 회사)에 책임을 물었던 한 여성 노동자의 최근 법적 승리에서 잘 드러난다(Asahi, 2009년 5월 19일a). 공적인 직업의 세계에서 여성이 점점 더 가시적이 되고 있다는 사실이 우울증이 남성과 여성 모두에게 고통을 줄 수 있다는 인식을 심어주고, 아이러니하게도 정신적 고통의 영역에 양성평등을 가져오는 데 도움을 주고 있다.

우울증에 대한 젠더적 표상이 변화함에 따라 인과성의 정치는 어떤 영향을 받게 될 것인가? 북미와 일본의 갱년기에 대한 담론을 대조하면서, 록은 보편 신체에 대한 생의학적 주장에도 불구하고 여성 질환의 구성은 단일한 과정이 아니라는 것을 보여준다(Lock 1993). 특히 록은 북미 여성의 연약함에 대한 도덕화된 담론을 조명했는데, 이 담론은 여성들의 "내재적인" 생물학적 취약성을 강조함으로써 여성을 병리화하는 역할을 해왔고, 오랜 기간 부인과학적 담론의 기반이 되어왔다. 여성의 취약성에 대한 유사한 담론이 역사적으로 일본의 의료계에서 덜 두드러지는 것 같긴 하지만(조사해야 할 것이 남아 있는 이유), 일본에서 우울증의 원인에 대한 독특하게 "사회화"된 담론이 일본 정신의학계에서 우울증이 오랜 기간 남성의 질병으로 취급되어온 사실에 어느 정도 기인하는지 질문을 던지고 싶다. 다시 말해, 우울증 환자의 개인적 취약성보다 사회적 스트레스를 강조해온 일본 정신의학의 꽤나 호의적인 담론은 결국 우울증에 대한 전통적으로 남성화된 이해의 산물로 볼 수 있을까? 그리고 만약 그러하다면, 점점 더 정신의학계의 관심을 받는 여성은 남성의 고통을 정당화해왔던 정신의학으로부터 비슷한 종류의 "지배 서사"를 부여받을 수 있을 것인가? 아니면, 서양의 일부 페미니스트 비평가들이 우려를 표명한 바와 같이, 정신의학이 여성의 사회적 곤경을 완전히 이해하지 않고 약을 먹으라고 종용함으로써 단순히 여성을 병리화하는 데 그칠 것인가? 현재의 의료화가 확실히 더 많은 여성들이 그들의 고통을 인지하도록 만들 것이지만, 이것이 그들에게 여성의 고통에 대한 사회적 인식을 불러올지, 아니면 개인의 생물학적 취약성에 책임을 전가함으로써 우울증에 걸린 사람들의 주장을 침묵시킬지는 여전히 불확실하다. 아마도 앞으로 주의 깊게 검토되어야 할 질문은 어떻게 정신의학이 우울증을 업무상의 위험으로 인정해주는 새로운 법적 제도와 연계하여, 사회적인 것과 생물학적인 것의 획일화된 이분법을 넘어서 우울증의 복잡한 원인에 대한 대안적인 이해 틀을 어떻게 제공할 수 있느냐 하는 것이다.

3부
사회 속의 우울증

3부에서 나는 진료실의 벽을 넘어 의료화의 영향에 주목한다. 또한 일반인들과 여타 전문가들이 사회적 질환을 표현하고 조사하기 위한 틀로써 정신의학을 어떻게 활용하는지 검토한다. 특히 과로 우울증과 자살에 관한 법률적 논쟁, 정신약리학의 성격에 대한 대중적 논쟁, 산업에서의 직업정신과학의 출현 등 의료화가 가져온 변화를 살펴본다.

9장은 과로로 인한 우울증과 자살에 대한 노동자들의 일련의 법적 승리를 통해 우울증의 사회적 기원에 대한 주장이 어떻게 힘을 얻었는지를 보여준다. 인류학자들은 최근 사회적 약자들이 의학적 진단과 환자 정체성을 통해 집단적으로 자신들의 희생자성을 주장하고 고통의 정당성을 확보해가는 새로운 형태의 "생물사회성"(Rabinow 1996) 및 "생물학적 시민권"(Petryna 2002) 개념에 주목해왔다. 여기서 나는 이러한 새로운 형태의 정당화가 어떻게 가능했는지를 논의하기 위해 일본의 과로 우울증과 자살의 역사를 간략하게 살펴본다. 정신과 의사들은 우울증과 업무 스트레스의 연관성을 조명함으로써, 의사와 변호사 그리고 우울증에 걸린 노동자들과 그들의 가족을 얽히게 만드는 초과노동에 반대하는 사회운동에 참여하게 되었다. 정신의학은 이로써 사회적 변화의 주축이 되었고, 특히 엄격한 직업 윤리를 내재화한 모범 노동자를 자살로 모는 현 상황에 대해 일본인들로 하여금 의문을 제기하도록 촉구하는 데 종종 사용되었다. 그러나 사회적 인과관계를 다루려는 정신과 의사들의 시도는 의료계 내에서 인식론적 긴장을 조성하고 있었는데, 노동자들의 심리적 고통의 본질에 대한 (과학적이라기보다는) 도덕적인 논쟁에 직면한 의사들은 "사회적인 것"을 어떻게 개념화할 것인지에 대해 결국 불확실한 채로 남게 되었다.

10장에서는 2008년과 2009년에 진행한 후속 현지조사를 토대로 10년간의 의료화의 전반적인 영향을 법률/정책 변화, 항우울제에 관한 공개 토론, 산업 관리라는 세 가지 측면에서 분석한다. 의료화의 모순적 영향을 논의하면서 나는 특히 "직업정신과학"의 부상에 초점을 맞춘다. 즉, 정부와 산업계는 의료 전문가에게 우울증에 걸린 노동자를 위한 과학적 관리 체계를 구축하도록 점점 더 많은 요청을 하고 있다. 그러나 의사, 국회의원, 산업관리자 등 다양한 행위자들이 개인 취약성의 본질, 업무 스트레스와 정신병리 사이의 인과관계, 그리고 우울증에 걸린 노동자를 가장 잘 다루는 방법에 대해 서로 다른 생각을 주장하기 때문에, 이 과학의 정치적 의미는 매우 모호하다. 나는 정신질환을 사회병리학으로 개념화하려는 역사적 시도를 반추하면서 새롭게 부상하고 있는 직업정신의학의 향후 정치적 함의를 고찰하려 한다.

마지막 11장에서 나는 우울증에 대한 담론을 통해 노동의 심리적 부담을 문제화하고 있는 세계 곳곳의 정치 운동에 비추어 의료화의 지역적 동력을 재고한다. 나는 계속되는 의료화의 막강한 영향력에 관해 탐구하면서, 생물학적 표준화의 세계적 경향에 반해 일본에서는 우울증의 사회적 병인에 대한 명료한 설명이 어떻게 확보될 수 있는지 묻는다.

9
정신의학을 통한 자살의 사회적 원인 규명
과로자살 사례

과로자살

이 책의 초반에 논의했듯이 과로로 인한 자살과 우울증은 2000년 일본의 가장 큰 광고회사인 덴쓰가 사망한 직원 오시마 이치로[1]의 가족에게 총 1억 6,860만 엔(당시 기준으로 156만 달러)를 배상하도록 한 2000년 대법원의 판결 이후 국가적 관심사로 떠올랐다. 이 금액은 일본에서 지금까지 노동자의 사망에 대해 지급된 최대 금액이었다. 대법원은 이치로의 자살 원인이 임상적 우울증이며, 이 우울증은 장기간의 과도한 노동에 의해 발병한 것이라고 판단했다(Asahi, 2000년 6월 23일). 이 판례에 이어 교사, 의사, 경찰, 도요타 같은 회사의 소속 직원의 자살에 관한 유사한 소송이 이어졌으며, 대부분의 판결에서 그들의 가족들은 승소를 거두고 경제적 배상을 받았다(Daily Yomiuri, 1999년 10월 11일, Amagasa et al. 2005). 이에 정부는 2006년 자살대책기본법을 시행하며, 자살은 개인의 문제가 아니라 "사회적 문제"로 판단되어야 하고, 2016년도까지 자살률을 20% 감소시킬 것이라고 공약했다(Asahi, 2006년 7월 16일).

실제로 자살은 오랫동안 사회적 인과성에 대한 찬반 논쟁의 격전지였다.[2] 1900년대 초반부터 구레 슈조와 같은 일본의 정신과 의사들은 사회적 곤경이 사람들을 자살로 이끈다는 통념을 비판하고, 자살은 개인의 병리학적 문제로서 진정한 원인은 이런 사람들의 병든 뇌에 있다고 주장했다(Kure 1917). 전후의 의사들은 이런 유전학적 결정론에 유보적 자세를 취하기도 했고 일부는 사회적 원인을 옹호(Katō 1953, Ōhara 1975, Inamura 1977)하기도 했으나, 우울증을 정신 질환으로 설명하려는 그들의 경향은 한 세기가 지나도록 자살에 대한 일본인의 통념에 거의 영향을 미치지 못했다. 일련의 과로자살에 대해 일본 정부와 대중 미디어가 새로운 인식을 갖기 시작한 1990년대에 들어서야 오랜 인식에 변화가 일기 시작했다. (일본 전체 자살에서 과로자살은 작은 부분에 불과하긴 하지만, 미디어에 자주 등장하면서 자살을 대하는 일본인의 태도를 변화시키는 데 상징적, 정치적으로 중요한 역할을 했다.) 과로자살 소송에 참여한 정신과 의사들과 변호사들은 자살이 개인의 의지나 의도성의 문제가 아니라 정신병리의 불행한 결과로 판단되어야 한다고 주장했다. 그들의 주장이 자살을 의료화하는 전통적 패턴과 명백하게 다른 지점은 그들이 자살의 사회적 원인을 주장하기 위해 정신의학적 개념을 활용한다는 것이다. 과로자살 소송에 적극적으로 합류하는 정신과 의사 중 일부는 1970년대 반정신의학 운동기에 직접적인 영향을 받았고 사회적 인과성을 지향하는 변호사들과 함께 자살에 대한 일본인의 생각을 변화시키고 있다. 그들은 자살의 병리학적 메커니즘을 강조하면서 기업들, 또는 일본 사회 자체가 이러한 사람들의 죽음에 어떻게 책임을 질 것인지를 묻는다 (Kawahito 1996, Segawa 2001, Asahi, 2000년 6월 21일).

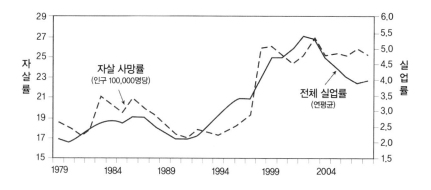

그림 9.1. 자살 사망률과 전체 실업률의 변화, 1979~2008
(출처: 국가정책기관의 2008년 자살 통계와 총무성의 노동력 조사, Kuwahara 2009)

  생물학적 환원주의라고 비난받아왔던 정신의학이 어떻게 자살의 사
회적 원인을 규명하는 도구로 쓰이게 되었는지를 이해하기 위해 나는
도쿄 지방법원에서 진행된 과로사 및 과로자살 사건의 재판 절차를 관
찰했고, 이런 사건에 참여하는 변호사들과 정신의학자들이 개최하는
학회와 연구모임에도 참석했다. 또한 각종 의료기관의 많은 정신과 의
사들과 면담을 진행하고 과로자살에 관한 정신의학 문서들과 법적 문
서들을 수집하고 정리했다.[3] 여기서 나는 먼저 정신의학적 주장에 근거
해 사회병인론을 확립한 덴쓰 사건의 역사적 과정에 관해 기술할 것이
다. 두 번째로, 정부가 "스트레스"와 정신병리학에 관한 새로운 개념을
도입함으로써 자살에 관한 사회적 주장에 어떻게 대응하는지 보여주려
한다. 셋째, 정신과 의사들이 유전적 결정론에서 사회병인론으로의 개
념적 전환 속에서 얼마나 깊은 갈등을 경험하고 있는지를 검토한다. 마
지막으로 정신의학에 의한 자살의 사회적 인과성 규명이 어떠한 결과

와 문제를 가져올지, 그리고 자살에 내몰리는 사람들에 대해 일본인이 생각하는 방식에 어떤 함의들이 있는지 질문할 것이다.

덴쓰 사건: 변호사들은 어떻게 자살의 사회적 원인을 규명했는가?

대법원의 덴쓰 사건 판결은 의심할 바 없이 사회정신의학과 노동자 운동의 승리였다(T. Fujimoto 1996). 원고 측 변호인 중 한 명인 가와히토 히로시는 1990년대 초반만 하더라도 사랑하는 가족의 자살임에도 가족들이 고용주에 대해 소송을 제기하는 것은 상상조차 할 수 없었다고 말했다. 당시에 이 소송에 대해 들은 사람들은 그 소송이 가족들에 의해 제기된 것이 아니라 자살로 인해 피해를 입은 회사가 제기한 것이 아닌지 묻기조차 했다. 덴쓰 사건의 판결 이후 상황이 달라졌고 자살이 정신의학적 문제라는 강력한 메시지가 퍼지게 되었다. 1996년 도쿄 지방법원에서의 1차 승소가 미디어에 의해 발표되었을 때, 많은 일본인들은 자살이 "우울증"이라 불리는 정신 질환에 의해 발생할 수 있으며 누구나 이 병에 걸릴 수 있다는 것을 아마도 처음 들었을 것이다.

덴쓰 사건의 오시마 이치로는 1990년에 입사했으며 사망 당시 나이는 24살에 불과했다(T. Fujimoto 1996, S. Fujimoto 2002 참조). 그는 고용 두 달 전의 신체 검사에서 어떤 이상도 보이지 않았고, 건강하고 운동을 좋아했으며, 성격은 활달하고 정직하며 인내심과 책임감이 강해 철두철미한 편이었다. 그는 라디오 부서에 배치되어 10여개 후원사의 홍보를 맡게 되었다. 일상적으로는 8시에 집에서 나와 한 시간 정도 통근을 하고 고객들과 제작사들을 다루는 업무를 수행했다. 낮에 이런 일들을 처리해야 했기 때문에, 저녁 7시쯤 저녁을 먹고 그 이후에 제안서 작성과 신규 프로젝트 조사 등의 다른 업무를 시작할 수 있었다. 이치로는 높은 성취 동기와 열정으로 상사들로부터 좋은 평가를 받았고, 더불어 그의 일과 책임이 늘어갔으며, 점점 자정이 넘어 집에 돌아오거나 사무실에서 밤을 세우는 일이 빈번해졌다. 1991년 봄에는 이치로의 잦은 야근을 들은 상사가 밤에 집에 돌아가라고 다그치기까지 했다. 그러나 그의 부서에 새 직원은 들어오지 않았고 그의 업무량도 역시 줄지 않았다. 1991년 여름 그의 상사는 이치로가 기운이 없고 불안한 눈빛에 창백하고 낙담한 듯 보인다는 것을 알아챘으며, 이치로 자신도 상사에게 자신감이 없어 잠들 수조차 없다고 말했다. 이치로는 사망 몇 주 전 여름의 큰 홍보행사를 준비하면서 나흘에 한 번씩 밤을 새며 일했고, "나는 아무짝에도 쓸모없다"거나 "나는 인간으로서 필요도 없다"는 비관적인 말들을 내뱉곤 했다. 8월 23일 오전 6시에 집으로 돌아온 이치로는 바로 오전 10시에 이벤트가 열리는 나가노로 향했다. 나가노로 가는 길에 상사는 이치로가 운전하면서 "혼령"이 나를 잡고 있다는 말을 중얼거리는 등 이상한 행동을 목격했다. 이치로는 며칠간 이벤트를 진행하고 8월 26일 나가노를 떠나 다음 날 오전 6시에 집으로 돌아왔다. 그는 9시에 회사에 병가를 알리고 한 시간 뒤 화장실에서 목을 매 자살했다.

이치로의 죽음이 과로에 의한 것임을 밝히기 위해 원고 측 변호인들은 다음의 세 가지 쟁점, 즉 (1) 스트레스 수준, (2) 이치로의 우울증의 존재와 특성, 그리고 (3) 자살의 성격을 밝혀야 했다. 무엇보다 그들은 이치로가 얼마나 많은 시간을 업무에 매여 있었는지를 보임으로써 스트레스의 심각성을 입증해야 했다. 그러나 이치로가 직접 기재한 업무시간 기록을 들여다보면서 명백해 보이던 일임에도 입증하기가 어렵다는 것을 알게 되었다. 보고서에 의하면 이치로의 초과 근무시간은 매달 48시간에서 87시간 사이를 오갔고, 덴쓰 노조가 정한 제한시간을 별로 넘지 않았던 것이다. 이 기록은 이치로가 수많은 밤샘을 하고 아침 6시에 집에 들어갔다가 8시에 바로 출근하곤 했다는 증언에 분명히 위배된다. 이 차이는 덴쓰 직원들이 자신들의 초과 근무시간을 더 적게 쓰는 관행에 의한 것이다(일본에서는 이러한 관행을 소위 "서비스 초과근무service overtime"라 부른다). 따라서 원고 측 변호인들은 야간 경비원들이 순찰 중에 여전히 건물 내에 있는 직원들의 이름과 시간을 기록한 보안 기록을 핵심 자료로 검토했고, 이치로의 실제 초과 근무시간이 매달 147시간에 이른다는 것을 계산해냈다. 이는 정상적인 근무 시간의 두 배에 해당했다. 피고 측은 이치로의 근무시간이 동료들에 비해 그리 많은 것은 아니며 그가 야근 시간 동안 다른 활동을 했거나 개인적인 일로 집에 가는 것을 피했을 수도 있다고 주장했다. 그러나 판사들은 이치로의 주간 업무시간이 광고주들과의 미팅과 통화 일정으로 이미 채워져 있었기 때문에 일을 마무리하기 위해서는 늦게까지 남아 있을 수밖에 없었다고 판단했다. 마감일을 지키도록 요구하는 상사의 압력을 고려할 때 이치로의 과로는 회사의 "일반적이며 포괄적인 지시"에 의한 것이라고 결론지었다.

둘째로, 원고 측 변호인들은 이치로의 과도한 업무로 인한 스트레스를 규명하면서 그가 과로의 결과로 우울증을 겪기 시작했다는 것을 입증해야 했다. 원고 측 변호인 후지모토 다다시는 너무 많은 스트레스가 정신 질환을 일으킬 수 있다는 어쩌면 "상식적인 생각"을 입증하는 것이 이러한 메커니즘을 설명하는 정신의학적 이론에 의지할 때는 매우 어려웠다고 토로했다(Fujimoto 1997:162). 이치로가 단 한 번도 정신과 의사와 상담한 적이 없다는 이유로 피고 측은 그가 우울증을 겪지 않았고, 피로가 우울증을 유발하는 것도 아니며, 그는 여자친구와의 관계가 나빠져 자살한 것이라고 주장했다. 그러나 원고 측 변호인들은 정신과 의사들의 전문적 견해를 구하면서 이치로가 1991년 8월까지 낙담, 무기력증, 비관주의 같은 전형적인 우울증 증상을 보였다는 것을 증명했다. 변호인들은 이치로가 장기간의 만성 피로, 수면 부족, 업무 스트레스로 인한 "피로 우울증fatigue depression"을 겪었다고 주장하면서 독일 정신과 의사인 킬홀츠P. Kielholz의 견해를 인용한 당시 마츠자와 병원장이던 가네코 쓰구오의 전문적 의견을 주요하게 여겼다. 그들은 또한 덴쓰의 비인간적인 직장문화에 의한 심리적 스트레스도 지적했다. 예를 들면 한 술자리에서 이치로의 상사가 자신의 신발에 맥주를 붓고 이치로에게 마시라고 강요했으며, 이치로가 거부하자 때리기도 했다는 사실까지 밝혀냈다(Fujimoto 1997). 그들은 어떻게 이치로가 육체적, 정신적으로 벼랑 끝까지 내몰렸는지 보여주었고, 업무 스트레스가 그의 우울증을 유발했다는 것을 성공적으로 증명해냈다.

마지막으로, 이치로의 자살에 대한 책임이 어디에 있는지, 즉 덴쓰가 그러한 위험을 예측할 수 있었는지, 그리고 회사는 직원들의 건강을 관리하는 데 얼마만큼의 책임을 져야 하는지를 둘러싼 논쟁이 남아 있다(Segawa 2001). 법학자인 오카무라는 일본에서 자살의 법적 정의가 "의도성과 자유의지"라는 관념에 기반을 두고 있기 때문에 회사들이 거의 책임을 지지 않았다고 지적한다(Okamura 2002). 행정 관료들 역시 자살은 원칙적으로 "의도적이고 고의성이 있는" 행위로서 배상의 범위 밖에 있는 것이라 간주해왔다(Hanrei Times 1998). 직원에 대한 배상이 이루어진 경우는 매우 드물며, 이는 자살이 명백하게 업무상의 사고로 발생한 경우에만 해당한다. 일례로 한 트럭 기사가 사고를 일으켰고 그가 누군가를 죽였다는 (잘못된) 생각에 사로잡혀 충동적으로 자살한 사건이 있다. 이는 고인이 그 상황을 충분히 이해하지 못한 상태에서 자살을 할 만큼 극단적인 심리 상태에 있었다는 것을 의미한다.[4] 그러나 덴쓰 사건에서 이치로가 그러한 정도의 정신병적 상태에 있지는 않았던 것으로 보이기 때문에 그의 자살이 병리학적인 것인지 자유의지에 의한 것인지 의문이 남아 있었다. 대법원은 이치로의 우울증이 만성 과로로 인해 유발된 것이라는 원고 측 주장을 수용하면서 그러한 반작용적 우울증이 그의 자살을 이끈 것이라고 결론지었다. 판사들은 그의 죽음 직전의 심리적 상태를 면밀히 들여다보면서 그가 중요한 프로젝트 완료 직후의 아침에 자살했다는 사실의 중요성을 지적했다. 그들은 판결문에 그 프로젝트의 종료가 이치로로 하여금 심리적 부담을 내려놓음kata no ni ga orita과 동시에 앞으로 그를 기다리고 있을 삶에 대한 두려운 예감과 절망을 만들어냈다고 기술했으며, 그의 생각하는 방식을 조정하는 우울증의 영향력하에서 충동적이며 우발적으로 자살한 것이라고 결론지었다. 대법원은 이치로의 상사가 이치로의 건강이 나빠지고 있다는 것을 인지한 이후에도 덴쓰가 그의 업무량을 조정하기 위해 어떤 구체적인 조치도 취하지 않았다는 점을 지적했다. 이 대법원 판결은 직원들의 스트레스가 적정 한계를 넘지 않도록 하고 직장에서 그들의 정신건강을 보호할 책임을 고용주들이 져야 한다는 공적 경고의 취지였던 것이다.

노동자의 정신건강 보호를 위한 새로운 시스템

새로운 가이드라인 제정

나날이 증가하는 과로자살 관련 소송은 직장 내 정신건강을 위한 새로운 가이드라인 제정으로 이어졌다(Kuroki 2003). 덴쓰 선고 이후 노동성 (Ministry of Labor)은 이 법리적 판결이 노동성의 노동기준감독서에서 만든 결정을 직접적으로 문제 삼고 뒤엎을 것이라는 큰 우려에 휩싸였다. 예를 들어 노동자의 과로자살에 대한 첫 번째 배상 요구서는 목을 매자살한 압축기계 기사의 부인에 의해 1989년에 제출되었다(Nishimori 2002). 그는 일상적으로 새벽 두세 시까지 일했고 집에서 잠깐 수면을 취한 다음에 다시 출근했다. 실제로 그의 초과근무는 매달 90시간에서 150시간에 이르렀고, 회사는 노동법규 위반을 피하기 위해 그의 부인 통장으로 임금의 일부를 입금하기조차 했다. 이따금 사직에 대해 언급하기는 했으나 강한 책임감이 그를 붙잡았고 팀 리더로 승진한 이후에는 더욱 그러했다. 과로자살을 택한 사람들은 종종 그의 동료와 상사로부터 매우 책임감 강하고 성실하다는 평을 받는다. 그들은 유서에 끝내지 못한 일에 대한 세세한 지침과 더 잘 해내지 못해 미안하다는 글을 적어두기조차 한다(Kamata 1999). 어린 아이들과 함께 남겨진 기사의 부인이 그의 자살에 대한 노동자 배상을 신청했음에도 노동기준감독서는 수년간 아무 응답도 하지 않았고, 1995년에야 그녀의 신청이 거절되었다고 통지했다. 그 부인은 감독서의 결정을 법원으로 가져가기로 결심했고 기나긴 싸움 끝에 1999년 드디어 배상을 이끌어냈다(Nihon Keizai Shimbun, 1999년 3월 12일). 유사한 법적 판결이 이어지면서 정부 정책과 사법적 판단 사이에 부인할 수 없는 괴리가 있음이 분명해졌고, 정부는 노동자 배상을 승인하는 절차에서 투명성이 결여되었다는 비난에 더 크게 직면해야 했다. 또한 이런 법적 행동을 취하는 가족들에게 소송은 그들의 아버지 또는 남편이 어떻게 그런 극단적인 정신 상태로 내몰렸는지 밝혀내고 그들의 죽음에 관한 "진실"에 도달하는 통로가 되었다 (Fujimoto 1997, Kawahito 1996, 1998).

스트레스의 표준화

비난 여론이 거세지자 노동성은 1998년 특별위원회를 조직하여 법학자들과 정신과 의사들의 의견을 수렴하여 정신 질환을 겪는 노동자들의 배상 승인을 위한 새로운 기준을 제정하고, 1999년 9월 전국의 노동기준감독서에 배포했다(Monday Nikkei, 1999년 12월 27일). 직장에서의 심리적 스트레스에 의해 유발되는 정신 질환에 관한 가이드라인은 검사관이 노동자의 스트레스를 측정하고 과로와 정신 질환의 인과관계를 판단할 수 있는 순서도와 일람표를 제공한다. 배상 승인을 위해서는 (1) 노동자가 정신 질환을 겪었고, (2) 병에 걸리기 반년 이전에 강도 높은 (심리적) 스트레스가 있어야 하고, (3) 그들의 정신 질환이 업무와 관련 없는 스트레스 또는 개인적인 이유로 발생한 것이 아니라는 것이 입증되어야 한다(정신 질환이나 알콜중독 전력이 없어야 한다). 이러한 조건이 충족되면, 그들이 겪은 스트레스 수준이 새롭게 규정된 스트레스 평가표 Stress Evaluation Tables에 따라 측정된다(Okamura 2002 참조). 이 평가 지표에는 업무에 관련된 스트레스와 관련되지 않은 스트레스로 각각 31개의 항목이 나열되어 있다. 업무 관련 스트레스의 범주에는 (1) 사고와 재난,

(2) 실패와 직무에 대한 과도한 책임, (3) 업무의 양과 질의 변화, (4) 고용 상태의 변화, (5) 직무 역할과 지위의 변화, (6) 대인관계에서의 문제, (7) 대인관계의 변화가 포함된다. 이러한 범주들의 하위 항목들은 특정 사건들을 묘사하며 책정된 포인트가 주어진다. 예를 들어 최고점 3점이 주어지는 가장 심한 스트레스는 중상 및 교통사고를 당하는 사건, 직무상의 중대 실수에 따른 퇴직 강요 등이 해당된다. 낮은 포인트(1점)가 매겨지는 경우는 승진, 상사 변경, 고객과의 마찰, 감독해야 하는 부하 직원 수의 증가 또는 감소 등이다. 업무와 관련 없는 심리적 스트레스 일람표에는 가족 구성원의 사망(3점), 이혼(3점), 임신(1점), 개인적 질환(2점), 금전적 손실(3점), 자녀의 입학시험(1점), 가정 환경 악화(2점), 전출(2), 친구의 배신(2점) 등이 포함된다. 컨설팅 전문가는 스트레스에 대한 각각의 점수를 합산하면서 이러한 스트레스가 실제로 업무 및 직장 대인관계에서의 변화를 가져왔는지, 업무 스트레스가 개인적 스트레스에 비해 과도했는지를 판단한다. 이후, 업무 스트레스가 매우 심각했으며 그 결과로 노동자가 정신 질환을 겪은 것이라고 결정되면, 최종적으로 배상 승인이 떨어진다. 이 스트레스 평가표는 각 사건들을 표준화하고 처리 속도를 높일 수 있도록 제작되어 모든 신청서를 처리해왔던 노동성만이 아니라 각 감독서에서도 결정이 이루어질 수 있게 되었다. 한편으로 이러한 정책은 일본 정부가 스트레스와 정신 질환의 인과성을 받아들일 준비가 되었다는 것을 분명히 한다.

정신의학의 전통적 질병 분류 방식에 도전하기

정신과 의사에게 가장 충격을 준 두 번째 변화는 이 가이드라인이 공식적으로 일본 정신의학의 전통적인 질병 분류 기준을 폐기했다는 것이다. 이전에 정신과 의사들은 자살의 원인을 판단하는 데 있어서 내인성 endogenous 또는 반응성reactionary 우울증이라는 전통적 개념을 활용했다. 정신과 의사가 만일 내인성 우울증이라고 진단 내린다면, 그 원인이 잠재적으로 노동자의 성향에 있는 것이기 때문에 배상의 가능성이 현저히 줄어든다. 실제로 덴쓰 사건의 도쿄 고등법원 2심에서 피고 측 변호사가 이치로의 진지하고 지나치게 세심한 성격(멜랑콜리 유형)이 내인성 우울증의 징후라는 일본 정신의학의 기준을 근거로 주장하면서 논쟁이 되었던 지점이었다. 도쿄 고등법원은 노동자의 허약한 체질에 대해 회사가 책임을 져선 안 된다는 피고 측 주장을 일부 받아들였고 상대적 과실을 계산해 배상액을 30% 감액했다. 1997년의 판결은 분명하게 우울증에 관한 전통적 정신의학 이론을 반영한다.

> 모든 사람이 과로하거나 스트레스를 받는다고 해서 우울증에 걸리는 것은 아니다. 개인의 체질과 인성 역시 우울증을 발생시키는 요인이다. 이치로는 진지하고, 책임감이 강하며, 철저한 완벽주의자에 가까워, 자신의 능력을 넘어서는 수준으로 업무와 책임을 스스로 감당하는 성향을 보였다. 그의 소위 우울성 병전 성격이 그의 업무량을 늘리는 결과를 가져왔고, 업무 지연과 부적절한 업무관리로 이어졌으며, 그가 통제할 수 없는 수준의 업무의 결과를 염려하는 상황을 만들어냈다는 것을 부인할 수 없다(Tokyo High Court 1997).[5]

이렇듯 질환성 성격 이론은 과로로 인한 우울증과 자살 사건에 일상적으로 적용되어왔다. 그럼에도 불구하고 대법원은 동일한 유형의 업무를 담당하는 노동자의 성격이 집단 내에서 예상되는 범위 안에 있다면 상대적 과실의 원인으로 사용되어서는 안 된다고 판결했다. 대법원은 "고용주는 노동자의 다양한 성격 유형을 수용하고 그에 적합한 업무에 배정할 의무가 있다"고 덧붙였다. 이 판결은 법적 결정이 이루어지기 전에 질환의 원인을 선천적인 것으로 방향 지었던 일본 정신의학의 "내인성" 병인학 전통에 도전한 것이었다(Kuroki 2000a).

이 판결에 대응하여 정부는 정신 질환이 개인적 요인과 사회적 요인 간의 상호작용의 결과로 분명하게 개념화될 수 있도록 정신 질환의 "스트레스 취약성" 모델을 채택하였다. 또한 정부는 ICD-10을 노동자 배상 사례를 검토할 수 있는 표준 질병 분류로 채택하여 배상 대상으로 간주할 수 있는 정신 질환의 범위를 크게 확대했다(Daily Yomiuri, 1999년 4월 11일). 현재의 배상 가이드라인에는 ICD-10의 F0에서 F4 항목으로 분류된 모든 종류의 정신 질환이 포함되어 있다.[6] 이는 매우 급진적인 과정으로 국제적 질병 분류에 따라 기존 병인학 개념을 상당 부분 폐기하고, 거의 모든 형태의 정신 질환의 사회적 원인을 법적으로 검토할 수 있는 가능성을 연 것이었다. 다시 말하면, 내인성 우울증, 조현병 같은 정신 질환에 유전적 근거가 있다고 믿었던 전통적 일본 정신의학에 대한 심각한 도전이었다.

의지적 자살의 재정의

대중매체에 광범위하게 보고된 또 다른 중요한 변화는 가이드라인에서 자살이 재정의되는 방식이다(Watanabe 2002). 오카무라가 지적했듯이 법학자들은 자살이 "의도성과 자유의지"의 문제이므로 노동자 배상에서 제외되어야 한다고 오랫동안 주장해왔다(Okamura 2002). 따라서 배상 대상으로 고려될 수 있는 유일한 자살은 노동자가 자신의 행동의 결과를 납득하지 못했을 때 발생하는 급성의 정신병적 상태non compos mentis에서 실행된 것뿐이다. 만일 노동자가 유서를 남겼다면, 이는 개인의 상황과는 무관하게 정신적 능력이 존재했다는 것이 입증되어 자동적으로 배상의 범위 밖에 있는 행위로 간주되었다. 정신 질환에 대한 가이드라인의 폭넓은 정의는 이러한 관점에도 변화를 가져왔다. 즉, 노동자가 심각한 정신병적 증상을 보이지 않고 정상적으로 행동하는 것으로 보일지라도, 그들의 인식과 행동에 영향을 미치는 어떤 형태의 정신 질환을 겪고 있다면 그들의 자살은 병리적으로 유발된 것으로 간주될 수 있다는 것이다. 각종 미디어는 "의지적 자살kakugo no jisatsu"이 우울증의 결과일 수 있으며, 유서가 있다는 것이 반드시 정상적이고 의도적인 행동과 직결된다고 볼 수 없다고 강조했다(Asahi, 1999년 7월31일). 명백하고 오랜 기간 유지되어온 자살에 대한 문화적, 법적 가정이 변화하고 있었다.

이런 변화의 결과는 즉각적이었다. 1983년부터 1995년까지 12년간 노동성이 승인했던 정신 질환으로 인한 노동자 배상은 단 7건(자살 3건)에 불과했다. 1996년과 1997년에 2건, 1998년에는 4건, 그리고 1999년에는 14건(자살 11건)으로 증가했다. 가이드라인이 만들어진 이후 2000년에는 26건(자살 19건), 2002년 100건(자살 43건)(Nikkei, 2005년 6월 18일), 2008년에는 269건(자살 66건)으로 급증했다(Asahi, 2009년 6월 9일).

여타 논쟁들

스트레스는 객관화될 수 있을까?

이러한 정책 변화에도 불구하고, 법조계는 훨씬 더 과감한 결정을 내렸고 정부와 전통적인 정신의학자들로 하여금 정신 질환의 폭넓은 사회적 원인들을 수용하도록 압박했다. 이런 와중에 "스트레스"의 정의에 관한 첫 번째 논쟁이 발생했다. 통증과 마찬가지로 심리적 스트레스는 측정하기가 매우 어려운 부분이다. 누군가는 승진으로 인해 스트레스를 받을 수도 있고, 또 다른 이는 도전이라 여기며 즐길 수도 있다. 또한 어떤 날에는 유난하게 더 고객과의 문제를 심각하게 받아들일 수도 있다. 과로자살 사례를 다루는 정신과 의사들이 종종 강조하듯이, 심리적 스트레스는 주관적이며 노동자가 어떻게 경험하는지는 아무리 애써도 알 수 없는 경우가 많다. 정신과 의사들의 이러한 우려에도 불구하고, 노동성은 스트레스를 주관적 경험이 아닌 객관화할 수 있는 것으로 규정하고자 했다. 아마도 상대주의적 주장에 따른 불분명함을 피하기 위해 가이드라인은 객관성에 관해 다음과 같이 명시했다.

> 심사관은 스트레스 수준을 평가함에 있어 대상자가 그 사건에 주관적으로 어떻게 반응했는지가 아니라 동일한 직급의 노동자(같은 종류의 업무에 종사하고 같은 종류의 경험을 가진 직급의 노동자)가 일반적으로 어떻게 반응하는지에 근거해 판단해야 한다(Ministry of Labor 1999, Okamura 2002: 382에서 재인용).

그러나 도요타 노동자의 과로자살 사건을 주재하던 판사들은 "객관적 스트레스"에 대해 즉각적으로 의문을 제기했다(Nikkei, 1999년 3월 12일). 이 사건은 여러 측면에서 논쟁적이었던 것이다. 2001년 최종 판결이 "약자를 위한 승리"(Asahi, 2002년 6월 18일)로 신문에 자주 보도되었지만, 문제시되었던 남성은 가장 이상적인 "도요타인"이었다. 판결에 의하면, 도요타의 중간 관리자급인 그는 1988년 35세의 나이에 자살했는데, 모든 사람들에게 호감을 받았고 균형감각이 있으며 철두철미하고 진지하면서도 쾌활하고 편한 사람으로 평가받았다. 뛰어난 리더십을 보였으며 주변 사람들과 좋은 관계를 유지하고 자신의 생각을 표현할 수도 있었다. 다소 완벽주의 스타일의 그는 꼼꼼하고 예민했으며, 업무 부담을 혼자 떠맡는 경향을 보였다. 고등학교 시절 전국 체육대회에 조정팀으로 참가할 만큼 건강하고 운동신경이 뛰어났고, 대학 때는 럭비를 했고 취미로 등산을 즐기기도 했다. 좋은 아버지이자 헌신적인 노동자로서 업무에 대해 불평을 거의 하지 않았고 각종 도전에 충분히 대처하는 듯이 보였다. 그러나 그의 사망 전 즈음에 도요타는 노동자의 업무량은 줄이지 않으면서 야근 시간을 줄이고자 했는데, 이것이 그의 삶에 영향을 미치기 시작했다. 한 부분에서의 약간의 지연이 생산 시스템 전체에 지대한 영향을 미칠 수 있다는 "저스트인Just-in 시스템"의 압박하에서 그는 엄격한 마감을 지키며 일하게 되었는데, 부관리자로서 감독해야 하는 부하 직원들이 단기간에 두 배로 늘어나고 그의 부서에서 지연이 발생하면서, 그는 지키기 힘든 마감 일정에 맞춰 계획을 짜야 하는 것에 괴로워했다. 이즈음에 그는 6개월 뒤 어떤 마감일에 맞추어 해외출장 지시를 받았고, 시간 소모가 매우 큰 노조위원장 직무도 맡겨졌다. 그의 사망 두 달 전쯤 그의 부인은 그가 업무를 끝낼 수 없다는 불평을 하기 시작했다는 것을 알았다. 그는 갑자기 저녁 식탁 위에 디자인 계획서를 펼쳐놓기도 했고 한밤중에 깨서 업무 아이디어를 적기도 했다. 8월 25일 집으로 돌아온 그는 아내에게 오늘 회사 옥상에 올라가 뛰어내리려 하다가 아이들 얼굴이 떠올라 멈췄다고 고백했고 "더 이상 도요타의 방식을 따라갈 수 없다"고 말했다. 그날 밤 그의 부인은 태어난 지 한 달 된 딸과 함께 목욕하면서 조용히 흐느끼는 그의 모습을 보았고, 그는 다음 날 아침 병원에 들르기로 약속했다. 그러나 그는 동트기 전 집을 나와 근처 빌딩에서 투신했다.

즉각적으로 떠오른 논점은 그의 스트레스의 수준과 원인이었다. 당시 회사의 초과근무 축소 정책하에서 그의 업무 시간표에는 과도한 수준의 초과근무가 ("서비스 초과근무"와 자택에서의 업무 시간에 대해선 논쟁이 있지만) 드러나지 않았다. 이에 변호인 측은 그의 업무량이 동료들에 비해 많지 않았으며, 자살이 그의 약한 면, 즉 "병적으로 우울한 성격"으로 인해 발생한 사건이라고 주장했다. 이에 반해, 원고 측은 고려해야 하는 것은 업무의 양이 아니라 질이라고 주장하며, 회사의 새로운 정책하에서 단기간에 그의 업무가 증가했다는 사실을 강조했다. 나고야 지방법원은 스트레스 평가표에서처럼 스트레스가 "객관적으로" 어떻게 점수 매겨지는지가 아니라 노동자 스스로 어떻게 경험하는지가 더 중요한 문제라는 주장을 받아들였다. 더 나아가 근로조건 기준은 노동성 가이드라인대로 "평균" 노동자가 아니라 "스트레스에 가장 취약한" 사람들에게 맞춰져야 한다고 단언했다. 판결은 스트레스에 취약한 사람들의 인성이 같은 종류의 일을 하고 비슷한 연령과 경험을 지닌 노동자들 사이에서 수용할 만한 범위에 있는 한, 사용자는 심리적 스트레스에 보다 더 취약한 노동자들을 배제해서는 안 된다는 것을 분명히 밝혔다. 나고야 고등법원은 우울증의 인과적 메커니즘이 과학적으로 입증되지는 않았으며 정부의 가이드라인이 명확하고 충분한 기준을 제시하지도 못한다고 덧붙였다. 그럼으로써 법원은 정부가 노동 정책을 재고할 것을 촉구했다(Daily Yomiuri, 2002년 3월 30일).

누구의 스트레스 수준이 표준이 되어야 하는가?

도요타 판결은 스트레스에 대한 정부의 정의에 도전함과 동시에 기업들 또는 사회 자체가 "약자"의 요구를 수용하기 위해 얼마나 변화되어야 하는지에 관한 중요한 질문을 제기했다. 노동기준감독서가 이에 반대해 나고야 지방법원에 항소했지만 동일한 근거로 패소했다(Asahi, 2003년 7월 9일). 이 패소 이후에 후생노동성[7]은 고등법원이 그들의 기준이 적합하다는 것을 인정했기 때문에 이 사건을 대법원에 회부하지 않기로 결정했다고 언론에 밝혔다(Asahi, 2003년 7월 18일). 그러나 이 지점에서 판결은 이상하리만큼 모호하다. "스트레스에 가장 취약한" 사람이 근무 환경의 기준이 되어야 한다는 지방법원의 판단은 그 기준이 "평균" 노동자를 위한 것이어야 한다는 고등법원의 판단과 본질적으로 동일하다고 말하기 때문이다(이후에 누가 "평균" 노동자인지에 대한 질문이 제기되기는 했다). 나에게 이 이슈는 해결되지 않은 채로 남아 있었지만, 과로자살에 관한 스터디 모임에서 만난 정신과 의사들은 도요타 판결이 가져올 심오한 영향을 분명히 알고 있었다. 그중 몇몇은 노골적으로 비판했고 판결이 "너무 지나쳤다"고 말했다.[8] 그들은 이러한 판결이 진지하게 받아들여진다면 오랫동안 직장에서 배제되었던 정신 질환자를 수용할 만큼 일본의 근로조건이 근본적으로 변화되어야 할 것이라는 점을 알고 있었다. 이는 정신 질환자 개인의 책임을 묻기 이전에 그들에 대한 폭넓은 집단적, 사회적 책임을 어떻게 수용할 것인지와 관련이 있는 것이다(Fujikawa 2000, Asahi, 2001년 2월 23일 참조).

실제로 일부 정신과 의사들은 우울증의 "내인성endogeneity"에 관한 일본 정신의학의 오래된 가정이 정책 변화에 따라 폐기되는 모습을 보면서 사회적 인과성의 주장이 얼마나 확대될 것인지에 대해 불편한 기색을 보였다. 그럼에도 우울증에 관한 사회적 인과성 주장이 그들을 심하게 괴롭힌 것은 아니었다. 부분적으로 우울증 환자들이 그들 고통의 특정한 도덕적 당위성을 제공했기 때문인데, 지금까지 살펴본 대로 일본 정신과 의사들은 우울증에 걸리기 쉬운 성격이 이상적인 일본 노동자의 성격(근면하고 철저하며 책임감 있는)이라고 오랫동안 주장해왔었다. 그들은 일본의 직장문화 자체가 노동자들이 책임감을 뼛속까지 새길 정도로 그러한 인성을 재생산하고 보상하였기 때문에 이러한 노동자들의 자살에 대한 기업의 책임을 요구하는 것이 정당하다고 본 것이다. 그러나 조현병과 같은 다른 질병에 대해서는 훨씬 더 모호한 태도를 취한다. 즉, 조현병은 여전히 유전적 취약성에 근거해 그 책임을 암묵적으로 개인에 두고 있는 것이다. 일본 정부는 노동자 배상 범위를 대부분의 정신 질환으로 확대하면서 ICD-10 기준을 가이드라인으로 채택했기 때문에, 정신과 의사들은 이제 조현병도 사회적으로 발생하는가에 대한 더 이상 피할 수 없는 질문에 직면하게 되었다.

개인적 취약성에 관한 이 질문은 과로자살의 초기 사례 중 한 건에서 잠시 표면화된 적이 있다(Nakazono 1998). 1996년 덴쓰 1심 판결 후 한 달 즈음에 있었던 다른 판결 사례가 있었는데, 여기서 정신과 의사는 이 노동자가 조현병이 있으며 이는 업무 스트레스가 아닌 성향의 문제라고 분명히 밝혔다. 그 노동자는 명문대학을 졸업하고 1983년 고베의 철강회사에 입사한 고노 지로였다. 영어 실력이 좋은 그는 그 해 겨울 인도의 뭄바이 근처로 두 달간 출장을 가게 되었다. 그는 이미 인도에 있던 일본인 엔지니어와 1월 13일 도착하는 다른 두 직원의 통역 겸 조수 역할을 하고, 그들은 인도, 유럽 회사들과 거래를 진행할 계획이었다. 그런데 지로가 도착 이후 묵기로 약속되었던 인도 회사의 게스트하우스 사용이 어긋났고, 예기치 않았던 호텔 비용에 대한 인도 회사와의 협상도 소용이 없었다. 게다가 열악한 통신 환경 때문에 회사로부터 이에 관한 지시도 제대로 받을 수가 없었다. 엔지니어는 지로가 두 명의 직원이 도착했을 때 더욱 괴로워하고 자신의 잘못이 아님에도 숙소의 불편에 대해 거듭 사과하며 자책하고 있다는 것을 알아챘다. 1월 15일 지로는 천장을 멍하니 보며 이상하게 행동했고, 나중에 왜 그러는지 물었을 때 자신의 행동을 기억조차 하지 못했다. 1월 16일 직원들은 지로와 함께 뭄바이로 가서 본사와 연락하고 지로의 치료 방법을 찾으려 했다. 지로는 운전 중에 거의 말을 하지도 질문에 답하지도 않았다. 호텔 체크인 후에 지로는 엔지니어와 자신을 왜 일본으로 돌려보내려 하냐며 말다툼을 벌였고 그에게 방에서 나가라고 말했다. 그날 밤 지로는 자신의 16층 방에서 뛰어내려 그 자리에서 사망했다.

이 사건에 관해 조언한 세 명의 정신과 의사들의 진단이 모두 일치하지는 않았다. 첫 번째 의사는 업무 스트레스로 인한 반응성 정신 질환 진단을 내렸고, 두 번째 의사는 우울증 특징을 보이는 단기 반응성 정신 질환으로 그의 자살은 우발적인 것이라고 진단했다. 이 두 의사는 그러한 스트레스로 인한 중압감은 주관적인 것으로 정신과 의사들도 알기 어려운 것이라고 덧붙였다. 세 번째 의사는 조현병이라 진단하며, 이는 그의 개인적 성향에 의한 것으로 업무 스트레스는 단지 그것을 자극했던 것뿐이라고 말했다. 그러나 법원은 그가 이전에는 망상과 환각의 징후를 보이지 않았다는 이유로 조현병 진단을 인정하지 않았다. 법원은 지로가 외국에서의 어려운 상황 속에서 스트레스로 인한 단기 반응성 정신 질환 또는 반응성 우울증을 겪었고, 정신이 온전치 않은 상태에서 자살을 했다고 결론지었다. 이 판결은 정신과 의사들 사이에 진단이 크게 엇갈렸던 사례로 이후에도 의사들 사이에서 논의되었다(Nomura et al. 2003). 그들은 회사가 노동자의 질환을 업무 스트레스에 의한 것으로 인정하면서 합의로 마무리되었던 또 다른 조현병 사례도 함께 논의했다. 그러면서 그들은 어느 정도의 사회적 스트레스를 정신 질환의 원인으로 볼 수 있는지, 개인의 성향과 성격은 얼마나 고려되어야 하는지에 대한 문제를 제기했다(Nomura et al. 2003, Nakazono 1998).

덴쓰 판결 이후 정신 질환의 사회병인학에 대한 주장이 언론에서 많은 주목을 받았음에도 불구하고 노동자의 개인적 취약성이 문제가 된 사례들이 여럿 있었다. 일부 판사들은 배상 청구를 기각하거나, 노동자에게 일정 책임을 묻는 방식으로 상대적 과실 계상을 채택해 배상액을 대폭 줄이기도 했다. 유치원을 그만둔 이후 우울증에 걸려 자살한 유치원 교사의 사례에서도 그녀의 성격과 심리적 요인들에 큰 비중을 두었다. 이 사건을 다룬 오사카 고등법원은 상대적 과실을 따져 신청 배상액의 80%를 감액했다(Fujimoto 2002:145). 노동자와 가족에게 "정신 질환 병력 없음"이라는 사항이 가이드라인에 배상의 전제조건으로 명시되어 있다는 사실은 정신 질환의 사회적 인과성이 어느 정도까지 주장될 수 있는지에 대한 모호함을 시사한다(Nishimura 2001). 구로키가 지적하듯이, 개인과 가족의 문제로 다뤄지는 "사적 질환"과 사회적 책임이 요구되는 "공적 질환" 간의 구별이 모호해지면서 유전적 주장과 사회결정론적 주장의 갈등은 더 뚜렷해지고 있다(Nomura et al. 2003, Kashimi 2001, Kuroki 2000a).

노동자 자살의 책임은 누구에게 있는가?

정신과 의사들은 여전히 사회적 원인에 대해 의견이 분분하지만, 그들은 점점 더 정신 질환의 사회적 관리에 관여하고 있다. 2000년대 초반까지는 정신과 상담 없이 사망한 과로자살 사건에 대해서 그들은 단지 사후진단만 내릴 수 있을 뿐이었다. 지금의 정신과 의사들은 치료를 바라는 우울증 환자들은 물론이고, 자살의 위험을 피할 수 있도록 도우려는 가족들을 점점 더 많이 접하고 있다. 직원들의 우울증이나 자살, 그리고 소송 가능성을 우려하는 기업들도 그들에게 병가와 정신과 상담을 권하고 있다. 후생노동성은 100시간 이상 초과 근무를 하는 사람은 의무적으로 의사 검진을 받도록 노동안전법도 개정했다. 2006년에는 자살대책기본법이 제정되었고 자살 예방을 위해 정신과 의사들이 중심 역할을 할 것으로 더욱 기대되고 있다(Asahi, 2005년 7월 16일). 이는 오랫동안 자살을 낭만적이고 미적인 감각과 연계시키며 실제적인 중재를 거의 하지 않았던 일본인들의 태도에 변화를 가져왔다(Ochi 2002 참조). 정신과 의사들 스스로는 자살의 사회적 관리에서 기대하는 그들의 역할에 대해 어떻게 생각하고 있을까?

최근까지도 대부분의 정신과 의사들이 자살을 다루려 하지 않았다는 것은 과언이 아닐 것이다. 한 세기가 넘도록 일본 정신과 의사들은 자살이 대체적으로 정신 질환의 결과라고 주장하면서도, 자살을 개인의 자유의지로 간주하는 전통적, 문화적 정서에도 신경을 쓰지 않을 수 없었다. 이들의 양면성은 1960년대와 1970년대의 실존적, 인본주의적 관점에 관한 논쟁에서 분명하게 드러났다. 그들은 사람들을 죽음으로 몰았던 실존적 불안이 생물학적 접근법에 의해 치료될 수 있는지, 그런 사람들의 주관적 취약성은 결코 이해할 수 없는 것인지 질문했다. 이러한 식의 인본주의적 주장이 자살 예방의 어려움을 강조하기 위해 사용되기도 했다(Hanrei Times 1998 참조). 1985년 정신병원에 입원한 우울증 걸린 아들의 자살을 방지하지 못했다며 그의 부모가 병원을 고소한 사례가 있었다. 판사는 그 시기의 인본주의적 담론에 조응하여 의사와 환자의 치료 관계에서의 "개별성"을 강조하였고 결국 의사 측 손을 들어주었다.

> 결국 우울증은 단순히 일부 기관에 영향을 주는 신체적 질병이 아니라 인간의 깊은 곳에 근원이 있는 그 무엇이다. 따라서 정신적 증상을 측정하기 위한 기계적, 객관적 척도는 존재하지 않으며, 의사와 환자의 개인적 상호작용을 통해서만 포착될 수 있다. … 근본적으로 정신과 진료는 그러한 개별성과 치료자의 인격의 표출을 통해 존재할 수 있다(Nishizono 1986: 190에서 재인용).

이러한 추론은 우울증이 "신체적 질병"이고 자살은 항우울제로 치료될 수 있는 것으로 논의되는 현 상황에서는 아마도 통하지 않을 것이다. 당연하게도 내가 면담했던 대학과 정신병원의 의사들은 훨씬 광범위한 범주의 환자들을 치료해야 한다거나 자살 예방에 더 책임을 져야 한다는 것에 대해 별로 열의를 보이지 않았다. 이는 부분적으로 치료의 어려움과 우울증 및 자살에 대한 그들의 "객관적" 지식의 불확실성 때문인 것으로 보인다(Kuroki 2000b). 한 자살 관련 전문가는 다음과 같이 나에게 말했다. 과로자살 사례에 대한 정신의학 전문가 소견을 작성하는 것은 거의 "스토리텔링"의 영역이며, 이미 결론을 내린 상태에서 각종 정보를 조합하여 그것이 유전 관련 스토리인지 사회적 스토리인지를 만들어낸다고 말이다. 정신 질환에 관한 병인학적 이론의 많은 부분에 논쟁의 여지가 있기 때문에 "자연과학"의 측면에서 그들이 어느 쪽으로 결정할 것인지에 대한 근거가 매우 부족하다. 또한 그들은 정신의학적 감시의 망이 확대되는 것에 대해 발생할 수 있는 비난을 매우 경계하여 이러한 사례 자체에 연루되는 것을 주저한다.

내가 이 책을 마무리할 무렵, 정부는 표준건강검진의 일환으로 정신건강검진을 도입하겠다고 발표했다. 이는 매우 큰 진전이었는데, (정신질환자에 대한 낙인을 초래할 수 있다고 주장하는 저명한 정신과 의사들의 강력한 반대로 인해) 정부가 오랫동안 노동자의 정신건강 영역에 개입하는 것을 매우 조심스러워했기 때문이다(Asahi, 2020년 7월 15일).[9] 과로자살 사건의 승소를 위한 초점이 노동자의 "자기 책임"을 묻는 것에서 "기업의 책임" 요구로 옮겨지면서(Nikkei, 2004년 11월 8일, Nakajima 2001, Amagasa 1999a, 1999b, 2005), 정신과 의사들은 정신건강 관리에 어느 정도로 참여해야 하는지, 집단적 책임에 대한 요구가 결국 광범위하고 은밀한 사회적 감시로 이어지진 않을지에 대한 딜레마에 더 깊이 빠지게 되었다.

사회운동으로서 자살의 의료화

일본에서 자살의 의료화는 문화적 설명을 거부하는 것이 아니라 적극적으로 수용하려는 사회운동에 의해 가능하게 되었다. 즉, 과로자살 사건에 관여하는 정신과 의사들은 자살을 생물학적으로 야기된 것으로 재정의하려는 정신의학적 시각과 사회적으로 발생한다는 문화적 관점을 개념적으로 통합하고자 했다. 현재의 의료화는 고인의 실존적 고민이나 의도성을 부인하는 일종의 생물학적 개인주의로 바뀌지 않았다. 정신과 의사들도 억압받는 사람들의 무언의 저항으로 자살의 의미를 읽어내는 문화적 관점에 근거를 둠으로써 대중적 호응을 획득했다.

그럼에도 불구하고 의료화 형태의 사회운동은 어떤 모순점을 내포하고 있었다. 무엇보다 일본인들은 자살에 대한 정신의학적 주장을 수용하는 함의를 충분히 알지 못했다. 개인의 의도성에 대한 질문이 한동안 탐구되지 않았음에도, 고인들이 너무 아픈 나머지 본인이 무엇을 하고 있는지 말할 수 없었을 것이라고 얘기되는 방식과 그들이 사회적으로 의미 있는 행동을 한 것으로 가족들에게 보이는 방식에는 분명한 모순이 존재한다. 회사를 고소하고 사랑하던 가족의 자살에 책임을 묻는 가족들의 증언이 은연중에 이러한 이중성을 보여준다. 가족들은 그들이 사랑하던 사람이 불공평한 회사에 대해 자신의 목숨을 희생함으로써 "저항했다는" 생각을 표출함과 동시에 고인이 임상적으로 우울증에 걸렸다는 정신의학적 주장을 수용하는 듯이 보인다. 이러한 증언은 가족들이 사망의 직접적인 원인이 우울증이라고 여기면서도 자살 행위에 대한 일정 수준의 의도성과 의미를 발견하고 있음을 분명히 보여준다 (Kawahito 1998, Kamata 1999, Shimbun Akahata 2003). 이는 사람들이 자살의 개인적 고통에 대한 대중적 지지를 획득하는 수단으로 사용하는 것과 달리 정신의학적 설명을 얼만큼 "진실로 믿는지"에 대한 의문을 제기한다. 일본에서 자살의 의료화가 정신의학 외부에 존재하는 사회적, 법적 힘의 결과이자 사회적 불공평에 대한 사회적 인정을 얻는 수단으로 진행되었기 때문에 이러한 모순이 면밀히 조사되지는 않았다. 그러나 일본인들은 조만간 자살을 의도적 행위로 보는 문화적 관점을 심각하게 위협할 수 있는 정신의학적 주장을 수용하는 진짜 함의를 직시하게 될 것이다.

두 번째 문제는 과로자살 소송에서 이용된 정신의학적 주장의 불확실한 과학적 특성과 관련이 있다. 지금까지 보아왔듯이 정신과 의사들의 해석은 종종 충돌한다. 대부분의 정신과 의사들은 그들의 설명에 과학적 엄격함이 부족하더라도 인과관계에 관한 정신의학적 주장을 정당화하기에 충분할 만큼 일본 기업의 근무 조건의 극단성을 발견해왔다. 직장에서 정신 질환자를 대상으로 한 배상이 이전보다 광범위하게 이뤄짐에 따라, 정신과 의사들은 진짜 환자와 꾀병 환자를 구별하는 오랜 방식에 의문을 제기하고 있다(Nikkei, 2000년 1월 21일, 2002년 2월13일).[10] 이 문제가 훨씬 큰 규모로 표면화될 때, 정신 질환의 사회병인학 이론의 불확실한 과학적 지위는 도전받게 될 것이다(Duncan 2003 참조). 그러나 지금 정신과 의사들은 이 모순에 대체로 침묵하고 있다.

중요한 것은 정신의학이 자살에 대한 문화적 개념을 변화시키고 있는 만큼 일본 정신의학 자체도 과로자살에 관한 담론을 따라 변화되고 있다는 것이다. 즉, 자살에 대한 다중적 층위의 설명을 주장함으로써 가족들, 변호사들, 정신과 의사들은 낭만화된 문화적 주장과 정신의학의 깊이가 얕은 유전적 결정론을 상대적으로 다룰 수 있는 것이다. 덴쓰 사건의 대법원 판결과 과로자살에 관한 이후의 많은 법적 분쟁들은 자살과 우울증을 극명한 광기가 아니라 정상과 비정상 사이의 상태로 표현했다. 이로써 과로자살 담론은 우울증을 "정상화"시키고, 과거의 유전적 결정론과 정신 질환자의 생물학적 결핍이라는 가정으로부터 벗어났다. 우울증 담론의 세계적 증가추세에 더불어 과로자살에 대한 정신의학 담론은 일본 정신의학이 헤쳐 나가고 있는 보다 근본적인 개념적 전환을 드러낸다. 일본 정신의학은 진단과 치료에 대한 생물학적, 사회적 접근이라는 경직된 이분법을 극복하면서 사람이 어떻게 스스로 목숨을 끊게 되는지에 대한 더욱 복잡하고 미묘한 이해를 향해 나아가고 있다.

10

노동 정신의학의 도래
생물학적인 것과 사회적인 것을 재사유하기

작년에는 32,249명이 스스로 목숨을 끊었다. … 이는 거의 매해 한 마을 전체가 사라지는 것과 같다. 32,249개의 보통의 인생이 자, 참을 수 없는 고통 속에 있었던 사람들이다. 이 32,249명 각 각은 가족과 친구가 있었다. 취업 전망이 어두웠던 시기에 취업 시장에 진입한 "잃어버린 세대"의 자살률이 증가했다. 실업과 경 제적 어려움으로 야기된 자살은 적절한 조치들로 막을 수 있다. 이런 조치를 취하지 않는 것은 고의적인 태만이라고 할 수 있다..

("Soryūshi", Asahi, 2009년 5월 15일; 그림 9.1 참조)

해방의 행위자로서 정신의학

1990년대 북미에서 만난 동료들은 일본의 과로 우울증과 자살에 대한 나의 얘기를 듣고 못 믿겠다는 듯한 표정을 지었다. 그들은 일본인들이 얼마나 맹목적이고 성찰적이지 않기에 일 때문에 우울증이 생기고 그로 인해 자살까지 하는 거냐고 묻곤 했다. 프랑스에서는 "과로사"라는 개념 자체가 흥미로웠는지 르몽드지에서 이러한 일본 현상에 대한 기사를 수 차례 보도하기까지 했다(Brice 1999 참조). 그러나 10년 후, 프랑스 텔레콤 직원들 사이에서 자살이 급증했다는 뉴스가 전 세계적으로 대서특필되었다. 이 직원들의 자살은 회사의 급격한 구조조정으로 인해 받은 업무 스트레스로 인한 것으로 추정되었다(BBC 뉴스, 2009년 9월 12일). 직장 내 자살과 정신병리의 증가율은 새로운 신자유주의 경제질서 속에서 사람들이 직면하게 되는 가중된 압박의 산물로 논의되었으며, 유럽, 특히 이탈리아, 독일, 핀란드에서 대중의 우려를 불러일으켰다. 일본에서도 그러했듯이, 유럽의 논객들은 전형적인 희생자들이 "일탈적"인 사람들이 아니라 삶에 잘 적응하며 살아왔다는 점과 그들의 병이 개인적인 생물학적 또는 심리적 나약함으로 설명될 것이 아니라 뒤르켐의 설명 방식을 따라 사회적 문제, 더 나아가 사회적 항의의 형태로 해석되어야 한다고 강조하는 경향이 있었다(Moreland 2009). 직장 내 우울증과 자살이 세계적인 우려 사항이 되어감에 따라 일본의 정신과 의사들은 이제 다른 아시아 국가에 초청되어 그들이 과로로 인한 정신병리 진단을 위해 고안해낸 정신의학적 기준을 소개하고 있다. 한 개인이 업무 스트레스로 인해 우울증에 빠질 수 있다는 개념은 불과 10년 전만 해도 낯선 것이었지만 이제는 세계적인 현실이 되고 있다. 점점 더 많은 사람들이 대규모 경제 붕괴의 영향을 경험하고 그 결과 "세계 체계의 일부가 되는 것에 대한 취약감"(Lupton 1999: 49)을 느끼게 되었기 때문이다. 이는 자살과 우울증이 사회적 병리로 이해되어야 한다는 것을 입증하는 사회적 관점에 기반한 정신의학의 이론적 근거에 새로운 활력을 불어넣어 주었지만, 한편으론 역설적이게도 이러한 변화는 일본의 정신의학이 항우울제를 점점 더 많이 사용하고 있는 시기에 이뤄지고 있다.

우울증의 사회적 원인에 대한 정신의학계의 커져가는 관심은 프로작과 같은 새로운 항우울제가 등장함에 따라 우울증에 대한 생물학적 치료가 가능하리라는 낙관이 생겨났던 1990년대 미국의 상황과는 대조된다. 프로작에 대한 과대광고는 곧 프로작이 우울증을 치료할 뿐만 아니라 "고통 없는 기쁨"을 가져올 것이며 개인이 "진정한 자아"를 어떻게든 찾을 수 있도록 도와줄 것이라는 선언으로 이어졌다(Rose 2007 참조). 그러나 칼 엘리엇(Elliott 2003)이 증명하듯이 이러한 과대광고가 초반부터 깊은 불안감(혹은 제럴드 클러만이 "제약회사의 칼뱅주의"라고 불렀던 것)을 동반했다는 점과 지식인들 사이에서 뜨거운 논쟁을 불러일으켰다는 사실을 인식하는 것이 중요하다(Healy 1997, Kramer 1993). 당시 항우울제 처방—즉 개인들이 그들의 개인적인 "결함"을 고치기 위해 약을 먹도록 권장하는 것—증가가 개인들에게 헛된 통제감을 심어주고 그들의 고통의 원인일 수도 있는 사회적, 구조적 문제에 관심을 줄이도록 만드는 것인지에 대한 논쟁이 있었다. 이 비평가들은 이와 같은 기술이 비판적 성찰을 하는 능력과 스스로 변화할 수 있는 사람들의 역량을 제한하는 동시에 생물학적 자기 증강에 대한 더욱더 강한 열망을 만들어낼 수 있을지에 대해 질문을 던졌다(Degrazia 2000). 따라서 미국에서 초기의 과대광고가 주춤하기 시작하면서 이러한 약을 통한 자기 증강의 광범위한 역할이 실제로 현실이 되어가고 있다는 것에 대하여 언론에서의 대중적인 논쟁이 늘어나게 된 것은 놀라운 일이 아니다(Carey 2008). 예를 들어 2008년 네이처지에 실린 한 기사는 과학자 중 놀라울 만큼 많은 사람들이 그들 행위의 윤리적 영향과 부작용에 대해 불안해하면서도 생산성을 높이기 위한 목적으로 항정신병 약물을 복용하고 있다고 밝혔다(Maher 2008). 이 과학자들은 바람직한 자아를 실현하기 위해 **자발적으로** 약을 먹어야 한다는 압박까지 받는 듯하며, 이에 따라 점점 더 많은 사람들은 개인의 성장과 발전을 끊임없이 요구하는 사회에서 이러한 행

그림 10.1. 업무로 인한 정신 질환의 보상에 관한 칼럼인 "노동자 법률 자문"에 실렸던 만평에는 업무 지연, 임박한 마감일, 상사의 갑질, 다가오는 해외 출장을 떠올리며 괴로워하며 우울해지고 불면증을 느끼는 샐러리맨이 묘사되어 있다(courtesy of Imai Yōji and The Asahi Newspaper; Asahi, 2008년 10월 27일).

위가 금세 필연적이고 마치 철장iron-cage과 같은 특성이 되지 않을까 의문을 품기 시작했다(Franklin and Roberts 2006 참조).

　나는 이 책을 통해 일본에서 지난 20년간 우울증과 자살에 대한 사회화된 담론이—유럽과 다른 아시아 국가에서도 빠르게 확산되고 있는 가운데—미국과는 놀라우리만치 다른 의료화의 모습을 제시한다고 주장해왔다. 이 차이점들은 부분적으로는 경제 팽창의 시대에 미국에서 프로작이 등장했다는 역사적 맥락으로부터 기인한다. 이는 생물학적 기술이 개인의 발전과 국가의 진보를 가져올 것이라는 무한한 가능성에 대한 특유의 낙관적인 담론의 장을 마련했다. 이와는 대조적으로, 이 새로운 항우울제가 일본에 소개된 시기는 현재 경제학자들이 "일본의 잃어버린 10년"이라고 부르는 1990년대 말이었다. 이 시기 거품경제의 과도한 흥분 상태를 즐기던 일본인들은 극심한 불황과 그 결과로 이어진 정치적 침체에 빠져들었다. 이후 수십 년간 파산, 실업, 자살이 넘쳐 났는데 이로 인해 야기된 사회적 정체와 불확실성, 심지어는 절망적인 분위기를 일부 논평가들은 19세기 봉건국가의 치명적 붕괴가 일어나기 직전의 분위기와 비교했다(Hirai 1999). 일본의 정신과 의사들이 우울증의 증가를 생물학과 경제의 상호작용의 산물로 설명함으로써 일본인의 상상력을 사로잡을 수 있었던 것은 이러한 역사적 맥락에서였다. 경제적 불황, 우울증, 자살을 연결함으로써, 의사들은 사람들이 느끼고 있는 지배적인 상실감과 불안감을 우울증이라는 이름하에 구체화하고 집단적으로 우울증에 시달리는 신체들에 대한 문화적인 이미지를 만들어 냈다. 이 때문에 "진정한 자아"의 심리적 발견, 개인의 자기 계발에 대한 끊임없는 욕구, 제약 기술로 자연을 초월하려는 욕구 등 우울증에 대한 미국의 지배적인 담론을 특징짓는 주제들이 일본에서는 거의 존재하지 않는다는 것은 그리 놀라운 일이 아니다. 대신, 일본에서 부상하고 있는 우울증에 대한 담론은 고통을 부정하는 것처럼 보이지 않는데(고통은 여전히 정상성의 일부로 받아들여지고 있다[Borovoy 2008]), 이는 이 담론이 사람들로 하여금 그들의 고통을 **경험에 대한 새로운 정신의학적 언어**를 통해 인식하고 표현하게끔 장려하기 때문이다. 이 정신의학적 담론은 미국의 심리화 및 개인화 담론과는 대조적으로 일본인들에게 고통을 "사회화 된" 형태로 표현할 수 있는 언어를 제공한다.

그러나 내가 문제를 제기하고 싶은 대목은 이 "사회화된" 의료화가 궁극적으로 어떤 결과를 가져올 수 있는가 하는 점이다. 나는 특히 생물 학적 환원주의로 오랫동안 비난받아온 생의학의 한 분과인 정신의학이 우울증에 대한 사회적 접근을 구성해내는 임무를 실제로 어디까지 수 행할 수 있는지와 이것이 어떤 사회상을 불러오는지를 분석하는 것에 관심이 있다.

한편, 정신의학의 언어가 일본인들이 정신병리에 대해 이야기하는 방식을 바꿈으로써 중요한 사회적 변화를 가져왔다는 점은 부인할 수 없을 듯하다. 우울증에 대한 현재의 담론은 개인의 타고난 결함의 표시 로서의 정신 질환을 비판적 성찰성과 사회적 행동을 요구하는 실존적 위기를 떠올리게 하는 신호로 그 의미를 뒤바꾸어 놓았다. 개인적 차원 에서 보면, 정신의학적 담론은 소진된 노동자뿐만 아니라 피로한 전업 주부, 고립된 노인, 그리고 심지어는 시험에 지친 아이들로 하여금 그들 의 "우울증"의 본질을 성찰하게 하고 과도한 사회적 압력이 그들의 정 신적 고통을 야기할 뿐만이 아니라 더 나아가 자살로 이끌 수도 있다는 가능성을 고려할 수 있게 해주었다. 이로 인해 일부 일본인들은 스스로 가 병적인 시스템에 성찰성 없이 매몰되어 있었던 것이 어떻게 그들을 한계 이상으로 밀어 부쳤고, "자신의 감정을 느끼는" 능력을 마비시켰 는지에 대해 곰곰이 생각하게 되었다(Asahi, 2007년 6월 27일 참조). 이에 대 해 정신의학자들은 우울증이 완전한 탈진으로부터 한 개인의 몸과 마 음을 보호하려는 자동 안전장치와도 같은 것이라고, 즉 사회적 격변기의 적응 방법과 같은 것이라고 강조했다(5장 참조). 정신의학자들은 이 담론을 통해 일본인들이 정신적 고통에 내몰린 사람들을 얽매고 있었을 사회적 규범과 문화적 상식으로부터 거리를 둘 수 있게 해주는 일종의 "구조적 가능성"(Corin 1998a)을 만들어내고 있는 듯하다.

제도적 차원에서 보면, 정신의학자들은 사회적 스트레스를 우울증의 중요 원인으로 지목함으로써 고통받는 개인들이 사회적 불공정, 특히 직장에서의 불공정에 항의할 수 있는 공적인 플랫폼을 구축하는 데 기여했다. 일부 정신의학자들은 사회적으로 의식 있는 변호사들과 함께 협력하여 우울증이 축적된 업무 스트레스와 과도한 피로의 징후가 될 수 있다는 것을 증명함으로써 생물학적 우울증과 경제적인 이유에 의해 야기된 우울증을 구체적으로 연결 지었다. 기업과 정부가 노동자들의 고통에 대해 책임을 지도록 한 소송을 통해 정신의학자들은 사람들의 우울증에 대한 내밀한 이야기를 고통에 대한 공적인 언어의 형태로 바꾸어놓았다. 이는 사회적 약자들이 저항을 표명하고, 집단적인 분노의 목소리를 내며, 사회 비판을 제시하는 방법으로써 다시 떠오르고 있는 정신의학이 반정신의학 시대 이후에 취할 수 있는 잠재적이고 파괴적인 정치적 힘을 시사하기도 한다. 일본의 현재 상태에 의문을 제기하는 풀뿌리 운동과 연계함으로써 정신의학자들은 예상 밖의 **해방의 행위자**로 부상했다.

그러나 다른 한편으로는 항우울제의 급속한 확산과 생명정치의 등장—그리고 이와 함께 수반되는 정부와 산업계에 의한 정신의학적 감시망의 진화—이 의료화의 잠재적 부작용에 대한 의문을 제기한다. 2008년과 2009년에 있었던 후속 현지 조사에서, 일상적인 고통의 의약화가 공격적으로 일본 사회에 침투하고 있다는 점을 명확히 발견할 수 있었다(Healy 2004, Applbaum 2010 참조). 항우울제 판매액은 1990년대 약 170억 엔에서 2007년에는 900억 엔을 넘어섰고, 우울증 환자는 100만 명을 넘어 최근 10년간 2.4배 증가했다(Yomiuri, 2010년 1월 6일). 10년 전까지만 해도 일본의 정신과 의사들이 우울증은 드물게 발생한다고 가정했던 것을 생각해보면 이는 매우 놀라운 현상이다. 정부가 2006년에 2016년까지 20%를 줄이겠다고 선언한 자살률은 지금까지도 거의 줄어들 기미를 보이지 않고 있다. 정신의학의 "진보"에도 불구하고 일본인들의 정신병리 위험성은 높아지는 듯하다.

이 암울한 상황이 우리로 하여금 의료화가 단순히 스스로의 취약성에 대한 지각을 더욱 확산시키고 이것을 시급한 일로 만드는 데 도움이 되었는지에 대해 질문을 던지게 한다. 사회화된 우울증의 언어는 항우울제의 넓은 시장 개척을 위한 제약업계의 도구 이상의 기능을 하지 못했다. 달리 표현하자면, 이중의 구조가 존재할 수 있다. 사회화하는 언어가 수사적 장치 역할로써 정신의학과 정신약리학에 대한 지역적 저항을 무너뜨리기 위한 목적으로 쓰이는 반면, 실제 개입은 생물학적 환원주의의 차원에서 지속적으로 작동하며 개인으로 하여금 그들의 고통을 위해 단순히 약을 먹게끔 함으로써 그들의 반대 의견을 묵살하는 것이다. 이러한 우려 속에서 우리는 확대되고 있는 정신의학적 진료 행위의 망 속에서 사회화된 우울증 언어가 어떤 역할을 하고 있는지, 또 이것이 현재 진행 중인 일본 사회의 재구조화에서 어떤 위치를 차지하는지, 그리고 이 사회적 움직임이 지역적 지식을 넘어 우울증의 **사회적** 본질을 본격적으로 다룰 수 있는 정신의학의 새로운 이론적 틀을 만들어낼 수 있는 가능성이 있는지 질문을 던져야 한다.

우울증을 '실재하는 것'으로 만들기:
의료, 법, 정책 분야에서 변화하는 논쟁

일본에서 우울증의 의료화가 빠른 성공을 거둘 수 있었던 것은 정신의
학자들이 정신병리학과 관련된 논쟁의 용어를 바꾸려는 시도가 성공적
이었기 때문이다. 우울증의 새로운 의학 모델을 전파하며, 그들은 생리
학적, 신경화학적 설명을 사회적, 실존적 서사와 결합시킴으로써 우울
증을 과학적인 동시에 경험적인 질병 범주에 위치시켰다. 특히 성공을
거두었던 탈낙인화 캠페인을 통해 정신의학자들은 우울증이 유전적인
약점이나 단순한 심리적 문제가 아니라 **생리학적 질병**, 즉 과도한 스트
레스 상황에 놓이면 누구라도 걸릴 수 있는 "마음의 감기"라고 강조했
다. 우울증을 신체적이고 사회적인 원인을 둔 문제로 재정의하면서 그
들은 항우울제와 충분한 휴식을 이에 대한 치료 방법으로 제시했는데,
이는 엄청나게 과로에 시달려왔고 그것을 인정받길 원하던 사람들에게
설득력 있는 처방이었다. 또한 우리의 이목을 끄는 것은 이 정신의학자
들이 1990년대 경제 붕괴 때 시작되어 사회에 만연해진 피로감과 스트
레스를 우울증과 연결시킴으로써 우울증을 실존화시키고 심지어는 역
사화시켰다는 것이다. 우울증의 중요한 원인으로서의 사회 변화와 이
것이 야기한 강한 소외감에 대한 1970년대의 정신의학 담론을 상세하
게 설명하면서(5장 참조), 일본의 일부 정신의학자들은 두 종류의 피로를
대조하며 일본의 갑작스런 우울증 증가 현상을 설명해왔다(Kanba 2005).

첫 번째 종류의 피로는 일본의 경제 팽창 시기에 흔한 종류였던 생산적이고 만족감을 주는 피로감이다. 이 시기 노동자들은 결국 피로감이 가져오게 될 심리적, 경제적 성취가 있을 것이란 걸 알기 때문에 장시간의 추가 근무나 심지어는 비합리적인 요구와 압박까지도 참아낼 수 있었다. 두 번째 종류의 피로는 정신의학자들이 현재 일본 사회에 만연하다고 논하고 있는 것으로 허망하고, 더 나아가 소외를 야기하는 피로감이다(torō 혹은 헛된 노력이라고 불린다). 이러한 종류의 피로는 사람들이 그들이 하는 일에 대해 제대로 인정받지 못한다고 느낄 때, 직장에서 균열을 마주할 때, 그들의 고된 노동이 결국 어떤 성과를 낼 수 있을지 확실하지 않을 때 발생한다. 미래에 대해 사람들이 느끼는 끊임없는 불확실성을 고려했을 때, 이러한 허망한 피로감은 개인들이 사회적 유대에서 배제되었고 무의미한 존재가 되었다고 느끼게 하기 때문에 사람들에게 상처를 입히고 심지어는 트라우마를 남긴다. 여기에서 피로는 생리적 차원을 넘어 사회적, 실존적 함의를 띠기 시작한다. 일본인들이 집단적으로 느끼고 있던 이 피로감은 정치적, 경제적 우려 또한 불러일으켰고, 정부가 우울증과 자살 예방 프로그램의 형태로 전국적인 개입을 실행하기를 촉구해왔다.

더 나아가, 변호사 집단이 우울증의 **법의학적 모델**과 통합시키기 위한 목적으로 이 의료 모델을 채택하게 됨에 따라 해당 모델은 또 다른 사회적 역할을 갖게 되었다. 우울증의 의료 모델의 새로운 역할은 1990년대 변호사들이 개인의 취약성과 사회적 인과관계 사이에 존재하던 기존의 개념적 경계에 도전함으로써 우울증을 정치화하기 시작한 이후로 빠르게 발전해왔다. 1990년대까지만 해도 우울증을 포함한 정신병리가 개인의 취약성에서 비롯된 것으로 이해되었기 때문에 근로자들이 자신의 정신 질환에 따른 정신적 고통을 이유로 회사를 상대로 소송을 제기하는 것은 상상조차 하기 힘든 일이었다. 덴쓰 사건에서 노동자가 승소한 후, 단순히 노동자의 개인적인 취약함에 의한 것으로 여겨지던 기존 사례들에 대해 변호사들이 조직적으로 이의를 제기하면서 이 모든 것이 변화했다. 지난 15년 동안 노동자 측은 개인의 취약성에 대한 기업의 책임을 주장함으로써 법적 승리를 쌓아왔다. 예를 들어 이전에는 분명히 생물학적으로 타고난 나약함으로 여겨졌을 반복적인 우울증 병력이 있는 노동자의 경우 이제는 과로로 인한 우울증에 빠진 것이라고 여겨졌다(Hirata 2007). 간질 병력이 있는 한 마취과 의사의 가족 또한 과로로 인한 우울증과 자살에 대한 보상을 받게 되었다(Rōdō Keizai Hanrei Sokuhō 2007). 개인의 생물학적 취약성이 사회적 인과관계 측면에서 새롭게 개념화됨에 따라 "병원성 스트레스"의 정의 범위 또한 확대되었다. 2003년, 과도한 업무 때문이 아니라 반대로 회사에서 사퇴를 압박하기 위한 수단으로 의미 있는 일을 주지 않아 우울증에 걸린 한 노동자는 이것이 **심리적 괴롭힘**psychological bullying의 한 형태라고 주장하여 회사에 성공적으로 책임을 물었다(Okada 2003). 성희롱과 관련된 다른 유사한 사건들(Asahi, 2007년 5월 17일)과 일본인들이 "권력형 괴롭힘power harassment"(일반적으로 언어 폭력의 형태를 띠고 특히 직장에서 벌어지는 넓은 범위의 괴롭힘을 아우르는 용어)이라고 부르는 것과 관련된 사례들 역시 노동자에게 승리를 가져다주었다(Hozumi 2007, Asahi, 2007년 10월 16일). 2009년에는 우체국 직원 두 명이 지속된 야간 근무로 우울증이 생겼다고 주장하며 보상을 받아내었다. 특히 이 경우 우울증은 무엇보다도 피로와 "생활 리듬"이 어긋나 촉발된 신체적 상태로 개념화되어 있으며, 심리적 측면은 거의 고려되지 않는다(Asahi, 2009년 5월 19일b). 대중에게 널리 알려진 소송들 중 일부는 인터넷을 통해 우울증에 대한 일반인들의 지지를 성공적으로 이끌어냈고, 우울증이 과도한 업무 스트레스의 결과일 수 있다는 생각을 대중에게 확산시키는 데 기여했다.

앞서 다룬 의학적, 법의학적 논쟁은 1990년대부터 진행된 정책 변화의 기조를 마련하기도 했다. 노동자들의 정신 질환에 대한 보상 청구를 관례적으로 거절하곤 하던 일본의 후생노동성은 법정에서 잇따라 수치스러운 패소를 경험하자 근본적인 입장 전환에 들어갔다. 정책을 개편하면서 정부는 정신과 전문가에게 조언을 구했고, 이들은 1999년 스트레스 평가지표 제정, 2005년 노동안전위생법 개정, 2006년 전국적인 "정신보건복지센터" 설립, 그리고 2009년 노동기준법 개정 가이드라인의 정립에 기여하였다(Kōsei Rōdōshō 2010). 더 나아가 정부는 법적 요구에 대응하기 위하여 직접 병원성 스트레스에 관한 실증 조사를 의뢰해 6,000명의 근로자를 대상으로 면담하여 주관적으로 가장 스트레스를 많이 주는 사건들이 무엇인지를 물었다(Kuroki 2007 참조). 정부는 이 조사 결과를 토대로 2009년 스트레스 평가지표에 한 개인의 인생에서 드물게 발생해야 하는 일인 "업무상의 중대한 실수", "권고사직"을 "가장 스트레스를 주는 사건" 범주에 추가하여 개정하였다. 정부는 또한 스트레스 평가지표에 성희롱과 권력형 괴롭힘에 대한 새로운 기준을 추가함으로써 병원성 스트레스로 간주되는 개념을 대폭 확대하였다(Asahi, 2009년 3월 20일). 정책에 노동자들의 목소리를 포함시킴으로써, 정부는 또 다른 사회적 통제 장치를 주입하기 위해 정신의학적인 조치를 이용하고 있다는 비판에 맞서는 것으로 보인다.

  의학, 법, 정책의 영역을 아우르는 변화를 통해 의료화는 일본인들이
우울증을 개념화하는 방법에 근본적인 변화를 가져왔다. 해킹(Hacking
1990)은 도덕 과학으로서의 통계의 부상이 개념적이고 제도적인 가능
성들을 만들어내었는데 이 가능성들은 사람들이 직접적인 경험을 넘어
이전에 사유하지 않았던, 혹은 단순히 추상적인 존재로 남아 있던 집단
을 구체적으로 상상하고 또한 그들과 상호작용할 수 있게 만들어주었
다는 점을 보여주었다. 동일한 방식으로, 정신의학적 담론은 우울증을
실재하는 것으로 만들었는데, 이는 먼저 우울증을 위한 새로운 대중적 언
어를 고안해냄으로써, 그리고 다음으로는 개념적, 기술적, 제도적, 정치
적, 그리고 경제적 권력이 혼합된 네트워크를 만들어 새로운 형태의 권
력을 구현함으로써 실현되었다. 따라서 2000년대 중반까지 내가 면담
했던 진보적 성향의 정신과 의사들이 그간 이뤄진 모든 발전에 대해 얼
마나 신이 나 자랑스러워했는지는 그리 놀라운 일이 아니다. 반정신의
학 시기에 격렬한 투사였던 것으로 알려져 있던 일부 정신과 의사는 내
게 몇 년간의 투쟁 끝에 마침내 그들의 사회적 비전이 실현되었다고 말
했다. 또한 산업 정신 건강과 관련된 컨퍼런스에서 정신과 의사들뿐 아
니라 업계 관계자들로부터 낙관적인 이야기를 끊임없이 들었다. 이들
은 모두 정신의학적 관리가 우울증의 급격한 증가를 완전히 뿌리 뽑지
는 못하더라도, 어떠한 방식으로든 억제할 수는 있을 것이라는 희망을
품고 있는 듯했다. 이 변화들은 모든 사람들을 사회적 의식이 덧붙여진
과학적이고 생물학적인 정신의학의 새로운 시대로 이끌고 있었다. 아
니 적어도 당시에는 그래 보였다.

(생물학적) 루핑 효과

앞서 이야기한 치료적 낙관주의는 그리 오래 가지 않았다. 2000년대 후반, 잠시 동안 경제 회복의 기미를 보였던 일본이 미국의 경제 위기로 인해 다시 깊은 불황으로 빠져들었다. 2008년과 2009년의 현지조사에서도 알 수 있듯이, 한때 인기가 있던 의료 모델은 그 한계를 드러내기 시작했다. 관리자들, 일반의들, 환자들, 그리고 그 가족들은 결국 우울증이 "마음의 감기"처럼 선형적인 회복 일정이 있는 단순한 질병이 아니라는 것을 깨닫기 시작했다. 정신과 의사들 역시 처음에는 자신들의 우울증 캠페인 성공에 즐거운 놀라움을 표했으나 "우울증" 진단의 부주의한 사용과 항우울제 사용의 증가와 남용에 대해 걱정하기 시작했다. 임상 진료의 민족지학(6장에서 8장까지)에서 설명한 바와 같이, 심리치료를 선호하는 경향을 가진 경우에도 일본의 정신과 의사들은 우울증에 있어서만큼은 전통적으로 약물을 주요 치료법으로 사용해왔다. (이러한 접근 방식은 심리치료의 경우 보험이 거의 적용되지 않고 상담 시간마저 제한적이었던 일본 의학의 제도적 특징에 의해 더욱 강화된다.) 특히 일반적으로 육체가 마음을 치유할 수 있는 중심 매개체가 된다고 믿는 "체인론"이 일본 정신과 의사에게 미친 강한 영향력을 고려할 때, 약을 투여하는 것은 우울증 치료를 위한 가장 중요한 선택지로 남는다. 환자가 겪는 고통의 기저에 깔려 있는 심리적 문제나 그 사회적 기원에 대해 의사가 완전히 인지하고 있는 경우일지라도 말이다. 그러나 우울증 치료를 위한 항우울제의 대중적 확산으로(현재는 내과나 다른 전문의 등도 항우울제 처방이 가능하다), 이 치료적 접근은 우울증의 사회적, 실존적 차원에 대한 고려 없이 신체에만 초점을 맞춘 생물학적 환원주의의 형태인 "생물학주의"로 귀결되었다(6장, 7장 참조). 이는 점점 더 중요한 문제가 되어가고 있는데, 우울증 환자 인구 증가에 따라 복잡한 심리적, 사회적 문제를 경험 중인 점점 더 다양한 종류의 "우울한" 사람들이 포함되기 시작하고, 이 경우 항우울제의 효력이 거의 없거나 심지어는 해로울 수도 있기 때문이다 (Healy 2004, Horwitz and Wakefield 2007).

따라서 2000년대 중반부터 다양한 학회에서 정신과 의사들은 진료실에 넘쳐나는 환자들과 "불치병" 환자의 급증이 가져온 임상적 혼란에 대처하기 위한 토론을 진행하기 시작했다. 이러한 우려와 함께 일부 정신의학계의 원로들은 우울증과 자살, 진료실을 배경으로 한 젠더 정치, 신경쇠약과 관련된 나의 글을 읽고 나에게 정신의학 컨퍼런스에서 발표를 하고, 의료화의 부작용에 대한 글을 학술지에 써 달라고 부탁하기 시작했다. 한 세기 전 신경쇠약 증상의 흥망성쇠와 현재의 우울증과 관련된 상황 사이의 불길한 평행이론에 대해 내가 논의하는 것을 들은 정신과 의사들은 우울증을 점차 "과로에 의한 질병"에서 "성격에 의한 병"으로 바꿔감에 따라 그들도 선조들과 같은 실수를 반복하고 있는 것이 아니냐는 열띤 토론을 벌였다(4장 참조). 그들은 항우울제의 매력적인 약속과 미디어의 지배적인 영향력 때문에 의료화를 통한 변화가 신경쇠약보다 훨씬 더 광범위하고 빠른 방식으로 일어나고 있을 수 있다는 점을 지적했다. 앞으로 다룰 내용에서처럼, 정신과 의사들에게조차 의학 모델이 모순을 드러내기 시작했다는 점은 명백해 보였다. 항우울제가 그것만의 생물학적 실재를 만들어가고 있는 사이, "질환의 사회적 경로"(Kleinman 1986)는 빠르게 재구성되고 있었다.

실제로 2008년과 2009년에 내가 만난 "우울한" 사람들 중 일부는 "우울증 환자"가 되는 데 따르는 경제적, 사회적, 심리적 비용을 완전히 깨닫지 못한 채로 우울증의 과학적 정의를 근거로 환자가 되었다. 심지어 이 정의에 관해 전문가들이 더 많은 의문을 제기하는 상황임에도 불구하고, 환자들 중 일부는 병원에 방문하기 전 "우울증"을 자가 진단했다고 말하기도 하고, 다른 환자들은 우울증이 그들이 겪고 있는 증상보다 더 심각한 것으로 생각했기 때문에 처음 진단을 받았을 때 놀랐다고 이야기했다. 그런 환자들 중 한 명이었던 38세의 계약직 간호사 가와이 씨는 진단을 받고 불안감을 느꼈던 게 기억났다. 당시 피로감이 심했던 가와이 씨는 우울증 진단이 그녀가 담당하고 있던 체질 분과diathesis unit의 과도하게 바쁜 업무로부터 휴식을 취할 수 있는 정당한 이유가 된다는 것을 알고 안도했고, 우울증이 "마음의 감기"와 같고 "충분한 휴식과 항우울제"만 있으면 괜찮아질 거라는 이야기를 듣고 기뻐했다. 생의학 기술의 능력을 굳게 믿는 그녀였기에 처방된 약을 먹는 데 거리낌이 없었다. 하지만 처방받는 약의 양과 종류가 점점 늘어가면서 그녀는 점점 더 불안해졌고, 약의 효력도 없는 것 같았다. "한 번 일이 틀어지기 시작하면서 모든 것이 악화되기 시작했어요." 그녀는 자신이 계획했던 대로 몇 달 안에 복귀할 수 있을 줄 알았으나, 기대와는 다르게 결국 3년 넘게 "우울증" 환자가 되어버렸다.

1년간의 내과 치료 후, 가와이 씨는 병이 낫지도 않았고 실직 상태였으며 실업 급여에 의지하고 있는 자신을 발견했다. 그 무렵, 항우울제를 복용하고도 회복되지 않는 가와이 씨를 보며 전전긍긍해 하던 의사는 그녀를 제대로 진료하지 않기 시작했다. 의사는 그녀에게 아마도 우울증이 문제가 아니라 단순히 신경질적인 성격 때문일 거라고 이야기하며 8장에서 묘사했던 낯익은 일본의 의료적 접촉에서의 젠더 정치를 재생산해내기 시작했다. 이 내과 의사가 (그가 제대로 알고 있었다는 가정하에) 그녀에게 정확히 말하지 않은 것은 항우울제가 항상 우울증을 치료하는 것이 아닐뿐더러 특히 경미한 형태의 우울증에 대해서는 그다지 크지 않거나 심지어는 아주 소소한 성공률만을 보인다는 사실이었다(Carey 2010). 그녀가 두 번째로 만난 의사는 신경과 의사로 가와이 씨에게 "진정성 있고 배려하는" 듯한 인상을 주었다. 그러나 그는 그녀의 모든 불평에 일일이 대응하며 제약 알고리즘을 엄격히 (아마도 너무 성실히) 따랐고 결국 약의 양을 과도한 것 이상으로 초과해버렸기 때문에 그 또한 그녀를 치료하는 데 성공하지는 못했다. 가와이 씨는 그즈음 기력을 완전히 잃어 그녀의 작은 아파트에서 사회적으로 고립되었고 점점 더 "자신으로부터도 지워지는 듯"한 느낌이 들었다. 마침내 가와이 씨는 정신과 의사를 만나보기로 결심했고, 이 정신과 의사는 그녀가 복용하던 약의 양과 종류에 놀라 "기저에 깔린 우울증의 진짜 모습"을 알아내기 위한 목적으로 (점차적으로) 약을 완전히 끊게 만들었다. 놀랍게도 그들은 가와이 씨가 적어도 그 당시에는 거의 우울감을 느끼지 않았다는 것을 발견했다(이 의사는 내게 그녀가 정말로 "우울했던 적"이 있었는지조차 모르겠다고 말했다). 기운을 점차 되찾기 시작하면서, 가와이 씨는 네팔로 첫 해외여행인 트래킹 여행을 떠났고 그곳에서 아름다운 풍경, 건강한 산책법, 현지인들의 환대에 새로이 활기를 되찾았다. 이는 마치 그녀를 우울에서 완전히 벗어나게 해준 것 같은 변화의 경험이었다. 내가 그녀를 만났던 시기는 그녀가 다시 일하기 시작했을 때였다. "약을 끊고 나니 이제 제 자신이 된 거 같아요. "항우울제가 그녀의 몸과 정체성을 말 그대로 근본적으로 변화시켰다는 점이 분명해 보였다.

사회과학자들은 오랫동안 사회적 낙인의 부작용과 낙인 찍힌 정체성이 내면화되어 한 개인의 자아감을 무너뜨리기까지 하는 방식에 대해 논의해왔다(Becker 1960, Goffman 1963). 현재의 의료화가 야기한 일들은 이보다 훨씬 더 복잡해 보인다. 이언 해킹이 말하는 "루핑 효과"는 이 경우 사람들이 "우울증 환자"라는 개념에 동조하고 이에 맞춰 살기 시작함에 따라 "우울증"의 본질이 변화된다는 것을 뜻한다. 이에 따라 이 사람들의 삶은 "우울증" 그 자체의 분류, 묘사, 그리고 경험 자체를 바꾸는 방식으로 변화하게 된다(Hacking 1999). 이 과정은 해킹(1999)이 "생물학적 루핑 효과biolooping effect"라고 이름 붙인 것에 의해 더욱 난해해지는데, 이는 항우울제를 복용하는 행위가 말 그대로 환자의 뇌의 화학적 상태를 변화시키는 것을 의미한다. 가와이 씨를 포함해 내가 2008년과 2009년에 만났던 사람들은 "우울증" 진단을 받았고, 그보다 10년 전쯤이었다면 우울증 진단에 좀 더 주의를 기울였을지도 모르는 내과의로부터 항우울제를 처방받았다. 가와이 씨 역시 처음에는 진단에 대해 확신이 없었지만, 진단을 받아들이고 항우울제를 복용하기 시작했다. 이약들이 그녀를 돕기보다는 상태를 악화시키고 있다는 느낌을 받았음에도 불구하고 말이다. 집에 틀어박히게 되고 결국 직장을 잃었지만, 그녀는 늘어나는 "불치병" 환자들 중 하나가 되었고, 이들과 마찬가지로 단순한 정신과 치료와 충분한 휴식만으로는 나아지지 않았다. 정신과 의사들이 이러한 "새로운 유형"의 환자들을 직면함에 따라, 그들은 우울증에 대한 그들의 가정과 전통적인 접근법의 한계를 비판적으로 재검토해야 했다.

높아져가는 임상적 불확실성은 많은 논의를 촉발했던 2009년 3월에 방영된 한 TV 프로그램에서 아주 생생히 밝혀지게 되며 일본에서의 우울증 및 정신약리학에 대한 일반인의 인식이 변화했음을 알렸다. 이 방송 내용은 이후 책의 형태로 출판되기도 했다(NHK 2009). NHK가 제작한 이 프로그램은 그때까지 우울증의 의학 모델을 대중화하는 데 큰 역할을 했다. 그러나 그 시기 NHK는 우울증의 진단과 치료를 둘러싼 혼란이 가중되고 있다는 점에 주목했다. 이 프로그램은 점점 더 많은 환자들이 과잉의료화로 인해 기능 장애를 겪고, 사회적으로 고립되었으며, 집에만 틀어박혀 있게 되었다는 점을 조명했다. 이 환자들 중 일부는 정신약리 전문가를 만났고, 이 전문가는 그들의 처방전을 검토한 후 그들이 과도하게 다양한 약을 복용하고 있다는 걸 발견했다. 이 전문가가 그들의 약의 종류와 복용량을 모두 대폭 줄였을 때, 그 결과는 극적이었다. 그들은 초기에 느꼈던 가벼운 정도의 우울증 증상으로 되돌아갔거나, 경우에 따라서는 완전히 회복되었다. 이 프로그램의 한 부분에서는 가짜 환자가 성공적으로 정신 병동에 입원했던 1973년 로젠한 실험(Rosenhan 1973)을 연상시키는 방식으로 우울증 증상이 있는 한 여성이 5명의 각기 다른 의사를 찾아가는 실험을 하였다. 그녀는 각기 다른 약을 처방받았고 이는 (정신약리학 전문가가 보기에) 의사들에 따라 여러 종류의 진단이 경합하고 있다는 걸 시사했다. 메시지는 명확했다. 항우울제가 반드시 사람들을 치료하는 것이 아닐뿐더러 만성적으로 우울함을 느끼는 "불치"의 환자를 만들어내고 있을 가능성이 있으며, 의료 전문가들은 우울증이 무엇인지에 합의조차 하지 못하고 있다는 것이다. 우울증 환자들의 고군분투가 널리 알려짐에 따라, 거의 효력이 없는 약물을 포함한 생의학적 치료법은 윤리적 혐의를 받게 되었으며, 정신의학의 치료 능력과 합리적인 통제의 약속에 대한 의구심은 커지고 있다.

한편, 정신과 의사들은 그들의 순조롭고 낙관적인 의료화 공공 캠페인에도 불구하고 현재 발생 중인 혼란의 본질에 대해 불안감을 느끼고 있으며 내부적으로도 의견이 갈렸다. 그들 중 일부는 우울증 진단의 남용을 비난하며 언론과 제약회사에 책임을 묻고 있다. 그들은 직장인들이 "우울증"을 일을 그만두기 위한 편리한 수단으로 사용하고 있다는 것과, 일부 의사 동료들이 돈벌이가 되는 병원을 확장하기 위해 진단서를 아낌없이 찍어낸다는 것을 비판한다. 좌절감을 느낀 몇몇 정신과 의사들은 "'나는 우울증이에요'라고 말하고 싶은 사람들"(Kayama 2008)이라는 제목의 유명한 책을 출판하기도 했고, 이 책은 암묵적으로 "새로운 유형"의 우울증 환자들과 그들의 환자라고 스스로 주장하는 것이 정당성이 없음을 비난한다. 마치 신경쇠약의 역사를 반복하기라도 하듯이 일부 의사들은 대중에게 **진짜** (생물학적) 우울증과 단순한 (심리학적) 우울한 상태를 엄격하게 구분하라고 설교하며 지적 경계를 분명히 하도록 제어한다. 그러나 정신과 의사들이 DSM을 채택했을 때 그러한 경계가 이미 오래전에 없어진 것을 감안하면, 이와 같은 경계 통제의 시도는 늦었을뿐더러 의미도 없어 보인다. 다른 정신과 의사들은 그들 스스로가 치료 낙관주의를 부추기고 이반 일리치가(Illich 1975) "의원성 질환 iatrogenesis"이라고 부른 것, 즉 의사가 만들어내는 **가짜** 질병의 대량 발생에 공모하게 된 것에 대해 명백하게 비판적이다. 자살 예방에 참여한 정신과 의사들은 정부가 제시한 예방의 원대한 비전과, 별 성과를 거두지 못한 그들의 일상적 진료 사이의 커져가는 괴리감에 경악하고 있다. 패배감을 느낀 의사들은, 사람들이 자살을 하는 것을 막기 위해 필요한 것은 의료 상담이나 항우울제가 아니라 그들이 빚을 갚기 위해 필요한 몇 십만 엔(수천 달러)을 내주는 것이라고 한탄한다. 정신과 의사들은 그들이 사회적, 정치적 문제라고 여기는 것에 대한 생의학적 개입의 한계를 절실하게 인식하게 되었다(7장 참조). 그러나 그들은 자신이 공모하여 만들어낸 모순에 사로잡힌 채, 작동 중인 의료화의 장치들을 보며 점점 더 무력해지는 것처럼 보인다.

집단 리스크로서의 우울증 관리: 노동 정신의학의 부상

> 모든 국가에서 … 노동 과학은 더 높은 생산성이 사회적 행복으로 이어질 것이라는 전제에 기반한다.
>
> — 앤슨 라빈바흐(Rabinbach 1990: 203)

> [노동 과학]이 경제적, 기술적 차원을 넘어설 때마다 … [노동]은 본질적으로 심리적인 문제로 여겨진다. 그러나 심리학은 노동의 문제를 알맞은 방식으로 다룰 수 없다. … 노동은 존재론적 개념이기 때문이다.
>
> — 헤르베르트 마르쿠제(Marcuse 1973: 11 [1933])

의료 모델의 한계가 점점 더 드러남에 따라 새로운 학문 분야가 발전하고 있으며, 이 분야를 나는 앤슨 라빈바흐(Rabinbach 1990)를 따라 '노동 정신의학'이라고 부르고자 한다. 노동의학 전반이 주로 "육체적" 질병과 관련이 있는 반면, 노동 정신의학은 직장에서의 정신병리의 성격을 평가하고자 하는 목적을 가진 정신과 의사, 내과 의사, 역학자 및 정책 결정자를 포함한 다양한 분야의 과학자들이 느슨하게 엮여 있는 분야라고 할 수 있다. 이 분야는 각기 다른 이론과 방법론적 방향의 묶음 형태로 남아 있기 때문에, 이 학문이 어떤 방향으로 나아갈지 결정하는 것은 아직 너무 시기상조일 수 있다. 노동 정신의학이 노동 체계에 적합한 사람과 그렇지 않은 사람을 선별하는 데 사용되는 생물학적 관리와 감시 체계로 쉽게 진화할 수 있지만, 이와 동시에 직장에서 일하는 정신 질환자를 위한 보다 인간적이고 사회적인 배려의 공간을 구축할 수 있는 가능성도 열려 있다. 현재 이 학문은 의료 및 법적 논쟁에서 해결되지 않은 문제들, 즉 개인 **행위자**의 문제에 대해 다루기 시작했다. 의학 및 법의학 전문가들이 "개인을 비난하지 않는 치료 모델blame-free self of the therapeutic model"(Douglas 1992:230)이라는 개념을 활용하며 우울증에 걸린 사람들의 책임을 없애주기 위해 많은 일을 했다면, 우울증의 예방과 치료에 참여하는 사람들은 우울증을 모든 노동자가 겪을 수 있는 위험의 한 형태로 재개념화함으로써 이 문제를 다루려고 하는 것으로 보인다. 이러한 방식으로 정의된 우울증은 집단적, 개인적 차원에서 합리적인 관리에 의해 예방할 수 있는 것이 된다. 이러한 생각은 정부와 기업이 급속히 증가하는 우울증에 대처하기 위한 효과적인 수단을 모색함에 따라 점점 더 수용되기 시작했다.

우울증을 직장에서 발생할 수 있는 일촉즉발의 위기로 간주함에 따라, 2006년에 정부는 "돌봄의 네 단계"(Kōsei Rōdōshō 2010)라는 원칙을 중심으로 우울증 예방을 위한 조치를 취했다. 이 원칙은 노동자의 정신 병리를 예방하고 치료할 책임이 다음의 네 주체에 있다고 명시하고 있다. 넓은 의미에서의 의사, 조직 내의 의사, 노동자 상호집단(소위 "라인

케어line-care"), 그리고 노동자 스스로(소위 "자기 돌봄self-care")가 해당된다. 이런 "돌봄"을 실현하기 위한 구체적인 방안으로써 정부는 더 엄격한 시간 관리를 제시했다. 과도한 초과 근무로 인해 피로해진 노동자가 우울증에 걸릴 확률이 높다는 전제하에 정부는 초과 근무 시간을 제한하는 한편, 특정 달에 100시간 이상의 초과근무(혹은 2개월에서 6개월 내 평균 80시간)를 한 노동자에게는 직원들의 요청 시 기업이 의료 상담을 제공해야 한다는 의무를 부과했다. 이 정책은 매달 80시간 이상의 초과 근무를 하는 노동자들은 결과적으로 집에서 60시간 미만의 수면을 취하게 되며 우울증의 위험이 높아진다는 사실을 발견해낸, 정부가 의뢰한 역학 조사에 기반한다. 또한 노동자에게 (초과 시간으로 계산되는) 직장에서 일하는 시간과 (수면 시간으로 측정되는) 집에서의 시간 사이의 건강한 균형을 유지할 것을 권장한다. 우울증을 이러한 방식으로 개념화함으로써 의료 전문가, 인사 담당자, 그리고 노동자 스스로는 정신병리의 복잡한 문제를 객관화하기 쉽고 통제 가능한 일련의 위험요인과 연쇄적인 인과관계로 나누어 이 문제에 접근할 수 있게 되었다.

그러나 이 분야에 관련된 일부 정신의학자들은 이러한 정책 변화가 노동자들에게 양날의 칼이 될 수 있다는 우려를 표했다. 이러한 정책들은 기업에 우울증 예방을 위한 구체적인 가이드라인을 제공함과 동시에 직원 평가와 직원의 고충 처리에 대한 보다 제한적이고 관료적인 체계를 만들어냄으로써(Petryna 2002, 2004 참조) 우울증에 걸린 사람의 돌봄에 새로운 기대와 요구를 가져오게 된다. 이는 우울증에 걸린 노동자들의 회복이 **임상 시간**clinical time이 아닌 **산업 시간**industrial time으로 평가되는 방식으로 제시된다. 정신 건강이 직장에서 엄격한 방식으로 의무화되기 전, 일본 기업(특히 일정 규모 이상의 기업)들은 매우 관대하고 유연한 병가 제도를 제공했었다. 노동자들은 휴식의 한 방법으로 긴 시간을 병원에서 보낼 수 있었는데, 이는 직장 생활 동안 피할 수 없는 것으로 여겨졌던 생리적, 심리적 피로에서 회복하기 위한 일종의 정지 기간이었다. 이 체계는 파슨스의 개념이었던 **환자 역할** 이론에 따라 작동한다. 이 모델에서 피로한 노동자들은 "자연적인" 회복 과정이 어떤 것이어야 하는지, 언제 노동자가 업무에 복귀할 정도로 완전히 자기 자신을 되찾고 괜찮아지는 것인지 결정하는 의료 전문가의 관할하에서 회복될 것이라고 기대된다. 오늘날 정신건강이 의료 관할의 대상뿐 아니라 기업의 리스크 관리 대상으로 인식됨에 따라, 일부 기업들은 노동자의 정신 건강을 평가하기 위해 훨씬 더 엄격하고 표준화된 시스템을 도입하고 있다. 그들은 지속적으로 고통받는 사람들을 감시하고 그들의 건강과 생산성을 신속하게 회복시키기 위해 노동자들의 회복을 세심히 살핀다. 장기화된 경제 침체의 상황에서 인사 담당자와 노동자 모두가 환자를 건강한 상태로 돌려놔야 한다는 커져가는 압박을 받고 있으며, 그들은 "자연적인" 회복을 우선시하는 **임상 시간**의 이상향과 치료 과정에서조차 **효율성**의 원칙을 계속해서 찾는 **산업 시간**의 요구 사이에서 협상을 해야 한다.

효율적인 회복이라는 이상향은 산업 시간과 맞지 않는 사람들을 새로운 범주인 타자로 분류하여 밀어내고 있을 수도 있다. 이는 산업계가 다양한 분리 단계를 도입함으로써 우울증에 걸린 노동자를 다루는 조치를 취하고 있음을 시사한다. 우선, 노동자가 스스로 자신을 돌보도록 하거나 사내의 계약 의사의 지침하에 우울증 환자를 돌보는 방식 대신에, 1990년대 이후 많이 생겨나기 시작한 우울증 전문 병원에 위탁하는 기업이 증가하고 있다. 이 병원들은 의료적 돌봄뿐 아니라 우울증에 걸린 사람들의 업무 능력을 회복하고 발전시키기 위해 특별히 고안된 직업 훈련도 제공하고 있다. 이러한 전문적인 돌봄이 괴로워하는 노동자들에게 이로운 영향을 줄 수도 있지만, 우울증 전문가들은 또한 이것이 기업으로 하여금 병을 만들어내는 노동 조건을 직면하지 않은 채 우울증을 "개인의 문제"로 다룰 수 있는 방법이 되었다고 우려를 표했다. 두 번째로, 이러한 기업들(또한 노동자에게 이러한 서비스를 제공할 여력이 없는 다른 소규모 기업들)은 쉽게 완치되지 않고 "자발적" 퇴사를 거부하는 노동자들을 내보낼 방법을 찾고 있다. 나는 2000년대 후반 현지조사에서 이러한 실직 이야기를 여러 번 들었지만, 이러한 조치는 법적 제재가 들어왔을 때 기업에게도 큰 위험요소가 되고 많은 비용이 들 수 있다. 이러한 긴장감은 2009년 한 여성 노동자가 도시바(일본의 가장 큰 전자 회사 중 하나)를 법정에 세워 3년간의 병가 후 그녀를 해고한 것에 대해 성공적으로 이의를 제기하면서 표면화되었다(Asahi, 2009년 5월 19일a). 법원 판결의 영향이 전국을 휩쓸자 기업들은 다른 "안전한" 방안을 모색하기 시작했다.

최근 등장한 세 번째 전략은 **장애인 고용** 범주를 통해 우울증에 걸린 노동자들을 재취업시키는 것이다. 최근 정부가 (일정 규모 이상의) 기업에 1.8%의 장애인 고용 쿼터를 충족시키도록 압박을 가하고, 이 기준을 충족하지 못한 기업에게는 벌금을 부과하게끔 한 입법 개정 때문에 이 전략은 많은 논란을 불러일으켰다. 장애 고용은 일반적으로 신체 및 지적 장애를 의미하지만 정부는 2006년 이 범주를 확대하기 위한 다양한 조치를 도입하여 보다 광범위한 **정신** 장애를 포함시켰다. 미국 미시간 대학에서 교육을 받고 일본에서 장애에 대해 연구하는 인류학자인 데루야마 준코에 따르면 일부 기업 인사 담당자들은 우울증을 앓는 노동자로 필요 할당을 채우는 것을 희망하고 있으며, 특히 "정상적인" 경로를 통해 이미 취업한 이후 우울증을 앓아 정부로부터 장애인 증명서를 발급받은 근로자를 희망하고 있다. 이러한 방식으로 정원을 채우는 것은 (이미 우울증에 걸린 노동자들은 많이 있기 때문에) 쉽다고 생각하지만 이 노동자들이 장애인으로서의 지위를 얻도록 (혹은 그들이 해당 증명서를 발급받기 위해 신청했다는 사실을 "커밍 아웃"하도록) 설득할 수는 없다. 이는 부적절할 뿐만 아니라 인권 침해로 받아들여질 수 있기 때문이다. 몇몇 우울증 환자들이 현재 (경제적 지원을 보장해줄) 장애 증명서 발급을 위해 의사들에게 서류를 처리해달라고 자발적으로 요청하고 있는 반면, 더 많은 수의 환자들은 낙인에 대한 공포 때문만이 아니라 그들의 우울증이 만성적인 상태라는 것을 원하지 않기 때문에 여전히 장애 증명서를 받는 것을 주저하고 있다고 일부 정신과 의사들이 이야기해주었다. 실제로 우울증에 대한 정의의 과학적 불확실성을 고려할 때 장애의 한 형태로서의 우울증은 여전히 구성 과정 중에 있으며, 고통받는 개인들은 스스로의 통제 범위를 벗어나 그들의 사회적, 경제적, 정치적 지위에 대한 경합하는 해석에 취약한 상태로 남겨져 있다(Petryna 2002 참조; 일본의 장애 정치와 관련해서는 Nakamura 2006, 2008 참조).

2000년대 후반 내가 산업계에서 발견한 혼란의 일부는 정신의학자들이 우울증을 대중화하기 위해 동원한 과도하게 동질화되고 단순화된 "합리적" 가정으로부터 비롯된다. 우울증이 비합리적인 유전병이라는 이미지를 없애고 정상화하기 위해 정신의학자들은 우울증을 과도한 피로에 의해 쉽게 유발될 수 있는 단순하고 매우 합리적인 질병으로 묘사하는 또 다른 극단으로 치달았다. 변호사들 역시 비난받아야 할 사람은 우울증에 걸린 사람이 아니며 이들은 비인간적인 노동 조건의 정당한 피해자라고 주장함으로써 이러한 이미지를 구성하는 데 기여했다. 이 이미지는 기존에 존재하던 정상과 병리 사이의 경계나 인간 본성에 대한 상식적 관념에 이의를 제기하지 않기 때문에 일반의나 보통 일본인들에게 널리 받아들여져 왔다. 그러나 이 대중화된 이미지와 반대로 우울증은 다른 형태의 정신병리와 마찬가지로 그 병인이 훨씬 더 복잡하며, 이 때문에 종종 고통받는 사람들의 신체와 정체성을 근본적으로 변화시킨다. 특히 만성질환자의 경우 "우울증"은 불규칙적이고 비이성적이며 예측할 수 없는 것, 즉 궁극적으로는 **이해할 수 없는 것**의 영역에 남게 되며 이 영역에서는 어느 정도 기간의 사회적 이탈과 분리가 회복에 매우 중요한 역할을 하게 된다. 그러나 우울증에 대한 이해가 전반적으로 단순하고 낙관적이기 때문에, 인사 담당자가 보기에 오랜 기간 우울증을 앓은 노동자들은 이해하기 어렵고 예측 불가능하다. 인사 담당자들은 실제로 우울증으로부터 회복하려고 애쓰는 사람들과 꾀병을 부리는 사람들을 구분하기 어렵다고 말한다. 일부 인사 담당자들은 이미 어느 정도 익숙하고 취해야 할 조치가 정립된 전통적인 정신 질환 노동자(조현병 환자)들보다 우울증에 걸린 노동자들을 다루는 것이 더 어렵다고 불평한다(Okazaki et al. 2006 참조). 따라서 우울증에 대한 지나치게 정상화된 이해는 우울증에 대한 이상화된 관점에 부합하지 않는 사람들에 대한 새로운 형태의 낙인을 만들어낸다. 이 노동자들이 너무 오랫동안 업무에서 이탈된 채로 있으면, 노동에 집착하는 사회에서 **도덕적 위협**으로 재분류될 위험이 있다.

결론: 글로벌 의료화의 시대에서
생물학적인 것과 사회적인 것을 재사유하기

이러한 변화는 오늘날 생의학의 확장으로 야기되는 긴장을 떠올리게 한다. 개인들의 자율성을 강화하고 욕구를 실현하기 위한 의료 기술 사용이 장려되는 한편, 사람들은 이 권고를 따랐을 시 생겨날 보이지 않는 결과나 의료 기술에의 예속이 가져오게 될 잠재적인 위험에 대한 걱정스러운 의심을 조심스레 품고 있다(Lock 1993, 1998, 1999, Haraway 1997, Mol and Berg 1998). 사람들이 자신의 우울증을 더 "인식"하고 우울증을 잘 관리하여 우울증에 대한 지식을 바탕으로 책임감 있고 자율적인 사람이 되도록 재촉하는 다양한 정보들은 환멸의 시대를 잘 반영하고 있다. 이 환멸의 시대에서 노동자들은 기업이 더 이상 종신고용의 보장을 제공할 수 없기에 자기 자신을 보호해야 할 뿐만 아니라 공공의 법적 보호를 요구해야만 한다. 그러나 아드리아나 페트리나가 우크라이나 원전 피해자들의 의료화에 대한 민족지적 연구에서 보여주었듯이(Petryna 2002), 개인들은 생의학 범주를 사용해 그들의 사회적 고통에 대한 정당성을 주장하며 이와 동시에 그들의 고통의 본질은 서로 경합하는 전문가들의 해석의 대상이 되는 데다가 정치의 변화가 그들의 병리 배후에 있는 것이 **진짜** 무엇인지를 언제든지 재정의할 수 있기 때문에 생의학 범주의 사용은 섬세한 도덕적 균형에 달려 있다. 따라서 일본에서 우울증에 대한 정신과 진료 수요가 증가하고 있는 것을 의료 서비스 혹은/그리고 사회적 정책의 발전에 의한 것으로 순진하게 환영할 일이 아니다. 반대로 이 증가는 우울증에 걸린 사람들을 자기 관리의 주체이자 더 "생산적인" 시민으로 만들기 위한 시도를 정당화하고 필수적인 것으로 만든 법적, 사회적 장치의 측면에서 신중하게 검토되어야 할 것이다 (Rose 1990 참조).

정신의학의 역사에서 유사한 "사회화" 담론이 반복되었지만, 이 담론이 종종 모순적인 결과를 초래했다는 사실로 인해 이와 같은 우려는 더욱 커져가고 있다. 역사학자들은 "신경 질환"이라는 생의학 언어를 통해 사회악을 해결하려던 좌파 의사들의 시도가 노동 운동과 연결되기 시작하며 19세기 후반 정치적 힘을 얻었다는 것을 보여주었다. 이 의사들은 노동자의 보상 및 복지법 제정에 큰 공헌을 했지만, 결국 노동자들은 의료 전문가와 보험 협회의 통제하에 놓이게 되었다(Rabinbach 1990). 신경 질환을 근거로 복지 수혜를 주장하는 노동자가 점점 더 늘어나면서 이념적 긴장은 고조되었고, 이는 노동자의 **"건강권"**을 점차 **"건강에 대한 의무"**로 바꿔버리는 효과를 가져왔다(Schmiedebach 1999: 53). 일과 관련된 신경증의 증가는 스스로 신경증에 걸렸다고 주장하는 사람들이 증가하고 있다고 간주하게 만들었고, "보상 신경증compensation neurosis"이라는 새로운 꼬리표를 붙이게 했다. "약한" 개인들 중 신경증에 대한 대량의 중독을 만든 것은 일의 부담이 아니라 복지국가 그 자체라는 생각과 함께 말이다(Schmiedebach 1999).

또한 인류학자들이 지적한 바와 같이, 1950년대 의료 총체성medical holism의 부상과 함께 의료 전문가들은 환자를 "고립되고 개인화된 신체"가 아니라 "'생태학적' 체계에 놓여진 심리사회적 실체"로 간주할 수 있게 되었다(Martin 1991: 499). 그러나 이와 같은 사회 지향적이고 인간적인 접근은 곧 환자의 심리를 보다 철저한 의학적, 심리적 관리의 새로운 진입점으로 접근하기 시작하면서 또 다른 통제의 패권적 수단으로 변했다(Martin 1991, Arney and Bergen 1984: 68, Taussig 1980 참조). 중국의 문화혁명 이후의 의료화에 대한 민족지적 연구를 했던 클라인만(Kleinman 1986)이 설명한 것처럼, 국민의 반대를 집단적으로 관리하기 위한 수단으로 국가에 의해 "사회적" 담론이 사용될 수 있다는 사실도 동일한 불안감을 준다. "신경쇠약"을 의학적이고 정치적인 범주로서 사용하는 것은 사람들로 하여금 정치적 부당함에 대한 **분노**를 표출하게 하는 동시에 잠재적으로 파괴적인 감정적 힘을 정치 기구를 온전하게 유지시키는 공식적으로 허가된 담론에 응집될 수 있게 하는 역할을 하게끔 한다. 이러한 방식의 "사회화" 담론의 활용은 아직 실체가 불명확한 수많은 현상들을 "질환"으로 결집시키고, 반대 의견을 내는 개인들을 의료 전문가의 통제하에 두는 역할을 한다. 이 의료 전문가들은 환자의 고통에 의미를 제공(때로는 과잉 결정)하면서도 그들이 현재의 질서에 도전하는 것을 근본적으로 막는다.

　이러한 역사적 반복은 우리가 일본에서 진행 중인 의료화의 결과를 재검토하는 계기가 되어야 한다. 한편으로, 우울증의 생물학화는 반드시 개인화 또는 탈정치화가 되는 것은 아니며, 사회화되고 더 나아가 해방적인 것이 될 수도 있다는 것이 증명되었다. 그러나 다른 한편으로, 이러한 의료화의 사회화 형태가 정신의학의 운영 방식을 근본적으로 바꿀 수 있는 힘을 어느 정도까지 가지고 있는지는 불분명하다. 록(Lock 2002)이 일본에서의 죽음의 의료화에 대한 연구에서 보여주었듯이 생의학은 인식론적인 문제를 제기하는 지역의 담론과 마주했을 때, 종종 보다 엄격한 기준과 진단의 표준화를 확립함으로써 이러한 애매한 문제

11
우울증의 미래 – 정신약학을 넘어

의료화의 아이러니

나는 이 책을 일본인들이 정신의학의 일상생활 개입에 대한 오랜 저항에도 불구하고, 어떻게 우울증에 관한 정신의학적 관점을 그렇게 갑자기 받아들이게 되었는지에 대한 질문으로 시작했다. 이 책에서 보여주었듯이, 이는 부분적으로 일본에서 정신의학이 사회적 고통에 대한 사람들의 감각을 얘기하는 우울증의 언어를 창조해낼 수 있었던 방식 때문이다(Kleinman 1986, Lock 1987, Young 1980, 1995 참조). 정신의학은 시민운동과 연계하여 사람들이 그들 고통의 사회적 정당성을 확보하고 신자유주의 경제 질서에서 더욱 억압적이 되어가는 직장문화에 도전할수 있는 수단을 제공하게 된 것이다. 정신과 의사들은 사람들의 저항과 사적 감정을 불공정에 대한 사회적 서사로 연계시키면서 우울증을 효과적으로 정치화할 수 있었다. 이렇게 구원의 역할을 하는 것처럼 보임에도 불구하고, 일본 정신의학은 이중 구조의 특징을 유지하고 있다. 즉, 우울증을 대중화하는 사회적 언어를 제공함과 동시에 치료의 핵심에서는 생물학적 원칙을 유지한다는 것이다. 정신의학의 운영방식을 근본적으로 변화시키거나 우울증의 사회적 본질을 얘기하기 위한 새로운 이론적, 임상적 틀을 만들지 않고, 우울증 환자의 일상적 고통을 약물로 관리하도록 유도했다. 치료 과정에서 보이는 질병의 "생물학적인" 양상과 "심리적", "사회적" 양상의 분리는 일반적으로 산업화된 국가의 정신의학에서 더 뿌리 깊은 문제로 남아 있다. 이런 이중성의 아이러니는 아마도 일본에서 더욱 분명하게 보이는 듯하다. 즉, 우울증 진단의 확산과 일상적 고통에 대한 공격적인 의약화가 사회적 수사 이면에서 빠르게 모순들을 만들어내고 있다.[1] 이 모순들은 결국 고통받는 사람들에게 심각한 악영향을 미칠 수밖에 없을 것이다.[2] 10년이 넘는 동안 우울증 담론이 진화되어오면서 우울증 환자들은 인과관계를 둘러싸고 끊임없이 변화하는 정치, 즉 우울증의 책임이 정확히 어디에 있는지에 대한 의료, 법률, 정책 전문가들의 논쟁 속에서 훨씬 더 취약해졌다(Petryna 2002 참조). 각종 정치적, 경제적 압력을 낳고 있는 장기 불황 속에서 우울증 경험 자체가 근본적인 변화에 휘말려 있으며, 우울증의 미래는 매우 불확실한 상태에 놓여 있다.

의료화를 통한 세 가지 변화

이러한 불확실성에도 불구하고 나는 우울증의 의료화에서 중요한 사회적 변화의 가능성을 내포한 세 가지 긍정적인 징조를 발견했다. 첫째, 의료화는 정신 질환에 근본적으로 내재한 사회적 본질을 조명함으로써 일본인들을 정신 질환의 생물학적 본질에 대한 대안적 이해로 이끌었다. 둘째, 의료화는 지역화된 노동 정신과학을 통해 심리적 노동의 부담에 대한 대중의 의식을 일깨우고 배양했다. 셋째, 이런 지역화된 과학이 세계적 규모에서 노동에 관한 정신병리학을 다루려는 여타 지역의 시민운동과 연계를 만들며 세력을 키우고 있다.

우울증의 "생물학적 의미" 재정의

우울증에 관해 새로이 등장한 정신의학적 언어는 무엇보다 한 세기 동안 유전적 결정론을 고수하던 일본인들의 "생물학적"인 것에 대한 의미의 한계를 근본적으로 해방시켰다. 20세기 동안 정신과 의사들은 정신 질환을 생물학적 질병으로 접근함으로써 환자들의 고통을 덜어줄 수 있을 것이라 희망했다. 그러나 그들은 정상과 병리 사이에 깊은 단절을 만들어냈고 결국 환자들에게 더 큰 고통을 가하게 되었다. 이는 정신 질환의 "생물학적" 본질이 근원적인 차이를 드러냈기 때문이다. 타자성의 조건인 이 차이가 합리성, 공감적 이해, 사회적 연결성의 영역 밖에 있는 것으로 간주되었던 것이다. 이런 생물학적 관점은 우울증을 두뇌 내부의 결함에서 유발되는 구분된 질병으로 환원함으로써 일본인들로 하여금 우울증을 그들 자신 및 사회적 삶의 맥락과 본질적으로 연결된 것으로 보지 못하도록 했다. 또한 개인과 (자연 및 사회) 환경과 더불어 마음과 신체의 밀접한 연결을 강조하던 전통적 의학 관점과의 급진적이고 빗나간 단절을 가져왔다(2장에서 5장까지 참조).

그러나 일본 정신과 의사들은 의료 영역의 안팎에서 우울증에 대한 개념적 논쟁을 통해 그들의 유전적 결정론을 공식적으로 재평가하고 있는데, 이는 "취약성"에 관한 최근의 논의에서 지적된 중요한 변화이다. 1999년 정부가 정신의학계의 대표들에게 직장에서의 사회적 스트레스 측정을 위한 객관적 척도를 만들어줄 것을 요청했을 때, 그들은 개인의 취약성을 평가하기 위한 그럴듯한 "객관적" 척도를 만들지 않기로 결정했다. 이들은 일본 사회에서 우울증 환자가 종종 정상적이거나 때로는 이상적으로 구현된다는 면에서 우울증에 걸리기 쉬운 사람들을 "취약"하다고 여기는 것은 불합리하다는 데 동의했다.[3] 우울증에 대한 취약성은 유전학만이 아니라 사회화에도 근거가 있을 수 있으며, 취약한 사람들이 적응하기 힘든 환경이나 사회적 변화의 시기에 놓여지는 경우에 병리적으로 나타날 수 있다는 것이다. 즉, 여기서 취약성은 선천적이거나 정적이고 시간성이 없는 그 무엇이 아니라, 집합적이고 관계적이며 역사적이기까지 한 것으로 개념화되어온 것이다. 개별 생물학만큼 사회 안에도 자리잡고 있는 이러한 취약성은 의료 개입의 대상을 잠재적으로 변화시킨다. 이 재개념화는 절대적 유전주의로부터 "민감성susceptibility"의 시대로 옮겨가는 일본 정신의학의 근본적인 전환을 보여주며, 우리 모두가 "다른 조건에 대한 유전적 취약성"(Rose 2007:204)을 보유하고 있다는 인식에 다다른 것이다. 이는 유전학에서의 새로운 이해 방식과 유사한데, 여기서 유전자는 유연성이 없는 실체가 아니라 환경과의 상호작용 속에서 각기 다른 방식으로 발현되는 역동적이며 유연한 것으로 개념화된다(Lock 2005). 이 의료화의 과정은 생물학적인 것이 어떻게 동시에 사회적인 것일 수 있는지 주장함으로써 일본인들로 하여금 결국 정신의학의 미숙한 유전 결정론의 부정적 유산을 극복하고 "우울증"을 신체적이고 유형이 있으며 익숙한 것으로 이해할 수 있게 해줄지 모른다.

심리적 노동의 문제화

둘째로 이러한 비판적 인식은 단지 개인적 반성의 수준을 넘어 **심리적 노동**의 위험성에 주의를 환기시키는 노동 정신과학을 통해 대중적 언어로 제도화되고 있다. 이는 일본인들에게 새로운 역사적 민감성을 불러왔다. 과로 우울증과 자살 담론을 통해 그들은 육체적 노동의 부담만이 아니라, 오랫동안 무시되었으나 노동자의 건강에 치명적인 결과를 초래했던 심리적, 감정적 노동에 대해 얘기하기 시작했다. 감정노동 개념을 처음 제기했던 앨리 혹실드는 카를 마르크스가 묘사한 공장 노동자가 자기 자신과 자신의 신체로부터 소외되는 초기 산업화 시기의 노동과 현재의 노동을 대조시켜 보여주었다(Hochschild 1983). 그녀는 현대사회에서 노동의 본질이 육체 노동에서 서비스 노동으로 전환되고 있다는 사실에도 불구하고 노동자에게 더 많이 요구되는 심리적이며 감정적인 노동(예를 들면 맥도널드에서 자신의 "미소"를 팔거나 부당할 정도로 무례한 고객에게 "공감"하도록 강요받는 것 등)에 대해서는 여전히 인정받지도 충분히 이론화되지도 않았다고 주장했다. 혹실드는 노동자들이 자신들의 감정을 상품화하도록 암묵적으로 요구받는 다양한 방식을 분석하면서 그들 스스로에 대한 감각에 가해지는 심각한 피해를 인식하지 못한 상태에서 발생하는 정신에 미치는 소외의 영향을 탐구했다. 이런 형태의 착취는 오랫동안 심리 노동이 정당화되고 미덕으로 당연시되어온 일본 같은 사회에서 특히 두드러진다. 타인에 대한 배려를 의미하는 kizukai 또는 omoiyari라는 명목하에 "일본 문화"의 일부로 미화되기조차 했다. 우울증에 관한 정신의학 언어는 우울증이 너무 열심히 일하고 남을 배려하기 위해 자신을 희생하는 사람들을 어떻게 괴롭히는지 말함으로써 기존의 문화 담론 헤게모니에 대한 방어수단으로 작동하기 시작할 것으로 보인다.

이러한 새로운 성찰을 통해 일부 우울증 환자들은 우울증을 어떻게 치료할지에 관한 기술적 범위를 넘어 무엇이 그들을 취약하게 만들었으며 우울증 환자가 된다는 것이 어떤 의미인지를 함께 묻는 공공의 공간을 만들어가고 있다. 이런 변화는 지난 10년간 급격히 증가한 출판물, 웹사이트, 그리고 지원 단체의 수에서 충분히 확인된다. 이런 매체를 통해 그들은 우울증이 단지 생물학적 결함이나 인식의 왜곡 상태가 아니라 삶의 방식에 변화를 요청하는 신체적 통찰이라는 점을 말하기 시작했다(Obeyesekere 1985 참조). 나와의 면담에서도 많은 이들이 자신들을 구석으로 몰아붙였던 사회적 참여와 의무로부터 벗어날 수 있다는 긍정적 의미를 우울증에서 발견하고 있었다. 이 담론은 보로보이(Borovoy 2005)가 미국 심리치료 운동이 도쿄로 파급된 과정에 대해 기술한 것과 유사하다. 그녀는 "상호의존성"이 알콜 중독자의 부인에게 치명적인 영향을 끼친다고 주장하며, 이 여성들이 전후 시기에 육성되었던 일본의 상호의존적 미덕에 도전하고 자기 예속의 본질을 숙고하기 위해 심리치료 언어를 사용하는 흥미로운 방식을 설명했다(Borovoy 2005, Ong 1987 참조). 유사한 방식으로 사용되는 정신의학적 우울증 언어는 상대화와 불안정화destabilization를 통해 근대성에 대한 근본적인 질문, 즉 현재의 시스템 속에서 개인 발전을 위한 치열한 추구가 진정으로 행복을 추구하는 길인 것인지를 묻도록 도와줄 수 있을 것이다.

노동 정신과학의 세계화

셋째로 주목할 만한 점은 일본에서 우울증에 관한 비판적 인식의 등장이 단지 국지적 사건이 아니라 많은 국가에서 직장에서의 소외에 저항하는 전 세계적 운동의 일부라는 점이다. 예를 들면, 핀란드 직장에서 심리적 문제의 증가가 노동 관계의 악화 및 핀란드 복지국가의 후퇴와 관련이 있다는 논의(Funahashi 2010), 이탈리아에서 직장 내 괴롭힘과 노동자들의 정신병리 진단의 증가에 관한 논쟁이 그들 노동의 전통적 문화를 파괴하는 것으로 여겨지는 급격한 신자유주의적 변화에 대한 도전의 수단이 되고 있다는 논의(Mole 2008) 등이 있다. 유사한 담론들이 아시아는 물론이고 프랑스와 독일 등 유럽의 다른 국가에서도 생겨났는데, 이는 직장에서 정신병리 진단의 증가가 글로벌 신자유주의와 변화하는 노동 관계의 해로운 영향 때문이라는 논의이다(Jolly and Saltmarsh 2009). 몰(Mole 2010)이 지적한 대로, 그러한 지역적 저항은 평생고용 시스템에서 본인의 정신건강을 스스로 책임지도록 압박하는 단기노동 계약으로 대체되어가는 전환기의 산물일 수 있다. 현재 일본과 유럽에서 등장하고 있는 이러한 반론들은 세계화의 기치 아래에서 이 사회들이 나가고자 취하는 방향을 재검토하는 방식을 반영한다. 민영화, 평생고용 붕괴, 국민건강 위기를 포함해 신자유주의가 초래한 "사회적 병폐들"을 우울증과 연결시킴으로써, 사람들은 그들이 겪는 소외의 감각을 실제적이고 구체적이며 정치적 중재를 통한 해결을 요구해야 하는 것으로 말하고자 하는 듯하다. 이런 모습이 세계화 시대에 밑에서부터 시작된ground-up 의료화의 한 형태이다. 이 속에서 지역의 정신과 의사들과 환자들은 더 많은 정신의학 언어를 활용하여 세계화의 형성 속에 내재된 거대한 갈등을 중재하고 지역의 행위성을 확보할 수 있는 길을 모색하려 분투한다.

우울증의 미래

프로작에 관한 서사가 새로운 경제질서에 적합한 "신경화학적 자아"라는 단일한 환상을 심어주며 전 세계를 휩쓸고 있다는 우려 속에서 이런 세계적 의료화는 개성의 균질화에 반대하는 여러 지역에서 터져 나오는 비판의 대상이 되었다(Rise 2007). 이러한 지역에서의 진전은 약물의 효과가 단순히 그냥 주어지는 것이 아니라 신경화학적 성분과 문화적 욕망 모두에 의해 어떻게 생성되는지를 보여줌으로써 기술 결정론에 대항하기도 했다(Rose 2007: 100). 미국의 담론이 사람들로 하여금 실제 자아(Kramer 1993)를 회복하거나 발견하기 위해 항우울제를 복용하도록 했다면, 일본의 담론에서 항우울제는 불확실한 미래를 가진 사회에서 살아감으로써 악화되는 피로감으로부터 구제해주는 것으로 판매되었다. 수년간 항우울제 판매량이 증가하는 인도 캘커타의 일부 정신과 의사들은 항우울제를 음식, 영양, 소화, 그리고 신체의 조화라는 익숙한 관념에 기반을 둔 "마음의 음식monker khabar"이라는 개념을 활용해 성공적으로 판매했다. 네팔에서는 모든 종류의 "신경 질환"을 위한 약으로 사용되었는데, 신경 질환의 개념은 그 자체로 의미가 매우 모호하다(Kohrt and Harper 2008). 다시 말하면, 지역마다 "우울증"에 관한 얘기는 매우 다양하며 구체적이어서 이것들이 같은 것에 대해 말하고 있는 것인지 의문이 들기조차 할 정도다. 에랭베르가 지적한 대로 우울증의 대중적 호소는 "최대의 보편성"과 "극단적 이질성" 모두를 가지고 있다 (Ehrenberg 2010: 74). 우울증의 보편성이 생물학적이고 과학적인 검토라는 일반적인 용어로 그럴듯하게 만들어지고 있지만, 그 개념의 유연성에 따른 지역의 창조적 해석으로 상당한 수준에서 각색되고 있다. 현재 진행 중인 의료화에 대한 지역의 다양한 반응은 고통의 정치적 차원에 대조적인 접근 방식을 택했던 포스트-반정신의학post-antipsychiatry 시기에 지역의 정신의학이 발전시켜온 방식에 의해 형성되었을 수도 있다. 이들은 때로는 "생의학적"인 것과 "사회적"인 것 사이에 놀랍도록 다른 경계를 그리곤 했다(Davis 2008, Lakoff 2005, Lloyd 2008, Raikhel 2010). 이 스펙트럼의 한 극단에는 미국 정신의학이 채택한 자의식적으로 "비정치적인" 입장이 있다. 루어먼(Luhrmann 2000)과 메츨(Metzl 2009)이 밝혔듯이, 미국 정신의학의 생물학화 경향의 증가는 부분적으로는 현재에도 전문성이 거의 없다고 여겨지는 사회적 영역으로 정신과 의사들이 뛰어들었던 격동적인 1960~1970년대에 대한 반응으로 이해될 수 있다. 이렇게 지속되던 혼란은 많은 정신과 의사들이 더욱 엄격한 "생물학적" 영역에 과학적 집중을 하도록 이끌었고 "국가적 문제에 지나칠 정도로 비정치적인"(Metzl 2009: 206) 직업군이 되어갔다. 또 다른 극단에는 이탈리아, 그리스(Davis 2008), 아르헨티나(Lakoff 2005), 브라질(Béhague 2008, 2009)에서 나타난 지역사회 정신의학의 다양한 형태가 있는데, 여기서는 정치적 불공정에 대한 우려를 바탕으로 지식과 실천의 토대를 형성하고 있었다. 예를 들어 브라질 남부의 지역사회 기반 정신의학에 관한 베아그(Béhague 2008, 2009)의 연구는 지역의 정신과 의사들이 치료를 통해 행동 문제가 있는 청소년들로 하여금 사회적 불평등이 자신들의 삶에 끼친 영향을 성찰하도록 하며, 치료를 그들을 위한 권한 부여의 수단으로 변환시키는 모습을 절묘하게 보여주었다. 그는 또한 정신과 의사들이 정치적 불공정을 생의학적 수단으로 중재하려 애쓰면서 직면하는 모순들을 분석함으로써, 의료화가 지역의 행위자들이 지역에 근거한 행위성을 탐색하면서 억압의 지역적 형태를 명확히 밝히려는 노력이 이루어지는 모순된 과정임을 보여주었다(Abu-Lughod 1990, Gal 1991, and Tsing 1993 참조). 내가 이 책에서 보여주고자 하는 것처럼, 우울증을 정치화하는 일본의 접근 방식은 정신과 의사들이 그들 실천의 한계와 사회적 영역으로의 개입의 위험성을 매우 잘 알고 있다는 점에서 두 극단 사이의 어딘가에 있다. 그들은 정신 질환을 사회적 고통의 동질화되고 부당하게 정치화된 상징 또는 사회 변화를 위한 도구로 환원하는 것에 비판적이면서도, 생물학적인 것과 사회적인 것의 경직된 이분법에 의문을 제기하면서 사회적 고통에 대한 사람들의 감각에 관여하는 방법을 모색한다. 의료인류학자들은 전 세계적 의료화와 주체성의 지역적 형성을 대화의 과정에 병치시킴으로써, 억압과 저항의 단순한 모델을 넘어 생의학과 지역적 주체성이 마주하고 있는 변환의 가능성을 탐색하고 있다(Brotherton 2008, 2021 참조). 물론 우리가 인간성에 대한 보편적 관점에 부과된 의료화의 권력이 의약화와 생물학에서 비롯된다는 사실을 고려할 때 지속되는 의료화에 대한 이런 평가는 너무 낙관적이거나 시기상조일 수 있다. 유전학 및 신경생물학적 연구를 통해 정신 질환의 원인을 규명하려는 정신의학 내부의 강력한 동기를 감안할 때, 방법론적 개체 환원주의는 과학적 노력의 중요한 부분으로 지속될 것이다. 영(Young 1995)이 보여주었듯이 생물학적 정신의학의 패러다임은 데

이터를 지역 임상 실천으로부터 멀리 떨어뜨림으로써 정신노동과 위계의 확고한 구분을 확립하고 있다. 한 가지 더 중요한 것은 DSM-IV나 ICD-10의 진단 범주로 교육받은 젊은 세대의 정신과 의사들은 지역화된 임상 이론을 거부하고 우울증 개념을 사회문화적 의미가 제거되어 보편적으로 적용 가능한 개념으로 재정립하려고 노력할 가능성이 있다는 것이다. 그러나 동시에 정신의학은 사회의 모든 모순이 표면화되는 의학 분야가 되어간다(Kleinman 1988a, 1995, Good 1994, Young 1995, Rhodes 1995, Luhrmann 2000). 이 사실은 정신과 의사와 환자가 인과관계에 대한 환원적 관점이나 인성에 대한 단일 관점에 편안히 안착하는 것을 막아준다(Kleinman 1998b). 생의학 전반이 유전학적 결정론이라는 오래되고 단순한 형태로부터 벗어나 인과관계의 다면적 개념으로 전환되기 시작한 지금 정신의학이 인성에 대한 복잡한 관점을 포함하는 접근법으로 실험하는 데 가장 적합한 것으로 보인다(Kirmayer and Gold 2011). 더 나아가 오늘날 의료화의 정치를 고려할 때, 우울증은 더 이상 "정신의학에 소유되는"(Duclos 2009: 111) 것이 아니라 다양한 형태의 풀뿌리 운동과 법률, 산업, 제약, 행정을 포함하는 여러 기관과 행위자들에 소유된다는 것이다. 이들은 "우울증"이 표상하는 것에 대한 각각의 관념들을 조장한다. 그러한 현실은 인간 본성에 대한 진실하고 보편적인 비전이 하나뿐이라는 주장을 끊임없이 해체하고 대신에 우리로 하여금 정신 질환에 대한 보다 미묘한 관점, 즉 생물학적인 동시에 심리적이며 철저히 사회적이라는 관점을 표현하는 언어를 탐구하도록 촉구한다.

한국어판 서문

1 西園昌久 편저, 2005, '特集日韓両国の若い精神科医のための合同研修会からみた両国の
文化(특집 한일 양국의 젊은 정신과 의사를 위한 합동연수회에서 본 양국의 문화)', 『ここ
ろと文化(마음과 문화)』 4권 1호; 李創鎬(이창호), 2022, 'クリニックにおける多文化診
療の実践 — 韓国人, 脱北者, ミックスルーツの症例報告から — (병원에서 다문화 진료의
실천: 한국인, 탈북자, 혼합루트의 사례보고)', 『最新精神医学(최신정신의학)』 27권 3호:
183-189.

2 Junko Kitanaka, 2020, "In the Mind of Dementia: Neurobiological Empathy, Incommen-
surability, and the Dementia Tojisha Movement in Japan," *Medical Anthropology Quarterly*
34(1): 119-35.

3 北中淳子, 2023, 『「心の健康」監視社会 — うつ病, 発達障害, 認知症の医療人類学('마음의
건강' 감시사회: 우울증, 발달장애, 치매의 의료인류학)』, 講談社.

4 Thomas Insel, 2022, *Healing: Our Path from Mental Illness to Mental Health*, Penguin
Press, p. 220.

5 Kitanaka, Junko, Stefan Ecks and Harry Wu, 2021, "The social in psychiatries: depression
in Myanmar, China, and Japan," *Lancet*, 398(10304): 948-949.

1장 서론

1 이러한 정책적 변화는 1999년 직장에서 발생한 정신 질환을 진단하기 위한 범주 설정과
2006년 "정신건강 구축"을 위한 자살방지 대책 기본법과 국가적 인센티브 정책의 실행을
포함한다(Kōsei Rōdōshō 2010, 9장 참조).

2 의료화(medicalization)는 삶의 문제들에 관해 생의학(biomedicine)의 관할권(jurisdic-
tion)이 확대되는 과정을 일컫는다(Fox 1979, Conrad and Schneider 1980).

3 1960년대에서 1980년대까지 진행되었던 반정신의학 운동의 시기(3장에서 서술).

4 "언어"라는 용어는 실천을 배제하지 않으며(Bourdieu 1977 참조), 어떤 심층의 상징구조
(Levi-Strauss 1963a 참조)를 추출하려는 시도도 아니다. 그보다 나는 일본에서 정신 질
환에 대한 이전의 침묵과 우울증에 관해 이야기하는 방식을 향한 운동으로부터의 출발을
강조하기 위해 이 용어를 사용했다.

5 정신건강 영역에서의 연구는 타협되어서는 안 될 윤리적 문제를 제기한다. 나는 연구계획 서를 대부분의 현지조사를 수행했던 두 곳의 정신의학 기관들(각 1곳의 대학병원과 사립 정신병원)에 제출하여 기관윤리위원회의 공식 승인을 획득했고, 공식 윤리위원회가 없던 심료내과(psychosomatic) 진료소에서는 담당의사들의 허가를 받았다. 내가 면담한 모든 환자들에게 먼저 연구의 목적, 프라이버시 보호 조치에 대해 설명했고, 그들이 원하면 언 제든지 연구 참여를 철회할 수 있다는 것을 확인시켜주었다. 또한 참여자들로부터 반드시 서면동의서를 확보했다. 환자들의 건강과 복지가 언제나 첫 번째 우선순위였기 때문에 심 각한 고통을 겪는 환자들과의 면담은 제외했고, 면담에 앞서 의사들과 충분히 상의했다. 이름과 직업을 포함해 환자의 정체성을 드러낼 수 있는 모든 정보는 변경되었고 대부분 의 의사들도 가명처리했다.

6 최근 일본을 연구하는 인류학자들은 정신의학이 어떻게 사회관리의 새로운 기술(Lock 1988, 1993, Borovoy 1995, Breslau 1999, Ozawa 1996, Ozawa-de Silva 2006)로 일상의 고통 영역에 들어오기 시작했는지 분석하기 시작했다. 이러한 진전에서 우울증 담론 분석 이 가장 최근의 시도로 보통의 일본인들이 생각하고 행동해야 하는 방식을 주조하기 위 해 다양한 수단을 활용해온 국가의 개입(Rohlen 1974a, 1974b, Kelly 1993, Kondo 1990, Garon 1997, Kinzley 1991, Gordon 1998)을 포함한다는 점이 매우 중요하다.

7 내가 면담한 일본 정신과 의사들은 화자의 경험 속으로 파고드는 명백한 사회화적 수사 에 대해 우려를 표했다(Foucault 1973, Armstrong 1983 참조). 그들은 그러한 담론이 환 자들을 동질화시키고 임상적 실재의 복잡성을 축소시키려 한다고 말했다.

8 이러한 문화적 주장의 핵심은 스리랑카에서의 우울증에 관한 가나스 오베예스케르의 연 구에 집약되어 있다. 그는 문화가 우울증의 부정적 영향을 종교적 경험으로 해석해서 우 울증에 걸린 사람들이 병리화되고 정신적으로 병든 사람으로 사회적 배제를 당하는 것으 로부터 구원받는다고 주장했다. 이 관점은 중재하는 힘으로서 "문화의 작동"(Obeyesekere 1985)을 드러내고 특정 사회에서 어떤 결과에 더 큰 불안을 부여하는지를 고찰한다는 점 에서 중요하다(Gaines 1992, Kleinman and Good 1985 참조).

9 전후 시기에 일본 정신과 의사들은 미약한 정신 질환에는 거의 신경을 쓰지 않았다. 우울 증 전문가로 유명한 오하라(Ōhara 1981)는 전쟁기에는 우울증이 거의 존재하지 않았다 고 말한다. 정신분석가인 니시조노(Nishizono 1988: 265)는 1964년 서구에서 우울증의 증가 현상에 대해 흥미로움을 표시했다. 사실 1960년대 항우울제가 도입되기 이전까지 미국에서조차 우울증은 "드문" 질병이었다(Healey 1997). 그렇지만 1980년 DSM-III 도 입 이후에도 일본 정신과 의사들은 주요 우울증의 미국식 개념이 너무 포괄적이어서 일 본에 적용할 수 없다고 진술했다. 한편, 학문적 정신의학에 대한 과도한 초점은 21세기 초 반 대중 문화에서 정신 질환에 대한 관심이 증대하는 현상을 놓치게 된다.

2장 몸의 감정을 읽다

1 1874년 근대국가는 공식적으로 "서양의학"을 채택하고 전통의학을 효과적으로 비합법화 시켰지만, 후자는 21세기까지 확실히 살아남았다(Lock 1980 참조)

2 슬픔과 나태함의 이중적인 도덕적 의미는 우울의 역사에서도 두드러진다. 스탠리 잭슨이 논한 바와 같이, 슬픔이나 낙담의 의미를 내포한 서양에서의 멜랑콜리아와 역사적 관련이 있는 개념인 acedia는 11세기까지 나태의 의미를 갖게 되었다(Jackson 1986: 72-77).

3 세계의 다른 많은 지역에서와 마찬가지로, 일본에서는 사람들이 정신이상에 대해 말하 는 방식에서 역사적인 변화가 있었다. 정신이상이 되는 병의 원인이 개인의 외부에 있다 고 보는 초기의 마술적 사고방식(빙의와 같은)은 점차적으로 그 병의 원인을 개인의 생 물활동 내부에 배치하는 전통적인 의학적 사고로 발전했다(Young 1976 참조). 정신이상 을 뜻하는 이전 용어는 타부르(tabure, 타인으로부터의 일탈)로, 이는 나쁜 영혼을 쫓아내 기 위한 다양한 형태의 종교적 기도문으로 치료되었다. 이러한 믿음은 에도 시대에 대인 관계뿐만 아니라 개별 신체의 자연적 요소의 균형을 잃는 것으로 정신이상을 재정의했던 의사들에 의해 거의 불합(가네코[Kaneko 1965]에 따르면, 원래 자신의 기를 유령이나 죽 은 자의 영혼이 대체하게 되는 것을 의미) 개념으로 대체되었다(Oda 1998). 역사학자들 은 에도 시대 후기에 의학 교과서와 임상 실습에서 정신이상에 대한 주목할 만한 전문 분 야가 형성되었다고 주장한다(Okada 2002, Omata 1998). 히루타(Hiruta 1999a)에 따르 면, 이러한 갑작스러운 전문화는 도시화와 상업경제의 발전 때문일 것이다. 이는 사람들 이 건강과 질병에 대한 다른 이유(그리고 더 개인화된 접근법)를 찾도록 이끌었다. 게다 가 도시 지역의 의사 과잉공급과 과밀도(에도 시대 1819년에는 인구 10만명당 250명의 의사가 있었다)는 일부 의사들로 하여금 새로운 하위 분야를 찾도록 자극했을 수도 있다 (Hiruta 1999b). 그리하여 아시카와 게이슈가 정신병의 분류(텐쿄 등)를 만든 후, 가가와 슈안(1683-1755)은 처음으로 정신병의 체계적인 분류를 만들어냈다. 1819년, 쓰치다 겐 은 자신이 10년 동안 치료한 1,000명 이상의 환자들 중 58명 이상을 다룬 일본 최초의 정 신이상 논문을 쓰기도 했다(Tsuchida 1979).

4 도미닉 리, 조안 클라인만, 아서 클라인만(2007)은 기에 대한 이러한 전통적인 의학적 생 각들이 현대 중국에서 '우울증'을 겪는 사람들이 체화한 감정의 언어를 통해 어떻게 표현 되는지에 대한 매혹적인 탐구를 해오고 있다.

5 이 그림의 존재를 알려주신 구리야마 시게히사 교수님께 감사드린다.

6 Littlewood and Dein 2000: 14에서 인용되었다.

7 여기서 우리는 병의 역사에 대한 인식론적이고 경험적인 까다로운 질문들을 마주하게 된 다. 비록 나는 우울증을 단지 다른 역사적 시대에 다른 이름들이 주어지는, 지속적인 생물 학 현상 그 자체라고 생각하지 않는다. 나는 특정한 의학적 사상의 부상이 신체에 대한 기 존의 불안감에 목소리를 내줄 뿐만 아니라 그것을 적극적으로 구축한다는 것을 지적하고

싶다.

8 1925년 에도 시대를 배경으로 한 소설에서 가부키 작가 오카모토 기도는 딸의 병으로 고통받는 상인 가족을 다음과 같이 묘사했다. "(의)사들은 확실한 진단을 내릴 수 없었다. … 가족들은 마침내 그것이 결혼 적령기의 소녀들이 자주 앓는 **기울** 같은 것이라고 결론지었다"(Okamoto 1999: 252).

9 당시 일본 정신의학자들이 수입한 독일 신경정신과학은 "정신적 과정이 항상 근본적인 뇌 기능의 변치 않는 결과라고 생각했기 때문에, 뇌의 질병과 마음의 질병을 구별하지 못했다"(Bynum 1985: 89).

10 흥미롭게도 신경과 관련된 단어들은 전통의학에도 빠르게 통합되었다. 예를 들어 "신경기질(shinkeishitsu)" 또는 신경질적 기질은 "세습적 요인, 과도한 훈련과 어린 시절의 과잉 보호, 그리고 제도화된 가족 구조와 교육 체계"에 의해 야기될 수 있는 성격적 특성이다(Lock 1980: 222). 심신의학도 신경과 노이로제에 대해 자세히 다루었다. 생의학은 생물학적, 심리사회적 영향을 동시에 나타내는 자율신경계 장애(jiritsu shinkei shicchōshō)와 같은 개념을 사용하여 신경의 모호성을 유지했다.

11 특히 제약회사들 또한 우울증에 대한 전통적인 한방 처방을 부활시킴으로써 이러한 새로운 수요를 이용하고 있다.

3장 정신의학의 일상으로의 확장

1 일본 정신의학의 보다 광범위한(그리고 더 깊이 있는) 역사서는 Okada 1981, 1999, 2002, Suzuki 2003a, 2003b, 2005, Hiruta 1999a, 1999b를 참조하라.

2 서양의학은 16세기에 포르투갈 상인들을 통해 수입되었고 네덜란드 해부학의 영향에 의해 에도 시대 말에 널리 퍼졌지만, 1874년 이후에서야 중국의 전통의학을 대신하여 생의학이 공식적 의학이 되었다.

3 가장 치명적이고 가장 가시적인 질병인 콜레라로 인해 환자들이 경찰의 감독 아래 병원으로 이송되고 그 이웃들도 격리되고 소독되면서 많은 공포를 야기했다. 각 자치단체마다 위생협동조합이 설치되었고, 슬럼가와 빈민 지역이 표시되었다. 이것은 지방 통치와 국가의 과학적 관리의 네트워크를 형성하는 데 도움을 주었다. 유럽에서와 마찬가지로 콜레라 전염병은 서양 지식과 서양의학의 우월성을 "증명"해주는 역할을 했다.

4 이러한 비전은 의심할 여지 없이 국가의 체제(kokutai) 이데올로기를 구성하기 위해 조작되었고, 사회 문제에 대한 입법 및 규제 대응을 정당화했다(Gluck 1985).

5 이러한 민속의 대상화와 감시는 예를 들어 아이누족에 대해 정신과 의사들이 비슷한 시도를 이어갔다(Ōtsuki 1998). 이것은 그 당시 내부 식민지화의 한 형태를 구성하는 데 도움을 주었다.

6 이 제도는 1980년대에 널리 논의된 '일본형 복지' 정책과 같은 사고방식을 공유한 것으로, 가족 이데올로기를 이용함으로써 복지에 대한 국가 지출을 줄일 수 있게 했다(Garon 1997, Lock 1993, 1998, Takahashi 1997).

7 1858년 해리스 조약으로 일본은 식민지화의 위협 아래 미국과 유럽 국가들에 관세율 결정권을 부여하고, 일본에 있는 외국인들에게 치외법권을 제공하는 조약을 체결했다. 일본 정부는 30년 동안 서구 열강에게 동등한 지위를 인정받기 위해 서구화 조치를 시행함으로써 이러한 조약들을 개정하기 위해 고군분투하였다.

8 구레의 조사 보고서에는 환자가 (1) 개인의 가정이나 병원에서 치료를 받은 사람, (2) 별 치료 없이 사적으로 구금된 사람, (3) 불교 의식이나 물 치료 등 민속 치료를 받은 사람 등 3가지로 분류되어 있다. 80% 이상이 남성이었다. 구레는 정신 질환자를 1905년 23,931명 (0.05%), 1916년 41,920명(0.075%), 1917년 64,941명으로 집계했다(Kosaka 1984).

9 이 시기 정신병원 부재가 국가의 무관심을 나타내는 것으로 주로 언급되고 있지만, 서양에서 발달한 "병원"이 전쟁 이전의 일본에서 흔한 형태의 기관이 아니었다는 점도 기억해야 한다. 후지사키(Fujisaki 1995: 42)가 지적했듯이, 에도 시대에 네덜란드의 의학이 도입되었음에도 불구하고 병원은 여전히 인기가 없었고 작은 의원들(kaigyoshō)이 더 흔했다. 이러한 양상은 의료 발전으로 인해 더 비싼 의료 기술과 더 많은 인력이 필요하게 된 1950년대까지 지속되었다.

10 1920년대부터 1930년대 초반까지, 간토대지진(1923년), 사회질서유지법(1925년), 제1차 민주선거에서의 공산주의 탄압(1928년), 대공황(1929년), 실업과 노동쟁의 (1930년), 심각한 기근(1931년) 등 일본은 다양한 경제적 어려움과 사회적 불안, 그리고 사회감시의 강화를 겪었다. 한편, 국가의 군사비가 1932년에는 35%, 1936년에는 47% 가 지출되었고, 1939년에는 제2차 세계대전으로 이어졌다(Asada 1985, Kinzley 1991, Silberman and Harootunian 1974).

11 이 법은 연간 3, 4개의 정신병원 설립이라는 목표를 달성하지 못했다. 1926년부터 1945년 까지 20년 동안 공립병원은 단 7곳뿐이었다. 이 법은 이후 1950년 정신위생법으로 대체 되었다(Nakazawa 1985: 2).

12 1910년대 구레와 함께 도쿄제국대학에서 일했던 아버지를 둔 아사다에 따르면, 학문적 정신의학은 흥미롭지만 임상 실습은 견딜 수 없다는 말을 정신과 의사가 하는 것은 드문 일이 아니었다. 당시 치료법은 "인슐린 쇼크"와 전기 충격을 중점에 두었다(Asada 1985: 26, Nishizono 1988).

13 마쓰바라는 1940년 우생학 법에 따른 정신 질환자의 불임수술은 정책에서 요구되는 만큼 이루어지지 않았다는 것을 보여준다. 이는 부분적으로 정신과 의사들의 반대이기도 했지만, 주로 정신의학에서 이 정책을 수행하기 위한 제도적 기반이 부족했기 때문이었다 (Matsubara 1998a, 1988b). 한 예로, 1941년에는 750명의 환자 중 (단지) 94명만이 실제로 불임수술을 받았다. 그러나 이러한 불임수술은 전쟁 이후에도 계속 행해졌다.

14 그러나 학문적으로 1940년대 경에는 독자적으로 진행된 많은 연구 프로젝트들이 있었다. 오카다는 이 시기가 바로 일본 정신의학 안에 성숙되고 자율적인 규율이 자리매김한 시기라고 지적하고 있다(Okada 1999 참조).

15 일부 몇몇 연구는 1970년대에 유전적이고 대물림되는 병으로서 정신 질환에 대한 두려움이 여전히 시골과 도시 진료소에서 사람들의 마음속에 침투해 있음을 기록하였다(Nakazawa 1985, Hirose 1972). 나카자와(Nakazawa 1985)는 농촌의 정신 질환자들이 겪는 고충을 묘사하면서, 사람들이 정신 질환은 불치병이며 유전병이자 가족의 운명이라고 믿고 있음을 보여주고 있다. 그러나 일반화에 대한 주의는 필요하다. 데라시마(Terashima 1969)는 1963년부터 1965년까지 정신 질환에 대한 대중적인 개념에 대한 조사를 실시하여 다음과 같은 사실을 밝혀냈다. (1) 정신 질환에 대한 편견의 상당한 지역적 차이 및 관행(입원), (2) 정신 질환이 유전적이라는 생각이 강한 가운데, 정신 질환의 예후에 대해 '매우 낙관적인 관점'이 퍼지고 있는 모순. 이는 정신의학 담론이 일본 전역에 고르게 퍼지지 않았고, 균일하게 받아들여지지 않았음을 시사한다(지역적 차이는 Munakata 1984, 1986 참조).

16 우치무라가 염려한 것은 미국 정신의학의 다양성(어린 시절 트라우마에 대한 프로이트의 이론, 환경의 힘을 '과대하게' 평가하는 행동 모델, 그리고 아돌프 마이어의 전체론적 접근을 포함하는)이었다. 우치무라와 다른 학술계 리더인 (도쿄 의과 및 치과 대학의) 시마자키 도시키는 정신분석학의 인식론적 기초를 비판하기 위해 정신과 의사이자 철학자인 카를 야스퍼스를 폭넓게 다루었다. 우치무라는 야스퍼스의 작품을 번역하여 정신의학잡지와 대중지 『사상』에 게재하였다(심리병리학에 대한 야스퍼스의 강의는 1959년에 번역되었다).

17 실제로 다수의 고위 정신과 의사들이 인터뷰에서 내게 지적했듯이 '신경증'은 여전히 소외된 채 '상식심리학' 영역에 속해 무시당하는 경우가 많았다.

18 이 법이 정신위생 상담센터 및 가족방문, 기타 정상화 정책을 요구함으로써 커뮤니티 정신건강의 길을 열어주었다는 점을 기억해야 한다. 사실 1950년 법은 지역사회 정신의학의 개념적 돌파구였다. 법에는 각 현에 정신병원 건립을 규정했고, 정신 질환으로 고통받는 사람들을 위한 공공상담센터와 가정방문 치료 프로그램을 도입했다. 그러나 이 프로그램들은 1965년 법 개정 전까지 시행되지 않았다(Koizumi and Harris 1992).

19 실제로 정신병원의 병상 수는 빠르게 증가했다(1965년 17만 3,000병상, 1975년 27만 8,000병상, 1985년 33만 4,000병상[Okagami et al. 1988]).

20 2000년, 일본 정부는 노동 연령 인구의 3분의 1이 만성 피로 증후군을 앓고 있다고 발표했다(이는 미국의 4~8%를 훨씬 초과하는 수치이다). 뉴욕타임스에 따르면 이들 일본인 환자들은 항우울제, 바이오피드백, 상담 등의 치료를 받고 있다. 기사는 또한 "증상이 훨씬 더 만연해 보이는 일본에서는 전문가들이 미국의 전문가들보다 더 사회적 변이를 강조하는 설명에 치중되어 있다"며 "이 사회에 10여년 전 극적인 경제 침체가 시작된 이후

받는 스트레스"와 가장 관련이 있다고 쓰고 있다. 이 기사에서 인용된 의사는 식습관, 환경 문제, 주거, 도시 소외, 과로, 가족 관계 변화 등 다양한 변화를 언급하며, 이 모든 변화들이 '스트레스를 낳는다'고 보았다(French 2000). 언론은 괴로워하는 사람들이 어떤 '사회'나 '전통'으로 돌아가야 하는지에 대해 일본인들은 확실한 인식이 부족하다는 의견을 제시한다. 따라서 어떻게 정신의학이 이 사람들을 위한 복귀의 장을 구성하는 데 도움을 줄지는 두고 볼 일이다.

21 정신건강에 대한 관심은 정신의학 외의 다른 세력들에 의해서도 키워지고 있다. 우선 1974년부터 반정신과 운동의 일부로서 임상심리학을 재건하기 위해, 가와이 하야오와 그의 동료들은 1988년 회원들을 위한 면허제도를 확립할 수 있는 새로운 심리협회를 만들었다(Murase 1995). 문부성과의 연계를 통해 1992년부터 임상심리학자들은 전국 공립학교에서 학교상담사로 활동하고 있고, 심리학자들도 국가면허제도를 위해 정부와 협상 중이다(Maruyama 1998). 두 번째로, 1960년대 이후로 이케미 유지로와 그의 동료들은 정신의학 및 전통의학으로부터 아이디어를 얻어 자신만의 심신의학 분야를 만들었다(심료내과shinryō naika). 이들은 1960년대부터 신경증 개념을 재도입하고 활성화시켰으며(Ohnuki-Tierney 1984), 일과 관련된 스트레스에 대해 걱정하면서도 정신과를 방문하는 것을 주저하는 사람들을 끌어들이는 데 성공했다(Miyaoka 1999, Matsushita 1997).

4장 과로의 병리학인가, 나약한 성격인가?

1 신경쇠약(shinkeisuijaku)이 어떻게 일본 어휘집에 채택되었는지에 대한 다소 복잡한 초기의 역사는 와타라이(Watarai 2003)를 참조하라.

2 내가 사용한 자료는 다음과 같다. 첫째, 신문기사는 1874년부터 1945년까지의 『요미우리 신문』과 1879년부터 2000년까지 『아사히 신문』의 데이터베이스에서 검색하였다. 둘째, 잡지의 대중적 표현은 1895년부터 1928년까지의 지식층 잡지 『다이요(太陽)』와, 1920년대와 1940년대 사이에 출판된 신경쇠약에 관해 인기 있는 네 권의 책을 검토하였다. 셋째, 1902년부터 1970년까지의 『신경학잡지』(이는 1935년에 『정신신경학잡지』로 이름을 바꾸었다)를 비롯해 1890년대와 1970년대 사이에 출판된 다섯 권의 정신의학 교과서를 검토하여 신경쇠약에 대한 정신의학적 담론을 살펴보았다.

3 1908년 『위생백과사전』이라는 제목의 한 책은 신경쇠약이 유전, 정신적 과로, 슬픔, 육체적 피로, 자위를 포함한 광범위한 원인에서 기인한다고 보았다. 이 책에서는 마음의 안정, 냉수 마찰, 냉수욕, 물리(전기)치료, 마사지를 함으로써 치유될 수 있었다고 제안한다.

4 신경쇠약에 대한 개념은 다른 지역에서 다르게 발전하였다(Jijiswijt Hofstra and Porter, 2001, 그리고 Lee 1999 참조).

5 클라인만이 증명하듯이, 중국에 있어 신경쇠약에 대한 해석은 당시의 지배적인 정치 이론

과 밀접하게 연관되어 있는 중국 정신의학(예: 파블로프 신경생리학)의 패러다임 변화에 영향을 받았다(Kleinman 1986: 22-35, Lee 1999).

6 모리타는 이것을 히스테리의 "과잉정서(hyper emotionality)"와 대조시켰다.

7 그의 병력은 그 당시 신경쇠약에 이용할 수 있었던 치료의 종류를 보여준다. 전기요법, 최면요법, 의지력요법(kiaijutsu), 정신요법(daireidō), 사고투영요법(nensha ryōhō) 등을 받았으나 모두 헛수고였다. 나카무라의 환자들이 시도한 다른 치료법들 또한 광범위했다. 마사지, 자기통제요법, 심호흡, 운동, 복식호흡, 지압요법, 물요법, 그리고 의사들에 의한 비타민 주사와 호르몬 요법의 더 일반적인 치료법들이 포함되었다.

8 신경쇠약과 신경질적 기질의 개념은 1920년대 사회에 침투하여 다양한 해석을 낳았다. 도쿄에 있는 나카무라에 비해, 원래 선종의 승려였다가 모리타의 제자가 된 교토의 우사(1925년)는 더 많은 노동자층의 의뢰인들이 있었고, 본래 지속적으로 **신체적인** 것이라며 신경쇠약에 대한 현저히 다른 그림을 보여주었다. 그의 환자층은 도예가, 농부, 지압사, 생선장수, 염료가게 근무자, 석유 용기 판매자, 금세공, 사진가 등 직업 면에서 놀라울 정도로 다양했다. 이는 1900년대의 지식인 집단을 뛰어넘어 1920년대에 신경쇠약의 확산을 시사한다.

5장 우울증에서 "생물학적인 것"을 사회화하기

1 오스본은 생의학이 거짓이기 때문이 아니라, 단지 지역적, 제도적 현실의 합보다 더 많은 것을 나타내기 때문에, 이데올로기적인 일종의 "정신"을 가진 "지역적 합리성의 집합"으로 이해될 수 있다고 역설한다(Osborne 1998: 260).

2 우울증이 일본 정신의학에서 어떻게 논의되었는지를 조사하기 위해, 1870년대와 2000년대 사이에 출판된 많은 정신의학 저널과 주요 정신의학 교과서는 물론, 1902년부터 2003년까지 『일본 정신의학 및 신경학 저널』에 실린 우울증(그리고 자살)에 대한 모든 기사를 확인했다. 이러한 문헌 연구는 전국 10개 대학 정신과와 도쿄 지역 여러 개인병원을 돌며 50여 명의 정신과 의사와 면담하여 얻은 구술사 연구로 보완했다.

3 시모다의 성격에 대한 이론은 1925년 일본에 새롭게 소개된 전혀 다른 토대를 지닌 독일의 지적 사고방식과의 대화의 산물이다. 그때까지, 독일의 정신의학은 크레펠린 신경정신학을 의미했다. 일본의 정신의학자들은 이러한 생물학적 환원주의가 실은 그 전의 주류였던 낭만적 정신의학에 대한 반향이라는 것을, 그리고 그 두 개의 학설이 독일 내부에서는 끊임없이 상호작용하고 함께 발전되어왔다는 것을 모르는 것 같다. 그래서 크레치머의 체질과 정신병 이론—낭만적 사고방식에 의해 큰 영향을 받고, 천재의 우울증으로 이어지는(괴테나 훔볼트 같은)—에 대해 이시카와 사다키치가 1925년 『신경학 저널』을 통해 일본에 소개했을 때, 정신의학자들과 다른 지적 인물들은 상당히 흥분하였다.

4 데이비드 힐리는 항우울제가 등장하기 전의 우울증과 관련하여 다음과 같이 적고 있다. 적어도 유럽에서 우울증은 망상이 있건 없건 간에 멜랑콜리아에 국한되었고, 병원으로 입원해야 하는 심각한 우울성 인격 장애는 인구의 약 100만 명당 50명의 비율이었다. 이러한 초기 수치는 100만 명당 100,000명에 달하는 우울증 질환의 현 추정치와 비교하여 놓을 필요가 있다. 현재 1차적 케어 우울증 또는 지역사회 우울증으로 기술되고 있으며 병원 우울증과 어떤 식으로든 연속적이라고 여겨지는 조건들은, 1950년 이전에는 지역사회의 신경과민이라는 일반적인 풀 안으로 포괄되어야 하며, 멜랑콜리아와는 불연속적인 것으로 간주되어왔다는 것에 따른다. 이러한 비-병원적 긴장 상태는 불안 또는 복합적인 불안 우울 장애 또는 '신경'의 진단을 이끌어낼 가능성이 더 높았다(Healy 2000: 395).

5 1973년 200명의 정신과 의사를 대상으로 한 설문조사는, 우울증이 증가하고 있다는 당시의 일반적인 느낌을 확인시켜주었다(Ōhara 1973).

6 독일 정신과 의사들도 전쟁 전에 "정상적인" 삶을 살았던 많은 사람들과 귀환 군인뿐만 아니라 홀로코스트 생존자들에게서도 만연한 "우울증"의 본질을 어떻게 볼 것인가에 대한 문제에 직면했을 때 상황적 원인을 탐구하기 시작했다. 상황적 원인의 영향을 조사하면서 독일의 정신과 의사들은 사람들이 겪은 사회적 고통의 크기를 정당화하기 위한 시도로 "뿌리 뽑힌 우울증"과 "실존적 우울증" 같은 개념에 눈을 돌렸다. 이 정신과 의사들은 특히 생존자들이 고통에 대한 경제적 보상을 요구하는 법적 소송에서 사람들의 우울증에 대한 정확한 병인을 찾도록 요청받았다. 이는 독일 정신의학 내에서 정신병리 현상에서 유전적 요인이 항상 작용하는지 아닌지에 대해(전쟁 전에는 생물학적 결정론으로 추정되었을 것이다), 아니면 스트레스를 많이 받는 상황만으로도 정신병리의 원인이 될 수 있는지에 대한 열띤, 그리고 궁극적으로는 해결되지 않은, 많은 논쟁으로 이어지게 되었다(Omata 2002).

7 알랭 에랭베르가 지적한 바와 같이, 정신의학의 역학적 연구는 사회적 스트레스(경제적 격차 또는 사회적 불평등 포함) 그 자체가 직접적으로 우울증을 일으키지 않는다는 것을 반복적으로 시사했다. 대신에, 그것이 우울증으로 해석되는지 여부는 주로 그 스트레스에 대한 개인의 해석에 달려 있다(예를 들어 그것을 예상 범위 내의 뭔가로 여긴다던가 하는). 따라서 일부 연구원들은 우울증이 경제적 불평등의 병이라기보다는, 사람들이 기대하는 것과 실제로 경험하는 것 사이에 차이를 만들어내는 **사회적 변화의 병**이라고 주장해왔다. 다시 말해, 사람들은 당연하게 받아들여진 자신의 세계관이 무너질 때 가장 우울증에 걸리기 쉽다(Ehrenberg 2010).

6장 성찰성의 억제

1 아래 이어지는 논의는 주로 임상에서 내가 들은 서사를 기반으로 한다. 즉, JP의과대학에서 관찰한 40건의 개별 상담, 128건의 사례 발표 및 14건의 집단 치료 세션의 데이터를 의미한다. 여기에는 병원 상담실에서 환자들과 진행한 일련의 인터뷰(보통 30분에서 90분 동안 진행) 또한 포함된다. 일부 환자들과는 몇 달에 거쳐 후속 인터뷰를 진행했으며, 한 환자의 경우 2년 가까이 진행되기도 했다. 또한 "임상적 서사"에 대한 가능한 대항 담론을 탐구하기 위해 (도쿄의 한 상가 건물에서 진행되었던) 환자들의 자조 모임에 참여하기도 했으며 심신의학을 전문으로 하는 병원과 다른 병원의 환자들과도 1시간에서 6시간 정도의 인터뷰를 진행했다. 인터뷰 중 일부는 병원 상담실에서 진행되었고, 그 외에는 공공장소(카페와 식당)에서 진행되었다. 처음에는 임상 환경의 특성상 인터뷰 시 환자들로부터 들을 수 있는 서사의 종류에 심한 제약이 있을까봐 걱정했으나, 대부분의 환자들은 의사나 그들이 받은 의학적 치료에 대해 상당히 직설적이거나 때로는 비판적일 정도로 여유로워 보였다(이는 8장에서 더 탐구할 부분이다). 사실 대학병원의 윤리위원회는 환자들이 내 연구에 협조를 하는 여부와 상관없이, 그들이 어떤 이야기를 하든 그들의 발언이 그들이 받는 임상적 치료와 아무 관련이 없을 것이라는 것을 확실히 하기 위한 진술을 피험자 동의서에 포함시키도록 했다. 나는 환자들의 서사 변화가 질병의 진행단계와 치료 기간, 즉 이 환자들이 얼마나 오랫동안 "우울증"을 겪었는지와 더 관련이 있다는 것을 이해했다.

2 지난 10년 동안 일본에서 인지 행동 치료의 부상과 함께 이러한 상황은 점차 변화하고 있다는 점에 주목해야 한다.

3 대학 병원과 여타 대형 병원에서 일본 정신과 의사들의 업무를 관찰하는 사람이라면 대부분의 의사들이 믿을 수 없을 정도로 빡빡한 스케줄에 따라 일하고 있음을 즉시 알아차릴 것이다. JP의대의 외래 병동은 매일 아침 환자들로 넘쳐난다. 내가 처음 현지조사를 시작했을 때 외래 병동이 "선착순" 방식으로 운영되었기 때문에(이후에는 운영 방식이 바뀌었다), 환자들은 의사들을 보기 위해 오랜 시간 기다려야 했고 때로는 몇 시간을 기다리기도 했다. 정신과 의사들은 (행정 업무, 연구, 교재와 논문 집필, 회의 조직, 의대 수업 등을 동시에 하며) 적어도 일주일에 며칠은 외래 환자와 입원 환자를 진찰했다. 나는 의사들이 오후 4시경에 부서 휴게실로 녹초가 된 채로 돌아오는 것을 종종 보곤 했다. 그들은 하루에 40명 이상, 때로는 60명 가까이 환자들을 본다고 말했고 "막판에 가서는 거의 쓰러질 뻔했다"고 이야기했다. 빡빡한 일정과 심리치료비가 거의 지급되지 않는 국민건강보험의 구조를 고려할 때, 심층 심리치료는 그들의 질환이 특별히 심리치료 접근을 요하거나 의사들의 지적 호기심을 불러일으키는 경우에 해당하는 일부 환자들만 받을 수 있는 사치 같아 보였다. 이러한 경우에 의사들은 그들이 가진 약간의 여유 시간을 치료에 할애하기로 결정했다. 따라서 의사들은 종종 우울증 환자의 경험에 관한 연구를 하는 인류학자로서 환자들과 대화를 하는 데 원하는 만큼의 시간을 쓸 수 있는 내가 부럽다고 말했다. 내

가 현장연구를 위해 방문한 열 개의 대학 병원 모두에서 시간 제약은 공통적인 문제인 것 같았다. 분명히 일본의 정신의학 제도는 우울증을 치료하기 위한 심리치료를 할 수 있는 분위기를 조성하지 않고 있다.

4 정신과 의사가 (낙인이 훨씬 덜한) 심료내과의 기치 아래 진료를 보는 사회에서, 정신과 의사와 환자는 스트레스가 마음과 신체에서 다른 시기에 다른 방식으로 나타날 수 있다는 가정을 자연스럽게 공유하는 것 같다.

5 "분노"에 대한 대안적 해석에 대해서는 Hochschild 1983, Boddy 1989, Holmes 2004 참조.

6 이런 경우, 환자들은 종종 그들의 고통에 대해 걱정하지 말라는 말을 듣거나, 더 작은 병원으로 인계되었다. 정신과 의사들 스스로도 "신경증" 환자를 어떻게 할 것인가에 대해 의견이 나뉘었지만 이들을 돌보는 것을 그들의 주된 책임에서 벗어난 것으로 보고 시간이 허락할 때에만 이 문제에 대처했다.

7 이 검사에는 엑스레이, 심전도, 초음파 심장 진단도, 뇌 CT, MRI, 뇌전도 검사 등이 포함된다.

8 이것을 주관적인 것과 객관적인 것(혹은 행동적인 것) 사이의 명확한 구분을 상정하고 좀 더 노골적으로 생물학적인 크레펠린적 접근과 비교해보자. 래든은 이 접근을 다음과 같이 특징 짓는다. "주관적인 것은 자기 성찰의 대상이 되는 것, 즉 스스로의 정신적이고 심리적인 상태에 대해 자기 자신만이 배타적으로 접근할 수 있는 것으로부터 직접적으로 알 수 있는 것을 포착한다. 행동적인 것은 주체의 협조나 구두 보고 없이 3인칭 시점의 분리된 관점에서의 관찰로부터 알 수 있는 것이다"(Radden 2000: 29).

9 사례 발표는 여러 가지 목적을 동시에 수행한다. 사례 발표는 레지던트(보통 담당 의사로서 사례 발표를 진행함)를 훈련시키는 제도이자, 정신과 의사들 간에 서로 다른 관점을 협상하고 조정하며, 분과 내에서 합의된 전문가 기준을 정립해 나가게끔 하는 제도이다. 따라서 담당 레지던트가 해당 환자에 대한 요약된 사례 보고서를 나눠준 후, 활발한 토의가 오가며 증상, 병력, 검사 결과, 치료 결과, 최종 진단(DSM-IV나 ICD-10 진단 기준에 기반한 진단 하나와 일본식의 "전통적 진단"에 기반한 진단 하나), 그리고 향후 치료 계획에 대해 논의한다.

10 비록 정신과 의사가 상사의 역할을 수행함으로써 위계적인 업무 관계를 의식적으로 재생산한다는 것을 의미한다 할지라도, 이것의 목적은 확실한 질서에 대한 감각을 제공하는 것이었다(Suzuki 1997).

7장 의지적 자살 진단하기

1   서양에서는 정신과 의사들이 자살은 종교적 죄악이나 범죄가 아니라 치료되어야 할 병의
    산물이라고 주장함으로써 "해방시키는" 주체로 등장할 수 있었다. 이와는 달리 일본의 정
    신과 의사들이 자살에 대한 일본인들의 생각에 중요한 영향을 미치지 못한 이유 중 하나
    는 자살에 부여된 이러한 문화적 가치 때문이라고 볼 수 있다.

2   자살 시도를 하는 사람들의 의도성의 정도의 차이, 즉 완전히 계획된 행위와 참을 수 없는
    현실로부터 벗어나기 위한 무모한 욕망의 차이를 일본인들은 구분하는데, 의지적 자살이
    란 이 의도성의 궁극적인 표현을 의미한다.

3   하지만 이는 정신의학에 국한되어 공유되는 개념이다. 예를 들어 경찰청에서 활용하는 자
    살 관련 통계에서는 자살의 이유를 다음의 카테고리로 분류한다. 가족 문제, 질병, 경제적
    어려움, 업무 관련 문제, 대인관계 문제, 학교에서의 문제, 알콜 중독, 혹은 정신 질환, 그
    외 분류 불가한 항목.

4   일반적인 자살 방법에는 약물 과다 복용, 손목 긋기, 목 긋기, 복부 긋기, 건물에서 뛰어내
    리기 등과 더불어 목 매달기, 독극물 복용, 물에 뛰어들기 등이 있다.

5   자살 방법에 대한 정보는 자살 사이트를 통해 퍼져 있고, 최근 들어 백 만부 이상 팔린 베
    스트 셀러인『완벽한 자살 매뉴얼』(Tsurumi 1993)을 통해서도 정보는 급증하고 있다.

6   경기 침체가 장기화되면서 가족에게 생명보험금을 남겨주기 위해 스스로 목숨을 끊은 남
    성들이 많았다. 이는 사회 문제가 되었다.

7   Namura (1977: 61)가 퓨넬에 관해 인용한 일본어 텍스트를 영어로 재번역하였다.

8   "진실"되고 "순수"한 의지적 자살로 간주할 수 있는 것에 대한 그들의 관념은 어떤 의미에
    서도 생의학적 범주는 아니며, 무엇이 명예롭고 의미로운 죽음인지에 대한 그들의 문화적
    가정의 산물이라 할 수 있다(Lock 2002 참조).

9   빈스방거의『조현병』일본어 번역을 영어로 재번역하였다.

10 예를 들어 정신과 의사들에게는 특정 치료를 중단하고 싶어 하는 말기 환자의 요구가 기
    저에 있는 우울증이 아닌 자유의지의 산물인지 아닌지를 결정하기 위해 다른 부서와 논
    의해야 하는 일이 점점 더 많이 요구된다.

11 이 정신의학과에는 치료 원칙에 따라 잠겨 있는 병동이 없다.

12 물론 애초에 그가 이런 말을 할 수 있었던 것은 의사들에 의한 생물학적 치료가 결국 그의
    자살 충동을 사라지게 할 것이라는 자신이 있었기 때문이다.

13 일본의 정신과 의사들은 타인과 자신 스스로에게 위험하다고 여겨지는 사람들을 가둘 수
    있는 법적 권한을 부여받았다는 점을 주목하자. 전자의 경우 정신과 의사들은 그들을 기
    관에 강제로 가두는 데 망설임이 없지만, 후자의 경우에는 동일한 조치를 취하는 데 상당
    히 우유부단할 수 있다. 자신 스스로에게 위험이 된다는 것이 (단순히) 자살 충동을 느끼
    는 것이라면 말이다.

8장 우울증의 젠더화와 고통의 선별적 인정

1 젠더와 정신 질환 문제에 관해서는 스즈키 아키히토가 수행한 20세기 초반 일본의 정신 병원에 대한 역사적 분석을 참조하라(Suzuki 2005). 정신의학에서의 젠더 대표성에 대한 정치에 관련해서는 Micale 1995, 2008과 Showalter 1985 참조.

2 오랜 기간 진행되지 않다가 최근 일본에서 실시된 한 역학 연구에서 가와카미와 그의 동료들(Kawakami 2002, 2005)은 일본의 우울증 젠더 비율이 미국과 크게 다르지 않을 수 있다는 것을 보여주었다. 이러한 통계 결과는 일본 정신과 의사들이 오랜 기간 고수해온 젠더에 대한 임상적 관찰이 단지 정신의학에 대한 사회적 접근성과 전문가들의 선별적 관심의 문제였는지, 혹은 최근 우울증의 발병 자체가 빠르게 늘어난 것인지의 여부에 대해 진지하게 검토하도록 촉구한다(록[Lock 1993]이 시사했던 바와 같이, 일본 여성들은 사회적 고립과 소외감, 혹은 우울증 경험 그 자체로부터 오랜 기간 그들을 보호해준 문화적 자원을 가지고 있었을 가능성이 있다). 또한 전문가들은 우울증 비율의 증가가 단지 새로운 "사용 가능한 진단기준"(즉, DSM)이 마련되며 야기된 결과는 아닌지 의문을 제기한다. 이러한 진단 기준은 실제로는 우울증의 정의 자체가 매우 큰 범위의 주관적 불만을 포함하도록 변화한 것임에도 불구하고 우울증이라는 실재적인 생물학적 실체가 존재한다는 잘못된 인상을 준다. 이 때문에 많은 일본 정신과 의사들은 이 진단의 타당성에 대해 논의하고 있다.

3 우울증의 생물학적 표준화가 빠르게 정립되는 한 가지 방법이 정신과 의사의 통계 활용을 통한 것임을 주목하자(Hacking 1990). 록(Lock 1993)은 생물의학에서 통계가 특수한 보편성을 취한다는 점을 보여주었는데, 서양의 연구 결과는 다양한 지역적 사례에 대한 진지한 조사는 거의 진행하지 않은 채로 너무 자주 규범으로 받아들여진다. 우울증, 특히 젠더에 따른 비율은 이러한 조사를 위한 명백한 출발점으로 보인다(Sartorious and WHO 1983, Nakane et al., 1994, Lepine et al., 1997)

4 "shū[束]"라는 글자는 손이 족쇄에 묶여 있는 사람의 형상으로 이루어져 있으며, 따라서 망상적인 애착에 사로잡힌 범죄자를 상징한다.

5 이 지지 모임은 모리타 치료법을 지향하는 정신의학자와 그의 환자들에 의해 만들어졌다. 비록 그들이 모리타 치료와 그 개념에 대해서는 거의 논의하지 않았지만, 지지 모임에서 나온 일부 철학은 그와 연관성을 보이고 있었다.

6 ICD-10에서의 자율신경계 장애와의 유사성에 주목하라(이는 DSM-IV에는 포함되지 않지만 불안감과 우울증 혹은 생리학적 조절장애와 연관된 다수의 일반적인 신체 증상을 포함하기 때문에 세계의 많은 지역에서 흔하게 나타나는 신체 장애를 뜻한다).

7 일을 우울증의 주된 원인으로 인식하는 것은 일본 남성에게만 국한된 것이 아니다. 최근 유럽에서 진행된 (DEPRES라는 이름이 붙여진) 우울증에 대한 광범위한 역학 연구에서도 여성은 "특징적으로 가족 내에서의 관계 문제와 질병 또는 사망 때문에 더 괴로워하

는" 반면, 남성은 "직장 문제와 실업 문제를 우울증이 시작된 원인으로 지목했다"(Angst et al., 2002: 205). 따라서 우울증의 원인으로서의 업무 스트레스라는 주제는 사실 보편적인 것일 수 있다. 일본에서 두드러지는 것은 대중 담론과 의학 담론 모두에서 업무 스트레스가 우울증의 정당한 원인으로 부각된 정도일 것이다.

9장 정신의학을 통한 자살의 사회적 원인 규명

1 이하 이치로로 표기한다. 법적 문서에서 이름만을 표기하는 것은 다른 가족의 성과 혼동을 피하기 위한 관례적 방식이다.

2 뒤르켐이 자살에 관한 사회이론을 발전시킨 토대인 에스키롤(Esquirol)의 정신의학적 주장에 대한 논쟁이 있다는 점도 주목할 필요가 있다.

3 나는 이러한 아카이브 조사를 수행하면서 『일본 정신의학 및 신경학 저널』의 1902년도 초판부터 현재까지의 출간 논문을 검토했고, 1870년대부터 2000년대까지 출간된 여러 저명 저널과 신문기사들도 함께 조사했다. 또한 과로로 인한 우울증과 자살에 관한 법적 담론을 조사하기 위해 『법률가』 『판례』 등의 일본 법률 저널도 이용했다.

4 그러한 심리상태는 "non compos mentis"라 불리는데, 무감각, 진전섬망(delirium tremens), 그리고 환각이나 망상에 의한 외계체험(xenopathic experience)을 수반하는 정신병적/분열적 상태를 포함한다.

5 이 판결문에는 "사회 일반적으로 [우울성 병전] 성격과 행위의 성향이 대체로는 미덕으로 간주되긴 하지만, 과도하게 강조될 필요는 없다"는 문구가 괄호로 삽입되어 있다. 그럼에도 판결문은 이 주장을 상대적 과실 상계에 이용했다.

6 F0: 증상이 있는 유기적 정신 질환, F1: 향정신성 물질 사용으로 인한 정신, 행동적 장애, F2: 정신분열증, 정신분열적 또는 망상적 질환, F3: 기분 장애, F4: 신경증, 스트레스 관련 또는 신체형 장애가 포함된다.

7 노동성과 후생성이 2002년 후생노동성(Ministry of Health, Welfare, and Labor)으로 통합되었다.

8 내가 인터뷰했던 우울증 전문가들 중 일부는 변호사와 판사가 사용하는 우울증 모델이 너무 단순하다고 불평했다. 나 역시 도쿄 지방법원에서 다뤄진 과로자살 재판 중에 판사들이 의사들에게 정확하게 언제 노동자의 우울증이 시작되었는지 묻는 모습을 수차례 목격하기도 했다. 도요타 사건의 경우에도 정신과 의사들은 원인과 결과를 정확히 어떻게 구성할 것인지에 대해서도 의아해했다. 그 노동자의 우울증을 야기시킨 원인이라고 여겼던 스트레스성 사건이 그의 증상 발현 이전에 발생했기 때문이다. 그들은 각종 사건들로 너무 스트레스가 심해 우울증에 걸린 것인지, 그가 이미 우울증에 걸렸기 때문에 그 사건들이 특별히 스트레스가 심했던 것인지 묻고 있었다(Nomura et al. 2003).

9 이 내용은 반세기 이상 정권을 잡고 있었던 보수 자민당을 이기고 2009년 집권한 민주당에 의해 발표되었다.

10 내가 인터뷰한 일부 정신과 의사들은 노동자 배상을 위해 책정된 막대한 노동성 예산을 사용하기 위해 정부 정책의 변화가 있었으리라고 추측하기도 했다.

11장 우울증의 미래

1 우울증을 뇌의 "화학적 불균형" 문제로 설명하는 것과 같은 미국에 퍼져 있는 신경생물학적 은유는 일본에서는 동일한 설명력이나 구원의 함의를 지니지 않는 것으로 보인다. 대신에, 일본의 정신과 의사들은 그들의 독특한 "총체적인" 신체 은유("마음의 감기"와 같은)를 통해 우울증을 공격적인 의약화의 대상으로 효과적으로 변화시켰다. 내가 보여주고자 하는 것처럼, 이것은 다른 사회에서 질병에 대한 설명으로 "이치에 맞는" 것이 무엇인지(Evans-Pritchard 1937), 그리고 그것을 사회적, 정치적으로 정당한 설명으로 만들기 위해 어떤 이데올로기적 권력이 개입되었는지에 대한 민족지학적 조사를 필요로 한다.

2 전통적으로 심리적 영역에 대한 개입을 강력히 유보해온 일본 정신의학의 "신체적" 접근은 광범위한 의약화의 진전을 더욱 강력하게 했을 것이다.

3 아사히 신문에 한 관리 전문가는 우울증에서 "회복을 잘 하는" 사람을 고용하는 것은 자원의 낭비일 수 있다고 썼다. 즉, 이러한 사람들은 사람 간 관계에 둔감해서 일본 직장에서는 업무를 잘 수행하지 못할 수 있다는 것이다(Ozasa 2010).

Abu-Lughod, Lila. 1990. The Romance of Resistance: Tracing Transformations of Power through Bedouin Women. *American Ethnologist* 17, no.1: 41–55.

Akimoto, Haruo. 1976. *Seishinigaku to Hanseishinigaku (Psychiatry and Antipsychiatry).* Tokyo: Kongō Shuppan.

———. 1985. *Meisai no Michishirube: Hyōden Nihon no Seishiniryō (Signposts in the Winding History of Japanese Psychiatry).* Tokyo: Nova Shuppan.

Althusser, Louis. 1971. *Essays on Ideology.* London and New York: Verso.

Amagasa, Tadashi. 1999a. Karō Jisatsu no Mekanizumu to Sono Konzetsu ni Mukete (The Mechanism of Overwork Suicide and How to Eradicate It). *Chōsa Jihō (Research Report)* 444 (December): 41–49.

———. 1999b. Rōdōsha no Jisatsu to Sono Haikei (Workers' Suicides and the Background). *Kikan Hatarakumono no Inochi to Kenkō (The Life and Health of Workers)* June: 32–39.

———. 2005. Seishinshōgai Hasshō no Seishinigaku ni Miru Gendankai to Rōsai Ninteikijun (The Current Psychiatric Knowledge of and the Standards for Workers' Compensation for Mental Illness). *Hataraku Mono no Inochi to Kenkō (The Life and Health of Workers)* 22: 19–31.

Amagasa, Takashi, Takeo Nakayama, and Yoshitomo Takahashi. 2005. Karojisatsu in Japan: Characteristics of 22 Cases of Work-Related Suicide. *Journal of Occupational Health* 47, no.2: 157–64.

Ambaras, David R. 1998. Social Knowledge, Cultural Capital, and the New Middle Class in Japan, 1895–1912. *Journal of Japanese Studies* 24: 1–33.

Angst, J., A. Gamma, M. Gastpar, J. P. Lepine, J. Mendlewicz, and A. Tylee. 2002. Gender Differences in Depression: Epidemiological Findings from the European DEPRES I and II Studies. *European Archives of Psychiatry & Clinical Neuroscience* 252, no.5: 201–9.

Applbaum, Kalman. 2006. Educating For Global Mental Health: American Pharmaceutical Companies and the Adoption of SSRI in Japan. In *Pharmaceuticals and Globalization: Ethics, Markets, Practices*, eds. Adriana Petryna, Andrew Lakoff, and Arthur Kleinman. Durham, NC: Duke University Press.

———. 2010. Shadow Science: Zyprexa, Eli Lilly and the Globalization of Pharmaceutical Damage Control. *BioSocieties* 5, no.2: 236–55.

Arima, Akito. 1990. *Ki no Sekai (The World of Ki).* Tokyo: Tokyo Diagaku Shuppankai.

Armstrong, David. 1983. *Political Anatomy of the Body: Medical Knowledge in Britain in the Twentieth Century.* Cambridge: Cambridge University Press.

Arney, William R. and Bernard J. Bergen. 1984. *Medicine and the Management of Living: Taming the Last Great Beast.* Chicago: University of Chicago Press.

Arnold, David. 1993. *Colonizing the Body: State Medicine and Epidemic Disease in Nineteenth-Century India.* Berkeley: University of California Press.

Asada, Shigeya. 1985. *Shiritsu Seishin Byōin no Yakuwari: Furansu no Seishiniryō Seido ni Terashite (The Role of Private Mental Hospitals: a Comparison With the French Psychiatric System).* Tokyo: Makino Shuppan.

Asahi Shimbun. 1956. "Torikoshi Gurō" no Shinyaku (New Drug For "Worrying Too Much"). September 15.

————. 1965. Seishinanteizai no Jōyō ni Akashingō (Red Light to Casual Use of Minor Tranquilizers). November 21.

————. 1974. Pari no Panda Lilly Kun Shinkeisuijakude? Shinu (Lilly the Panda in Paris Zoo Dies of Neursthenia?). April 24.

————. 1999. Jisatsushita Etō Jun shi no Isho Kōhyō (The Suicide Note of Etō Jun), July 23.

————. 1999. Jisatsu no Rōsai Nintei Kanwa: Taishō "Kokoro no Shippei" mo (Relaxed Regulations for Work-Related Suicide Compensation: Broader Inclusion of Mental Illness). July 31.

————. 2000. Karō Jisatsu Rōsai no Monko wa Hirogattaka (Overwork Suicide: Has the Gate For Workers' Compensation Really Widened?). June 21.

————. 2000. Karō Jisatsu Soshō de Wakai, Dentsu Shain Izokugawa "Zenmenshōri no Naiyō" (Resolution for Overwork Suicide Lawsuit: Dentsu Employee's Family "AllOut Victory"). June 23.

————. 2001. "Sutoresu" Mitomeru Nagare, Kyōyo no Jisatsu "Rōsai" Nintei ("Stress" Increasingly Given Consideration: Suicide of a Teacher to Be Granted Worker's Compensation). February 23.

————. 2001. Shokuba no "Jakusha" ni Hikari, Karō Jisatsu ni Rōsai Nintei Hanketsu (Light on the "Weak" in Workplaces: Workers' Compensation Granted in Overwork Suicide Lawsuit). June 18.

————. 2003. Rōkishogawa ga Jōkoku Dannen e, Toyota Kakarichō Karō Jisatsu Soshō (Labor Standard Office Decides Not to Appeal to Higher Court: The Overwork Suicide of Toyota's Assistant Manager). July 18.

————. 2003. Rōsai Nintei no Handan Shishin "Gutaiteki ni", Toyota Karō Jisatsu Soshō (The Standard for Determining Workers' Compensation "Should Be More Concrete": Toyota Overwork Lawsuit). July 9.

————. 2005. Jisatsu Yobō e Sōgō Taisaku (Comprehensive Measures for Preventing Suicide). July 16.

————. 2005. Sazae-San o Sagashite (Looking for Sazae-San). May 14.

————. 2007. "Pawahara Jisatsu" Rōsai Nintei: Jōshi kara Bōgen "Kyūryō Dorobō" "Mezawari, Kiete kure" ("Power Harassment Suicide" to Receive Workers' Compensation: Insulted by Boss "Goldbricker" "Eyesore"). October 16.

————. 2007. Mado: Shitsukanjōshō (Window: Alexithymia). June 27.

————. 2007. Rōsai Nintei Josei Denīzu ni Baishōseikyū "Ijime, Sekuhara de Utsubyō" (Workers' Compensation Granted to a Female Worker, "Bullying and Sexual Harassment Led to Depression"). May 18.

————. 2008. Hataraku hito no Hōritsu Sōdan: Kokoro no Yamai Saiban dewa Rōsai Nintei ga Zōka (Legal Advice for Workers: Mental Illness, Increasingly Recognized and Compensated through Lawsuits). October 27.

————. 2009. Mottomo omoi Yōin ni Pawahara Tsuika e (Power Harassment Added to the Severest Factor). March 20.

————. 2009. Soryūshi (Particles). May 15, Evening.

————. 2009a. Tōshiba Shain Utsubyō Kajūgyōmu ga Genin (Toshiba Employees Depressed: Overwork is the Cause). May 19.

Asahi Shimbun. 1956. "Torikoshi Gurō" no Shinyaku (New Drug For "Worrying Too Much"). September 15.

———. 2009b. Yūbinkyokuin Futari Shinyakin de Utsu (Two Post Office Workers Depressed after Late Night Shifts). May 19.

———. 2009. Kokoro no Yamai Rōsai Saita (The Highest Number of Worker's Compensation Ever Granted for Mental Illnesses). June 9.

———. 2010. Seishin Shikkan Chōsa Gimuka Miokuri (Mandatory Mental Health Examination Deferred). July 15.

Asai, Kunihiko. 1999. History and Present State of Psychiatric Care. In *Images in Psychiatry: Japan*, eds. Yoshibumi Nakane and Mark Radford. World Psychiatric Association.

Asano, Hirotake. 2000. *Seishin Iryō Ronsōshi (The History of Disputes in Psychiatry)*. Tokyo: Hihyōsha.

Ashikawa Keishū, 1982. *Ashikawa Keishū*, eds. Keisetsu Ōtsuka and Dōmei Yakazu. Tokyo: Meicho Shuppan.

Atkinson, Paul. 1995. *Medical Talk and Medical Work*. London: Sage.

Azai, Teian, 1981. *Azai Teian*, eds. Keisetsu Ōtsuka, and Dōmei Yakazu. Tokyo: Meicho Shuppan.

Bakhtin, Mikhail M., and Michael Holquist. 1981. *The Dialogic Imagination: Four Essays*. Austin: University of Texas Press.

Barrett Robert J. 1988. Interpretations of Schizophrenia. *Culture, Medicine and Psychiatry* 12, no.3: 357–88.

———. 1996. *The Psychiatric Team and the Social Definition of Schizophrenia: An Anthropological Study of Person and Illness*. Cambridge, England/New York: Cambridge University Press.

Barthes, Roland. 1982. *Empires of Signs*. Translated by Richard Howard. New York: Hill and Wang.

Battaglia, Debbora. 1995. Problematizing the Self: A Thematic Introduction. In *Rhetorics of Self-Making*, ed. Debbora Battaglia. Berkeley: University of California Press.

BBC News. 2009. French Unease at Telecome Suicides. September 12.

Becker, Howard. 1960. *Outsiders: Studies in the Sociology of Deviance*. New York: Free Press.

Béhague, Dominique Pareja. 2008. Psychiatry and Military Conscription in Brazil: The Search for Opportunity and Institutionalized Therapy. *Culture, Medicine and Psychiatry* 32, no.2: 140–51.

———. 2009. Psychiatry and Politics in Pelotas, Brazil: the Equivocal Quality of Conduct Disorder and Related Diagnoses. *Medical Anthropology Quarterly* 23, no.4: 455–82.

Benedict, Ruth. 1946. *Chrysanthemum and the Sword: Patterns of Japanese Culture*. Boston: Houghton-Mifflin.

Boddy, Janice. 1989. *Wombs and Alien Spirits: Women, Men, and the Zar in Northern Sudan*. Madison: University of Wisconsin Press.

Bordo, Susan. 1993. *Unbearable Weight*. Berkeley: University of California Press.

Borovoy, Amy. 1995. *Good Wives and Mothers: The Production of Japanese Domesticity in a Global Economy*. Ph.D. Dissertation, Stanford University.

———. 2005. *The Too-Good Wife: Alcohol, Codependency, and the Politics of Nurturance in Postwar Japan*. Berkeley: University of California Press.

———. 2008. Japan's Hidden Youths: Mainstreaming the Emotionally Distressed in Japan. *Culture, Medicine and Psychiatry* 32, no.4: 552–76.

Bourdachs, Michael K. 1997. Shimazaki Toson's Hakai and Its Bodies. In *New Directions in the Study of Meiji Japan*, eds. Helen Hardacre and Adam L. Kern. Leiden/New York/ Koln: Brill.

Bourdieu, Pierre. 1977. *Outline of a Theory of Practice*. Cambridge: Cambridge University Press.

Breslau, Joshua A. 1999. *Learning to Locate the Heart: An Apprenticeship in Japanese Psychiatry*. Ph. D. Dissertation. Harvard University.

Brice, Pedroletti. 1999. Au Japonpersonne ne Respecte Les Limites Légales. *Le Monde*. May 22.

Brotherton, Sean P. 2008. "We Have To Think Like Capitalists But Continue Being Socialists": Medicalized Subjectivities, Emergent Capital, and Socialist Entrepreneurs in Post-Soviet Cuba. *American Ethnologist* 35, no. 2: 259-274.

Brotherton, Sean P. 2012. *Bodies in States of Crisis: The Biopolitics of Health in Post-Soviet Cuba*. Durham: Duke University Press.

Brown, Norman O. 1959. *Life Against Death: The Psychoanalytical Meaning of History*. New York: Vintage Books.

Burns, Susan L. 1997. Contemplating Places: the Hospital As Modern Experience in Meiji Japan. In *New Directions in the Study of Meiji Japan*, eds. Helen Hardacre and Adam L. Kern. Leiden: Brill.

Bynum, W.F. 1985. The Nervous Patient in Eighteenth- and Nineteenth-Century Britain: the Psychiatric Origins of British Neurology. In *The Anatomy of Madness: Essays in the History of Psychiatry*, eds. W. F. Bynum, Roy Porter, and Michael Sepherd. London and New York: Tavistock Publications.

Carey, Benedict. 2008. Brain Enhancement is Wrong, Right? *New York Times*, March 9.

———. 2010. Popular Drugs May Benefit Only Severe Depression, New Study Says. *New York Times*, January 6.

Castel, Robert, Francoise Castel, and Anne Lovell. 1982[1979]. *The Psychiatric Society*. Translated by A. Goldhammer. New York: Columbia University Press.

Clarke, Adele, and Theresa Montini. 1993. The Many Faces of RU486: Tales of Situated Knowledges and Technological Contestations. *Science, Technology & Human Values* 18, no.1: 42–78.

Clarke, Edwin, and L. S. Jacyna. 1987. *Nineteenth-Century Origins of Neuroscientific Concepts*. Berkeley: University of California Press.

Cohen, Lawrence. 1995. The Epistemological Carnival: Meditations on Disciplinary Intentionality and Ayurveda. In *Knowledge and the Scholarly Medical Traditions*, ed. Don Bates. Cambridge: Cambridge University Press.

———. 1998. *No Aging in India: Alzheimer's, the Bad Family, and Other Modern Things*. Berkeley: University of California Press.

Comaroff, Jean. 1982. Medicine: Symbol and Ideology. In *The Problem of Medical Knowledge*, eds. Paul Wright and Andrew Treacher. Edinburgh: Edinburgh University Press.

———. 1985. *Body of Power, Spirit of Resistance: The Culture and History of a South African People*. Chicago: University of Chicago Press.

Conrad, Peter and Joseph W. Schneider. 1980. *Deviance and Medicalization: From Badness to Sickness*. St. Louis: C.V. Mosby.

Cooper, David. 1967. *Psychiatry and Anti-Psychiatry*. London/New York: Tavistock Publications.

Corin, Ellen. 1990. Facts and Meaning in Psychiatry: An Anthropological Approach to the Lifeworld of Schizophrenics. *Culture, Medicine and Psychiatry* 14, no.2: 153–88.

———. 1998a. The Thickness of Being: Intentional Worlds, Strategies of Identity and Experience Among Schizophrenics. *Psychiatry* 61, no. 2: 133–46.

———. 1998b. Refiguring the Person: the Dynamics of Affects and Symbols in an African Spirit Possession Cult. In *Bodies and Persons: Comparative Perspectives from Africa and Melanesia*, eds. Michael Lambek and Andrew Strathern. Cambridge: Cambridge University Press.

Corin, Ellen and Gilles Lauzon. 1992. Positive Withdrawal and the Quest For Meaning: The Reconstruction of Experience Among Schizophrenia. *Psychiatry* 55, no.3: 266–78.

Crawford, Robert. 1984. A Cultural Account of Health: Self Control, Release and the Social Body. In *Issues in the Political Economy of Health Care*, ed. J. Mckinlay. New York: Travistock Publications.

Daily Yomiuri. 1999. Courts Becoming More Open to Work-Related Suicide Suits. October 11.

———. 1999. Government to Establish Criteria For Work-Related Suicides. April 11.

———. 2004. Worker's Comp Claim Filed Over Osaka Judge's Suicide. March 30.

Davis, Elizabeth. 2008. *Bad Souls: An Ethnography of Madness and Responsibility in Greek Thrace*. Durham: Duke University Press.

Degrazia, David. 2000. Prozac, Enhancement, and Self-Creation. *Hastings Center Report*, March-April.

Doi, Takeo. 1954. Seishinbunseki Hihan no Hanhihan (Critique of the Critique of Psychoanalysis). *Seishin Shinkeigaku Zasshi (Journal of Psychiatry and Neurology)* 55, no. 7: 748–51.

———. 1966. Utsubyō no Seishin Rikigaku (Psychodynamics of Depression). *Seishinigaku (Clinical Psychiatry)* 8, no. 12: 978-81.

———. 1973. *The Anatomy of Dependence*. Tokyo/New York: Kodansha International.

———. 1990. The Cultural Assumptions of Psychoanalysis. In *Cultural Psychology: Essays on Comparative Human Development*, eds. James W. Stigler, Richard A. Shweder, Gilbert H. Herdt, and University of Chicago Committee on Human Development. Cambridge/New York: Cambridge University Press.

———. 2000. Noirōze, Ki no Yamai, Kichigai (Neurosis, Illness of Ki, Insanity). In *Doi Takeo Senshū 6 (Collected Works of Doi Takeo* Vol. 6). Tokyo: Iwanami Shoten.

Dore, Ronald P. 1958. *City Life in Japan: A Study of a Tokyo Ward*. Richmond, Surrey: Japan Press.

Douglas, Mary. 1992. *Risk and Blame: Essays in Cultural Theory*. London: Routledge.

Duclos, Vincent. 2009. When Anthropology Meets Science: An Interview with Allan Young. *Altérités* 6, no. 1: 110–18.

Duden, Barbara. 1991. *The Woman Beneath the Skin: A Doctor's Patients in Eighteenth Century Germany*. Cambridge, MA: Harvard University Press.

Duncan, Grant. 2003. Workers' Compensation and the Governance of Pain. *Economy and Society* 32, no. 3: 449–77.

Ecks, Stefan. 2003. Is India on Prozac?: Sociotropic Effects of Pharmaceuticals in a Global Perspective. *Curare* 26, no.1–2: 95–08.

———. 2005. Pharmaceutical Citizenship: Antidepressant Marketing and the Promise of

Demarginalization in India. *Anthropology and Medicine* 12, no. 3: 239–54.

———. Forthcoming. *India on Prozac*. London: Routledge.

Eguchi, Shigeyuki. 1987. Shigaken Koto Ichisanson ni Okeru Kitsunetsuki no Seisei to Henyō (The Production and Alteration of Fox Possession in a Mountain Village in Shiga Prefecture). *Kokuritsu Minzokugaku Hakubutsukan Kenkyū Hōkoku (National Ethnological Museum Research Report)* 12, no. 4: 1113–79.

Ehrenberg, Alain. 2010. *The Weariness of the Self: Diagnosing the History of Depression in the Contemporary Age*. Montreal and Kingston: McGill-Queen's University Press.

Ejima, Kiseki and Tsuyoshi Hasegawa. 1989. *Keisei Irojamisen; Keisei Denju-Gamiko; Seken Musume Katagi (The Vocal Shamisen of the Courtesan)*. Tokyo: Iwanami Shoten.

Elliott, Carl. 2003. *Better than Well: American Medicine Meets the American Dream*. New York: W. W. Norton.

Elliott, Carl and Tod Chambers. 2004. *Prozac as a Way of Life*. Chapel Hill: University of North Carolina Press.

Estroff, Sue E. 1981. *Making It Crazy: An Ethnography of Psychiatric Clients in an American Community*. Berkeley: University of California Press.

———. 1993. Identity, Disability, and Schizophrenia: The Problem of Chronicity. In *Knowledge, Power & Practice*, eds. Shirley Lindenbaum and Margaret Lock. Berkeley: University of California Press.

Evans-Pritchard, Edward Evan. 1937. *Witchcraft, Oracles and Magic Among the Azande*. Oxford: Clarendon Press.

Foucault, Michel. 1973. *Madness and Civilization: A History of Insanity in the Age of Reason*. New York: Vintage Books.

———. 1975. *The Birth of the Clinic: An Archeology of Medical Perception*. New York: Vintage Books.

———. 1977. *Discipline and Punish: The Birth of the Prison*. New York: Vintage Books.

Fox, Renée C. 1979. *Essays in Medical Sociology: Journeys into the Field*. New Brunswick/Oxford: Transaction Books.

Franklin, Sarah and Celia Roberts. 2006. *Born and Made: An Ethnography of Preimplantation Genetic Diagnosis*. Princeton: Princeton University Press.

Freidson, Eliot. 1970. *Profession of Medicine: A Study of the Sociology of Applied Knowledge*. New York: Dodd, Mead & Company.

French, Howard W. 2000. A Postmodern Plague Ravages Japan's Workers. *New York Times*, February 21.

Fujikawa, Hiroaki. 2000. Iwayuru Karō Jisatsu to Anzen Hairyo Gimu Hōri (So-Called Overwork Suicide and the Obligation of Safety Doctorine). *Bessatsu Jurist: Shakai Hoshō Hanrei Hyakusen (Jurist Supplement: Social Security 100 Precedents)* 153: 150–51.

Fujimoto, Shigeru. 2002. Karō Jisatsu to Shiyōsha no Songai Baishō Sekinin (Overwork Suicide and the Liability of Employers). *Bessatsu Jurist (Jurist Supplement)* 165 (November): 142–43.

Fujimoto, Tadashi. 1996. *"Jisatsu Karōshi" Saiban 24 Sai Natsu Adoman no Ketsubetsu ("Overwork Suicide" Lawsuit: 24-Year-Old Advertisement Man's Departure)*. Tokyo: Daiamond Sha.

———. 1997. Nihongata Kigyō no Byōri to Seinen no Shi: Dentsū Jisatsu Karōshi Jiken (Pathology of Japanese-Style Corporate Society and the Death of a Young Man: Dentsu Overwork Suicide Case). *Kikan Rōdōsha no Kenri* (*Workers' Rights*) 220: 158–63.

Fujisaki, Kazuhiko. 1995. Ishi (Doctors). In *Gendai Iryō no Shakaigaku: Nihon no Genjō to Kadai* (*Sociology of Modern Medicine: the Present Condition and Issues in Japan*), ed. Kōichiro Kuroda. 33–58. Kyoto: Sekai Shisōsha.

Fukuoka Chihō Saibansho (Fukuoka District Court). 1982. *Songai Baishō Seikyū Jiken* (*Appeal for Compensation for Damage*), No.27405686.

Funahashi, Daena Aki. 2010. "Wrapped in Plastic": Metamorphosis and Burnout in Finland. Unpublished manuscript.

Furusawa, Satoshi. 1998. Nihon ni okeru Shinrigaku(sha) to Shakai (Psychology[ists] and Society in the Prewar and Interwar Japan). In *Nihon Shinrigakushi no Kenkyū* (*Studies of the History of Japanese Psychology*), eds. Shinrigaku Kenkyūkai and Rekishi Kenkyūbukai. Kyoto: Hōsei Shuppan.

Gaines, Atwood D., ed. 1992a. *Ethnopsychiatry: The Cultural Construction of Professional and Folk Psychiatries*. Albany: State University of New York Press.

———. 1992b. From DSM I to III-R; Voices of Self, Mastery and the Other: A Cultural Constructivist Reading of U.S. Psychiatric Classification. *Social Science and Medicine* 35, no.1: 3–24.

Gal, Susan. 1991. Between Speech and Silence: The Problematics of Research on Language and Gender. In *Gender at the Crossroads of Knowledge: Feminist Anthropology in the Postmodern Era*, ed. Micaela di Leonardo. Berkeley: University of California Press.

Garon, Sheldon M. 1997. *Molding Japanese Minds: The State in Everyday Life*. Princeton, NJ: Princeton University Press.

Garro, Linda C. 1994. Chronic Illness and the Construction of Narratives. In *Pain as Human Experience: An Anthropological Perspective*, eds. Mary-Jo Delvecchio Good, Paul E. Brodwin, Byron J. Good, and Arthur Kleinman. Berkeley: University of California Press.

Gates, Barbara T. 1988. *Victorian Suicide: Mad Crimes and Sad Histories*. Princeton, NJ: Princeton University Press.

Giddens, Anthony. 1991. *Modernity and Self-Identity: Self and Society in the Late Modern Age*. Cambridge, England: Polity Press.

Gijswijt-Hofstra, Marijke and Roy Porter. 2001. *Cultures of Neurasthenia from Beard to the First World War*. Amsterdam/New York: Rodopi.

Gilbert, G. Nigel and Michael Mulkay. 1984. *Opening Pandora's Box: A Sociological Analysis of Scientists' Discourse*. Cambridge: Cambridge University Press.

Gluck, Carol. 1985. *Japan's Modern Myths: Ideology in the Late Meiji Period*. Princeton, NJ: Princeton University Press.

Goffman, Erving. 1961. *Asylums: Essays on the Social Situation of Mental Patients and Other Inmates*. Garden City, NY: Anchor Books.

———. 1963. *Stigma: Notes on the Management of Spoiled Identity*. Englewood Cliffs, NJ: Prentice-Hall.

Goldsmith, S. K. et al., eds. 2002. *Reducing Suicide: A National Imperative*. Washington, D.C.: National Academic Press.

Goldstein, Jan. 1987. *Console and Classify: the French Psychiatric Profession in the Nineteenth Century*. Cambridge: Cambridge University Press.

Good, Byron J. 1994. *Medicine, Rationality, and Experience: An Anthropological Perspective.* Cambridge: Cambridge University Press.

Good, Mary-Jo Delvecchio, Paul E. Brodwin, Byron Good, and Arthur Kleinman, eds. 1992. *Pain as Human Experience: An Anthropological Perspective.* Berkeley: University of California Press.

Gordon, Andrew. 1998. *The Wages of Affluence: Labor and Management in Postwar Japan.* Cambridge, MA: Harvard University Press.

———. 2009. *A Modern History of Japan: From Tokugawa Times to the Present.* Oxford/ New York: Oxford University Press.

Gordon, Deborah R. 1988. Tenacious Assumptions in Western Medicine. In *Biomedicine Examined*, eds. Margaret Lock and Deborah Gordon. Dordrecht: Kluwer Academic Publishers.

Gosling, Francis G. 1987. *Before Freud: Neurasthenia and the American Medical Community, 1870–1910.* Urbana: University of Illinois Press.

Gotō, Konzan. 1971. *Shisetsu Hikki (Transcription of [Gotō's] Ideas). Kinsei Kagaku Shisō (Premodern Scientific Thought).* Tokyo: Iwanami Shoten.

Habermas, Jürgen. 1987. *The Theory of Communicative Action. Vol. 2: Lifeworld and System: a Critique of Fundamental Reason.* Boston: Beacon Press.

Hacking, Ian. 1982. Language, Truth and Reason. In *Rationality and Relativism*, eds. Martin Hollis and Steven Lukes. Oxford: Blackwell.

———. 1986. Making Up People. In *Reconstructing Individualism: Autonomy, Individuality, and the Self in Western Thought*, eds. Thomas C. Heller, Morton Sosna, and David E. Wellbery. Stanford, CA: Stanford University Press.

———. 1990. *The Taming of Chance.* Cambridge: Cambridge University Press.

———. 1995. *Rewriting the Soul: Multiple Personality and the Sciences of Memory.* Princeton, NJ: Princeton University Press.

———. 1999. *The Social Construction of What?* Cambridge, MA: Harvard University Press.

———. 2002. *Historical Ontology.* Cambridge, MA: Harvard University Press.

Hanrei Times. Rōdō Saiban Rei (Labor Court Cases). 1998. no.962: 145–52.

Haraway, Donna J. 1997. *Modest_Witness@Second_Millennium.FemaleMan_Meets_Onco-Mouse: Feminism and Technoscience.* New York and London: Routledge.

Hattori, Toshirō. 1978. *Edojidai Igakushi no Kenkyū (A Study on the History of Medicine in the Edo Period).* Tokyo: Yoshikawa Kōbunkan.

Hayashi, Kimikazu. 2001. *Gitai Utsubyō (Mimic Depression).* Tokyo: Takarajimasha.

Healy, David. 1997. *The Antidepressant Era.* Cambridge, MA: Harvard University Press.

———. 2000. Some Continuities and Discontinuities in the Pharmacotherapy of Nervous Conditions Before and After Chlopromazine and Imipramine. *History of Psychiatry* Xi: 393–412.

———. 2002. *The Creation of Psychopharmacology.* Cambridge, MA: Harvard University Press.

———. 2004. *Let Them Eat Prozac: The Unehealthy Relationship Between the Pharmaceutical Industry and Depression.* New York: New York University Press.

Hendin, H., A. Lipschitz, J. T. Maltsberger, A. P. Haas, and S. Wynecoop. 2000. Therapists' Reactions to Patients' Suicides. *The American Journal of Psychiatry* 157, no.12: 2022–27.

Henriques, Julian, Wendy Hollway, Cathy Urwin, Couze Venn, and Valerie Walkerdine. 1984. *Changing the Subject: Psychology, Social Relation and Subjectivity*. London and New York: Methuen.

Herman, Ellen. 1995. *The Romance of American Psychology: Political Culture in the Age of Experts*. Berkeley: University of California Press.

Hirai, Yoshinori. 1999. *Nihon no Shakaihoshō* (*Social Security in Japan*). Tokyo: Iwanami Shoten.

Hirasawa, Hajime. 1966. *Keishō Utsubyō no Rinshō to Yogo* (*Clinical Practice and Prognosis of Mild Depression*). Tokyo: Igaku Shoin.

Hirata, Tsuneko. 2007. Hanpukusei Utsubyōsei Shōgai de atta Rōdōsha ni yoru Jisatsu to Gyōmukiinsei (A Suicide by a Worker Who was Suffering Recurrent Depressive Disorder and Its Causal Attribution to Work). *Chingin to Shakaihoshō* (*Wage and Social Security*) 1435: 33–42.

Hiroi, Yoshinori. 1996. *Idenshi no Gijutsu, Idenshi no Shisō* (*Technology of Genetics, Epistemology of Genetics*). Tokyo: Chūkō Shinsho.

Hirose, Kyoko. 1972. Seishin Eisei Sōdan no Tachiba Kara (From a Viewpoint of a Mental Hygiene Consultant). *Kokoro to Shakai* (*Mind and Society*) 3, no.3–4: 135– 41.

Hirose, Tetsuya. 1977. "Tōhigata Yokuutsu" ni Tsuite (On "Escaping Depression"). In *Sōutsubyō no Seishin Byōri II* (*Psychopathology of Manic Depression II*), ed. Tadao Miyamoto. Tokyo: Kōbundō.

———. 1979. Utsubyō no Seishin Ryōhō (Psychotherapy for Depression). *Rinshō Seishinigaku* (*Clinical Psychiatry*) 8, no.11.

Hirota, Isoo. 1981. *Seishin Byōin* (*Mental Hospital*). Tokyo: Iwasaki Gakujutsu Shuppansha.

Hiruta, Genshirō. 1999a. Edojidai Kanpōi no Seishinbyōkan (The Concept of Mental Illness among Physicians in the Edo Era Japan). *Seishinigakushi Kenkyū* (*Journal of History of Psychiatry*) 2.

———. 1999b. Nihon no Seishin Iryōshi (History of Psychiatric Practice in Japan). In *Seishin Iryō no Rekishi* (*The History of Psychiatry*), eds. Masaaki Matsushita and Genshirō Hiruta. Tokyo: Nakayama Shoten.

Hochschild, Arlie R. 1983. *The Managed Heart: Commercialization of Human Feeling*. Berkeley: University of California Press.

Hoff, Paul. 1996. *Kraepelin to Rinshō Seishinigaku* (*Kraepelin and Clinical Psychiatry*). Tokyo: Seiwa Shoten.

Holmes, Mary. 2004. The Importance of Being Angry: Anger in Political Life. *European Journal of Social Theory* 7, no.2: 123–32.

Honda, Yutaka. 1983. DSM-III in Japan. In *International Perspectives on DSM-III*, eds. Robert L. Spitzer, Janet B. W. Williams, and Andrew E. Skodol. Washington, D.C.: American Psychiatric Press.

Horwitz, Allan V. and Jerome C. Wakefield. 2007. *The Loss of Sadness: How Psychiatry Transformed Normal Sorrow into Depressive Disorder*. Oxford: Oxford University Press.

Hozumi, Masashi. 2007. Rībokku Japan Rōsai Nintei Jiken: Otona no Ijime Taishoku Kyōyō de Utsubyō wa Rōsai (The Reebok Japan Workers' Compensation Case: Workers' Compensation for Depression Caused by Bullying and Coerced Resignation). *Rōdōhōritsujunpō* (*Labor Law Report*) 1650: 51–53.

Hubert, Susan J. 2002. *Questions of Power: The Politics of Women's Madness Narratives*. Newark: University of Delaware Press.

Igarashi, Yoshio and Kazuhiko Ishii. 2000. Seishinka Byōin deno Jisatsu no Jittai (Suicide in Psychiatric Hospitals). *Igaku no Ayumi (Journal of Clinical and Experimental Medicine)* 194, no.6: 529–33.

Iida, Shin. 1973. Sōutsubyō no Jōkyōron to Kongo no Kadai (Situational Cause of Depression and New Issues). *Seishin Shinkeigaku Zasshi (Journal of Psychiatry and Neurology)* 75: 274–79.

———. 1974. Sōutsubyō (Manic depression). *Gendai no Esupuri (L'esprit d'aujourd'hui)* 88: 5–15.

———. 1978. Sōutsubyō no Jōkyōiron (Theories of Situational Cause for Manic Depression). In *Seishinigaku Ronbunshū (Papers on Psychiatry)*. Tokyo: Kongō Shuppan.

Ikeda, Mitsuho and Junichi Sato. 1995. Kenkō Būmu (Health Boom). In *Gendai Iryō no Shakaigaku: Nihon no Genjō to Kadai (Sociology of Modern Medicine: the Present Condition and Issues in Japan)*, ed. Kōichirō Kuroda. 263–78. Kyoto: Sekai Shisōsha.

Illich, Ivan. 1975. *Medical Memesis: The Expropriation of Health*. London: Calder & Boyars.

Inamura, Hiroshi. 1977. *Jisatsugaku: Sono Chiryō to Yobō no Tameni (Suicidology: Treatment and Prevention)*. Tokyo: Tokyo Daigaku Shuppan.

Ingleby, David. 1980. *Critical Psychiatry: The Politics of Mental Health*. New York: Pantheon.

Ishida, Hidemi. 1989. Body and Mind: The Chinese Perspective. In *Taoist Meditation and Longevity Techniques*, eds. Livia Kohn and Yoshinobu Sakade. Center for Chinese Studies, The University of Michigan.

Ishida, Noboru. 1906. *Shinsen Seishinbyōgaku (New Psychopathology)*. Tokyo: Nankōdō.

Ishikawa, Kiyoshi. 1962. Seishin Byōrigaku no Shotaikei to Ryōkai Seishin Byōrigaku Teki Hōhō (The Systems of Psychopathologies and "Versthehens"-Psychopathological Approach). *Seishin Shinkeigaku Zasshi (Journal of Psychiatry and Neurology)* 64: 953.

Ishikawa, Sadakichi. 1925. Kurecchimeru Shi no Taikei Oyobi Kishitsuron (Kretschmer's Theories on Constitution and Temperament). *Shikeigaku Zasshi (Journal of Neurology)* 26: 259–70.

Itsumi, Takeru, Masaji Iwamoto, Kazuo Okagami, Kōtarō Nakayama, Kazuo Yamamoto, and Masao Anjiki. 1970. Seishin Eisei towa Nanika (What Is Mental Hygiene?). *Kokoro to Shakai (Mind and Society)* 3–4: 154–78.

Ivry, Tsipy. 2010. *Embodying Culture: Pregnancy in Japan and Israel*. New Brunswick, NJ: Rutgers University Press.

Jack, Dana Crowley. 1991. *Silencing the Self: Women and Depression*. Cambridge, MA: Harvard University Press.

Jackson, Stanely W. 1986. *Melancholia and Depression: From Hippocratic Times to Modern Times*. New Haven: Yale University Press.

Jannetta, Ann Bowman. 1997. From Physician to Bureaucrat: The Case of Nagayo Sensai. In *New Directions in the Study of Meiji Japan*, eds. Helen Hardacre and Adam L. Kern. Leiden: Brill.

Janzen, John M. 1978. *The Quest for Therapy in Lower Zaire*. Berkeley: University of California Press.

Jolly, David and Matthew Saltmarsh. 2009. Suicides in France Put Focus on Workplace. *New York Times*, September 29.

Kagawa, Shūan. 1982. *Kagawa Shūan*, eds. Keisetsu Ōtsuka and Dōmei Yakazu. Tokyo:

Meicho Shuppan.

Kaibara, Ekiken. 1928. *Yōjōkun* (*Theory of Health*). Tokyo: Yūhōdō Shoten.

Kakimoto, Akihito. 1991. *Kenkō to Yamai no Episteme* (*Episteme of Health and Illness*). Kyoto: Mneruva Shobō.

Kamata, Satoshi. 1999. *Kazoku ga Jisatsu ni Oikomarerutoki* (*When a Family Member Is Driven to Suicide*). Tokyo: Kōdansha.

Kanba, Shigenobu. 2005. Gendai Shakai to Utsubyō (Contemporary Society and De-pression). *Kumamoto Seishinka Byōin Kyōkaishi* (*Journal of Kumamoto Mental Hospital Association*) 125: 1–20.

Kanbe, Bunsai. 1973[1876]. *Seishinbyō Yakusetsu* (*On Psychopathology*) [Translation of a text by Henry Maudsley]. Chōfu: Seishinigaku Shinkeigaku Koten Kankōkai.

Kaneko, Junji. 1965. *Nihon Seishinbyō Gakushoshi* (*History of Psychiatric Texts in Japan*). Tokyo: Nihon Seishin Byōin Kyōkai (Japanese Association of Mental Hospitals).

Karatani, Kōjin. 1993. *Origins of Modern Japanese Literature*. Translated by Brett de Bary. Durham, NC: Duke University Press.

Kasahara, Yomishi. 1992. Byōzen Seikaku ni tsuite (On Premorbid Personality). In *Utsubyō: Kibun Shōgai* (*Depression: Mood Disorders*), eds. Kasahara Yomishi, Itaru Yamashita, and Tetsuya Hirose. Osaka: Shinryō Shinsha.

———. 1976. Utsubyō no Byōzen Seikaku ni Tsuite (On Premorbid Personality of Depression). In *Sōutsubyō no Seishin Byōri I* (*Psychopathology of Depression I*), ed. Yomishi Kasahara. Tokyo: Kōbundō.

———. 1978. Utsubyō no Shōseishinryōhō (Brief Psychotherapy for Depression). *Kikan Seishinryōhō* (*Japanese Journal of Psychotherapy*) 4, no.2: 6–11.

———. 1989. Utsubyō no Seishinryōhō. In *Seishinryōhō no Jissai* (*Practice of Psychotherapy*), ed. Yoshihiro Narita. Tokyo: Shinkōigaku Shuppansha.

———. 1991. *Gairai Seishinigaku Kara* (*From Outpatient Psychiatry*). Tokyo: Seikōsha.

———. 2003. Keishō Utsubyō ni Tsuite (On Mild Depression). *Rinshō Seishin Yakuri* (*Clinical Psychopharmacology*) 6: 147–53.

Kasahara, Yomishi and Bin Kimura. 1975. Utsujōtai no Rinshōteki Bunrui ni Kansuru Kenkyū (Clinical Classification of Depressive States). *Seishin Shinkeigaku Zasshi* (*Journal of Psychiatry and Neurology*) 77, no.10: 715–35.

Kasahara, Yomishi, Itaru Yamashita, and Tetsuya Hirose. 1992. *Utsubyō: Kibun Shōgai* (*Depression: Mood Disorders*). Osaka: Shinryō Shinsha.

Kashimi, Yumiko. 2001. Minpō 7: Chōjikan Zangyō ni Yoru Karō Jisatsu to Shiyōsha Sekinin (Civil Law 7: Overwork Suicide From Long Hours of Overtime and Employer's Responsibility). *Jurist* 1202: 71–73.

Katayama, Kuniyoshi. 1906. Jisatsu to Shakai (Suicide and Society). *Tokyo Asahi Shimbun*, October 22.

———. 1912. Jisatsu no Hōigaku Teki Yobōhō (Prevention of Suicide form a Forensic Psychiatric Perspective). *Shinkeigaku Zasshi* (*Journal of Neurology*) 10: 492.

Katō, Masaaki. 1953. Kattō Hannō to Shite no Jisatsu no Kisei ni Tsuite (The Mechanism of Suicide As a Response to a Conflict). *Seishin Shinkeigaku Zasshi* (*Journal of Psychiatry and Neurology*) 55, no. 4: 569.

———. 1976. *Shakai to Seishin Byōri* (*Society and Psychopathology*). Tokyo: Kōbundō.

Katsuki, Gyūzan. 1981. *Katuki Gyūzan*, eds. Keisetsu Ōtsuka and Dōmei Yakazu. Tokyo:

Meicho Shuppan.

Kawahito, Hiroshi. 1996. *Karōshi to Kigyō no Sekinin* (*Overwork Death and Corporate Responsibilities*). Tokyo: Shakai Shisōsha.

———. 1998. *Karō Jisatsu* (*Overwork Suicide*). Tokyo: Iwanami Shoten.

Kawakami, Norito. 2000. Sangyō Mentaru Herusu Kenkyū no Genjō to Kadai (Research in Occupational Mental Health: Current Status and Future Direction). *Seishin Hoken Kenkyū* (*Mental Health Research*) 46: 37–41.

Kawakami, Norito, Takeshi Takeshima, Yutaka Ono, Hidenori Uda, Yukihiro Hata, Yoshibumi Nakane, Hideyuki Nakane, Noboru Iwata, Toshiaki A. Furukawa, and Takehiko Kikkawa. 2005. Twelve-Month Prevalence, Severity, and Treatment of Common Mental Disorders in Communities in Japan: Preliminary Finding from the World Mental Health Japan Survey 2002–3. *Psychiatry and Clinical Neurosciences* 59, no.4: 441–52.

Kawakami, Norito, Yutaka Ōno, Hidenori Uda, Yoshibumi Nakane, and Tadashi Takeshima. 2002. *Chiiki Jūmin ni Okeru Kokoro no kenkō Mondai to Taisaku Kiban no Jittai ni Kansuru Kenkyū: 3 Chiku no Sōgō Kaiseki Kekka* (*Mental Health of Local Residents and the Policy Basis: Analysis of 3 Areas*). Tokyo: Kōseirōdōshō (Ministry of Health, Welfare, and Labor).

Kawakami, Takeshi. 1961. *Nihon no Isha: Gendai Iryō Kōzō no Bunseki* (*Japanese Doctors: an Analysis of Modern Medical System*). Tokyo: Keisō Shobō.

Kawamura, Kunimitsu. 1990. *Genshi Suru Kindai Kūkan: Meishin, Byōki, Zashikirō, Aruiwa Rekishi no Kioku* (*Illusions of Modern Space: Superstitions, Illnesses, Private Confinement, or Memories of History*). Tokyo: Seikyūsha.

Kawamura, Nozomu. 1990. Sociology and Socialism in the Interwar Period. In *Culture and Identity: Japanese Intellectuals during the Interwar Years*, ed. Thomas Rimer. Princeton, NJ: Princeton University Press.

Kayama, Rika. 1999. Atogaki (Afterward). In *Jisatsu* (*Suicide*). Yu Miri. Tokyo: Bungeishunjū.

———. 2008. *"Watashi wa Utsu" to Iitagaru Hitotachi* (*People who like to say 'I'm depressed'*). Tokyo: PHP Kenkyūjo.

Kelly, William W. 1993. Finding a Place in Metropolitan Japan: Ideologies, Institutions, and Everyday Life. In *Postwar Japan As History*, ed. Andrew Gordon. Berkeley: University of California Press.

Kimura, Bin. 1975. Utsubyō no Rinshō Seishinigakuteki Kenkyū no Dōkō (Clinical Psychiatric Research on Depression: 1959–75). *Seishinigaku* (*Psychiatry*) 17.

———. 1979. Hikakubunkaronteki Seishinbyōri (Psychopathology from a Comparative, Cultural Perspective). In *Gendai Seishinigaku Taikei Vol. 9-B: Sōutsubyō II* (*Modern Psychiatry Vol. 9-B: Manic Depression II*), ed. Ryō Takahashi. Tokyo.

Kinzley, W. Dean. 1991. *Industrial Harmony in Modern Japan: The Invention of a Tradition*. London/New York: Routledge.

Kirmayer, Laurence. 1992. The Body's Insistence on Meaning: Metaphor as Presentation and Representation in Illness Experience. *Medical Anthropology Quarterly* 6, no.4: 323–46.

———. 1993. Healing and the Invention of Metaphor: the Effectiveness of Symbols Revisited. *Culture, Medicine and Psychiatry* 17, no. 2: 161–95.

———. 1994. Improvisation and Authority in Illness Meaning. *Culture, Medicine and Psychiatry* 18, no. 2: 83–214.

————. 1999. Rhetorics of the Body: Medically Unexplained Symptoms in Sociocultural Perspective. In *Somatoform Disorders: a World Wide Perspective*, ed. Yutaka Ono. Tokyo: Springer.

————. 2000. Broken Narratives: Clinical Encounters and the Poetics of Illness Experience. In *Narrative and the Cultural Construction of Illness and Healing*, eds. Cheryl Mattingly and Linda C. Garro. Berkeley: University of California Press.

Kirmayer, Laurence and Ian Gold. 2011. Re-Socializing Psychiatry: Critical Neuroscience and the Limits of Reductionism. In *Critical Neuroscience: A Handbook of the Social and Cultural Contexts of Neuroscience*, eds. S. Choudhury and J. Slaby. Oxford: Blackwell.

Kirmayer, Laurence, Trang Dao, Thi Hong, and Andre Smith. 1998. Somatization and Psychologization: Understanding Cultural Idioms of Distress. In *Clinical Methods in Transcultural Psychiatry*, ed. S. O. Okpaku. Washington, D.C.: American Psychiatric Press.

Kitanaka, Junko. 2003. Jungians and the Rise of Psychotherapy in Japan: a Brief Historical Note. *Transcultural Psychiatry*. 40, no. 2: 239–47.

————. 2008. Questioning the Suicide of Resolve: Disputes Regarding 'Overwork Suicide' in 20th Century Japan. In *A History of Suicide in the Modern World: International Perspectives*, eds. John Weaver and David Wright. Toronto: University of Toronto Press.

Kitazawa, Kazutoshi. 2000. *"Kenkō" no Nihonshi (Japanese History of "Health")*. Tokyo: Heibonsha.

Kleinman, Arthur. 1986. *Social Origins of Distress and Disease: Depression, Neurasthenia, and Pain in Modern China*. New Haven: Yale University Press.

————. 1988a. *The Illness Narratives: Suffering, Healing, and the Human Condition*. New York: Basic Books.

————. 1988b. *Rethinking Psychiatry: From Cultural Category to Personal Experience*. New York: Free Press.

————. 1995. *Writing at the Margin: Discourse between Anthropology and Medicine*. Berkeley: University of California Press.

Kleinman, Arthur and Byron Good, eds. 1985. *Culture and Depression: Studies in the Anthropology and Cross-Cultural Psychiatry of Affect and Disorder*. Berkeley: University of California Press.

Kleinman, Arthur, Veena Das, and Margaret Lock, eds. 1997. *Social Suffering*. Berkeley: University of California Press.

Klerman, Gerald L. 1990. The Contemporary American Scene: Diagnosis and Classification of Mental Disorders, Alcoholism and Drug Abuse. In *Sources and Traditions of Classification in Psychiatry*, eds. Norman Sartorius, Assen Jablensky, Darrel A. Regier, Jr., Burke Jack D., and Robert M. A. Hirschfeld. Toronto: Hogrefe & Huber Publishers.

Kobayashi, Tsukasa. 1972. Nihon no Seishin Eisei Undō towa Nandeattanoka (What Was Mental Hygiene Movement in Japan?). *Kokoro to Shakai (Mind and Society)* 3, no. 3–4: 93–134.

Kohrt, Brandon and Ian Harper. 2008. Navigating Diagnosis: Understanding MindBody Relations, Mental Health, and Stigma in Nepal. *Culture, Medicine and Psychiatry* 32, no. 4: 462–91.

Koike, Jun and Takaharu Matsuda. 1997. Nihon Seishin Shinkeika Shinryōjo no Ayumi (The

History of the Japanese Association of Neuropsychiatric Clinics). *Rinshō Seishinigaku* (*Clinical Psychiatry*) 26, no. 8: 947–54.

Koizumi, Kiyota and Paul Harris. 1992. Mental Health Care in Japan. *Hospital and Community Psychiatry* 43, no. 11: 1100–3.

Komine, Kazushige. 1996. Seishin Hoken Fukushihō eno Kaisei. *Kokoro no Kagaku* (*Science of the Mind*) 67.

Komine, Shigeyuki. 1938. Oyako Shinjū no Seiin ni Tsuite no Kōsatsu (On the Causes of Parent-Children Suicides). *Seishin Shinkeigaku Zasshi* (*Journal of Psychiatry and Neurology*) 42: 210–26.

Kondo, Dorinne K. 1990. *Crafting Selves: Power, Gender, and Discourses of Identity in a Japanese Workplace*. Chicago/London: University of Chicago Press.

Kondō, Kyōichi, ed. 1999. *Utsu o Taiken Shita Nakamatachi: Utsubyō no Serufu-herupu Gurūpu Jissenki* (*People Who Have Experienced Depression: Record of Depression Self-Help Group*). Tokyo: Seiwa Shoten.

Kōra, Takehisa. 1938. Shinkeishitsu no Mondai (On Shinkeishitsu). *Seishin Shinkeigaku Zasshi* (*Journal of Psychiatry and Neurology*) 42, no. 10: 755–96.

Kosaka, Fumiko. 1984. *Byōnin Aishi: Byonin to Jinken* (*Sad History of the Ill: the Ill and Human Rights*). Tokyo: Keisō Shobō.

Kōsei Rōdōshō (The Ministry of Health, Welfare, and Labor), ed. 2001. *Kōsei Rōdō Hakusho* (*The White Paper of the Ministry of Health, Welfare, and Labor*). Tokyo: Gyōsei.

———. 2010. Policies Regarding Mental Health. Kokoro no Mimi (Ears for the Soul). http://kokoro.mhlw.go.jp/hatarakukata/shisaku/mental.html#keika. December 13, 2010.

Kramer, Peter D. 1993. *Listening to Prozac*. New York: Viking.

———. 2005. *Against Depression*. New York: Viking.

Kure, Shūzō. 1900. Seishin Byōsha no Jisatsu oyobi Jisatu no Kishin (Suicide and Attempted Suicide Among the Mentally Ill). *Chūgai Iji Shinpō* (*Chugai Medical News*) 20.

———. 1913. Bunmei to Shinkei Suijaku (Civilization and Neurasthenia). *Yomiuri Shimbun*, May 20.

———. 1914. Sōutsubyō ni Tsukite (Manic Depression). *Shikeigaku Zasshi* (*Journal of Neurology*) 13: 54–55.

———. 1915. Rinshō Kōgi Sōutsubyō (Clinical Lecture on Manic Depression). *Shinkeigaku Zasshi* (*Journal of Neurology*) 14: 90–97.

———. 1917. Jōshi Kenkyū: Shōgi ni Shinjū no Ooi Riyū (Study on Love Pact: the Reason Why So Many Prostitutes Commit Dual Suicide). *Yomiuri Shimbun*. July 19.

———. 2002[1894–95]. *Seishinbyōgaku Shūyō* (*Psychopathology*). Tokyo: Sōzō Shuppan.

Kuriyama, Shigehisa. 1992. Between Eye and Mind: Japanese Anatomy in the Eighteenth Century. In *Paths to Asian Medical Knowledge*, eds. Charles M. Leslie and Allan Young. Berkeley: University of California Press.

———. 1997. Katakori Kō (Reflection on Katakori). In *Rekishi no Naka no Yamai to Igaku* (*Illness and Medicine in History*), eds. Keiji Yamada and Shigehisa Kuriyama. Kyoto: Shibunkaku Shuppan.

———. 1999. *The Expressiveness of the Body and the Divergence of Greek and Chinese Medicine*. New York: Zone Books.

Kuroki, Nobuo. 1999. Hoshō ni Okeru Jisatsu (Suicide and Compensation). *Sangyō Seishin*

Hoken (*Occupational Mental Health*) 7, no. 3: 222–24.

———. 2000a. Kigyō ni Okeru Jisatsu to Rōsai Hoshō (Suicide in Workplace and Worker's Compensation). *Nihon Shokugyō Saigai Igaku Kaishi* (*Japanese Journal of Traumatology and Occupational Medicine*) 48, no. 3: 227–33.

———. 2000b. Rōsai Nintei ni Okeru Hannōsei Seishin Shōgai no Kangaekata (Perspectives on Reactive Mental Disorder in Terms of Workers' Compensation). *Seishinka Chiryōgaku* (*Journal of Psychiatric Treatment*) 15, no. 8: 843–49.

———. 2002. Jisatsu to Seishin Shikkan ni Kansuru Rōsai Hoshō no Dōkō (Recent Trends in Work-Related Compensation Involving Job-Related Suicide and Mental Disease). *Seishin Shinkeigaku Zasshi* (*Journal of Psychiatry and Neurology*) 104, no. 12: 1215–27.

———. 2003. Karō Jisatsu no Rōsai Nintei (Workers' Compensation For Overwork Suicide). *Sangyō Seishin Hoken* (*Occupational Mental Health*) 11, no. 3: 236–42.

———. 2007. Shokuba no Mentaru Herusu to Shūrō Shien (Mental Health in Workplaces and Job Assistance). *Kenkōkanri* (*Health Management*) 6: 6–33.

Kuwahara, Susumu. 2009. Fukyō ga Jisatsu o Zōka saseru nowa Nazeka: Haikei ni aru 2 Dankai de Rōdōsha o Hōshutsu suru Mekanizumu (Why Recession Leads to an Increase of Suicide: The 2-Step Mechanism of Dumping Workers). *Nikkei Business Online*. June 12. Available from http://business.nikkeibp.co.jp/., September 1, 2010.

Labor Committee Held in the Lower House on November, 15, 2000 (The Proceeding of the Committee on Labor at the 150th Diet Session). 2000. Available from http://www.shugiin.go.jp/itdb_kaigiroku.nsf/html/kaigiroku/001315020001115002.htm, December 13, 2010.

Laing, R. D. 1969. *The Divided Self: An Existential Study in Sanity and Madness*. London: Tavistockk Publications.

Lakoff, Andrew. 2005. *Pharmaceutical Reason: Knowledge and Value in Global Psychiatry*. Cambridge: Cambridge University Press.

Landers, Peter. 2002. Drug Companies Push Japan to Change View of Depression. *Wall Street Journal*, October 9.

Lee, Dominic T. S., Joan Kleinman, and Arthur Kleinman. 2007. Rethinking Depression: An Ethnographic Study of the Experiences of Depression among Chinese. *Harvard Review of Psychiatry* 15, no. 1: 1–8

Lee, Sing. 1999. Diagnosis Postponed: Shenjing Shuairuo and the Transformation of Psychiatry in Post-Mao China. *Culture, Medicine and Psychiatry* 23: 349–80.

Lepine, J-P, M. Gastpar, and J Mendlewicz. 1997. Depression in the Community: the First Pan-European Study DEPRES (Depression Research in European Society). *International Clinical Psychopharmacology* 12: 19–29.

Lévi-Strauss, Claude. 1963a. *Structural Anthropology*. New York: Basic Books.

———. 1963b. The Effectiveness of Symbols. In *Structural Anthropology*. New York: Basic Books.

Lewis, Michael. 1990. *Rioters and Citizens: Mass Protest in Imperial Japan*. Berkeley: University of California Press.

Liang, Rong. 1997. Gotō Konzan no Igaku ni Tsuite (The Medicine of Gotō Konzan). In *Rekishi no Naka no Yamai to Igaku* (*Illness and Medicine in History*), eds. Keiji Yamada and Shigehisa Kuriyama. Kyoto: Shibunkaku Shuppan.

Lifton, Robert J. 1979. *The Broken Connection: on Death and the Continuity of Life.* New York: Simon and Schuster.

Light, Donald. 1980. *Becoming Psychiatrists: The Professional Transformation of Self.* New York: Norton.

Littlewood, Roland and Simon Dein. 2000. *Cultural Psychiatry and Medical Anthropology: An Introduction and Reader.* London/New Brunswick, NJ: Athlone Press.

Lloyd, Stephanie. 2008. Morals, Medicine and Change: Morality Brokers, Social Phobias, and French Psychiatry. *Culture, Medicine and Psychiatry* 32, no. 2: 279– 97.

Lock, Margaret. 1980. *East Asian Medicine in Urban Japan.* Berkeley: University of California Press.

———. 1981. Japanese Psychotherapeutic Systems: on Acceptance and Responsibility. *Culture, Medicine, and Psychiatry* 5: 303–12.

———. 1982. Popular Conceptions of Mental Health in Japan. In *Cultural Conceptions of Mental Health and Therapy*, eds. A. J. Marsella and G. M. White. Dordrecht: D. Reidel.

———. 1986. Plea For Acceptance: School Refusal Syndrome in Japan. *Social Science and Medicine* 23, no. 2: 99–112.

———. 1987. Protests of a Good Wife and Wise Mother: The Medicalization of Distress in Japan. In *Health, Illness, and Medical Care in Japan*, eds. Edward Norbeck and Margaret Lock. Honolulu: University of Hawaii Press.

———. 1988. A Nation at Risk: Interpretations of School Refusal in Japan. In *Biomedicine Examined*, eds. Margaret Lock and Deborah R. Gordon. Dordrecht/ Boston/London: Kluwer Academic Publishers.

———. 1991. Flawed Jewels and National Dis/order: Narratives on Adolescent Dissent in Japan. *The Journal of Psychohistory* 18, no. 4: 509–31.

———. 1993. *Encounters with Aging: Mythologies of Menopause in Japan and North America.* Berkeley: University of California Press.

———. 1997. Displacing Suffering: the Reconstruction of Death in North America and Japan. In *Social Suffering*, eds. Arthur Kleinman, Veena Das, and Margaret Lock. Berkeley: University of California Press.

———. 1998. Perfecting Society: Reproductive Technologies, Genetic Testing, and the Planned Family in Japan. In *Pragmatic Women and Body Politics*, eds. Margaret Lock and Patricia Kaufert. Cambridge: Cambridge University Press.

———. 1999. Genetic Diversity and the Politics of Difference. *Chicago-Kent Law Review* 75, no. 1: 83–111.

———. 2002. *Twice Dead: Organ Transplants and the Reinvention of Death.* Berkeley: University of California Press.

———. 2005. Eclipse of the Gene and the Return of Divination. *Current Anthropology* 46, no. 5: 47–70.

Lock, Margaret and Deborah Gordon, eds. 1988. *Biomedicine Examined.* Dordrecht/ Boston: Kluwer Academic Publishers.

Lock, Margaret and Vinh-Kim Nguyen. 2010. *An Anthropology of Biomedicine.* New York/ London: Wiley/Blackwell.

Luhrmann, Tanya M. 2000. *Of Two Minds: The Growing Disorder in American Psychiatry.* New York: Knopf.

Lunbeck, Elizabeth. 1994. *The Psychiatric Persuasion: Knowledge, Gender, and Power in Modern America*. Princeton, NJ: Princeton University Press.

Lupton, Deborah. 1997. Consumerism, Reflexivity and the Medical Encounter. *Social Science and Medicine* 45, no. 3: 378–81.

———. 1999. *Risk*. London and New York: Routledge Lutz, Catherine. 1997. The Psychological Ethic and the Spirit of Containment. *Public Culture* 9: 135–59.

Lutz, Catherine A. and Lila Abu-Lughod, eds. 1990. *Language and the Politics of Emotion*. Cambridge: Cambridge University Press.

Lutz, Tom. 1991. *American Nervousness, 1903: An Anecdotal History*. Ithaca, NY: Cornell University Press.

———. 1995. Neurasthenia and Fatigue Syndromes (Social Section). In *A History of Clinical Psychiatry: the Origin and History of Psychiatric Disorders*, eds. G. E. Berrios and Roy Porter. New York: New York University Press.

MacDonald, Michael and Terence R. Murphy. 1990. *Sleepless Souls: Suicide in Early Modern England*. Oxford/New York: Oxford University Press.

Machizawa, Shizuo. 1997. PTSD no Seishin Ryōhō ni tsuite (On Psychotherapy for PTSD). *Seishin Ryōhō (Journal of Psychotherapy)* 24, no. 4: 28–29.

Maebayashi, Kiyokazu, Kōetsu Satō, and Hiroshi Kobayashi. 2000. *"Ki" no Hikaku Bunkashi: Chūgoku, Kankoku, Nihon (Cultural Comparisons of "Ki": China, Korea, Japan)*. Kyoto: Shōwadō.

Maher, Brendan. 2008. Poll Results: Look Who's Doping. *Nature* 452: 674–75.

Makino, Toshio. 1997. Mansei Utsubyō (Chronic Depression). In *Kanjō Shōgai: Kiso to Rinshō (Affective Disorders: Foundations and Clinical Practice)*, eds. Yomishi Kasahara, Masaaki Matsushita, and Hideji Kishimoto. Tokyo: Asakura Shoten.

Mamiya, Masayuki. 1998. Nihon no Rinshō Shinrigaku no Hatten (The Development of Clinical Psychology in Japan). In *Nihon Shinrigakushi no Kenkyū (Studies of the History of Japanese Psychology)*, eds. Shinrigaku Kenkyūkai Rekishi Kenkyūbukai. Kyoto: Hōsei Shuppan.

Manase, Dōsan. 1979. *Manase Dōsan*, eds. Keisetsu Ōtsuka and Dōmei Yakazu. Tokyo: Meicho Shuppan.

Manase, Gensaku. 1979. *Manase Gensaku*, eds. Keisetsu Ōtsuka and Dōmei Yakazu. Tokyo: Meicho Shuppan.

Marcus, George E., ed. 1995. *Technoscientific Imaginaries: Conversations, Profiles, and Memoirs*. Chicago: University of Chicago Press.

Marcuse, Herbert. 1970. *Five Lectures: Psychoanalysis, Politics, and Utopia*. Boston: Beacon Press.

———. 1973 [1933]. On the Philosophical Foundation of the Concept of Labor in Economics. *Telos* 16: 9–37.

Marsella, Anthony. 1980. Depressive Experience and Disorder across Cultures. In *Handbook of Cross-Cultural Psychology, Volume 6: Psychopathology*, eds. J. Draguns and H. Triandis. New York: Allyn & Bacon.

Martin, Emily. 1987. *The Woman in the Body: A Cultural Analysis of Reproduction*. Boston: Beacon.

———. 1991. The Egg and the Sperm: How Science Has Constructed a Romance Based on Stereotypical Male-Female Roles. *Signs* 16, no. 3: 485–501.

——. 2007. *Bipolar Expeditions: Mania and Depression in American Culture*. Princeton, NJ: Princeton University Press.

Maruyama, Naoko. 1998. Kōdo Keizai Seichōki ni okeru Shinrigaku no Ryūsei (Popularity of Psychology in the Period of Rapid Economic Growth). In *Nihon Shinrigakushi no Kenkyū* (*Studies of the History of Japanese Psychology*), eds. Shinrigaku Kenkyūkai Rekishi Kenkyūbukai. Kyoto: Hōsei Shuppan.

Matsubara, Saburō. 1914. Shinkeisuijaku no Genin (Causes of Neurasthenia). *Shinkeigaku Zasshi* (*Journal of Neurology*) 13, no. 1: 1–9.

Matsubara, Yōko. 1998a. The Enactment of Japan's Sterilization Laws in the 1940s: A Prelude to Postwar Eugenic Policy. *Historia Scientiarum* 8, no. 2: 187–201.

——. 1998b. Senjika no Danshuhō Ronsō (The Wartime Debates Over Sterilization Law). *Gendai Shisō* 26, no. 2: 286–303.

Matsumura, Hidehisa. 1937. Sōutsubyō no Ippanteki Tōkei (General Statistics of Manic Depression). *Seishin Shinkeigaku Zasshi* (*Journal of Psychiatry and Neurology*) 41, no. 10: 195.

Matsushita, Masaaki, ed. 1997. *Zadankai 21seiki no Seishinka Iryō o Mitsumeru* (*Roundtable Discussion on Psychiatry for the 21st Century*). Tokyo: Shinryō Shinsha.

Matsushita, Masao. 1997. Shinkeika (Seishinka) & Naika Kurinikku (Neurological [Psychiatric] & Internal Clinics). *Rinshō Seishinigaku* (*Clinical Psychiatry*) 26, no. 8: 1027–32.

Maudsley, Henry. 2002[1876]. *Seishinbyō Yakusetsu* (*Theories of Mental Illness*). Tokyo: Sōzō Shuppan.

Metzl, Jonathan. 2003. *Prozac on the Couch: Prescribing Gender in the Era of Wonder Drugs*. Durham: Duke University Press.

——. 2009. *The Protest Psychosis: How Schizophrenia Became a Black Disease*. Boston: Beacon Press.

Micale, Mark S. 1995. *Approaching Hysteria: Disease and Its Interpretations*. Princeton, NJ: Princeton University Press.

——. 2008. *Hysterical Men: The Hidden History of Male Nervous Illness*. Cambridge, MA: Harvard University Press.

Mitchell, Timothy. 1988. *Colonizing Egypt*. Berkeley: University of California Press.

Miwaki, Yasuo. 2000. Seishin Iryō no Saiseijika no Tameni (For Repoliticization of Psychiatry). In *Seishin no Kanri Shakai o dō Norikoeruka?* (*How Do We Overcome the Psychiatric Management of Society?*), eds. Masaaki Sugimura, Yasuo Miwaki, and Mahoro Murasawa. Kyoto: Shoraisha.

Miyake, Kōichi. 1912. Shinkeisuijakushō ni Tsuite (On Neurasthenia). *Shikeigaku Zasshi* (*Journal of Neurology*) 11, no. 12: 517–18.

——. 1924. Seishin to Byōki tono Kankei (The Relationship between Mind and Illness). *Taiyō* 30, no. 8: 336–39.

——. 1927. Rinshō Kōgi: Shinkeisuijaku to Shinkeishitsu no Kata (Clinical Lecture: Neurasthenia and Types of Neurotics). *Shikeigaku Zasshi* (*Journal of Neurology*) 28, no. 1: 75–86.

Miyake, Shū. 1900. Seishinbyōsha ni Taisuru Kokka no Senmu (The Nation's Tasks with Regard to the Mentally Ill). *Taiyō* 9: 6–9.

Miyamoto, Tadao. 1978. Gendai Shakai to Utsubyō (Contemporary Society and Depression). *Rinshōi* (*Medical Clinics of Japan*) 4: 1771.

———. 1979. Sōutsubyōsha no Mōsōteki Disukūru (Delusional Discourse of the Manic Depressive). In *Sōutsubyō no Seishin Byōri* (*The Psychopathology of Manic Depression*) II, ed. Tadao Miyamoto. Tokyo: Kōbundō.

Miyaoka, Hitoshi, ed. 1999. *Kokoro no Kagaku: Shinryō Naika* (*Human Mind: Psychosomatic Medicine*) 84. Tokyo: Nihon Hyōronsha.

Moerland, René. 2009. In France, Suicide Can be a Form of Protest. *NRC Handelsblad*. October 9, 2009.

Mol, Annemarie and Marc Berg. 1998. *Differences in Medicine: Unraveling Practices, Techniques, and Bodies*. Durham and London: Duke University Press.

Mole, Noelle. 2008. Living It on the Skin: Italian States, Working Illness. *American Ethnologist* 35, no. 2: 189–210.

———. 2010. *Labor Disorders in Neoliberal Italy: Mobbing, Well-being, and the Workplace*. Bloomington, IN: Indiana University Press.

Monday Nikkei. 1999. Karô de Jisatsu Rôsai Nintei Kijun wa: Sutoresu Dō 31kômoku De Sokutei (What Are the Standards For Determining Overwork Suicide?: the Level of Stress Measured By 31 Items). December 27.

Morita, Masatake. 1930. Shinkeishitsu, Shinkeisuijaku (Shinkeishitsu, Neurasthenia). In *Gendai Igaku Daijiten Dai 23 Kan Seishinbyōkahen* (*Dictionary of Contemporary Medicine Vol. 23 Psychiatry*). Shunjūsha: Tokyo.

Moriyama, Kimio. 1975. *Gendai Seishinigaku Kaitai no Ronri* (*The Theory for Dismantling Modern Psychiatry*). Tokyo: Iwasaki Gakujutsu Shuppansha.

———. 1988. *Kyōki no Kiseki: Kōzōronteki Rekishishugi no Shiza* (*Trajectories of Madness: From the Perspective of Structural Historicism*). Tokyo: Iwasaki Gakujutsu Shuppansha.

Morohashi, Tetsuji. 1984. *Daikanwa Jiten* (*Kanji Dictionary*) Vol. 12. Tokyo: Taishūkan Shoten.

Morris, Ivan. 1975. *The Nobility of Failure: Tragic Heroes in the History of Japan*. New York: Holt, Rinehart and Winston.

Munakata, Tsunetsugu. 1984. *Seishin Iryō no Shakaigaku* (*Sociology of Psychiatry*). Tokyo: Kōbunsha.

———. 1986. Japanese Attitudes towards Mental Health and Mental Health Care. In *Japanese Culture and Behavior*, eds. T. S. Lebra and W. Lebra. Honolulu: University of Hawaii Press.

Muramatsu, Tsuneo. 1953. Shinkeishō ni kansuru Shomondai (Problems of Neurosis). *Seishin Shinkeigaku Zasshi* (*Journal of Psychiatry and Neurology*) 55, no. 4: 504–9.

Murase, Takao. 1995. Nihon no Rinshō Shinrigaku (Clinical Psychology in Japan). In *Rinshō Shinrigaku no Genten* (*Origins of Clinical Psychology*), Tokyo: Seishin Shobō.

Naka, Shūzō. 1932. Shorōki Utsuyūshō (Presenile Depression). *Shinkeigaku Zasshi* (*Journal of Neurology*) 34, no. 6: 53–77.

Nakagawa, Shirō. 1947. Shinkeishitsu Shōjō no Yogo ni Kansuru Tōkeiteki Kenkyū (Statistical Study on the Prognosis of Shinkeishitsu Symptoms). *Seishin Shinkeigaku Zasshi* (*Journal of Psychiatry and Neurology*) 49: 76–79.

———. 1954. Shinkeishitsushō Narabi ni Sono Kinen Jōtai no Yogo ni Tsuite no Kenkyū (Statistical and Clinical Studies on the Prognosis of Neurasthenia-Like States). *Seishin Shinkeigaku Zasshi* (*Journal of Psychiatry and Neurology*) 56, no. 3: 135–86.

Nakai, Hisao. 1976. Saiken no Rinri to Shite no Kinben to Kufū (Deligence and Innovation as An Ethic of Reconstruction). In *Sōutsubyō no Seishinbyōri I (Psychopathology of Manic Depression)*, ed. Yomishi Kasahara. Tokyo: Kōbundō.

Nakai, Hisao et al. 1983. *Chiryō to Bunka (Therapy and Culture)*. Vol. 8. Iwanami Kōza: Seishin no Kagaku (Science of the Mind). Tokyo: Iwanami Shoten.

Nakai, Masakazu. 1995. Ke, Ki no Nihongo to Shite no Hensen (Changes of Ke and Ki in Japanese). In *Nakai Masakazu Hyōronshū*, ed. Hiroshi Nagata. Tokyo: Iwanami Shoten.

Nakajima, Shigeya. 2001. Gyōmujō no Kajū Fuka to Minji Baishō Sekinin (Excessive Stress of Work and Civil Liability for Reparation). *Jurist* 1197: 15–21.

Nakamura, Karen. 2006. *Deaf in Japan: Signing and the Politics of Identity*. Ithaca, NY: Cornell University Press.

———. 2008. Crazy in Japan: Schizophrenia, Traumas of Memory and Community Storytelling in Rural Japan. Paper Presented at the GCOE Symposium at Keio University, Tokyo, Japan. January 23.

Nakamura, Kokyō. 1930. *Shinkeisuijaku wa Dōsureba Zenchi Suruka (How to Completely Cure Neurasthenia)*. Tokyo: Shufu no Tomosha.

Nakamura, Sin'ichirō. 1971. *Raisanyō to Sono Jidai (Raisanyō and His Era)*. Tokyo: Chūō Kōronsha.

Nakane, Yoshibumi, Yoshifumi Koshino, Kazuhiko Kinoshita, M.H.B. Radford, and Lin K-M. 2004. Utsubyō oyobi Fuan Shōgai ni okeru Bunka no Eikyō (Cultural Influences on Depression and Anxiety Disorders). *Nihon Iji Shinpō (Japan Medical News)*, 4179: 27–32.

Nakane, Yoshibumi, Misako Tsukahara, and Shunichirō Michitsuji. 1994. Utsubyō no Nihonteki Tokusei (The Characteristics of Derpression in Japan). *Rinshō Seishinigaku (Clinical Psychiatry)* 23, no. 1: 5–12.

Nakazawa, Masao. 1985. Seishin Iryō no Ayumi (History of Psychiatric Care). In *Seishin Eisei to Hoken Katsudō (Mental Hygiene and Social Work)*, eds. Masao Nakazawa and Yuki Utsuno. Tokyo: Igaku Shoin.

Nakazono, Kōichirō. 1998. Chōki Kaigai Shucchōchū no Rōdōsha no Jisatsu ni Tsuite Gyōmu Kiinsei ga Kōtei Sareta Jirei (Case of Suicide of a Worker Sent Abroad on a Long-Term Basis Recognized As Having Caused By Work). *Hanrei Times (The Law Times Report)* 978: 296–97.

Narita, Ryūichi. 1990. Eisei Kankyō no Henka no Nakano Josei to Joseikan (Women and Views of Women in the Changing Hygienic Environment). In *Nihon Josei Seikatsushi (History of the Lives of Japanese Women)*, ed. Josei Shi Sōgō Kenkyūkai. Tokyo: Tokyo University Press.

———. 1993. Kindai Toshi to Minshū (Modern Cities and People). In *Kindai Nihon no Kiseki: Toshi to Minshū (Trajectory of Modern Japan: Cities and People)*, ed. Ryūichi Narita. Tokyo: Yoshikawa Kōbundō.

———. 1995. Shintai to Kōshūeisei: Nihon no Bunmeika to Kokuminka (Body and Public Health: Modernization and Nationalization of Japan). In *Kōza Sekaishi 4: Shihonshugi wa Hito o Dou Kaetekitaka (World History: How Capitalism Has Changed People)*, ed. Rekishigaku Kenkyūkai. Tokyo: Tokyo University Press.

Natsume, Sōseki. 1986. *Sōseki Bunmeiron Shū (Sōseki's Ideas on Civilization)*. Tokyo: Iwanami Shoten.

Negishi, Yasumori. 1972. *Mimibukuro* Vol. 4. Tokyo: Heibonsha.

New Current. 1999. SSRI Toujōgo no Kōutsuzai no Shijō to Shinyaku Kaihatsu (The Antidepressant Market and New Pharmaceutical Development after the Advent of SSRI) 10, no. 20: 2–7.

NHK. 2009. *NHK Supesharu: Utsubyō Chiryō Jōshiki ga Kawaru (NHK Special: Changing the Beliefs about Depression Treatment)*. Tokyo: Takarajimasha.

Nichter, Mark. 1998. The Mission within the Madness. In *Pragmatic Women and Body Politics*, eds. Margaret Lock and Patricia A. Kaufert. Cambridge: Cambridge University Press.

Nihon Keizai Shimbun. 1999. Nagano Chisai Hanketsu Karô Jisatsu Rôsai to Nintei (Nagano District Court Rules Overowrk Suicide Be Subject to Workers' Compensation). March 12.

———. 2000. Rōsai Shinsei Seishinshōgai ga Kyūzō (Drastic Increase in the Number of Applications for Workers' Compensation for Mental Illness). January 21.

———. 2001. Kōsei Rōdōhakusho: Kokoro no Mondai ni Kikikan, Utsubyō Taisaku ga Kyūmu (The White Paper of the Ministry of Health, Welfare, and Labor Says That Mental Health Is a Serious Concern, Depression An Urgent Issue). September 7.

———. 2002. Watashi wa Utsu ni Chigainai, "Byōmei Hoshii" Shōkōgun Hirogaru (I Must Be Depressed: "I Want to Have a Diagnosis" Syndrome Spreads). February 13.

———. 2002. Karōshi Nintei Saita no 143 ken (143 Cases of Overwork Death Granted, the Highest Ever). May 23.

———. 2004. 1 Kagetsu 100 Jikan o Kosu Zangyō Ishi no Mensetsu Shidō Gimuzuke (Overwork Exceeding 100 Hours Per Month: Doctors' Interview and Guidance Required) August 19.

———. 2004. Kokoro no Kenkō mo Kigyō ga Kanri: Shain no Utsu, Sekinin Towareru (Companies to Also Manage Workers' Mental Health: Owing Responsibility For Workers' Depression). November 8.

———. 2005. Seishin Shōgai no Rōsai Nintei Saita, Kōrōshō Matome, Sakunendo 130nin (130 Cases Approved For Workers' Compensation; the Biggest Number Last Year, Says the Ministry of Health, Welfare, and Labor). June 18.

Nishimori, Miyuki. 2002. Puresukō ga Hannōsei Utsubyō ni Kakari, Jisatsu Shita Koto ni Tsuite Gyōmu Kiinsei ga Mitomerareta Jirei (Case of a Press Worker Afflicted With Depression and Committed Suicide, For Whom Work Was Recognized As the Cause). *Hanrei Times* 1096: 282–83.

Nishimura, Kenichiro. 2001. Hōteki Mondai to Shite no Karōshi ni Tsuite (Death From Overwork As a Legal Issue). *Jurist* 1197: 2–7.

Nishizono, Masahisa. 1986. Seishin Ryōhō (Psychotherapy). *Seishinka Mook (Psychiatry Mook)* 13: 189–98.

———. 1988. Nihonjin no Seishin Iryō to Seishin Ryōhō (Psychiatry and Psychotherapy for Japanese). In *Nihon, Ajia, Kita America no Seishin Ryōhō (Psychotherapies in Japan, Asia, and North America)*, eds. Masahisa Nishizono and Joe Yamamoto. Tokyo: Kōbundō.

Nolan, Jr., James L. 1998. *The Therapeutic State: Justifying Government at Century's End*. New York/London: New York University Press.

Nomura, Yoshihiro, Naoki Kinomoto, Takaharu Hiranuma, Masahiko Sugita, Nobuo

Kuroki, Masaharu Katō, Fumio Itō, Yasuji Kodama, and Yōkichi Ōno. 2003. Karōshi to Kigyō no Songai Biashō Sekinin: Dentsū Karōshi Jisatsu Jiken (Overwork Death and Corporate Liability: Dentsu Overwork Suicide Case). *Baishō Kagaku (Journal of Compensation Science)* 30: 115–36.

Nomura, Naoki, and Masami Miyamoto. 1996. Kanja-Kangosha no Komyunikêshon ni Okeru Akujunkan no Kozô (The Structure of the Vicious Circle in the Communication Between Patients and Nurses). *Kango Kenkyû (Japanese Journal of Nursing Research)* 28, no. 2: 5–22.

Nye, Robert A. 1984. *Crime, Madness, and Politics in Modern France: The Medical Concept of National Decline.* Princeton, NJ: Princeton University Press.

Obeyesekere, Gananath. 1985. Depression, Buddhism, and the Work of Culture in Sri Lanka. In *Culture and Depression: Studies in the Anthropology and Cross-Culutral Psychiatry of Affect and Disorder,* eds. Arthur Kleinman and Byron Good. Berkeley: University of California Press.

Ōchi, Naomi. 2001. "Karōshi" no Yobō Taisaku (Prevention Measures for Overwork Suicide). *Jurist* 1197: 23–27.

Ochiai, Taizō. 1883. *Kanyō Byōmei Taishōroku (Comparison Table for Japanese-Western Illness Terms).* Tokyo: Eirandō.

Oda, Susumu. 1998. *Nihon no Kyōkishi (Records of Madness in Japan).* Tokyo: Kōdansha.

———. 2001. *"Hentai Shinri" to Nakamura Kokyō: Taishō Bunka e no Shinshikaku ("Abnormal Psychology" and Nakamura Kokyō: A New Perspective on Taishō Culture).* Tokyo: Fuji Shuppan.

Ōhara, Kenshirō. 1973. Sōutsubyō no Shakai Seishinigakuteki Apurōchi (Social Psychiatric Approach to Manic Depression). *Seishin Shinkeigaku Zasshi (Journal of Psychiatry and Neurology)* 74: 263.

———. 1981. *Utsubyō no Jidai (Depression Era).* Tokyo: Kōndansha.

Ōhara, Kenshirō, ed. 1975. *Jisatsu to Bunka (Suicide and Culture).* Tokyo: Shihōdō.

Ōhigashi, Yoshitaka. 1999. Fūkō to Hanseishinigaku (Foucault and Antipsychiatry). *Kokoro no Kagaku (Human Mind)* 86: 98–102.

Ōhira, Ken, and Shizuo Machizawa, eds. 1988. *Seishinigaku to Bunka Jinruigaku (Psychiatry and Cultural Anthropology).* Tokyo: Kongō Shuppan.

Ohnuki-Tierney, Emiko. 1984. *Health and Illness in Contemporary Japan.* Cambridge: Cambridge University Press.

Okada, Nao. 2003. Gyōmu Kankyō ga Gen'in no Utsubyō ni Rōsai Nintei: Tenkyo Kyohi de Shigoto o Ataerarezu Shikiri de Kakuri (Workers' Compensation Granted for Depression Caused by Work Environment: Refusal of Transfer Led to Deprivation of Job, Secluded by Partition). *Rōdōhōgaku Kenkyū Kaihō (Labor Law Research Report)* 54, no.27: 1–35.

Okada, Yasuo. 1981. *Shisetsu Matsuzawa Byōinshi 1879–1980 (A History of Matsuzawa Hospital 1879–1980)* Tokyo: Iwasaki Gakujutsu Shuppan.

———. 1989. Seishinka Kanja no Jisatsu Jiken: I no Tachiba kara (Suicides Cases of Mentally Ill Patients: From a Medical Point of View). *Jurist Bessatsu: Iryō Kago Hanrei 100 Sen (Jurist Supplement: 100 Cases of Medical Malpractice):* 90–91.

———. 1999. Nihon ni Okeru Seishinigaku no 100 Nen (One Hundred Years of Japanese Psychiatry). *Kokoro no Kagaku (Human Mind)* 86: 87–91.

———. 2002. *Nihon Seishinka Iryōshi* (*History of Psychiatry in Japan*). Tokyo: Igaku Shoin.

Okagami, Kazuo, Iwao Ōshima, and Mototsugu Arai. 1988. *Nihon no Seishinshōgaisha* (*The Mentally Disabled in Japan*). Kyoto: Mineruva Shuppan.

Okajima, Yoshirō. 2005. Shi o Nozomu Kanja ni Seishinkai wa Naniga Dekiruka? (What Can Psychiatrists Do for Patients Who Want to Die?). *Seishin Shinkeigaku Zasshi* (*Journal of Psychiatry and Neurology*) 107, No.9: 936–46.

Okamoto, Kidō. 1999. Kage o Fumareta Onna (A Woman Whose Shadow Was Stepped On). In *Okamoto Kidō Denki Shōsetsu Shū Vol. 3* (*Collected Works of Okamoto Kidō Vol. 3*). Tokyo: Hara Shobō.

Okamura, Chikanobu. 2002. *Karōshi Karōjisatsu Kyūsai no Riron to Jitsumu* (*Theory and Practice of Providing Relief to Overwork Death and Overwork Suicide*). Tokyo: Junpōsha.

Okazaki, Yūji, Atsushi Nishida and Masayuki Itō. 2006. Utsubyō de Byōkyū/ Kyūshokuchū no Utsubyō no Kanja no "Fukushoku Kanō" Shindan o Megutte (On the "Reinstatement" Diagnosis of Patients Who are on Sick Leave from Work for Depression). *Rinshō Seishinigaku* (*Journal of Clinical Psychiatry*) 35, no.8: 1059–67.

Okonogi, Keigo. 1971. *Gendai Seishin Bunseki I* (*Modern Psychoanalysis I*). Tokyo: Seishin Shobō.

Ōkuma, Kazuo. 1973. *Rupo Seishin Byōtō* (*Reportage on a Psychiatric Ward*). Tokyo: Asahi Shimbunsha.

Ōkuma, Shigenobu. 1906. Seishinbyō ni Taisuru Zakkan (Impressions on Mental Illness). *Shinkeigaku Zasshi* (*Journal of Neurology*) 4, no.12: 614–25.

Omata, Waichiro. 1998. *Seishin Byōin no Kigen* (*Origins of Mental Hospital*). Tokyo: Ōta Shuppan.

———. 2002. *Doitsu Seishin Byōrigaku no Sengoshi* (*The History of the Postwar German Psychopathology*). Tokyo: Gendai Shokan.

Ong, Aihwa. 1987. *Spirits of Resistance and Capitalist Discipline: Factory Women in Malaysia*. Albany: State University of New York Press.

Oppenheim, Janet. 1991. *"Shattered Nerves": Doctors, Patients, and Depression in Victorian England*. New York: Oxford University Press.

Osborne, Thomas. 1998. Medicine and Ideology. *Economy and Society* 27, No.2–3: 259–73.

———. 1994. Power and Persons: on Ethical Stylisation and Person-Centered Medicine. *Sociology of Health & Illness* 16, no.4: 515–35.

Otsubo, Sumiko and James R. Bartholomew. 1998. Eugenics in Japan: Some Ironies of Modernity, 1883–1945. *Science in Context* 11, no.3–4: 134–46.

Ōtsuki, Yasuyoshi. 1998. Hyōi to Seishinka Rinshō: Rekishi to Bunka no Shiten Kara (Spirit Possession and Clinical Psychiatry: Historical and Cultural Perspectives). In *Rinshō Seishinigaku Kōza* (*Encyclopedia of Clinical Psychiatry*): *Vol. 23 Tabunkakan Seishinigaku* (*Transcultural Psychiatry*), 335–56. Tokyo: Nakayama Shoten.

Ozawa, Chikako. 1996. Japanese Indigenous Psychologies: Concepts of Mental Illness in Light of Different Cultural Epistemologies. *British Medical Anthropology Review* 3, no. 2: 11–21.

Ozawa-de Silva, Chikako. 2002. Beyond the Body/Mind?: Japanese Contemporary Thinkers on Alternative Sociologies of the Body. *Body & Society* 8, no.2: 21–38.

———. 2006. *Psychotherapy and Religion in Japan: The Japanese Introspection Practice of*

Naikan. London: Routledge.

———. 2008. Too Lonely to Die Alone: Internet Suicide Pacts and Existential Suffering in Japan. *Culture, Medicine and Psychiatry,* 32: 516–55.

Ozawa, Masahiko. 2010. Shokuba Kankyō mo Aratamenaito Saihatsu (Work Environment Needs To Be Improved As Well). *Asahi Shimbun,* July 27.

Petryna, Adriana. 2002. *Life Exposed: Biological Citizens after Chernobyl.* Princeton, NJ: Princeton University Press.

———. 2004. Biological Citizenship: The Science and Politics of Chernobyl-Exposed Populations. *Osiris* 19: 250–65.

Petryna, Adriana, Andrew Lakoff, and Arthur Kleinman. 2006. *Global Pharmaceuticals: Ethics, Markets, Practices.* Durham: Duke University Press.

Pinguet, Maurice. 1993. *Voluntary Death in Japan.* Translated by Rosemary Morris. Cambridge, UK: Polity Press.

Plath, David W. 1980. *Long Engagements: Maturity in Modern Japan.* Stanford: Stanford University Press.

Porter, Roy. 1985. *Patients and Practitioners: Lay Perception of Medicine in Pre-Industrial Society.* Cambridge: Cambridge University Press.

Rabinbach, Anson. 1990. *The Human Motor: Energy, Fatigue, and the Origins of Modernity.* New York: Basic Books, Harper Collins.

Rabinow, Paul. 1996. Artificiality and Enlightenment: From Sociobiology to Biosociality. In *Essays on the Anthropology of Reason.* Princeton, NJ: Princeton University Press.

Radden, Jennifer. 2000. *The Nature of Melancholy: From Aristotle to Kristeva.* New York: Oxford University Press.

Rai, Shizuko. 1931–32. Baishi Nikki (Shizuko's Diary). *Raisanyō Zensho (Collected Works of Raisanyō).* Hiroshima: Raisanyō-sensei Iseki Kenshōkai.

Raikhel, Eugene. 2010. "Post-Soviet Placebos: Epistemology and Authority in Russian Treatments for Alcoholism." *Culture, Medicine and Psychiatry* 34, no. 1: 132–68.

Rhodes, Lorna A. 1995. *Emptying Beds: The Work of an Emergency Psychiatric Unit.* Berkeley: University of California Press.

Rieff, Philip. 1966. *The Triumph of the Therapeutic.* Chicago: University of Chicago Press.

Robertson, Jennifer. 1999. Dying to Tell: Sexuality and Suicide in Imperial Japan. *Signs: Journal of Women in Culture and Society* 25, no.1: 1–36.

Rōdō Keizai Hanrei Sokuhō (Law Reports on Labor and Economy). 2007. Kiōreki ga aru Masuikai no Utsubyō Jisatsu (Suicide of an Anesthesiologist) no.1981.

Rohlen, Thomas P. 1974a. *For Harmony and Strength: The Japanese White-Collar Organization in Anthropological Perspective.* Berkeley: University of California Press.

———. 1974b. Spiritual Education in a Japanese Bank. In *Japanese Culture and Behavior: Selected Readings,* eds. T. S. Lebra and W. Lebra. Honolulu: University of Hawaii Press.

Rose, Nikolas. 1985. *The Psychological Complex: Psychology, Politics and Society in England 1869–1939.* London: Routledge and Kegan Paul.

———. 1990. *Governing the Soul: The Shaping of the Private Self.* London/New York: Routledge.

———. 1996. *Inventing Our Selves: Psychology, Power, and Personhood.* Cambridge: Cambridge University Press.

———. 2007. *The Politics of Life Itself: Biomedicine, Power, and Subjectivity in the Twenty-

First Century. Princeton, NJ: Princeton University Press.

Rosenberger, Nancy R. 1992. The Process of Discourse: Usages of a Japanese Medical Term. *Social Science and Medicine* 34, no.3: 237–47.

Rosenhan, David L. 1973. On Being Sane in Insane Places. *Science* 179, no.70: 250–58.

Sakai, Shizu. 1982. *Nihon no Iryōshi (History of Japanese Medicine).* Tokyo: Tokyo Shoseki.

Sakaki, Yasuzaburō. 1912. *Kawarimono (The Abnormal).* Tokyo: Jitsugyōno Nihonsha.

Sakurai, Hirono, Kunihiko Tsutsumi, Yuko Tomita, and Mitsukuni Murasaki. 1998. Sanji Kyūkyū Senta ni Hansō Sareta Seishinka Tsūinchū no Jisatsu Kito Kanja no Haikei (Research Into Suicide Attempters Under Psychiatric Treatment at a Critical and Emergency Center). *Rinshō Seishinigaku (Journal of Clinical Psychiatry)* 27, no.11: 1363–70.

Salzberg, Stephan. 1994. In a Dark Corner: Care For the Mentally Ill in Japan. *Social Science Japan* 2: 12–14.

Sampson, Edward E. 1989. The Deconstruction of the Self. In *Texts of Identity,* eds. John Shotter and Kenneth J. Gergen. London: Sage Publications.

Sanyūtei, Enshō. 1980. *Sakazuki no Tonosama (The Lord of Sake Cup).* Tokyo: Shūeisha.

Saris, A. Jamie. 1995. Telling Stories: Life Histories, Illness Narratives, and Institutional Landscapes. *Culture, Medicine and Psychiatry* 19, no.1: 39–72.

Satō, Masahiro. 2009. Sengoki Nihon niokeru Gaishōsei Shinkeishō Gainen no Seiritsu to Suitai 1880-1940 (The Social Construction of Traumatic Neurosis in pre-World War II Japan: 1880-1940). *Kagaku, Gijutsu, Shakai (Science, Technology and Society)* 18: 1–43.

Satō, Tatsuya, and Hajime Mizoguchi. 1997. *Tsūshi Nihon no Shinrigaku (History of Japanese Psychology).* Kyoto: Kitaōji Shobō.

Sartorius, N., World Health Organization, and WHO Collaborative Study on Standardized Assessment of Depressive Disorders. 1983. *Depressive Disorders in Different Cultures: Report on the WHO Collaborative Study on Standardized Assessment of Depressive Disorders.* Geneva: World Health Organization.

Sawicki, Jana. 1991. *Disciplining Foucault: Feminism, Power, and the Body.* New York/ London: Routledge.

Scheff, Thomas J. 1966. *Being Mentally Ill: A Sociological Theory.* Hawthorne, NY: Aldine Publishing Co.

Scheper-Hughes, Nancy. 1992. *Death without Weeping: The Violence of Everyday Life in Brazil.* Berkeley: University of California Press.

Scheper-Huges, Nancy and Margaret Lock. 1987. The Mindful Body: A Prolegomenon to Future Work in Medical Anthropology. *Medical Anthropology Quarterly* 1, no.1: 6–41.

Schmiedebach, Heinz-Peter. 1999. Post-traumatic Neurosis in Nineteenth-century Germany: A Disease in Political, Juridical and Professional Context. *History of Psychiatry* X: 27–57.

Scott, James C. 1985. *Weapons of the Weak: Everyday Forms of Peasant Resistance.* New Haven: Yale University Press.

———. 1990. *Domination and the Arts of Resistance: Hidden Scripts.* New Haven/London: Yale University Press.

Segawa, Nobuhisa. 2001. Minji Sekinin (Civil Liability). *Hanrei Times* 1046: 72–79.

Sekiya, Tōru. 1997. Seishinka Kurinikku no Genjo (The Present Condition of NeuroPsychiatric Clinics). *Rinsho Seishinigaku* (*Journal of Clinical Psychiatry*) 26, no.8: 939–46.

Shiba, Shintarō. 1999. *Nihonjin to Iu Utsubyō* (*Depression Called "Japanese"*). Kyoto: Jinbun Shoin.

Shikano, Masanao. 2004. Korera, Minshū, Eisei Gyōsei (Cholera, People, and Hygiene Policies). In *Kinsei Kara Kindai 9 Korera Sōdō* (*From Premodern to Modern 9: Cholera Epidemics*), ed. Masanao Shikano. Tokyo: Asahi Shimbunsha.

Shimazaki, Toshiki. 1953. Shinkeishōron Haigo no Mondai (What Lies Behind the Theories of Neurosis). *Seishin Shinkeigaku Zasshi* (*Journal of Psychiatry and Neurology*) 55, no.4: 511–14.

Shimazaki, Toshiki, and Kiyoshi Ishikawa. 1954. Karl Jaspers no Seishinbunseki Hihan o Megutte (On Karl Jaspers' Critique of Psychoanalysis). *Seishin Shinkeigaku Zasshi* (*Journal of Psychiatry and Neurology*) 55, no.7: 743–48.

Shimoda, Mitsuzō. 1941. Sōutsubyō no Byōzen Seikaku ni Tsuite (On Premorbid Personality of the Manic Depressive). *Seishin Shinkeigaku Zasshi* (*Journal of Psychiatry and Neurology*) 45: 101.

———. 1942. *Seishin Eisei Kōwa* (*Lectures on Mental Hygiene*). Tokyo: Iwanami Shoten.

Shimoda, Mitsuzō. 1950. Sōutsubyō ni Tsuite (On Manic Depression). *Yonago Igaku Zasshi* (*Yonago Medical Journal*) 2, no.1: 3–4.

Shimbun Akahata Kokumin Undōbu (Newspaper Akahata). 2003. *Shigoto ga Owaranai Kokuhatsu Karōshi* (*I Cannot Finish Work: Overwork Death*). Tokyo: Shinnihon Shuppan.

Shinfuku, Naotake. 1969. *Kamen Depuresshion* (*Masked Depression*). Tokyo: Nihon Meruku Banyu.

Shinfuku, Naotake, Akihide Karasawa, Osamu Yamada, Shigeru Iwasaki, Akira Kanai and Kanji Kawashima. 1973. Saikin 22 nenkan no Utsubyō no Rinshō ni okeru Henka (Changes in Clinical Pictures of Depression: Statistical Study in Cases Observed in Jikei University School of Medicine in these 22 Years). *Seishinigaku* (*Clinical Psychiatry*) 15 no.9: 955–65.

Shirasugi, Etsuo. 1997. Kakke to Edojidai no Hitobito no Shintai Keiken (Kakke and the Bodily Experience of the People in Edo Era). In *Rekishi no Naka no Yamai to Igaku* (*Illness and Medicine in History*), eds. Keiji Yamada and Shigehisa Kuriyama. Kyoto: Shibunkaku Shuppan.

Showalter, Elaine. 1985. *The Female Malady: Women, Madness, and English Culture, 1830–1980*. New York: Pantheon Books.

Silberman, Bernard S. and H. D. Harootunian, eds. 1974. *Japan in Crisis: Essays on Taisho Democracy*. Princeton, NJ: Princeton University Press.

Silverman, David. 1987. *Communication and Medical Practice: Social Relations in the Clinic*. London: Sage.

Sontag, Susan. 1978. *Illness As Metaphor*. New York: Farrar, Straus and Giroux.

Still, Arthur and Irving Velody. 1992. *Rewriting the History of Madness: Studies in Foucault's Histoire De La Folie*. London/New York: Routledge.

Strom, Stephanie. 1999. In Japan, Mired in Recession, Suicides Soar. *New York Times*, July 15.

Suzuki, Akihito. 2003a. A Brain Hospital in Tokyo and Its Private and Public Patients, 1926–1945. *History of Psychiatry*, 14: 337–60.

———. 2003b. Family, the State and the Insane in Japan 1900–1945. In *Psychiatric Confine-

ment in International Perspective, eds. Roy Porter and David Wright. Cambridge: Cambridge University Press.

———. 2005. Were Asylums Men's Place?: Male Excess in Asylum Population in Japan in the Early Twentieth Century. In *Culture of Psychiatry*, eds. Marijke Gijswijt-Hofstra et al. Amsterdam: University of Amsterdam Press.

Suzuki, Hiroko. 2000. Daigaku Byōin Seishinka no Jikangai Shinryō ni Okeru Jisatsukitosha no Jittai (The Realities of Attempted Suicides in a University Hospital's Emergency Unit). *Igaku no Ayumi (Journal of Clinical and Experimental Medicine)* 194, no. 6: 541–44.

Suzuki, Ryū. 1997. Utsubyō no Hikaku Bunkaron (Cultural Comparisons of Depression). In *Kanjō Shōgai: Kiso to Rinshō (Affective Disorders: Foundations and Clinical Practice)*, eds. Yomishi Kasahara, Masaaki Matsushita, and Hideki Kishimoto. Tokyo: Asakura Shoten.

Szasz, Thomas. 1974. *The Myth of Mental Illness*. New York: Harper & Row.

Tachibana, Nankei. 1927. Hokusō Sadan (Stories from the North Window) Vol. 2. In *Tōzai Yūki (Travels in Easten and Western Provinces)*. Tokyo: Yūhōdō Shoten.

Tajima, Osamu. 2001. Mental Health Care in Japan: Recognition and Treatment of Depression and Anxiety Disorders. *Journal of Clinical Psychiatry* 62, Suppl. 13: 39– 44.

Takahashi, Mutsuko. 1997. *The Emergence of Welfare Society in Japan*. Aldershot/Brookfield: Avebury.

Takahashi, Ryo. 1974. Treatment for Depression in Japan. In *Depression in Everyday Practice*, ed. P. Kielholz. Bern: Huber.

Takahashi, Satoru. 1998. Senzen ni Okeru Seishin Hakujaku Shinrigaku no Keisei (The Formation of the Prewar Psychology of Retardation). In *Nihon Shinrigakushi no Kenkyū (Studies of the History of Japanese Psychology)*, eds. Shinrigaku Kenkyūkai Rekishi Kenkyūbukai. Kyoto: Hōsei Shuppan.

Takahashi, Takao. 2003. Anrakushi ni Tsuite: Nihonteki Seishikan Kara Toinaosu (On Euthanasia: Reexamining It in Light of Japanese Views on Death and Life). In *Yoki Shi no Sahō (Manners of Good Death)*, eds. Takao Takahashi and Hiroaki Taguchi. Fukuoka: Kyūshū Daigaku Shuppan.

Takahashi, Tōru. 1998. Shinkeishō Gainen no Hensen ni Tsuite (On the Changing Concept of Neurosis). *Seishin Shinkeigaku Zasshi (Journal of Psychiatry and Neurology)* 100, no. 3: 144–46.

Takahashi, Yoshitomo. 1994. Jisatsu Keikō (Suicidal Tendencies). *Rinshō Seishinigaku (Journal of Clinical Psychiatry)* 23, no.1: 55–63.

Takaoka, Takeshi. 2003. *Atarashii Utsubyōron (New Theory of Depression)*. Tokyo: Unbo Shobō.

Takemura, Kenji and Hiroshi Shimura. 1977. Kaihō Ryōhō no Jissen no Moto De Okita Jisatsu no Keiken (Experience of Suicide Cases That Occurred Under the OpenWard Therapy). In *Seishin Byōin ni Okeru Jisatsu (Suicides in Mental Hospitals)*, ed. Seishin Byōin Kyōkai (Association of Mental Hospitals). Tokyo: Makino Shuppan.

Takemura, Kenji and Hiroshi Shimura. 1987. *Jisatsu no Sain (Signs of Suicide)*. Osaka: Shinryō Shinsha.

Tamura, Kazaburō. 1906. Shinkei no Eisei 1 (Hygiene of Nerves I). *Yomiuri Shimbun*, June 9.

Tanaka, Satoshi. 1992. Dokomade Arukeba Byōki no Nai Kuni: Eisei Tenrankai no Jikūkan

(How Far Do We Need to Walk to a Country With No Illness: Space and Time in Hygiene Exhibitions). *Gendai Shisō* 20, no.6: 126–42.

Tashiro, Sanki. 1979. *Tashiro Sanki*. eds. Keisetsu Ōtsuka and Dōmei Yakazu. Tokyo: Meicho Shuppan.

Tatsumi, Nobuo. 1975. Utsubyō no Byōtai Seiri (Pathophysiology of Depression). *Yakkyoku (Pharmacy)* 26, no.9.

Taussig, Michael. 1980. Reification and the Consciousness of the Patient. *Social Science and Medicine* 14B: 3–13.

Tellenbach, Hubertus. 1980 [1961]. *Melancholy: History of the Problem, Endogeneity, Typology, Pathogenesis, Clinical Considerations*. Pittsburgh/Atlantic Highlands, NJ: Duquesne University Press; distributed by Humanities Press.

Terashima, Shōgo. 1969. The Structure of Rejecting Attitudes toward the Mentally Ill in Japan. In *Mental Health Research in Asia and the Pacific*, eds. William Caudill and Tsung-Yi Lin. Honolulu: East-West Center Press.

Todeschini, Maya. 1999a. Illegitimate Sufferers: A-bomb Victims, Medical Science, and the Government. *Daedlus* 128, no.2: 67–100.

Todeschini, Maya. 1999b. Bittersweet Crossroads: Women of Hiroshima and Nagasaki. Ph.D. Dissertation, Harvard University.

Tokyo High Court. 1997. Songai Baishō Seikyū Kōso Jiken (Appeal For Compensation For Damage). 1647/4089.

Tolle, Rainer. 1991. *Seishinigaku (Psychiatry)*. Niigata: Nishimura Shoten.

Tomita, Mikio. 1992. *Seishin Byōin no Teiryū (Undercurrents of Mental Hospitals)*. Tokyo: Seikyūsha.

———. 2000. *Tōdai Byōin Seishinka no 30 Nen (The 30 Years of the Department of Psychiatry at Tokyo University Hospital)* Tokyo: Seikyūsha.

Tsing, Anna Lowenhaupt. 1993. *In the Realm of the Diamond Queen*. Princeton, NJ: Princeton University Press.

Tsubouchi, Shōyō (Yūzō). 1903. Jisatsu Zehi (Pros and Cons of Suicide). *Taiyō* 9, no.9: 56–71.

Tsuchida, Ken. 1979. Tenkankyō Keikenhen (Treatises on Insanity). In *Kure Shūzō*. Tokyo: Seishinigaku Shinkeigaku Koten Kankōkai.

Tsurumi, Wataru. 1993. *Kanzen Jisatsu Manyuaru [The Complete Manual of Suicide]*. Yokohama: Yurindō Publishing.

Turkle, Sherry. 1992. *Psychoanalytic Politics: Jacques Lacan and Freud's French Revolution*. London/New York: Free Association Books; Guilford Press.

Turner, Bryan S. 1996. *The Body & Society* (second ed.). London: Sage Publications.

Turner, Victor W. 1967. *The Forest of Symbols; Aspects of Ndembu Ritual*. Ithaca, NY: Cornell University Press.

Uchimura, Yūshi. 1943. Zappō: Seishin Kōseikai Hakkaishiki Kōen (News: Lecture at the Inauguration of the Mental Welfare Association). *Seishin Shinkeigaku Zasshi (Journal of Psychiatry and Neurology)* 47, no.11: 527.

———. 1954. Nihon Seishinigaku no Kako to Shōrai (Past and Future of Japanese Psychiatry). *Seishin Shinkeigaku Zasshi (Journal of Psychiatry and Neurology)* 55, no.7: 705–16.

Uchimura, Yūshi, Akira Kasamatsu, and Toshiki Shimazaki, eds. 1957. *Seishinigaku Saikin no Shinpo (Recent Developments in Psychiatry)*. Tokyo: Ishiyaku Shuppan.

Udagawa, Genzui. 1995. Oranda Honyaku Naika Senyō (Text on Internal Medicine Translated From Dutch). In *Udagawa Genzui Shū I*, ed. Tsutomu Sugimoto. Tokyo: Waseda Daigaku Shuppankai.

Uematsu, Shichikurō. 1929. Toshi Seikatsu to Shinkeisuijaku (Urban Life and Neurasthenia). In *Sankōkanhō Seishin Eisei Tenrankai Gō (News on Mental Hygiene Exhibition)*, ed. Nihon Sekijūji Sha (Japan Red Cross). Tokyo: Nihon Sekijūji Sha.

———. 1948. *Seishinigaku (Psychiatry)*. Tokyo: Bunkōdō.

Ukai, Hiroshi. 1991. Kindai Nihon ni Okeru Shakai Darwinism no Jūyo to Tenkai (Adoption and Development of Social Darwininsm in Modern Japan). In *Kōza Shinka 2: Shinka Shisō to Shakai (Lectures on Evolution 2: Thoughts on Evolution and Society)*, eds. Atsuhiro Shibatani, Kei Nagano, and Takeshi Yōrō. Tokyo: Tokyo University Press.

Ukigaya, Sachiyo. 2009. *Kea to Kyōdosei no Jinruigaku: Hokkaidō Urakawa Sekijūji Byōin Seishinka kara Chiiki e (The Anthropology of Care and Communality: From the Psychiatric Department of Urakawa Red Cross Hospital, Hokkaidō to Community)*. Tokyo: Seikatsu Shoin.

Usa, Genyū. 1925. Moritashi Shinkeishitsu Ryōhō ni Yoru Chiyu Seiseki (Recovery Through Morita's Shinkeishitsu Therapy). *Shinkeigaku Zasshi (Journal of Neurology)* 26, no.1: 595–603.

Watanabe, Kinuko. 2002. Karō Jisatsu no Gyōmu Kiinsei (Work As the Cause For Overwork Suicide). *Jurist* 1223: 102–5.

Watanabe, Toshio. 1999. *Shinkeishō no Jidai: Waga Uchi Naru Morita Masatake (Neurosis Era: Morita Masatake in My Interiority)*. Tokyo: Gakuyō Bunko.

Watarai, Yoshiichi. 2003. *Meiji no Seishin Isetsu: Shinkeibyō, Shinkeisuijaku, Kamigakari (Heresays on Nerve in Meiji: Nerve Diseases, Neurasthenia, and Spirit Possession)*. Tokyo: Iwanami Shoten.

White, Geoffrey M. 1982. The Role of Cultural Explanations in 'Somatization' and 'Psychologization.' *Social Science and Medicine* 16: 1519–30.

White, James W. 1995. *Ikki: Social Coflict and Political Protest in Early Modern Japan*. Ithaca/London: Cornell University Press.

Whyte, Susan Reynolds. 1997. *Questioning Misfortune: the Pragmatics of Uncertainty in Eastern Uganda*. New York: Cambridge University Press.

XYZ. 1902. Shinkeisuijakushō: Sōjūshi, Bunshi, Kanri, Gakusei Shokun no Ichidoku o Yōsu (Neurasthenia: Operators, Writers, Government Officials, and Students, Read This). *Taiyō* 8, no.7.: 134–39.

Yamada, Tomiaki. 2000. Fieldwork no Politics (The Politics of Fieldwork). In *Fieldwork no Keiken (Experiences of Fieldwork)*, eds. Hiroaki Yoshii and Atsushi Sakurai. Tokyo: Serika Shobō.

Yamaguchi, Masao. 1990. *Yamai no Uchūshi (Cosmos of Illness)*. Tokyo: Ningen to Rekishisha.

Yamazaki, Mitsuo. 2001. Utsubyō wa "Kokoro no Kaze" de Aru (Depression Is a Soul Catching a Cold). *Bungeishunjū* (April).

Yanagita, Kunio. 1967. *Meiji Taishōshi Sesōhen (The History of Meiji & Taishō)*. Tokyo: Heibonsha.

Yazaki, Taeko. 1968. Kaifukuki no Utsubyōsha no Seishin Ryōhō (Psychotherapy for the Depressed in the Recovery Phase). *Seishinigaku (Clinical Psychiatry)* 10: 277–84.

Yokoyama, Tomoyuki and Shin Iida. 1998. Utsubyō no Seishin Ryōhō (Psychotherapy for

Depression). *Seishinka Chiryōgaku* (*Journal of Psychiatric Treatment*) 13, suppl.: 87–92.

Yomiuri Shimbun. 1878. Rien De Fusagu Hime ni Tsuketa Kisaku na Onnna, Hime no Kimono Mo Kigaru ni Nusumu (A Friendly Woman Steals the Kimonos of a Lady Depressed Over Divorce). March 23.

———. 1879. Utsubyō no Musume ga Shinbashigawa De Tōshin Jisatsu (A Depressed Girl Throws Herself in Shinbashi River). July 25.

———. 1886. Yamai no Genin Shinkō no Enoki ga Bassai Sare Musume ga Utsubyō ni (The Cause of the Illness: a Girl Develops Depression After a Sacred Enoki Tree Is Cut Down). September 16.

———. 1917. Gakusei no Shinkeisuijaku (Neurasthenia of Students). July 8.

———. 2010. "Utsu Hyakumannin" Kage ni Shinyaku? Hanbaidaka to Kanjasū Hirei (New Medication Behind "One Million People in Depression"? Ratio of Sales to Number of Patients). January 6.

Yoshimatsu, Kazuya. 1987. *Isha to Kanja* (*Doctors and Patients*). Tokyo: Iwanami Shoten.

Yoshimi, Shunya. 1994. Undōkai no Shisō: Meiji Nihon to Shukusai Bunka (The Athletics Meet: The Festival Culture of Meiji Japan). *Shisō* (*Thought*) 845: 137–62.

Young, Allan. 1976. Internalizing and Externalizing Medical Belief Systems: an Ethiopian Example. *Social Science and Medicine* 10: 147–56.

———. 1980. The Discourse on Stress and the Reproduction of Conventional Knowledge. *Social Science and Medicine* 14B: 133–46.

———. 1982a. The Anthropologies of Illness and Sickness. *Annual Review of Anthropology* 11: 257–85.

———. 1982b. Rational Men and the Explanatory Model Approach. *Culture, Medicine and Psychiatry* 6: 21–34.

———. 1983. Rethinking Ideology. *International Journal of Health Sciences.* 13: 203–19.

———. 1995. *The Harmony of Illusions: Inventing Post-Traumatic Stress Disorder.* Princeton, NJ: Princeton University Press.

Zimmermann, Bénédicte. 2008. Histoire Croisée and the Making of Global History. Based on a paper presented at Global History, Globally. Harvard University, February 8–9, 2008. http://www.iue.it/HEC/ResearchTeaching/20082009-Autumn/SS-reading-Zimmermann.pdf. February 3, 2009.

Zola, Irving K. 1972. Medicine As an Institution of Social Control. *Sociological Review* 20, no.4: 487–504.

감사의 말

이 책은 일본과 북미에서 보낸 시간 동안 나의 사유를 근본적으로 형성해준 세 가지 분야, 즉 의료인류학, 정신의학, 그리고 의학사의 연구 결과이다. 마거릿 록은 지속적으로 나에게 영감의 원천이 되었다. 의료인류학에 대한 그녀의 비전이 처음 나를 이 분야로 이끌었으며, 그녀의 깊은 공감과 변함 없는 지지 덕에 연구를 계속할 수 있었다. 또한 놀랍도록 박식하며, 사회 정의에 대한 열정이 가득하고, 게다가 감탄할 만한 유머 감각을 겸비한 앨런 영과의 깊은 대화로부터 많은 것을 배웠다. 뛰어난 통찰력으로 생각을 나누는 데 기꺼이 동참해준 엘런 코린 덕에 중요한 아이디어들을 구체화시킬 수 있었다. 그리고 로런스 컬마이어는 내가 캐나다와 일본의 정신병원에서 현지조사를 수행할 수 있도록 이끌어주었으며, 내 글에 대한 그의 예리한 조언 덕에 한 단계 더 완성된 결과물을 만들어낼 수 있었다. 깊은 감사를 표한다.

지난 10년간 운 좋게도 나는 다양한 주제로 토론을 하고 의견을 나눠준 훌륭한 정신의학자들을 만날 수 있었다. 특히 의료인류학 분야에서 나의 멘토가 되어준 에구치 시게유키 선생님께 큰 빚을 졌다. 그의 친절한 도움이 아니었다면 이 연구는 불가능했을 것이다. 또한 임상 치료에 대한 열정적 헌신과 비판적 지성을 모두 갖춰 귀감이 되어준 가토 사토시 선생님께도 감사의 말씀을 전한다. 노다 후미타카 선생님은 문화 정신의학의 경이로운 세계를 소개시켜주었다. 간바 시게노부 선생님과 구로키 도시히데 선생님 덕에 나는 역사적 사실에 근거한 비판 생물정신의학을 알게 되었다. 뛰어난 학자이자 임상의이기도 한 오쓰카 고이치로, 노구치 마사유키, 아베 다카아키, 쓰지우치 다쿠야, 고바야시 도시유키, 오카지마 요시로 선생님들과의 대화는 매우 즐거웠다. 하야시 아키코, 오기와라 지카코, 마에다 게이코, 스즈키 구니후미, 하야시 나오키, 다지마 오사무, 오마에 스스무 선생님들께도 감사드린다. 자살과 우울증 전문가인 우쓰미 겐, 다카하시 요시모토, 오노 유타카 선생님들과 모리타 치료 전문가인 나카무라 게이, 기타니시 겐지, 곤도 교이치 선생님들로부터 배울 수 있어 영광이라고 생각한다. 심리학자인 이치카와 교코, 야마시타 마유, 쓰루타 노부코, 에하라 유미코 선생님들과의 대화도 큰 도움이 되었다. 피에르-헨리 카스텔, 데이비드 힐리, 싱 리, 도미닉 T. S. 리 박사와의 많은 대화 또한 감사히 생각한다. 내가 임상 현장에 참여할 수 있도록 너그러이 허락해주시고 면담을 위해 귀한 시간과 생각을 나눠준 수많은 의사분들께도 감사를 표하고 싶다.

국제일본문화연구센터Nichibunken에서 전근대적 몸의 의미에 대한 연구를 진행하던 연구팀에 참여할 수 있도록 나를 초대해준 탁월한 역사학자 스즈키 아키히토 교수의 도움이 아니었다면 우울증의 역사적 측면에 대해 이만큼 깊이 파고들 수 없었을 것이다. 스즈키 교수의 영국 정신의학과 일본 정신의학에 대한 연구는 내가 언젠가 해내고 싶은 연구의 기준이다. 역사학 배경이 없는 나에게 전문 지식을 너그러이 공유해준 발트라우트 에른스트, 클라크 로우러, 엘리자베스 룬벡, 조너선 메즐, 마크 미칼레, 토마스 뮐러, 크리스티안 오베를렌더, 데이비드 라이트 교수에게도 감사를 전한다. 인류학적 관점으로 의학사를 한다는 것이 어떤 의미인지를 보여준 구리야마 시게히사 교수와 함께 일할 수 있어 영광이었다. 의학사 학자인 히루타 겐시로, 사카이 시즈, 오마타 와이치로, 오카다 야스오 박사와 시라스기 에쓰오, 기타자와 가즈토시, 고자이 도요코 교수에게도 많은 빚을 졌다.

나의 소중한 친구 도미니크 베아그와 대화를 나누며 많은 걸 배웠다. 브라질 정신의학에 대한 그녀의 연구는 나에게 계속해서 영감을 준다. 또한 우정과 흥미로운 대화를 나누어준 숀 브로텔톤, 스티브 코헨, 스테파니 로이드, 사덱 라하임, 오드라 심슨, 크리스티나 자로스키에게도 고마운 마음을 전한다. 아드리아나 페트리나 교수는 나에게 많은 통찰과 따뜻한 격려를 주었다. 칼 아플바움, 앨런 할우드, 빌 켈리, 레노어 맨더슨, 카렌 나카무라, 치카코 오자와 드 실바 교수와의 대화에서도 많은 것을 얻었다. 에이미 보로보이 교수는 수년간 나의 연구에 많은 관심을 가져주었고 큰 지지를 해주었다. 도쿄에서는 오가와 고이치, 다케이 히데오, 미야지 나오코, 그리고 고바야시 가요, 하시모토 요코 교수가 값진 조언을 해주었다. 게이오 대학의 동료들, 특히 미쓰이 히로타카 교수와 고인이 되신 후지타 히루 교수님은 내가 편히 연구할 수 있는 환경을 제공해주었다. 미야사카 게이조 교수님에게도 특별한 감사를 표한다. 독창적인 그의 인류학적 성찰 덕에 전통적인 학문의 경계를 넘나들며 사유할 수 있었다. 성실한 편집 작업은 물론 정서적 지지를 해준 애덤 락과 연구 보조를 해준 데루야마 준코에게 큰 도움을 받았다. 또한 책을 완성하는 과정 동안 친절함과 전문성을 모두 보여준 프린스턴 대학 출판부의 선임 편집장 프레드 아펠에게도 고마움을 표하고 싶다.

나는 내 연구에 참여해준 우울증으로 고통 받는 사람들에 대한 고마움을 영원히 잊지 않을 것이다. 그들은 우울증의 본질에 대한 깊은 성찰과 개개인의 어려움을 극복하려고 노력하는 과정 중에 얻은 차분한 내면의 강인함을 통해 내 글이 전할 수 있는 것보다 훨씬 더 많은 것을 가르쳐주었다. 의심할 여지 없이 인생에서 가장 힘들고 유약했을 시기를 기꺼이 나와 공유해준 그들의 친절함과 신뢰에 진심으로 고마움을 느낀다. 이 책이 우울증을 겪는 사람들의 고통을 악화시키지 않고 완화시켜주는 방향으로 기여할 수 있기를 간절히 바란다.

본 연구는 캐나다 정부, 맥길 대학, 웨너-그렌 인류학 연구 재단(Grant #6682), 일본 재단, 국제일본문화연구센터, 게이오 대학, 일본학술진흥회, 일본 정부의 글로벌 COE 프로그램으로부터 각기 다른 연구 단계에서 연구비를 지원받았다.

나의 부모님 기타나카 겐지 님과 게이코 님, 여동생 마키코에게도 고마운 마음을 전한다. 항상 나와 함께해준 오보일즈, 마기, 짐 올리버에게도 감사를 표한다. 무엇보다 나의 남편 크리스 올리버로부터 받은 사랑과 도움, 영감 덕에 이 연구를 해낼 수 있었다.

이 책에 실린 아래의 내용은 기존에 출판된 적이 있다.

2장. Reading Emotions in the Body: Translating Depression at the Intersections of Japanese and Western medicines. In *Transnational Psychiatries. Social and Cultural Histories of Psychiatry in Comparative Perspec-*

tive, c. 1800-2000, eds. Thomas Müller and Waltraud Ernst. Newcastle: Cambridge Scholars Publishing, 2010. Published with the permission of Cambridge Scholars Publishing.

7장. Diagnosing Suicides of Resolve: Psychiatric Practice in Contemporary Japan. *Culture, Medicine, and Psychiatry*, vol. 32, no. 2, (June 2008). Published with kind permission from Springer Science+Business Media: *Culture, Medicine and Psychiatry*.

9장. Questioning the Suicide of Resolve: Disputes Regarding "Overwork Suicide" in 20th Century Japan. In *Histories of Suicide: International Perspectives on Self-Destruction in the Modern World*, eds., John Weaver and David Wright. Toronto: University of Toronto Press, 2008. Reprinted with permission of the publisher.

용어

DSM (정신장애 진단 및 통계편람) 96, 97,
139, 152, 308, 345
DSM-III 95, 96, 134, 334
DSM-IV 30, 153, 163, 164, 331, 343, 345
ICD-10 153, 273, 279, 331, 343, 345

감시 surveillance 10, 22, 27, 83, 84, 93, 188,
284, 285, 295, 310, 312, 333, 336, 337
갱년기 menopause 219, 237, 240, 252
고등법원 High Court 272, 278, 281
고통의 관용어 idioms of distress 8, 54, 102
과로 overwork; 과로사 karōshi (death from
overwork) 14, 15, 17, 19, 20, 96, 116,
181, 263, 289; 과로 우울증 karō utsubyo
(overwork depression) 15, 19, 25, 96, 172,
224, 257, 266, 289, 325; 과로 자살 karō
jisatsu (overwork suicide) 9, 15, 19, 45,
261, 262, 263, 269, 275, 276, 278, 279,
282, 284-287, 346
국민건강보험 national health insurance 93,
95, 342
권력형 괴롭힘 power harassment 299, 300
근대성 modernity 21, 27, 56, 76, 79, 105,
106, 137, 326
근대화 modernization 79, 80, 82, 86, 100,
103, 105, 129
기분장애 mood disorders 30
기울 ki-utsu 58-66, 73-76, 336; 기울병
kiutsubyō 55, 71; 기울증 ki-utsushō 59,
60, 61, 73

낙인 stigma 8, 9, 16, 21, 41, 51, 72, 73, 79,
126, 156, 159, 284, 297, 306, 314, 315,
343
남녀고용기회균등법 Equal Employment
Opportunity Law (1985) 245
내과 (의사) physicians 69, 126, 157, 222,
240, 302, 304-306, 309
내무성 Home Ministry 82
노동기준감독서 Labor Standard Inspection
Offices 269, 270, 278
노동성 Ministry of Labor 269-271, 274,
275, 277, 346, 347
노이로제 noirōze 91, 111, 336
뇌 brain 10, 11, 14, 25, 27, 31, 43, 51, 56,
69-72, 76, 77, 88, 94, 103-105, 108,
110, 115, 123, 136, 179, 192, 208, 233,
262, 306, 323, 336, 343, 347
뇌엽 절제술 lobotomy 94

다이쇼 시대 Taishō Era 112, 114
대법원 Supreme Court 9, 19, 20, 261, 264,
268, 273, 278, 287
데카르트의 이원론 Cartesian dualism 127,
208
덴쓰 사건 Dentsū Case 9, 19, 20, 261, 263,
264, 266-269, 272, 280, 281, 287, 299
도요타 사건 Toyota case 228, 261, 276-278,
346
도쿄대 Tokyo University 9, 91, 94, 111
도쿄제국대학 Tokyo Imperial University 71,
72, 82, 85, 90, 106, 109, 113, 114, 337
돌봄의 네 단계 Four Levels of Care 310

인명

가와이 하야오 Kawai, Hayao 339
가이바라 에키켄 Kaibara, Ekiken 62
고프먼, 어빙 Goffman, Erving 27, 306
고터, 요하네스 드 Gorter, Johannes de 69
골드스타인, 얀 Goldstein, Jan 185
구레 슈조 Kure, Shūzō 71, 85, 87, 88, 106-
109, 179, 262, 337
굿, 바이런 Good, Byron J. 37, 44, 212, 214,
331, 334

나쓰메 소세키 Natsume, Sōseki 105, 114,
180
나카이 히사오 Nakai, Hisao 65, 67, 84, 130,
145

도이 타케오 Doi, Takeo 21, 66, 92, 129,
130, 151, 156, 177, 242
뒤르켐, 에밀 Durkheim, Emile 290, 346

라비노, 폴 Rabinow, Paul 257
라빈바흐, 앤슨 Rabinbach, Anson 100, 309,
317
라이켈, 유진 Raikhel, Eugene 329
랭, 로널드 Laing, R. D. 27
레이코프, 앤드루 Lakoff, Andrew 139, 329
로즈, 니콜라스 Rose, Nikolas 22, 27, 29,
119, 291, 317, 324, 328
록, 마거릿 Lock, Margaret 21, 24, 34, 37, 38,
40, 72, 80, 81, 120, 122, 123, 135, 137,
155, 156, 177, 208, 214, 219, 238, 249,
252, 316, 319, 321, 324, 334-337, 344,
345
롤렌, 토마스 Rohlen, Thomas 231, 248, 334
루어먼, 타냐 Luhrmann, Tanya M. 120, 132,

161, 243, 329, 331
리프, 필립 Rieff, Philip 27

마르쿠제, 헤르베르트 Marcuse, Herbert 27,
309
마이어, 아돌프 Meyer, Adolf 108, 338
마틴, 에밀리 Martin, Emily 25, 238, 317,
318
머드슬리, 헨리 Maudsley, Henry 67, 71
메츨, 조너선 Metzl, Jonathan 249, 251, 329
모리타 마사타케 Morita, Masatake 113-
115, 340
몰, 노엘 Mole, Noelle 327
미야케 고이치 Miyake, Kōichi 72, 73, 109,
111, 179
미칼, 마크 Micale, Mark S. 345

바흐친, 미하일 Bakhtin, Mikhail M. 36
배럿, 로버트 Barrett, Robert 36, 72, 159, 213
베버, 막스 Weber, Max 130
베아그, 도미니크 파레자 Béhague,
Dominique Pareja 329
보로보이, 에이미 Borovoy, Amy 34, 238,
293, 326, 334
보어하브, 헤르만 Boerhaave, Herman 69
브라운, 노먼 Brown, Norman 130
비어드, 조지 Beard, George 100, 108, 109
빈스방거, 루트비히 Binswanger, Ludwig
202, 344

사리스, 제이미 Saris, A. Jamie 36, 169, 184
셰퍼-휴즈, 낸시 Scheper-Hughes, Nancy
25, 120
손택, 수전 Sontag, Susan 37, 223
쇼월터, 일레인 Showalter, Elaine 217, 345
스즈키 아키히토 Suzuki, Akihito 38, 186,